壹卷
YE BOOK

让思想流动起来

让思想流动起来

巴蜀文化志

袁庭栋 著

四川人民出版社

目录 CONTENTS

第一章 导 言

第一节 释“巴”“蜀”

四川地区古称巴、蜀，最早是巴、蜀分称，以后则巴蜀合称。然而无论是巴或蜀，在古文献中的内涵与外延都有一个变化的过程。

“巴蜀由来古，殷周已见传。”① 不过，无论是殷周的甲骨文还是金文，都未见到“巴”的记载。这可能是一个偶然现象。有一些学者认为甲骨文中有“巴方”“巴甸”，地域就在今汉水、丹江之间，殷武丁时期就曾与殷王朝发生过较大的战斗②。但大多数研究者认为，迄今为止，甲骨、金文都未见巴字，现在部分学者所释定的“巴”字乃是误解。这一古文字的考释问题不可能在这里展开讨论，我只想指出，在学术界具有很高学术地位的几部古文字学巨著，如陈梦家的《殷墟卜辞综述》、岛邦男的《殷墟卜辞综类》、李孝定的《甲骨文字

---

① 引自郭沫若 1960 年 2 月参观重庆博物馆巴蜀文化陈列后所题诗句。

② 持这种观点的代表性论述见董其祥：《甲骨文中的巴与蜀》，载《巴史新考》，重庆出版社 1983 年版；段渝：《四川通史》第 1 册第五章第二节《巴方史迹》，四川大学出版社 1993 年版。

集释》、徐中舒主编的《甲骨文字典》《汉语古文字字形表》和《汉语大字典》，都不认为甲骨文中有巴字。

巴字在古文献中最早出现于《山海经》，而且是以地名与国名出现，如“西南有巴国……后照是始为巴人”，“是司神于巴”，“巴蛇食象”。这以后，则见于《逸周书》《世本》与《左传》。最初的巴，应是一个古老民族之名，其活动范围包括今川东①、川北、陕南、鄂西乃至洞庭湖一带的广大地区，而鄂西应是其中心。在这个广大地区内的民族应当是有支系、有迁徙的，也并不来自一个族源，但巴族是其主体，故而相关各支系都曾被称之为巴人。这其中，有的与周族关系密切，姬姓，即宗姬之巴；有的是属于南方的濮人系统，即后世称为廪君蛮的廪君之巴；有的是属于夏人后裔，即丹山之巴；有的是属于太皞之后，即后照之巴；有的是活动在今川东地区、后世称作板楯蛮的賨人之巴。所有这些在巴地生息繁衍的人们，被后世统统称之为巴人，他们所活动的地区也都可以称之为巴，于是“巴”也就由民族名演变为地域名。

殷末周初，巴人参与了伐纣之役，“巴师勇锐，歌舞以凌殷人”，“武王既克殷，以其宗姬封于巴，爵之以子”（《华阳国志·巴志》），于是巴族的一部分从此姓姬。巴地最早与中原有联系的诸侯国可能就

① 自元代以来，四川盆地作为一个行政区域即称为四川。多年来，“四川”已不仅是一个地域的名称，也是一个地域文化的名称，四川文化也就是已经称呼了多年的巴蜀文化。1997 年，原川东地区分治，建立直辖的重庆市。但是我一直认为，川渝本一家，文化上更是一家，单一水系的四川盆地从来都是一个整体的地域文化区，川东文化与川西文化很难分开，巴文化与蜀文化很难分开，有如“川味”“川腔”“川菜”“川剧”的“川”永远都包含着重庆一样。正是为了尊重这种千百年来形成的文化传统，也是为了叙述的方便，我在本书中所称的“四川”或“川”，都是指整个四川盆地，也即是从元代到当代的四川、分治之前的四川，都包含今天的重庆市在内。

是在这时建立的，这就是古文献中所称的巴国或巴子国，也就是巴地诸族的核心。公元前 703 年，“巴子使韩服告于楚，请与邓为好，楚子使道朔将巴客以聘于邓，邓……杀道朔及巴行人……邓师大败”（《左传·桓公九年》）。这是巴作为一个诸侯王的军事、外交活动首次见于文献记载。这以后，巴与楚联合灭申、灭庸，显示了强大的实力。《左传·昭公九年》载：“及武王克商……巴、濮、楚、邓，吾南土也。”巴被列于周王朝的南方诸侯之首，用后来荀子的话说，属于“天下之显诸侯”之列（见《荀子·儒效》）。不过，西周至春秋时期的巴国，主要活动范围都在汉水流域，不在今四川境内。春秋末年，由于巴、楚联盟破裂，兵戎相见，“数相攻伐”。在“楚主夏盟，秦擅西土”（《华阳国志·巴志》）的情况下，巴国的统治中心逐步向南转移，先至鄂西南的清江流域，然后沿清江西上进入川东，到战国初年，其统治中心已在川东，而且不断迁徙，“巴子时虽都江州（今重庆），或治垫江（今合川），或治平都（今丰都），后治阆中，其先王陵墓多在枳（今涪陵）”（《华阳国志·巴志》）。直至公元前 316 年秦并巴蜀，俘巴王，巴国亡。这段时间，“巴”主要是作为国名。

秦灭巴国之后，在巴国原地设置巴郡，治江州（今重庆）。巴郡之设，汉、晋因之。这以后，东汉还设置了巴东郡（治今奉节）、巴西郡（治今阆中），东晋在巴西郡（治今南部）之外又设置了北巴西郡（治今阆中）、新巴郡（治今江油），刘宋设置了巴渠郡（治今达县），齐设置了巴州（治今奉节），梁又设置了东巴州（治今南江）、宁巴郡（治今宣汉东林）、巴中郡（治今开江）、开巴郡（治今宣汉普光），北周设置了巴县（治今重庆）、三巴郡（治今宣汉普光），唐代设置了巴川郡（治今合川）。直到清代，重庆市中区仍称为巴县。所有这些行政区划之设置，充分表明了“巴”作为一个地名在古代巴国范围内使用之广。正由于“巴”作为地名的普遍使用，当唐代在今川东地区不再设巴郡之后，人们仍习惯于将川东地区称为巴。到了现代，虽然在原来的巴地用作地名的只有巴南区、巴中市、巴州区等几个地方，人们仍习惯于将川东地区称巴。所以，在近代，巴就从过去的行政区划之称，转化为普遍使用的代称。

蜀字不仅见于殷墟甲骨文，也见于周原甲骨文。当时蜀已是一个方国的名称，或一片地域之称。在这个地域之中，其主体民族是蜀族，这个方国或地域被殷人称之为蜀，当然也是源于蜀族。蜀族本身也是一个多源的复合型民族，但从整体上来看，蜀族的族系与分布较之巴族要单纯而明晰得多。蜀族本是氐羌族的一支，早期活动地区在岷江上游山谷之中，逐渐发展到成都平原与陕南，长期以成都平原为根据地。在今川西至陕南的广大地区之中的古老民族，则都被称为蜀人或蜀族。

川西的蜀族很早就进入了文明的大门，建立了古老的国家，有了蜀王。古蜀王国的历史轮廓，幸赖有扬雄的《蜀王本纪》一书做了简略的描述：

> 蜀之先，称王者有蚕丛、柏濩、鱼凫、蒲泽、开明。是时人萌椎髻左言，不晓文字，未有礼乐，凡四千岁。

这个记载对古蜀王国经济文化的总的估计是不确的，与实际相比明显偏低。但对几代蜀王的记载，应当是有根据的。蚕丛氏主要活动在岷山山地，今阿坝藏族羌族自治州的茂县境即汉代的蚕陵县，“蚕陵，即古蚕丛氏之国也”（见吴卓信《汉书地理志补注》引唐代卢求《成都记》）。而鱼凫的活动中心则已移至成都平原，广汉三星堆遗址很可能就是当时的都城。蒲泽又作蒲卑，即杜宇氏，都于郫邑，很可能在今郫县北边的杜鹃城。开明氏在开明九世时从樊乡（今彭州、新繁境内）徙都成都，时间大约距今2500年。

开明氏晚期，北边的秦国已迈开了统一天下的步伐。按照“得蜀则得楚，楚亡而天下并矣”（《华阳国志·蜀志》）的战略，秦并天下自蜀始。公元前316年，秦军南下，本年之中，先灭成都之蜀，再取江州（今重庆）之巴。巴国与蜀国不复存在。在巴蜀旧地建立了巴郡与蜀郡。蜀郡的设置，从秦代一直沿袭到唐代。唐代以后，蜀不再是行政区划之名，但川西乃至整个四川地区长期以蜀或蜀中作为代称。直到清末，清王朝在四川的统治被推翻之后，重庆所成立的新政权仍叫“蜀军政府”。

综上所述，无论是巴与蜀，其概念的内涵都有一个由族名—地域名—国名—行政区划名—地域名的变化过程。今天则用作四川地区的代称。

我们说巴蜀是四川地区的代称，这只能是一种大略的提法，严格来讲是不够准确的，因为：(1) 四川作为一个省级行政区划，从古至今，是在不断变动的；(2) 今天四川省西部甘孜藏族自治州（简称甘孜州）的高原地区，习惯上都不视为蜀中的一部分。古代的巴蜀地区，大致来讲，主要就是指四川盆地。在元代以前，还长期包括陕南的汉中地区。从考古学资料可知，早在殷周时期，汉中地区就与古蜀文化密不可分，极可能是古蜀王国的一部分，后来秦与蜀曾反复争夺汉中。秦末刘邦为汉王时，所统治地区也是“王巴、蜀、汉中”（《史记·高祖本纪》）。故而当时人视蜀汉为同一地域，如《史记·刘敬叔孙通列传》：“卷蜀汉，定三秦。”更重要的是从文化上观察，是“与巴蜀同俗”（《汉书·地理志》）。故而当时将汉水两岸也称为蜀，如秦王迁吕不韦于房陵（今湖北房县），叫作“迁蜀”；刘邦封汉王，都南郑，韩信则说他“失职于蜀”。西汉时，汉中郡划属益州。这种格局，东汉、三国、西晋、唐、宋一直沿袭，直到元代，汉中地区才不再是四川行省的一部分而划归陕西行省。除汉中地区之外，在元代以前，今云南、贵州两省的北部与甘肃的南部，也曾长期与四川盆地同属一个行政区，但历代变化各异，古代这些地区又多是少数民族居住区，故而习惯上不把这些地区视作古代巴蜀的一部分。

川东称巴，川西称蜀，这也是一个大概的说法。其实，古代的巴还包括今天被称为川北的四川盆地北部的大部分。关于汉以前的巴蜀分界，文献上并无清楚的记载，蒙文通老师经研究后指出，巴与蜀之间，大致以涪江为界，而在个别地区各占东西①。今天学术界对于这一问题，基本上均从蒙文通之说。

在讨论古代的巴与蜀的有关问题时，巴与蜀得名的由来，即“巴”与“蜀”的本来含义是什么这一问题是必须注意的，四川学术界对这个问题的讨论也较为活跃。单是“巴”的本来含义，就有水名说、山名说、植物名说、动物名说、居处说、雄性崇拜说多种，动物名说中又有象蛇说、鱼名说，居处说中又有起于平坝说与起于石穴说两种，众说纷纭。限于篇幅，这里不作详细的引述，也不就各家之说一一品评。我认为，迄今为止所提出的各种说法大都忽略了解决这一问题必须明确的一个前提，即巴与蜀是早在殷商时期就和中原文化进行交流的古老的方国，同当时其他很多方国一样，被记录在甲骨文或其他中原文献之中的名称巴与蜀，是中原地区将对它们的口头称呼用

---

① 蒙文通：《巴蜀古史论述·巴蜀史的问题》第三节《巴蜀分界》，四川人民出版社 1981 年版。

中原文字系统即后来的汉字记录下来的，就是说，这有一个译音汉写的必然过程，在性质上与近代出现的“俄罗斯”“英吉利”之类相似。更何况，古代的巴蜀地区无论语言与文字均与中原不同，这已得到了考古材料的确证（详后）。所以，如果仅据《说文》中的“巴，虫也，或曰食象蛇”，“蜀，葵中蚕也，从虫，上目象蜀头形，中象其身蜎蜎”这一类对汉字的训释来解释巴与蜀作为一个地域或民族得名的本义，是不可能找到正确的答案的。正如要用《说文》等字书中对“越”“粤”与“濮”“僰”诸字的训释来寻求古代南方民族得名的本义一样，是不可能的。根据上述这种认识，我认为以下的两种解释较为合理：（1）古代壮傣语系民族称鱼为巴（用汉字记录，也写为罢、霸、摆），最早以今天湖北西部长江两岸地区为活动中心的巴人，本是壮傣语系民族的一支，他们沿水而居，以船为家，以捕鱼为重要生活来源，在生活中与鱼的关系尤为密切，故而称为“巴”，其本义应是捕鱼的人，或以鱼为主食的人。[①]（2）蜀族乃是古代氐羌的一支，从藏语与羌语进行考察，古代氐羌族称高原之人、山上之人为蜀（或译音为叟，为成，为滇），故而蜀之本义即为高原之人[②]。后来，蜀王国的中心称为成都，公孙述在川西建国称为“成家”，李特在川西建国称为“大成”，这个“成”字，都应当与“蜀”字有关，因为“蜀”与“成”在古时本是一音异写。

至于殷周时期的中原人士为什么在音译时用“巴”与“蜀”这两个汉字，我认为不排除当时在双方敌对的情况下，于同音字中选择有轻蔑贱视之义的字，巴像蛇，蜀像虫，有如古代对周边少数民族称犷

---

① 参见张勋燎：《古代巴人的起源及其与蜀人、僚人的关系》，载《南方民族考古》第一辑。

② 参见温少峰：《试为“成都”得名进一解》，载《社会科学研究》1981年第1期。

犹、鬼方，称蛮称狄，称獠称猺一般。

第二节 关于“巴蜀文化”

“巴蜀文化”这一概念，是20世纪40年代初提出来的。1940年3月，徐中舒老师在成都出版的《史学季刊》创刊号上，发表了《古代四川之文化》一文，这是我国近代学者第一次从文化的视角对四川的古代作出粗略的描述。也就在这个时期，几位古董商将成都白马寺在20世纪30年代陆续出土的一批战国时期的青铜器和从各地搜集到的古代青铜器，均以白马寺出土器物之名运到当时的陪都重庆，引起了当时聚集在重庆的大批学者的高度重视，纷纷加以观察、研究，写出了一批论文。卫聚贤在他主办的《说文月刊》3卷7期（1942年8月出版）上发表了《巴蜀文化》一文，同时发表了缪凤林的《漫谈巴蜀文化》和其他几篇文章。这一期《巴蜀文化专号》在今天看来显得十分粗浅，而且又集中于少数器物的讨论，但却是“巴蜀文化”这一概念的初次提出与讨论。前辈开创之功，永不可没。在当时，“巴蜀文化”指的是秦统一之前古巴蜀地区的文化。在这段时期，董作宾、郑德坤、林名均、童书业、陆侃如、商承祚等学者对秦以前的巴蜀古史写过不少文章，这是自1930年吴致华《古巴蜀考略》（载《史学杂志》第2期）发表以来，对古巴蜀历史的探索达到的一个小高潮。这其中最值得注意的是顾颉刚《古代巴蜀与中原的关系说及其批判》一文（载《中国文化研究汇刊》第1卷，1941年9月）。此文的基本论点今天看来是不能成立的，但文中关于“古蜀国的文化究竟是独立发展的，它的融合中原文化是战国以来的事”的论述却是十分重要的、有预见性的观点，为近年来考古新发现所证实，开创了中国文明多元起源论的先河。

由于当时的历史条件，小高潮过去之后，巴蜀文化的研究一度沉寂。直到 20 世纪 50 年代后期，在一系列重要考古发现的激发下，在学术空气日益活跃的推动下，关于巴蜀文化的研究重新活跃起来。徐中舒、蒙文通、冯汉骥、邓少琴等老一辈学者发表了一批重要的研究文章，中青年学者逐渐成为学术队伍的中坚，新的考古材料不断出土，巴蜀文化的研究愈来愈受到中外学术界的重视。1979 年 4 月，童恩正的《古代的巴蜀》一书出版，这是第一本较全面地综述古代巴蜀历史文化的研究著作。同年 2 月，巴蜀史研究会在成都成立，这是第一个研究古代巴蜀的历史文化的学术团体。由该会组织的，由笔者担任责任编辑的《巴蜀史研究丛书》在 1981—1986 年共出 5 种，这是第一次有计划有规模地出版这方面的研究成果。不过，上述的巴蜀文化的研究，都是指的秦统一之前的巴蜀文化。

20 世纪 70 年代后期，一些学者提出了广义的巴蜀文化这一概念，其代表作是笔者所写的《巴蜀文化》一书（1991 年 7 月辽宁教育出版社出版）。笔者在该书的《前言》中提出："四川古称巴蜀，所以四川文化的研究一般都称为巴蜀文化的研究。巴蜀文化有两种含义，狭义的是指秦统一巴蜀之前还称为巴蜀时期的文化，广义的是指整个四川古代及近代的文化。我们是按广义的巴蜀文化来进行论述的。"这一观点得到了学术界的支持。就在《巴蜀文化》一书出版之后不久，谭洛非在《社会科学研究》1991 年第 5 期发表了《关于开展巴蜀文化研究的建议》，文中说："巴蜀文化，是指四川省地域内，以历史悠久的巴文化和蜀文化为主体，包括省内各少数民族文化在内的、由古至今的地区文化的总汇。"

本书所称的巴蜀文化，就是指的上述广义的巴蜀文化。

第三节 巴蜀文化的兴衰轨迹

1986年10月，在长江三峡北岸的巫山县大庙乡龙坪村龙骨坡，考古工作者发现了迄今为止在我国发现的最早的古人类化石（其中有带两颗臼齿的下颌骨一块、门齿三枚），经用古地磁法测定，距今204万—201万年。这一旧石器时代早期的古人类，今天被称为"巫山人"。与巫山人同时出土的还有加工和使用过的骨器，有数十种哺乳动物化石。巫山人是巴山蜀水已知的最早的人类活动的见证。从这时起，我们的先民就已开始了文化的创造，尽管它是极其原始的、粗放的。但应当认为，巴蜀文化的序幕应当从这时拉开。

晚于巫山人的古人类化石，已知的有1951年发现的资阳人和1980年发现的筠连人，都属于旧石器时代晚期，距今10万—5万年。至于年代更晚一些的旧石器时代晚期的文化遗址，则分布较为广泛，如铜梁张二塘、资阳鲤鱼桥、汉源富林镇、成都羊子山、重庆九龙坡、黔江红土湾等，都是盆地中古人类在各地活动的遗迹。

盆地中的新石器文化遗址已发现两百多处，可谓遍布各处，其时代大致在8000年前至4000年前，此时的巴蜀先民已经迈进了文明的大门，有着原始的农业、畜牧业与传统的渔猎经济，纺织与制陶成为手工业的主体，商品交换、贫富分化、原始宗教、聚居房屋等都已出现，巴蜀文化的序幕已经全面拉开。这其中，特别值得重视的是以广汉、成都为中心的成都平原的新石器文化，因为它是盆地内新石器时代与铜器时代发展程度最高的早蜀文明的直接渊源。

举世闻名的广汉三星堆遗址和成都金沙遗址，是早蜀文明的集中体现。

三星堆遗址的发现，始于 1929 年。1933 年冬至 1934 年春，有了第一次小规模的发掘。从 1958 年到 1986 年，这里进行了多次发掘。1986 年 7 月和 8 月，震惊中外的两个祭祀坑遗物相继重现于人间。经过一段时期的研究，可知三星堆遗址的文化遗存分为四期。最早的是新石器时代晚期，最晚的在商末周初。最引人注目的文化遗物在第二、三期，时间为距今 4070—3200 年，相当于中原的夏末商初至商代后期，也很可能就是《蜀王本纪》和《华阳国志》中记载的古代蜀王鱼凫氏时期的蜀国都城。这里，有高大的城墙与深广的城壕，有全世界最大的青铜雕像群和最长的黄金权杖，有罕与伦比的玉石礼器，有来自南方的印度洋海贝，有来自中原的青铜酒器。这些实物再加上同一时期的成都十二桥发现的规模宏大的木结构宫殿遗址和成都羊子山发现的高 10 米、底宽 103 米的方形三层巨型祭祀用土台，充分表明，国家已经形成，经济文化发展的水平已经不低，对外交流的渠道早已通向远方。

金沙遗址位于今天成都市主城区之内的西二环与西三环之间，最初是 2001 年 2 月在一个住宅小区的建筑工地上发现的，已探明的遗址面积约 5 平方公里。通过几年来的多次发掘，在这里发现了从比三星堆文化还要早的宝墩文化遗存一直到明清时期的文化堆积，证明了成都是一个延续时间长达 4000 多年的历史文化名城。金沙遗址的各个文化层中最为重要的是这里的古蜀文化遗存，多数考古学者将其归于成都地区的十二桥文化时期，其年代约当商代晚期至春秋，绝对年代在公元前 1150 年—公元前 600 年，很明显是上承三星堆文化的古蜀文化遗存，而且很可能是继三星堆之后的又一个古蜀都邑。在金沙，出土了震惊世界的、已被确定为我国文化遗产标志的太阳神鸟金箔，出土了大量的玉器、金器、陶器、石器、青铜器、象牙。这其中金器的数量、玉器的数量、石质雕塑的数量、象牙的数量都是我国所有的先秦文化遗址之中最多的。从这些大量的出土文物中，不仅可以看到当年的文化发展程度之高，也可以看到当年蜀中与中原地区、与华东沿海地区已经有着明显的文化交流。

三星堆文化与金沙文化是早蜀文明的代表和标志，它充分表明，这个与中原的殷周王朝同时存在的古蜀王国所创造的古老文明是巴蜀文化第一个光辉的高峰，是长江上游的一个最重要的古代文明的中心。三星堆文化与金沙文化把我们对巴蜀文化的比较清楚的认识提早了一千多年，因为在发现它们之前，我们对早期巴蜀文化的了解是相当模糊的，基本上还停留在不多的汉晋文献的记载中。早期巴蜀文化的高度发展，也为中华民族起源多元论提供了一个有力的佐证，因为它说明，与中原的夏商王朝存在与发展的同时，在曾被认为是“西辟之国而戎狄之长也”（《战国策·秦策一》）的巴蜀地区，还存在着一个独立发展的、独具特色的、又与外界保持着交流的古老的巴蜀文化。有一位北京的研究者见到关于三星堆文物的报道之后说过这样的话：“历来认为，战国以前的蜀国是一个封闭落后的国族，现在看来是大错特错了。”①

到了战国时期，盆地中三星堆文明的光辉已经暗淡，巴王国与蜀王国的实力都不强，而北边，商鞅变法之后的秦国则日益强大。巴蜀地区成为秦并天下的第一个目标。公元前 316 年，秦惠王派军伐蜀，灭蜀王国，再灭巴王国，从此，巴蜀地区成为中原统一王朝的一部

---

① 张亚初：《论商王朝与古蜀国的关系》，载《文博》1989 年第 4 期。

分。在经过了“书同文，车同轨”的一系列措施之后，曾经独立发展的早期巴蜀文化也逐步融入了中华民族古老文化的海洋之中，不再作为一个独立发展的文化系统而存在，而是作为与整个中华民族文化发展大体同步而又保持着强烈的地方特色的地域文化而存在与发展。

秦并巴蜀，为巴蜀地区与中原的经济文化交流打开了大门，使中原地区较为先进的政治制度与生产技术大量传入（四川青川发现的秦为田律木牍与邛崃等地冶铁业的兴起是其明证），特别是秦王朝迁徙大量移民入川（近年在成都龙泉驿发现的大片秦人墓葬是其明证），更为巴蜀地区的发展注入了新的活力。秦王朝任命的蜀郡守李冰领导进行的都江堰水利工程和井盐、天然气的开采，更使蜀中的农业和手工业得以高速发展。再加之秦末汉初与西汉末至东汉初中原战火连年，而巴蜀的生活环境则相对安定，使得从战国末年到汉代的巴蜀地区在经济文化的发展速度上大大高于国内其他地区，在原来已有的基础之上，一跃而为当时全国繁荣富庶的地区之一。成都不仅成为全国“五都”之一，据汉平帝元始二年（2）的人口统计，有人口 35 万，仅次于首都长安，位居全国第二。故而有“汉家食货，以为称首”之誉（《华阳国志·蜀志》），以至取代了原来关中地区的地位而被喻为“天府之土”。第一次明确称巴蜀为天府的不是别人，正是我国历史上著名的政治家诸葛亮①。不仅经济发展，文化也在全国领先，以司马相如、扬雄、王褒、严遵、李尤为代表的作家群“文章冠天下”（《汉书·地理志》）。文翁创建的石室讲堂是我国第一所由地方政府兴办的学校。以画像砖、画像石为代表的造型艺术在全世界也堪称一流，精

① 参见袁庭栋：《“天府之国”由来的历史考察》，载《社会科学研究》1985 年第 1 期。

美的丝织品与漆器已经由此走向世界。不仅如此，作为当时全国最富庶的地区之一，巴蜀还多次为全国的统一起到了重要的后方基地的作用。秦国“灭六雄而一天下，岂偶然哉？由得蜀故也”（郭允蹈：《蜀鉴》卷一）；刘邦所以能得天下，司马迁认为是“汉之兴自蜀汉”（《史记·六国年表序》）。明代郭棐在《四川总志·序》（嘉庆《四川通志》卷首）也说：“秦资其富，以兼七雄；汉阶其力，遂奄四海。”应当认为，从秦统一到汉代，特别是西汉时期，是巴蜀文化全面发展，显示出光辉的第二个高峰。

西汉之后，巴蜀地区在三国时属于蜀汉，举国之力基本投入对外作战，民力消耗很大。从西晋时期开始，到隋统一全国，则内部战争不休、动荡不已，长期处于凋敝状态，是一个明显的停滞时期。

唐宋时期，巴蜀地区的经济文化得到了全面的恢复与发展，重新站到了全国的前列，重新获得“天府”之誉，如著名文学家陈子昂说：“国家富有巴蜀，是天府之藏。自陇右及河西诸州，军国所资，邮驿所给，商旅莫不取给于蜀。又京师府库，岁月珍贡，尚在其外，此诚国之珍府。”（《上蜀川军事》，《全唐文》卷二一一）在唐代，与扬州并称“扬益（指益州，即蜀中）”，到北宋，仍称“扬一益二”（《资治通鉴》卷二五九）。一直到南宋，蜀中仍是“繁盛与京师同”（周密：《癸辛杂识》续集卷上）。这里是为人类文明做出过重大贡献的印刷术的发源地；全世界第一张纸币在这里出现；第一口小口盐井在这里凿成；这里兴建了全国最大的佛寺大慈寺、全世界最高的大佛乐山大佛，制造了古今绝世的雷琴。不特此也，李白在这里长大，杜甫在这里写下了他一生诗作总数的一半，吴道子在这里描绘了嘉陵江三百里山水，黄筌在这里开创了院体画派，王勃、高适、岑参、元稹、白居易、刘禹锡、贾岛、李商隐、韦庄、黄庭坚、陆游、范成大等纷纷入蜀，这里还是陈子昂、雍陶、薛涛、唐求、三苏、文同、张俞、苏舜钦、文及翁、张孝祥的故乡，真可谓是众星灿烂、群贤毕集，唐宋时代的巴蜀文坛之盛，可称是空前绝后。在学术上，著名史学家范祖禹、张唐英、李焘、李心传，哲学家李鼎祚、张行成、魏了翁、张栻，都为中华文化做出过重要的贡献。在科学上，段成式的《酉阳杂俎》和李石的《续博物志》是百科全书式的科技史资料，昝殷写的《产宝》是我国最早的妇产科专著，唐慎微写的《经史证类备急本草》是当时全世界最详备的药典，王灼的《糖霜谱》是当时全世界第一部制糖学专著，秦九韶写的《数书九章》把我国的古代数学推到了当时的最高峰。

很明显，唐宋时期是巴蜀文化第三个光辉的高峰。不过，这也是最后一个高峰。

唐宋时期巴蜀文化的繁荣，原因很多，其中一个重要的原因就是环境的安定。正如五代著名诗人贯休在《陈情献蜀皇帝》一诗中所说："河北江东处处灾，唯闻全蜀少尘埃。"隋末农民大起义、唐代的安史之乱、唐末农民大起义都未波及巴蜀地区，五代时期也相当平静。宋代的抗辽、抗金战争都在巴蜀以外地区进行（巴蜀军民为抵御金兵入侵在汉中地区的战争中也付出了沉重的代价）。这些，使巴蜀文化有一个良好的客观环境得以发展。关于这一点，古人也有所分析，例如宋末著名政治家文天祥在《衡州上元记》（《文山先生全集》卷九）中就说过："蜀自秦以来，更千余年无大兵革，至于本朝，侈繁巨丽，遂甲于天下。"可是，在宋元战争中，巴蜀地区却陷入了严重的战火，受到了极大的摧残。用上引文天祥的话说，是遭到一场"荡析"。从 1231—1280 年，巴蜀地区军民为抗拒南下的元朝军队，艰苦奋战 50 年，在全川展开了反复的拉锯战，成都曾三次被攻占。

元军为了摧毁宋王朝这一块重要的后方基地，肆意摧残破坏，“昔之通都大邑，今为瓦砾之场；昔之沃壤奥区，今为膏血之野。……虽荒郊绝岛之间，无一处而不被燎原沸鼎之毒”（吴昌裔：《论救蜀四事疏》，载《宋代蜀文辑存》卷八四）。1223 年巴蜀地区人口有 259 万户，到 1282 年，只剩下 12 万户。南宋时期，巴蜀地区占宋王朝全部岁入的三分之一，而到了元代，仅占全部岁入的百分之一。经济残破，必然带来文化的式微，如元初人说，“蜀祸之惨，诚不可言”（袁桷：《清容居士集》卷三四《史母程氏传》）；“文物泯尽”（罗寿：《成都瞻学田记》，载正德《四川志》卷三六）；“蜀学微绝”（虞集：《道园学古录》卷六《送赵茂元归乡序》）。整个元代，巴蜀地区文化全面衰颓，在全国文坛上有地位的学者仅有虞集一人，他也仅是自幼离开蜀中流寓江南并终身在江南生活的“蜀籍”文士而已。

元末农民大起义爆发后，红巾军首领明玉珍率军由楚入蜀，“尽有川蜀之地”，于 1363 年在重庆称帝，国号大夏。明玉珍死后，传帝位于其子明升，年仅 10 岁。诸将为争权夺利而大动干戈。已在应天（今南京）建立明朝的朱元璋派军伐蜀，灭夏，于 1371 年平定全川。所以，在元末明初的这段时间，巴蜀地区基本上仍在动乱中度过，稍有复苏的社会生活又一次被破坏。明洪武五年（1372）统计，全省人口竟只有 8.4 万户，比元代初年还少。

明代近 300 年，巴蜀地区的经济文化都有恢复，人口增加（其中包括大量移民入川），农桑兴旺，处处兴学。在此基础上，出现了“明世记诵之博，著作之富，惟慎为第一”（《明史·杨慎传》）的大学者杨慎、理学家赵贞吉、易学家来知德等一批杰出人物，各地已出现一定的繁荣气象。可是在明末清初，巴蜀地区出现了连续 80 年的战乱加天灾。从明万历年间到明末，先后有土司杨应龙与奢崇明的大规模叛乱，省会成都就已是“围城百日，大肆屠掠，所称沃野，已半没于荒烟茂草中矣”（康熙《成都府志》卷三五）；川东重镇重庆也是“一夜尽成焦土”（道光《綦江县志》卷五）。与此同时，全川又爆发了轰轰烈烈的以“除五蠹”为中心的农民起义。明朝末年，李自成、张献忠农民起义军几次入川，最后张献忠在成都建国，与明军及地方武装在全川进行了激烈的争战。张献忠抗清失败，清军入川，形成张献忠军、清军、明军三方争战的局面。清军占据全川不久，又爆发了吴三桂反清的战争，吴的巢穴虽在云南，但军队一直打到汉中，几年作战的主战场仍在四川。就这样，蜀中经历了连续 80 年的战火，直到康熙二十年（1681）方才平息。而战火又带来饥荒，再加上天灾，故而“人相食，草木俱尽”；“官民庐舍、仓库、典籍荡然一空，靡有孑遗”之类记载随处可见，并非都是夸饰之词。因为我们可以看到以下三个事实：（1）据近年各地的考察，四川的明代建筑是微乎其微，成都市区内则是一间也无。（2）清初，四川巡抚不能入住成都，因为成都无人无房，野兽纵横，故而只能住在保宁（今阆中）。顺治十七年（1660）才开始在成都修建官署，直到康熙四年（1665）各官署才全部迁入成都；至于各县，普遍是康熙年间才修造县衙。（3）顺治十八年（1661），四川清理户口，全省入籍者只有人丁 16096 人，按一丁五口计，也只有 8 万人左右。这个数字，估计是偏低的。经过当代研究者的探索与校正，康熙九年（1670）的全川人丁数可能应是 76980，人口数也只有 38 万人左右①。

明末清初长期的、大范围的、深度的破坏，使巴蜀地区在明代已

---

① 参见蒙默等：《四川古代史稿》第七章第三节《人口状况》，四川人民出版社 1989 年版。

有所恢复的社会正常秩序遭到毁灭性的打击，人口锐减、四野荒芜、残垣遍地、文物尽毁，其残破程度，为我国几千年历史所罕见。清王朝恢复四川的措施，首先就是从外省移民入川。从康熙中叶到乾隆中叶，移民六七十年，才使四川恢复元气，农业与手工业才从恢复转向发展，停滞多年的商业又才逐渐繁荣。但整个来讲，水平仍然不高，较之其他省区，汉唐时期的繁荣气象与领先地位荡然无存。而在文学、艺术、政论、学术等领域，这种落后就更为明显。最能从量化角度说明问题的证据是：清代文士几乎无不读经书、治朴学，集清代读经成果之大成的《皇清经解》与《皇清经解续编》，收集全国著作397种，其中竟无一种蜀中著述。这与唐宋时期巴蜀文坛之活跃、著述之宏丰是多么强烈的反差。

总之，从元初到清代中叶，这五百来年的漫长岁月，是巴蜀文化的长期衰退期。昔日光辉不复存在，农工商贸让位他省，文苑艺坛一片沉寂。明代虽然出了一个杨慎，严格说来他也主要是在京师长大的。应当承认，三星堆时期、汉代、唐宋这三个光彩夺目的高峰之后，巴蜀文化一直未能再现当年的雄风，同全国先进地区相比，是处在一种相对后进的状态。

从清代中叶开始，四川的经济有了明显的复苏，其基础应当是农业的复苏和发展，是粮食的增加并如汉代一样的外运。乾隆十八年（1753）的一道上谕说："川省产米素称饶裕，向由湖广一带贩运而下，东南各省均赖其利。"（嘉庆《四川通志》卷七二）四川生产力恢复并有所发展的表现，最有代表性的是集科技、手工业与商业成就于一体的井盐业的恢复与发展。巴蜀地区自古产盐，宋代出现了古代制盐史的第一个高峰。可到了明代，最高年产量只有南宋时期的三分之一。清代由于各方面因素的促进，井盐生产在钻井、治井、采集、运输各主要环节都有明显的提高。到乾隆年间，已形成了川北的射洪、蓬溪地区，南部、阆中地区，川南的嘉定（今乐山、五通桥）、犍为地区，川中的富顺、荣县地区（即今自贡地区），川东的云阳、大宁（今巫山、巫溪）地区的五大产区，各拥有盐井与天然气井以千数，深井已超过一千米。到咸丰年间，“川盐济楚”，大量运销长江中游各地。到了清末，全省“现时查出者，井十万八百一十四眼，灶七千九百四十三座，锅二万五千九百一十三口，其遗漏未经查出者尚不在内”（《清盐法志》卷二五三）。规模之巨、技巧之精、产量之大、销路之广，在全世界均称首屈一指。

随着经济的复苏，文坛也开始活跃。蜀中士子又逐渐在全国舞台上崭露头角。被誉为清代蜀中三才子的彭端淑（约 1699—1779）、李调元（1734—1802）、张问陶（1764—1814），在全国都有较高的知名度。他们三人在全国各地的宦游与诗坛唱和，应当视作巴蜀文化重整旗鼓的序幕。而杨锐（1857—1898）与刘光第（1859—1898）以及宋育仁在戊戌变法中的表现，则应视为巴蜀文化全面复兴的重要标志。这是因为：（1）杨锐与宋育仁都是成都新办的尊经书院的高才生，他们两人的成就显示了尊经书院办学方向的成功，为蜀中新人的培养开辟了一条新路。（2）戊戌变法中著名的“公车上书”实际签名者共有 603 人，其中四川举人就有杨锐等 71 人，占全国各省的第四位，这表明蜀中文士顺应时代潮流、投身变法自强已是群体的行动；（3）杨锐、刘光第等人在京组织蜀学会、成立蜀学堂，宋育仁回重庆创办《蜀学报》，编印《蜀学丛刊》……这些巴蜀文化史上的若干个第一次，全面反映了蜀中学风与士风的急剧变化，为从传统文化转向近代文化奠定了良好的基础。（4）杨锐与刘光第成了著名的“六君子”之二，成为全国政治舞台上维新变法的中坚，表明了蜀中文士素质的提高和作用的增大，再也不是僻处西南的无名之辈。这是宋代以来几百年的第一次。所以，对于蜀中文士在戊戌变法中的表现，如果从巴蜀文化史的发展的角度来看，应当予以高度的重视与评价。

清代末年，继日益强劲的复兴之风，巴蜀大地人才辈出，硕果累累，充分表现了文化的全面复兴，经学大师廖平，革命家邹容、彭家珍、喻培伦、吴玉章、张澜，书法家顾印愚，史学家张森楷，名医唐宗海等是较早一批在全国知名、卓有建树的人物。新文化运动主将吴虞、文学家谢无量、版本目录学家傅增湘、诗人赵熙等是稍晚一些的第二批。然后，新文学巨匠郭沫若、巴金，少年中国学会发起人王光祈、周太玄，革命家朱德、邓小平、刘伯承、陈毅、聂荣臻、罗瑞卿，史学家蒙文通，音韵学家赵少咸，国画大师张大千、张善孖、陈子庄、石鲁，著名作家李劼人、沙汀、艾芜，著名诗人吴芳吉，经济学家陈豹隐，金石书法大师乔大壮，数学家何鲁，著名记者范长江，文学家何其芳、赵景深，哲学家贺麟，佛学大师能海，地质学家黄汲清……真可谓群星璀璨，光耀中华。

经过了五百来年的沉寂，巴蜀文化终于得以复兴，而且势头强劲，必将乘新时代之东风，创更多彩的未来。

第四节　巴蜀文化的基本特征

巴蜀文化孕育于四川盆地的巴山蜀水之中，盆地的地形是封闭的，这是大自然的地理特点。倘若巴蜀先民囿于盆地的空间，脚不出盆，眼不出川，巴蜀文化就将是一种封闭的、自我循环的文化。而这种文化，就必然是一种落后的、毫无生气的文化。可是，我们的先民从来就没有将自己封闭在盆地之中，为了扩大生存与发展的空间，他们远在几千年以前就用执着的精神，开辟了一条条穿越盆地周边山地险阻的通道，与外界进行着广泛的交流，不断吸收外地的先进文化，在汇纳百川的基础上，再加以发展创新。正是因为如此，巴蜀文化才可能迸发出耀眼的光辉。所以，巴蜀文化的主要特点是兼容。文化的载体是人，特别在信息传递主要是由人来进行的古代，这一点尤为突出。外地文化的大量传入，巴蜀文化的汇纳百川，其最主要的体现就是几千年来多次的、大量的移民入川，是巴蜀先民在族源和血统关系上的大融合。从这一种角度来说，巴蜀文化的主要特点也可以说是一种以移民文化为载体的兼容。本来，任何一种大范围的地域文化都不可能是一个源头，都具有一定的多源融合的特点，但巴蜀文化的发展历程在这一点上表现得特别突出而鲜明。

由于四川盆地所处的地理位置（详第二章），这里很早就是先民们交流联系的孔道。根据考古学家的考察，早在旧石器时代，盆地西部的富林文化就与华北的小石器文化有联系，盆地中部的铜梁文化则与贵州观音洞文化有联系。到了新石器时代，这种多源文化的特征就更为明显，已为学术界所公认。例如以成都平原新石器文化为代表的土著文化，和来自西北马家窑文化而又在本地发展的岷江上游文化，两者在川西地区交融汇合，就成为早期的蜀文化的重要来源。到了高度发展的三星堆时期，在已发现的文物中，有来源于中原的高柄豆、陶盉、铜罍、铜尊、多种玉器，有直接来自印度洋的海贝，还有可能来自中亚的金权杖与巨型铜面具、铜人像。这是十分明显的多源兼容的结果。此外，古蜀王国五个王朝的主体族，蚕丛氏、柏灌氏来自西蜀，鱼凫氏与开明氏来自三峡之东，杜宇氏本身就是西蜀民族与外来民族融汇的结果。这种大融合的格局与考古材料的一致绝不是偶然的，它们都在从不同的侧面反映历史的真实。

秦并巴蜀以后，在北边，是中原文化与移民一道大量进入，秦国曾“移秦民万家以实之”（《华阳国志·蜀志》），“秦之迁民皆居蜀”（《史记·项羽本纪》）；在东边，是楚文化与移民一道大量进入，“江州（今重庆）以东，滨江山险，其人半楚”（《华阳国志·巴志》）。对巴蜀发展有着极重要作用的冶铁与钻井术，就是这时从中原传入的。还有一点容易被忽视的，就是从过去与中原“莫同书轨”，经过“书同文，车同轨”的变革，使当时最为通行的中原语言与文字在原已传入的基础上完全取代了只在巴蜀地区使用的巴蜀地方语言与文字，从此，“言语颇与华同”（左思：《蜀都赋》刘逵注）。应当说，这一时期由于大量移民与秦国政策法令所带来的新旧文化的碰撞是剧烈的，社会变革的深度与广度是不小的，血统与文化的融合是可想而知的。可是，巴蜀先民对此的态度如何呢？我们现在看不到秦末的有关记载，但可以从稍晚一点的记载看到。《华阳国志·蜀志》说：“秦惠文、始皇克定六国，辄徙其豪侠于蜀，资我丰土。家有盐铜之利，户专山川之材，居给人足，以富相尚。”蜀人常璩在这里丝毫没有地方沙文主义的态度，他以很高兴的心情评述了秦国移民为巴蜀带来的好处，是在“资我丰土”，结果是“居给人足”。这个“资”字内涵很深，应当就是开发“盐铜之利”与“山川之材”的先进技术，即中原的先进文化。同样也是《华阳国志·蜀志》，用很大篇幅记述了秦统一巴蜀之后派来的第三任蜀郡守李冰在巴蜀兴水利、凿盐井的功绩，“蜀于是盛有养生之饶焉”，“迄今蒙福”，对这位秦郡守给了很高的评价。也就在汉代，蜀中就开始建庙祭祀李冰［1972 年在都江堰挖出了东汉建宁元年（168）所刻的李冰石像，高 2.9 米］，以后李冰被称为“川主”，遍布蜀中的数不清的川主庙一直保存到当代。我认为上面两件事是很值得重视的。《华阳国志》是目前所能见到的最早的巴蜀史，成于东晋，书中反映出的这种难得的开放意识与公允的豁然大度是难能可贵的，在具有封闭型心理状态的地区是绝不可能出现的。川主庙是四川地区祭祀巴蜀先民的数量最多、时间最长的祠庙，而所奉所祭之“川主”乃是秦国派来的郡守，这一点更是值得重视，这更是巴蜀文化的兼容性的结果，是移民文化的产物，而这种心理状态，正是这种文化特色的最深层次的反映。正如我们在下面还要论述到的，这种文化心态不是暂时的，它一直贯穿于整个巴蜀文化史。

上面已经谈到，汉代是巴蜀文化全面发展的第二个高峰期，“汉家食货，以为称首”，“文章冠天下”。所以会取得全国领先的成就，成为“天府之国”，原因很多，但当时大量的移民入川，对中原文化、楚文化等外来文化的吸收与消化（包括张叔等一大批青年到长安留学）应当是其中重要的原因之一。唐宋时期是巴蜀文化全面发展的第三个高峰，究其原因，从汉末以来又一次移民入川，又一次对外来文化的吸收与消化仍然是其重要的原因之一。这一时期，先有刘焉、刘璋率领的荆州人士入蜀，然后有刘备、诸葛亮率领的更大规模的中原人士入蜀，接着是西北略阳、天水六郡10万以上的流民入蜀，以后是更大规模的南方僚人入蜀。这样大量的、多源的移民入蜀，也就是多方文化的融入，这对巴蜀地区的影响是难以估量的。举一个众所周知的例子，大诗人李白一家，就是由西北迁入的；再如隋代著名学者何妥，其家也是由西域迁蜀的；五代时著名药物学家李珣及其妹、诗人李舜弦，其先辈乃是由波斯迁入的，他们都已成为蜀人。蜀中学术以宋代最盛，如果仔细考察一下就可以知道，宋代不少学者如张栻、范祖禹、苏舜钦、吴缜、彭乘、陈尧叟、张商英、宇文虚中，还有苏轼之母程氏等，其先辈都是唐代中后期由中原迁蜀的[①]。五代时著名的花间派词人，如韦庄等多数是由中原入蜀的；著名的西蜀画派画家，如孙位等多数是由中原入蜀的。至于杜甫、高适、岑参、白居易、刘禹锡、元稹、贾岛、黄庭坚、陆游、范成大等文坛明星入蜀对蜀中文化繁荣的关系之巨，更是十分明显。

元代到清初，是巴蜀文化发展全面衰退、停滞的时期。直到清代中期才开始复苏，逐步走向新的繁荣。在这个复苏的过程中，“湖广填四川”（详后）的大移民，更是不容置疑的文化大融合，使近代的巴蜀文化无处不显现出兼容的特点。例如，以成都话为代表的四川话，是属于北方官话系统的次方言西南官话，乃是以湖北话为基础再融入其他方言而在明清时期形成的（直到今天，四川的客家人仍称四川话为“湖广话”“四邻话”），四川境内至今还保留着若干讲客家话与湘方言的“方言岛”，以及少数讲河南话与安徽话的地区。又如，被当今外地旅游者赞不绝口的川菜、川戏、川酒，都不是地地道道的“土产”，而是在广泛吸收外来文化之后而形成的，关于这一点，我们在后面还会有专门的论述。

上面已经分析过，广揽博收、汇纳百川的巴蜀文化的深层次反映是心理状态上的兼容。四川人开门好客，从来不排外，这一特点，唐宋以来更加明显。杜甫并非蜀人，可在巴山蜀水之间，却保存着三处杜甫草堂：成都草堂、梓州（今三台）草堂、瀼西（在今奉节）草堂。这其中，成都的杜甫草堂自北宋以来一直被保存维修，今天更成为全世界仰慕诗圣的著名圣地，各方面都超过了杜甫家乡的纪念地。大诗

① 参见刘琳：《唐宋之际北人迁蜀与四川文化的发展》，载《宋代文化研究》第二集，四川大学出版社 1992 年版。

人黄庭坚也并非蜀人，他在蜀中生活了6年多，蜀中彭水玉屏山麓有他的衣冠墓，各地为他修建的各种纪念地有十几处，几乎超过全国其他省市的总和。大诗人陆游也并非蜀人，他在蜀中生活了8年，蜀中一直保存着他在蜀州（今崇州）的故居罨画池。特别值得重视的，蜀中不仅有他们的纪念地，而且为他们修建了祭祀的专祠，即成都草堂中的工部祠、宜宾涪翁亭南的山谷祠、崇州罨画池公园中的陆游祠（在工部祠中，也同时配飨黄庭坚与陆游，称为“异代升堂宋两贤”）。几位大诗人在蜀中所受到的尊崇，都超过了他们的家乡。三位大诗人都曾漫游半个中国，各地都留下过他们的足迹，无论在他们的家乡还是在其他地方，其受尊崇的程度都不如蜀中。我认为这不是偶然的，这正是以兼容为重要特点的巴蜀文化在人们心态上的反映：尊崇任何一个对文化事业做出过贡献的人物，无论他是本乡人还是外乡人。当我们把历史的目光扫向近代，就会发觉这种兼容的心态更为明显。经过了清代中后期的较为稳定的发展，外地移民均已经过好几代的融合，都成为“川人”。在抗日战争爆发，四川成为大后方，数以百万计的各省人士拥入四川之后，无论何方人士，均能与川人很好地相处，共渡难关。我曾经读过和听过很多文化人描述他们当时在四川生活的回忆，没有一位认为他们在四川受到过异乡人的冷遇，以至抗战胜利后有部分外省人就未曾再返家园，而以四川作为了他们的第二故乡，成为又一批新的川人。这种情况，完全是自古以来巴蜀文化兼容性的延续。

有关巴蜀文化在各方面具体的发展历程，我们将在以下各章分别叙述。在各个侧面的文化现象中，当然还会有不同的特点。但是，如果我们要从宏观的、历史的角度来加以考察与总结巴蜀文化最主要的特点的话，我认为应当就是通过上述简明的勾画之后所得出的结论：巴蜀文化最主要的特点是由移民文化为载体而表现出的兼容。

第二章　地　理

四川盆地这个大舞台的地理特点与巴蜀文化的特点关系至深，因为历史长河中发生的一幕又一幕有声有色的活剧就展开在这个大舞台之上，或享其优惠，或受其制约。地理环境对人们经济活动与文化创造的影响在过去比今天更为显著，中华传统文化的地域特色古代比近代更为显著。严格来讲，我们今天所称的各具特色的地域文化，基本上都是形成于古代、遗存于今朝的。所以，了解四川盆地的地理特点，探求这些特点对文化发展的影响，应是我们讨论巴蜀文化的第一篇。

第一节　地理位置与文化发展

四川盆地在中华民族生息繁衍的大舞台上，处于一个十分重要的交汇区，用最通俗的比喻，是一个十字路口。从南北方面看，北边是寒冷干燥的陕甘地区，南边是温暖湿润的云贵地区，四川盆地是一个交汇处与过渡区；从东西方面看，西边是以游牧为主的康藏高原，东边是以农耕为主的江汉平原，四川盆地仍是一个交汇处与过渡区。这种特殊的地理位置，使得四川盆地必然成为东西南北各种文化因素交融的地区，必然形成一种内涵极为丰富的汇纳百川的文化特色。宋人罗泌在他的《蜀山氏纪论》（《全蜀艺文志》卷四八）中就已明确指出，四川盆地的地理特色是“西番东汉，北秦南广”，正由于这种特色，才会形成“夫蜀之为国，富羡饶沃，固自一天壤也”（同上）的优势，才会使四川盆地具有“秦资其富，以兼七雄；汉阶其力，遂奄四海”（明・郭棐：《四川总志序》）的强大的经济实力。

东西南北各方文化因素在四川盆地交融的过程，在本书以下各章中的具体论述中几乎处处可见，这里不再细论。我只想举出一个直至今天仍十分明显的实例：今天最为中外人士所称道的、最富巴蜀特色的“川味正宗”，无过于著名的川菜、川酒与川戏。若以川菜而论，早在汉代扬雄的《蜀都赋》中所列的饮食原材料，就有来自四面八方的“江东鲐鲍，陇西牛羊”等数十种，就已显出了兼容并收的特色。正因为如此，才可能发展成为今天“一菜一格，百菜百味”的有三千多个品种的享誉全球的川菜。若以川酒而论，在全国白酒王国中遥遥领先的川酒虽然源远流长，但浓香型大曲酒的制曲技术与生产工艺最初主要来自北方的陕西，而酱香型酒的生产技术则几乎全部取于南边的贵州。正是吸收了这些外来的技术并加以消化发展，才会在巴山蜀水的优良自然环境中出现五粮液、泸州老窖、剑南春、全兴大曲、郎酒、沱牌曲酒这“六朵金花”。若以川戏论，川戏是我国所有地方戏曲中唯一的五种声腔并存的地方戏曲。五种声腔中，昆腔来自江东的昆曲，高腔来自湖广的弋阳腔，胡琴来自湖北汉调与陕西的二黄，弹戏来自北方的梆子，灯戏来自本土的民间小调。虽然五腔并存，可又同用四川的方言，同用一套打击锣鼓伴奏，并有同一风格的表演程式。川剧的这种特点，可谓最典型地反映了巴蜀文化的兼收并蓄而又能融汇创新、再有发展的特点。

第二节　气候条件与文化发展

如果我们站在一个地球仪面前来看四川盆地，就会知道四川盆地位于北纬26°—34°，北纬30°线横贯中央。从纬度位置看，处于亚热带回归高压带，同一纬度地区大多是干热少雨的地区，如印度北部、伊朗高原、阿拉伯半岛北部、埃及、利比亚、阿尔及利亚、摩洛哥、墨西哥等地均是如此。可是，四川盆地却是山清水秀、一片葱绿，夏天无酷暑，冬天无严寒。所以会出现这种自然景观，是由于四川盆地特殊的地理环境所带来的良好气候条件。

四川盆地位于青藏高原东侧，在两大洋之间，东南距太平洋、西南距印度洋均在1200公里左右，两大洋的温暖气流均能到达，故而形成了温暖湿润的亚热带季风性湿润气候，地面自然景观的特点也就是亚热带常绿阔叶林。盆地四周都有山，可却是南低北高，南边的大娄山、大凉山以及东边的巫山、西边的龙门山都不高，不会挡住两大洋温暖的气流。北边的米仓山、大巴山以及更北的秦岭却都在海拔两千米左右，在冬季能够阻挡北方冷空气的长驱直入，即使冷空气能够侵入，也由于越过高山下降，而减弱了寒冷的程度，使盆地内冬暖春早，“西蜀冬不雪”（杜甫：《大雨》），自古如此，成为我国冬季著名的暖中心。春天的到来要比长江中下游地区早一个月左右，盆地内霜日一般不超过25天，无霜期一般在250—300天，全年都是农耕期，植物生产活跃期在240天以上。这种气候，既适于人们的生活，更宜于农作物的生长。当代历史地理学家任乃强曾就此做过一番比较：“若以四川盆地与黄土之黄河平原比则无亢旱之虞，与冲积之江浙平原比则无卑湿之苦，与三熟之广东平原比则无水潦之患，与肥沃之松辽平原比则无霜雪之灾。”① 这一结论是比较合理的。

正由于有如此良好的气候条件，加上由河流冲积物沉积而成的肥沃土壤，四川盆地才会在巴蜀先民的经营之下成为“膏腴之地”“天府之土”，为农业生产创造了极为有利的条件，使巴蜀地区的农业生产长期位居全国前列。而古代农业社会之时，只要农业发达，就会百业兴旺。早在汉代，人们就已公认：“蜀地沃野千里，土壤膏腴，果实所生，无谷而饱，女工之业，覆衣天下，名材竹干，器械之饶，不可胜用。”（《后汉书·隗嚣公孙述列传》）

四川盆地自然环境的优越，还表现在几千年来未发生过过多严重的天灾，无论是洪涝、干旱、风雪、冰雹、蝗虫、地震，都未造成过全境性的灾害。这种特点，保证了巴蜀文化得以发展与繁荣，同时也在巴蜀文化的盛衰史上反映出一个十分明显的现象：无论是盛是衰，其主要原因都不是自然条件的变化，而是出于人事的原因、社会的原因，这其中主要又是决定于社会是否安定。只要没有战乱，社会安定，巴蜀地区必然繁荣兴旺；只要出现衰退停滞，就必然是社会不安定所导致的。几千年来，从无例外。著名政治家文天祥在分析巴蜀地区所以从秦到宋一直繁盛的原因时说：“蜀自秦以来，更千余年无大兵革。”（《文山先生全集》卷九《衡州上元记》）此说是正确的。

① 任乃强：《乡土史地讲义》，第 27—28 页，1929 年任氏自印本。

第三节　地形特点与文化发展

孕育与发展巴蜀文化的四川盆地是一个十分典型的盆地，又是一个十分大的盆地，其地形四周皆山，盆底低平，平原与丘陵区面积约为 12.5 万平方公里，是人们进行经济与文化活动的主要地区。

盆地的地形特点，对于盆地内文化的发展必然产生若干影响，而使其表现出以下的一些特点：

首先是强烈的地方性。“其地四塞，山川重阻”（《隋书·地理志》），是巴蜀地区最明显的地理特点。内外交通不便，音讯难通，故而“蜀道之难”成为流传千年的俗语。巴蜀先民为了突破这种地理的封闭性，变蜀道难为蜀道通，付出了难以想象的努力与代价，终于打通了条条通道，使巴蜀文化始终能与外界产生各种各样的交流与互补，不致成为一种封闭型的文化。可是，由于对外交流的诸多不便，由于巨大的盆地内腹有广阔的回旋余地，由于封闭地形内部文化结构相对稳定，能够自成系统，故而在盆地内孕育与发展的巴蜀文化虽然也曾广受外来文化因素的影响，可在经过消化吸收之后，就在盆地之中得到较稳定的发展，任何时期都能显示出强烈的地方色彩。让全世界感到震惊的三星堆文化的地方色彩之独特，全国无二。在汉语汉字系统之外长期使用自己的语言与文字，而且这种文字又至今可见的地区（少数民族地区除外），只有巴蜀。大诗人杜甫足迹走遍半个中国，可当他由陕入蜀之际，竟写下了“我行山川异，忽在天一方。但逢新人民，未卜见故乡”（《成都府》）的诗句。诗人所惊异的决不仅是“山川”，否则决不会有“天一方”之叹。他在成都所写的诗篇中，多次称蜀中为“异方”（如《畏人》、《陪李七司马皂江上观道行桥》之二），应当是他对巴蜀文化不同于中原的地方特色的反映。在我国古代地理书中，甚至称巴蜀为“人情物态，别是一方”（《太平寰宇记》卷七二），是专从各地之不同而立论，未免讲得有点过头，但它强调巴蜀文化强烈的地方特色，却是正确的。

第二是向心性。盆地四周高峻而中间低平，成都平原成为整个盆地的中心。这里既是经济文化最早发达的地区，也是对四周具有强烈吸引力的地区。四方的经济文化成果向中心凝聚，中心的经济文化成果又向四方辐射，成为一个十分稳定的向心结构，故而成都平原成为盆地的经济文化中心，成都市成为盆地的中心城市，地位几千年来一直未变。这种强烈的向心性与稳定的向心结构，使成都自秦汉以来就一直是我国最大的城市之一，最繁荣的城市之一，被称作“一方之会”（《周书·辛庆之传》），即盆地的聚集点。故而杜甫称成都为“喧然名都会”（《成都府》），苏轼更直接称“成都，西南大都会也”（《大悲阁记》）。左思在《蜀都赋》中夸成都是“虽兼诸夏之富有，犹未若兹都之无量也”。为什么“无量”，关键就在于它是“一方之会”。作为“一方之会”，成都还有一些其他大城市所没有的特点：首先，成都是自古蜀王国开明氏建都以来两千多年中从未迁徙位置的古都（如果以聚邑论，则从商代以来就从未迁徙），开明氏时期的市中心，也就是今天的市中心（具有这种特点的古都我国只有两个，另一个是春秋时期吴国都城苏州，不过苏州在春秋以后没有再成为都城）。其次，成都的人口长期高度聚集，周围人口不断向城市集中。成都第一次户口记录见于西汉平帝元始二年（2），有人口35万，占蜀郡15县总人口的30%，占全盆地人口的10%；到西晋时，成都占蜀郡6县总人口的60%；到唐代，成都人口为58万，占成都府所属16县总人口的

70%～80%，是全国人口最多的县；唐以后，成都人口有所减少，宋代与明代的人口都在30万左右，占成都府总人口30%左右；清代人口数复升，到宣统时期，人口已达85万，占成都府13州县总人口的58%①。这种城市人口高度集中的情况，在古代是不多见的。第三，成都在人口增多所造成的城区必然扩大的过程中，为了便于管理，唐代不得不在行政区划上同城分置，即所谓“户口滋多，屡有析置”（龚煦春：《四川郡县志》卷六）。贞观十七年（643），成都城区划为东西两半，原成都县一分为二，东边为蜀县（唐肃宗时改名华阳县），西边为成都县，以后又将两个县分为四个县，再并为两个县。两县同城的格局一直保持到民国时期，而且两个县署相距很近（唐代情况不明，从宋到清，成都县署在府署之西，华阳县署在府署之东）。这种两县同城而且延续千余年不改的情况，是全国仅有的一例。（据笔者所见资料，只有浙江的嘉兴县与秀水县曾经两县同城，都在今天的嘉兴市，但是时间不长，始于明宣德五年，终于1912年）上述三个事例，充分表明四川盆地这种强烈的向心性已经到了向心挤压的程度。这种情况的出现，其根本原因，应当是地形条件的向心性，除此很难找到更合理的解释。

第三是同一性。这里所谓的同一性，是指经济文化发展的同一性。即是说，无论什么民族、何方移民，他们进入四川盆地之时，都带着各自的经济技术特长与不同的文化习俗与特征。可是，不要多少时候，都逐渐融入巴蜀文化的大系统，各自的特色逐渐削弱。四川盆地的人口构成是经过多次民族迁徙与移民入川而形成的，外来移民占

---

① 以上统计数字，据谭继和：《成都历代城市人口的变迁》，载《成都地方志通讯》1984年第2期。

绝大多数，真正的“土著”不多。可是，作为一个总面积达 20 多万平方公里、以移民文化为特点的辽阔地域，在盆地内部却未能再出现相对独立的经济区，也未出现不同地区的区域文化特点。且不说宋代以后几次“湖广填四川”的大移民之后在语言与习俗上的迅速融汇，就以文化交流较之后代要缓慢得多的先秦时期来看，川东的巴文化与川西的蜀文化也是很快就相互渗透，融为一体。中华人民共和国成立之初，由于原属巴地的几处极富特色的船棺葬的发现，学者大多认为船棺葬文化就是典型的巴文化，于是在巴文化与蜀文化的各自特点方面做了不少阐述。可是，没有多久，川西各地陆续发现船棺，在成都市发现了船棺，连盆地西边山区的芦山、荥经等地也发现了船棺，时代最晚的都在战国。再加上其他方面的若干材料，十分清晰地表明了巴文化与蜀文化两者各自的特点并不显著，很多方面是相互融汇的、共通的。于是不少学者认为巴文化与蜀文化很早就相互渗透，如果只从出土遗物来看，两者很难确切划分。这也就是我国最早论及巴蜀地理学的名著《史记·货殖列传》与《河渠书》和《汉书·地理志》，都是分别称巴称蜀，可又都是两者不分、相提并论的原因所在。出现这种情况的原因何在呢？除上述的盆地的封闭性与向心性之外，还有一个重要的地理特征，就是四川盆地内部是一个单一水道系统，即长江水道系统。长江（上游称金沙江）由西到东，穿过盆地的最低处，盆地中的岷江、沱江、涪江、嘉陵江、乌江等河流全部流入长江，四川盆地中是一个纯粹的单一水系，所有大中城市如成都、重庆、万县、泸州、宜宾、乐山、南充、达县、绵阳、广元等无一例外全是这个水系的河边城市，或者说，只有在这个水系之上，才可能形成为初期的聚邑与后期的城市。这种单一的水道系统成为人们多年来经济文化交流的最方便与最常用的渠道，这种最方便与最常用的渠道将盆地内的八方居民联成一体，从交流而融汇，使经济发展成为同一网络，使文化发展成为同一系统，这是十分自然的结果。

第四节　地理环境与行政区划

我国自春秋时期开始设置郡县以来，郡县制一直是我国古代行政区划的主要格局。行政区如何设置，每个行政区的地域如何划分，会有多种因素的影响，但地理环境应当是其中的重要因素。这一点，在四川盆地中表现得尤为明显。自从秦并巴蜀，设巴郡与蜀郡以来，四川盆地一直处在一个较为稳定的行政区划之中，基本上没有变化。在前期还分设巴郡蜀郡，还有少数地区在盆地之外，经过长期行政管理经验教训的总结，在历代行政区划的划分中，愈往后愈是以盆地周边为界，愈往后跨越周边的情况愈少。到元代，终于把巴郡与蜀郡地区合二为一，以蜀统巴，终于把长期属于蜀范围的大巴山脉以北的汉中地区划了出去，把南边大娄山脉的大片地区划了出去。我国最初建省是在元代，元代的四川行省可以说基本上是以盆地周边为分界的，这种格局合乎地形特点，最为合理，故而明清两代基本上沿袭不改，直至近代。

在巴蜀历史上，自秦统一之后，也曾经建立过几次地方政权，如西汉末公孙述所建的成家，东汉末刘备所建的蜀汉，西晋末李雄所建的大成，五代时王建所建的前蜀，孟知祥所建的后蜀，北宋初李顺所建的大蜀，元末明玉珍所建的夏。这些政权维持的时间有长有短，可它们的统治区域无一例外都是四川盆地全境。这一事实也说明，只有将盆地内区域全部控制，政权方能维持。在单一水系基础上形成的统一的经济文化体系，是无法分割的。附带说一句，就是在当代，中华人民共和国成立初期，当时考虑到四川盆地幅员太大，人口太多，曾将四川盆地内分为川东、川南、川西、川北四个行政区。不到 3 年，又将四个行政区合并为统一的四川省。这是一个反映盆地向心性与单一水道系统的稳定性的最近实例。

虽然巴蜀地区长期处在同一个行政区划之内，但两千多年来也有若干变化。现将自秦统一巴蜀以来今四川省范围内及相关地区的行政区划的变迁简述于下：

战国时期的秦惠文王后元九年（前 316），秦国大将司马错和张仪奉命伐蜀，灭了蜀国，接着又灭了巴国，巴蜀地区遂统一到秦国版图之中。按秦国行政区划的郡县制，秦中央政府在原巴地设巴郡，治江州（今重庆）；在蜀地设蜀郡，治成都。秦在巴蜀地区共置多少县，情况不明，据已有的研究成果看，可知者有 19 县。其中巴郡 5 县、蜀郡 12 县，还有两县当时属于黔中郡（秦伐楚后所置），但早属巴国，后来亦属四川，这就是鱼复县（今奉节）与巫县（今巫山）。

秦代短暂的统一时期中，巴蜀地区的郡县设置仍与战国末年的秦国时期一致。

汉承秦制，西汉初期的四川仍设巴郡与蜀郡。但鱼复县划归巴郡，仅将巫县划给荆州的南郡。汉高祖六年（前 201），鉴于蜀郡太大，从蜀郡中分出东北部置广汉郡，郡治初设于绳乡（又称乘乡，今金堂赵镇），后徙梓潼。到汉武帝时期，大力加强对边疆地区的开发，在原蜀郡的边区先后设置：犍为郡（初治鳖，即今贵州遵义；后徙南广，即今云南盐津；再徙僰道，即今宜宾）、沈黎郡（治旄牛，今汉源）、越嶲郡（治邛都，今西昌）、汶山郡（治绵虒，今汶川）。后来沈黎郡和汶山郡又并入蜀郡。这样西汉前后共设置过 7 个郡。另有巫县属于南郡，在今四川地区就共有 8 个郡。这些郡所辖县还包括了今云南、贵州、甘肃、陕西的一部分。在今四川境内，西汉共有 50 余个县和设在边区、与县同级的“道”，如今平武的刚氐道、松潘的湔氐道、甘洛的灵关道等。

也就是在西汉时，汉王朝为了加强中央对地方的控制，在全国设置了监察地方的 13 个“刺史部”（以后逐步由监察转为行政），今四川地区各郡均属于益州刺史部，故从此时起，四川地区就称为益州。益州之称，沿用了一千多年，直到宋末。

东汉时期，郡县设置大体上沿西汉之制，较重要的变化是将西汉后期所设的西部都尉（原沈黎郡地）改设汉嘉郡。整个巴蜀地区仍置益州（州治先后设于今成都、绵阳、德阳黄许镇、广汉等地），故东汉末刘焉、刘璋父子和刘备割据时，都自称益州牧。刘焉曾在巴郡、犍为郡地区分置数郡，为时很短，但刘焉将巴郡分为巴、巴东、巴西三郡，使之有“三巴”之称，对后世影响不小，李白诗中的“三春三月忆三巴”即来源于此。

三国时期的四川地区为蜀汉的中心地区。三国故事，几乎人人都知道一些，但三国时的蜀汉政区，却因史籍不明（《三国志》无志无表），至今还不能最后确定。蜀汉的基本情况是：常设之州为益州，益州刺史治成都，州下各郡为：蜀郡（治成都）、犍为郡（治今彭山）、汶山郡（治今汶川）、越嶲郡（治今西昌）、牂柯郡（治今贵州黄平贵定之间）、江阳郡（治今泸州）、汉嘉郡（治今芦山）、朱提郡（治今云南昭通）、建宁郡（治今云南曲靖）、云南郡（治今云南姚安）、兴古郡（治今云南砚山）、汉中郡（治今陕西汉中）、广汉郡（治今广汉，后主时曾分出东广汉郡，治今射洪）、巴郡（治今重庆）、梓潼郡（治今梓潼）、宕渠郡（治今渠县）、巴东郡（治今奉节）、涪陵郡（治今彭水）。另外，在今天的甘肃省南部置凉州，有武都、阴平二郡。而在今四川东部的巫山县，则属于东吴的荆州建平郡，且为郡治所在地。

西晋时期，今四川地区政区基本上同于蜀汉，置益、梁两州，北部有两县属秦州阴平郡，东部有三县属荆州建平郡。

在两晋南北朝时期，我国南方有一种特殊的侨置郡县。就是在北方的连年战乱之中，大批士族逃难到南方来了，统治者为了安置这些有身份有权势的流民，就在南方各地虚设北方郡县以居之，仅有治地，没有或少有实土，好比把北方政区的流亡机构安置在南方，挂一块招牌，这就叫“侨郡侨县”。今四川地区也安置了不少（如在成都县内，就设了怀宁、始康、宋宁、宋兴四郡，郡下还有县），有的甚至取代了原来的实置郡县，领土治民，这是两晋南北朝时期的一个特殊现象。

西晋末年，在今四川地区，巴氐李氏建立了短暂的成汉政权。成汉的 40 多年中，对政区建置有不少改变，共置益、梁、荆、安、宁、汉 6 州。除属于今云南、贵州、陕西、甘肃等省者外，在今四川地区共有益州 7 郡、梁州 7 郡、荆州 2 郡、安州 2 郡。

东晋时期，四川地区战乱不停，以后又是南朝的宋、齐、梁、陈和北朝的北魏、西魏、北周相继在四川地区更迭政权。在这 200 多年中，政区变化很大，主要情况是郡、州、县的设置越来越多，所辖地域当然也就愈来愈少，侨置与实置日益相混，乃至出现了一些事实上没有户口的虚郡、荒郡，或者一郡只领一州，一州只领一县，或者有州而无县。所以出现这种情况，一是因统治者以多置郡县来虚夸其疆域之扩大；二是侨置变为实置；三是少数民族地区增设了若干郡县。由于以上种种原因，到北周时，今四川地区竟有 37 州、100 郡、172

县。为了分统这样多的州郡，只好在州之上再设置益州、扶州、利州、信州、遂州、潼州等几个“总管府”。

隋统一全国之后，决心改变“当今郡县，倍多于古，或地无百里，数县并置；或户不满千，二郡分领。……民少官多，十羊九牧”的情况，决定“存要去闲，并小为大”（《隋书·杨尚希传》），地方先设州县两级制，以后改为郡县两级制，在今四川地区共设 24 郡、174 县。

唐代也是地方行政区划调整、变化较多的时期。其主要情况有以下几项：(1) 太宗时，划分全国为 10 道，分道监理地方事务。今四川地区分属剑南道、山南道和江南道。玄宗时又分全国为 15 道，今四川地区分属剑南道、山南东道、山南西道、黔中道。肃宗时，又分剑南道为东西两川，分置东川节度使和西川节度使，并升蜀郡为成都府。(2) 除“道”这种监察系统之外，全国实行两级制，初为州、县两级，玄宗时曾改州为郡，肃宗时又改郡为州。四川地区一直在 42 州郡至 55 州郡之间。(3) 在边区与少数民族聚居区设置了若干个羁縻州，今四川地区的羁縻州准确数字不明，大约有 200 多个。(4) 在一些要冲地区设置都督府（初称总督府），如四川的中心成都，以及利州（今广元）、夔州（今奉节），少数民族地区和边区的松州（今松潘）、茂州（今茂汶）、黎州（今汉源）、雅州（今雅安）等地均设过都督府。

五代时期，四川地区先后为前蜀和后蜀两个地方政权所统治，行政区划基本沿唐制不变。但曾在一些要冲地方增置与州同级的“军”，事实上也是地方行政机构，如在青城置永康军，利州置昭武军等，开宋代置军之先河。

宋代在四川地区的行政区划事实上基本依照唐制，但在名义和层次上有不少变化。例如：改唐时的“道”为“路”，成为地方最高行政机构，名称变过几次。宋初置西川路、峡西路，到宋真宗时分为益州路（治今成都）、梓州路（治三台）、利州路（治广元）、夔州路（治奉节），总称为川峡四路，或简称四川路，或略称川峡、川路，是为“四川”得名之始。在“路”以下有州、县两级，加上路，就成为路、州、县三级。与州同级的，还有在一些要冲地方设的“军”（如今北川的石泉军、灌县的永康军、金堂的怀安军、广安的广安军、綦江的南平军），有在盐井等经济中心地方设的“监”（如今仁寿的陵井监、富顺的富顺监、巫溪的大宁监）。所以，地方机构就成为：路——府、州、军、监——县这样的三级制。到了南宋，将州改为“府”的不少（因为南宋惯例是各帝王即位后，就将其即位前曾经任官或建藩之地升为府，如重庆府、嘉定府、崇庆府、顺庆府、隆庆府等都是如此），所以，北宋末年的四川是 4 路、4 府、35 州、8 军、3 监、180 县，到南宋末年则为 4 路、10 府、29 州、8 军、2 监、180 县、4 个州辖监。当然，少数民族地区仍有若干羁縻州。

元代的地方行政区划中最重要的一点是设行省，这种行省的划分以不同的类似称呼一直延续到今天。元代的中央行政机构为中书省，在各地设“行中书省”，简称行省，作为地方的最高行政机关。元代在全国设置了 10 个行省，元代初年，四川地区属于陕西、四川行省，到至元二十三年（1286）分置四川行省，治成都。这是古代历史上第一次正式设置“四川省”，也是古代地方行政区划首次巴蜀合一，以蜀统巴。此时的四川省还管辖今陕西的略阳、勉县等地和今湖北的利川、建始、恩施等地，又有部分地区属于云南行省和湖广行省，但将汉中地区划归陕西。在四川盆地范围内，大体上奠定了今天四川省的格局。

在省以下，废宋代的军、监建置（只保留了一个长宁军，到1325年升为州），基本上实行路——府、州——县的三级制，只有少数例外，如直隶于省的府或不辖县的州之类，造成延续于后世的“直隶府”与“散府”，“直隶州”与“散州”的区别。

明代的四川辖区，与当代的四川（除甘孜州外）基本接近，但仍管辖今云、贵部分地区。不过，明代不称“行省”，而称为“承宣布政使司”，其下为府、州、县三级制。四川布政使司在今四川境内辖有8府、6直隶州、15府辖州、110县，其基本区划与县名一直沿用到今天。在少数民族地区还设置了若干卫、所，相当于州、县两级的建制。

清代又改布政使司为省，四川省这个名称便一直沿用到今天。清代的地方行政区划有以下特点：（1）清代中叶，在省之下设立“道”，全省先后设有成绵龙茂道（后改川西道，治成都）、建昌道（后改上川南道，治雅安）、川南永宁道（后改下川南道，治泸州）、北川道（治阆中）、川东道（治重庆）、边北道（治石渠）、康安道（治巴塘）。（2）在少数民族地区推行改土归流，建置了若干“厅”（也有个别的“厅”不在少数民族地区），有与府同级的直隶厅，也有与县同级的府辖厅（也可称散厅）。（3）州仍分为下面辖县的直隶州与不辖县的散州两种。（4）清末时，赵尔丰任川滇边务大臣，率军西征，在今甘孜州地区用武力推行改土归流，或建府、州、厅、县，或建置“设治委员”，这种“设治委员”就成为一种特殊的地方行政机构。

值得注意的是，在清代对政区的几次调整之后，主要是将镇雄、乌蒙、东川三府划归云南，将遵义府划归贵州，四川省的辖区基本上与当代四川一致。也可以说，当代的四川版图基本上是沿袭清代。

第三章　民族与人口

巴蜀先民自古以来就是若干个民族共存，经过长期的交融，在盆地中形成了巴蜀先民的主体汉民族之后，在周边仍存在着若干个古老的民族，仍然保持着各自的文化传统。由多民族形成的巴蜀先民从人口上来看，大体上是由少而多，逐步增加的。但是，巴蜀先民人口的增减，有过明显的大起大落，最后成为全国人口最多的地区，其增减曲线的起伏之大，全国仅见。人口的增减，大体上与文化的盛衰同步；而民族的构成与融合，则更直接地反映了文化的源头与发展。

第一节　以巴族、蜀族为主的巴蜀先民

巴蜀先民的民族构成，十分复杂，古代文献中的记载，也头绪纷繁，歧说甚多，前人基本上没有做过系统的清理。直到近年来，通过蜀中学术界的研究，才理出一个初步轮廓。

我们在本书《导言》中已经谈到，巴蜀地区最早的主要民族，是川东的巴族与川西的蜀族，这两个族团都不是单一的族系，其中有来自不同族源的支系，故又被统称为巴人与蜀人，巴族与蜀族只是两个族团之中的主体民族。在川东的巴人族团之中，长期居于主导地位的

是被称为巴王族的宗姬之巴。《华阳国志·巴志》载：

> 周武王克殷，实得巴蜀之师，著乎《尚书》。巴师勇锐，歌舞以凌殷人。前徒倒戈。……武王既克殷，以其宗姬封于巴，爵之以子。

这段记载，应当是可信的，因为《左传·昭公十三年》载楚平王之母称为巴姬，《史记·楚世家》也是同样说法，可证姬姓之巴确是巴族中的王族，并与楚国王室通婚（巴与楚王族之间的通婚关系一直延续到战国，仍见《华阳国志·巴志》）。古代史籍中所称的“巴国”“巴子国”，就是以宗姬之巴为首建立起来的。

以宗姬之巴为首的巴国，活动区域比较大，中心地区并不在四川盆地之内，而在今陕西省东南角的汉水上游，巴山、大巴山、巴水（巴水之名今已不称，见《战国策·燕策二》）等山水之名，正表明这一地区与巴人的密切关系。大约到了春秋时期，巴国的活动中心沿汉水向东发展，到达鄂西地区，与楚国结盟，曾联合灭庸。后来联盟破裂，巴国的活动中心又向西南发展，以清江地区为活动中心。大约在春秋末叶进入川东，其路线很可能是溯清江而上。整个战国时期，巴国主要都在今川东地区活动，“其地东到鱼复（今奉节），西至僰道（今宜宾），北接汉中，南极黔涪（指黔中、涪陵地区）”（《华阳国志·巴志》）。在这个广大区域之中，原来的土著民族，也就与入川之巴相混，成了巴人族团的一部分，后世也称之为巴人。巴国在川东地区曾五迁其都，也就是《华阳国志》中所说的“巴子时虽都江州（今重庆），或治垫江（今合川），或治平都（今丰都），后治阆中，其先王陵墓多在枳（今涪陵）”。从先王陵墓地所在这一点分析，枳应是巴人入川后最早的根据地。而江州是最后的都城，秦灭巴就是灭的江州之巴。

在巴人族团之中，除了应视为中原华夏族系的一支的宗姬之巴外，还有其他被称为巴族的族系，如属于南方濮人系统的廪君之巴，主要记载见于《后汉书·南蛮西南夷列传》，他们的主要活动区域是鄂西的清江（古时称为夷水、盐水）流域；属于夏人之后的丹山之巴，主要记载见于《山海经·海内南经》，其主要活动地点“在丹山西”。《水经注·江水》说“丹山西部巫山”，即今川东与湖北交界的地区，他们应属于华夏族系的一支。还有在《尚书·牧誓》中被称为“彭”，汉代又称为“賨人”“板楯蛮”的巴渝之巴，他们原来就居于渝水，即渠江及其与嘉陵江合流之后的嘉陵江一带。据《华阳国志·巴志》载，他们“天性劲勇”“锐气喜舞”，是原来就居于川东地区巴人族团中分布最广、力量最大的一支，从族源上分析，他们也是濮人系统的一支。

《华阳国志·巴志》在叙述巴地的民族情况时说“其属有濮、賨、苴、共、奴、獽、夷、蜑之蛮”。既然称为“其属”，当是指在巴人族团之中较小的一些民族。除了共和奴的情况今天已难以查考（邓少琴在《巴史新探》中认为奴即卢，共即龚，尚待进一步论证）之外，他们都属于百濮系统。濮人最初分布在长江中下游广大地区，族系繁多，在《逸周书·王会》中就被称为“百濮”。由于“百濮离居，将各走其邑”（《左传·文公十六年》），不少部落西迁到鄂西、川东乃至川西地区，故而扬雄《蜀都赋》说是“东有巴賨，绵亘百濮”；左思《蜀都赋》也说是“东则左绵巴中，百濮所充”。

川西的蜀也是一个多源的族团，整个族团又被称作蜀人。蜀人的主体族是蜀族，古代文献中又称为“叟”，有关它的文献记载比巴族要清楚一些。在《蜀王本纪》与《华阳国志·蜀志》中，明确记载了五代“蜀王”，即蚕丛、柏濩（或作柏灌）、鱼凫、杜宇、开明。《蜀王本纪》其书已佚，后代引用的各书文字不尽相同，今据张震泽《扬雄集校注》本（此书基本依据严可均辑《全上古三代秦汉三国六朝文》）中的《蜀王本纪》，将古代蜀王的有关记载摘录如下：

> 蜀王之先，名蚕丛，后代名曰柏濩，后者名鱼凫。此三代各数百岁，皆神化不死，其民亦颇随王化去。……时蜀民稀少。后有一男子，名曰杜宇，从天堕，止朱提。有一女子名利，从江源井中出，为杜宇妻。乃自立为蜀王，号曰望帝。治汶下邑曰郫，化民往往复出。望帝积百余岁，荆有一人名鳖灵，其尸亡去，荆人求之不得。鳖灵尸随江水上至郫，遂活，与望帝相见。望帝以鳖灵为相。时玉山出水，若尧之洪水。望帝不能治，使鳖灵决玉山，民得安处。鳖灵治水去后，望帝与其妻通，惭愧，自以德薄，不如鳖灵，乃委国授之而去，如尧之禅舜。鳖灵即位，号曰开明帝。帝生卢保，亦号开明。

上述记载，是研究古蜀历史最重要的材料。《华阳国志·蜀志》的记载与之基本一致，只是更详一些。如果剥开上述记载中神话的外衣，可以明显地看到，古代蜀族是一个多源的族团。

目前已知的蜀族的早期阶段蚕丛氏，并不居于后来古蜀王国的中心地区成都平原，而是居住在岷江上游的山地高原地区，早期记载说“蚕丛始居岷山石室中”（《古文苑》载扬雄《蜀都赋》章樵注引《先蜀记》），应当是有根据的。西汉在今阿坝藏族羌族自治州（简称阿坝州）的茂县地区设有蚕陵县，治今叠溪，后世还一直保持着蚕陵山的地名。过去不少学者认为汉代的蚕陵县就是古代蚕丛氏的“始居”之地，这是不妥当的。严格来说，汉代的蚕陵县应是蚕丛氏从山区迁入成都平原的最后一站，不是在岷山的“始”居之地，而是“末”居之地。他们从山区向平原迁移的路线，由从茂县、汶川至灌县（今都江堰市）途中遗留至后世的蚕崖关、蚕崖石、蚕崖市等地名（见曹学佺：《蜀中名胜记》卷六）尚可寻见。

从古代族系上分析，蚕丛氏应属于氐羌族系（氐与羌同源异流，氐者低也，即由高原移至低地之羌。如《逸周书·王会解》孔晁注：“氐〔低〕地之羌不同，故谓之羌，今谓之氐也。”），其留在岷山地区而未迁至平原的一支，就是汉代的冉駹，冉駹与蚕丛，古音相通，至汉代仍“居岷山石室”，即所谓“依山居止，累石为室”（《后汉书·冉駹传》），《后汉书》明确说属于“氐类”。近代考古发掘中大量发现的石棺葬，正是《华阳国志·蜀志》所说的蚕丛死后，“作石棺石椁”的丧葬习俗的遗存。

蚕丛氏之后是柏濩氏。柏濩氏的情况，古代史籍基本上无任何明确的记载。由于柏濩又称柏灌，应当是以灌口（今灌县，即都江堰市）为中心区域。从这种推测出发，估计柏濩是蚕丛氏从岷山沿岷江向平原迁徙途中，在山区与平原交会处即都江堰地区拓殖发展时期的阶段，柏濩氏很可能与蚕丛氏是同一族系，都是出自氐羌。《盐铁论·国疾》说“蜀出于羌”，可见汉代对于蜀与羌的关系还是很清楚的。

鱼凫氏是蜀王的第三代，有关记载较多。王象之《舆地纪胜》卷一五一引卢求《成都记》说，“导江县则古鱼凫国之国也”；袁说友《成都文类》载有孙松寿《观古鱼凫城诗》，其中说：“野寺依修竹，鱼凫迹半存。高城归野垅，故国蔼荒村。”并注云：“在温江县北十里，有小院存。”这些都是唐宋人记载，可知古代的鱼凫氏的活动中心已在成都平原（唐代的导江县在今都江堰市以东10公里）。鱼凫即鱼鹰，以此为族名的民族应当是居于水滨、以捕鱼为特点的民族。近年来在广汉三星堆遗址第二期以后的文化层中，发现了不少陶制的鱼鹰头首形器柄。根据研究，三星堆遗址极可能就是鱼凫氏时期的古蜀王国的都城遗址，以三星堆出土文物为代表的早期蜀文化，极可能也就是鱼凫氏时期的文化。

关于鱼凫氏的族属，目前学术界有两种不同的看法，一种认为仍属氐羌系，一种认为是南方的濮人，是从湖北西部地区沿江西上而到达成都平原，取代了原来的柏濩王朝，融合了柏濩的广大民众，建立了以鱼凫族为主的蜀王政权，鱼凫也就成为第三代蜀王，入川的鱼凫族也就成了古代蜀族的一部分。这种论点的主要依据是：（1）鱼凫族以鱼鹰为崇拜物，原本应是生活于水乡；（2）在湖北西部，也多次发现与蜀中形制“酷似”的鱼鹰头首陶器；（3）在从湖北西部到四川西部的沿江一线，古代有若干个地点与“鱼复”“巴复”音同或音近（今天是音近字，古代是同音字）的地名，如湖北沔阳有鱼复县、鱼复城，松滋县有巴复村，四川奉节有鱼复县，涪陵有巴涪水，合江有巴符关，南溪县有鱼符津，叙永县有鱼凫关，乐山有鱼涪津，彭山有鱼凫津，直至温江有鱼凫城①。这种情况十分明白地反映了古时鱼凫族向西逐步迁徙的轨迹。

取代鱼凫氏的第四代蜀王是杜宇氏。关于杜宇氏的来历，除上引《蜀王本纪》记载之外，类似记载也见于《水经注》卷三三引来敏

① 详细论证见张勋燎：《古代巴人的起源及其与蜀人、僚人的关系》，载《南方民族考古》第一辑。

《本蜀论》，《华阳国志·蜀志》记载也大致相同。由是可知杜宇氏乃是南方（朱提在今云南昭通）的濮系民族北上与成都平原（江源在今崇州市）的土著亦即鱼凫王朝的民众结合而建立的新王朝。蜀人族团又加入了新的成分。之所以说杜宇氏中北上部分为濮人，这是因为朱提本属犍为郡，《说文》：“僰，犍为蛮夷也。”僰与濮乃同音异写。杜宇在称望帝时又名“蒲卑”（《华阳国志·蜀志》）。蒲即濮，卑即郫，蒲卑就是濮人在郫邑所建之政权。故而杜宇氏中从朱提北上部分本为濮人，十分明显。

杜宇氏之后的第五代蜀王是开明氏。关于开明氏的来历，上引《蜀王本纪》，《水经注》卷三三引来敏《本蜀论》，《华阳国志·蜀志》，三者记载大致相同。透过神话的外衣，可知开明氏是从荆地溯江而上来到成都平原的濮人，善于治水，在与当地原来的蜀族融合之后，用和平的方式取代了杜宇氏的政权，成了最后一代蜀王。最后，被秦统一，古蜀王国不复存在。

以五代蜀王为代表的蜀族，是川西川南地区居住的多民族的主体。除此之外，这里还分布过一些其他的民族。如在今宜宾一带的僰人，曾建立过僰侯国，其分布远至于云南北部的广大地区，汉代在今宜宾设有僰道县，是川南的主要民族。僰、濮本为同音异写，他们属于濮系民族是很明显的。在今西昌地区的邛都夷在《史记·西南夷列传》中与滇、夜郎为同一族系，很明显也是濮系民族。在邛都夷北部有徙与筰都，在汉代各种文献中，都明确认定为羌系民族。在岷山高原还有冉与駹，合称冉駹，我们在前面已经提到，与古蜀的蚕丛本是同族，为氐羌族系，汉代在他们的居住区域设置有湔氐道。《汉书·地理志》颜注明确指出：“氐之所居，故曰氐道。”这是正确的。

从上面简单的叙述可知，先秦时期的巴蜀先民虽然有多种民族共存，又有多次的迁徙融合，但究其本源，乃是两大族系的共存与融合过程。从东方从南方融入氐羌系蜀族的鱼凫、杜宇、开明这三大集团都是濮系民族，融入之后也都成为蜀族的一部分。这实际上是先秦时期西北方与东南方民族在四川盆地这个古代文化交汇中心进行大融合的长期的历史过程，是氐羌“子孙分别，各自为种，任随所之”（《后汉书·西羌传》）与“百濮离居，将各走其邑”（《左传·文公十六年》）这两种先秦时期重要的民族迁徙现象在四川盆地相互交融的过程，也是四川盆地之中古代蜀人族团形成的过程。前引张勋燎《古代巴人的起源及其与蜀人、僚人的关系》一文对这一过程提出了一种很值得重视的观点，认为融入蜀族中的这些濮人，实际上也就是巴人，因为巴人族团中的大部分都应属于濮人系统，这种融合也正是古代巴族与蜀族的融合，这之后，在巴蜀地区就难以再行区分巴人与蜀人，也难以再行区分巴文化与蜀文化，而形成了早期的已融为一体的巴蜀民族，形成了早期的已融为一体的巴蜀文化。《华阳国志》对巴族史迹介绍很少，就因为在蜀族史迹中已包含了巴族的史迹。《华阳国志》经常巴蜀连称，而且《蜀志》开头的两句话就是“蜀之为国，与巴同囿”，这不会是没有根据的。《蜀志》在叙述杜宇氏史迹时说：“巴亦化其教而力农务，迄今巴蜀民农时先祀杜主君。”这也很明确表示在杜宇与开明氏时期，巴蜀已是一体，不可分开了。

第二节　盆地内汉民族的形成

汉民族是我们统一多民族国家的主体民族，它有一个长期的形成、发展的历程。学术界较普遍的观点认为，我国汉民族的形成在秦汉时期，以后又经过长期的同化、融合的发展历程①。四川盆地内汉民族的形成，与全国的情况是同步的。如上所述，在巴蜀古史中的五代蜀王时期，以巴族与蜀族为主的两大族团，通过长期的交往融合，在战国时期形成了已很难再分开的统一的巴蜀民族。就在这个过程之中，中原地区的华夏族与巴蜀已在进行着不断的交往，蜀中考古发掘中多次见到殷周时期的中原文物或与中原文物极为相似的文物，如三星堆地区的玉器与青铜酒器，彭州与新繁出土的青铜酒器等，都是力证。巴蜀地区原有自己的与中原不同的语言与文字，即《蜀王本纪》所说的"蜀左言"，《华阳国志·蜀志》所说的与中原"莫同书轨"。可是在战国末期的巴蜀青铜兵器上，就已出现汉字。这些都证明，秦统一巴蜀之前，中原华夏族已有不少人入川。秦统一巴蜀之后，为了加强对巴蜀地区的政治统治与经济开发，为了转移与秦有世仇的山东六国的对抗力量，决定向巴蜀大量移民，这就是《华阳国志·蜀志》所说的，因"戎伯尚强，乃移秦民万家实之"。"万家"这一数字是概括之词，到底移民多少，今天已无从详考，但秦末时项羽说过："巴蜀道险，秦之迁人皆居蜀。"（《史记·项羽本纪》）这个"皆"字恐怕不是无稽之谈。如果说，秦王朝将决定迁徙的民众大部分都迁到了巴蜀地区，这种说法应当是符合实际的。在这一大批移民之中，成分是复杂的，有作为秦王朝依靠力量的民众，如迁到临邛的"上郡民"（见《华阳国志·蜀志》)。有因各种罪名而被流徙的罪人，如秦始皇杀嫪毐三族之后，"诸嫪毐舍人皆没其家而迁之蜀"（《史记·吕不韦列传》)。不久，又镇压吕不韦，命令吕不韦"其与家属徙处蜀"（同

① 参见徐杰舜：《汉民族发展史》第四章《汉民族形成和发展的分期》，四川民族出版社 1992 年版。

上)。在这一大案中,“夺爵迁蜀四千余家”(《史记·秦始皇本纪》)。还有征服山东六国时掳掠的在本地有实力、有影响的人物,这也就是《华阳国志·蜀志》所说的“秦惠文、始皇克定六国,辄徙其豪侠于蜀”。这其中,有著名的巨富程郑。近年来,在四川的青川县和成都龙泉驿都发现了大片当时的秦移民墓葬群,证实了上述文献记载的可靠性。

秦代向巴蜀的大规模移民,给巴蜀本土注入了新的文化,若干新的生产技术如凿井、冶铁等,在巴蜀大地得以迅速发展。历史上著名的“书同文,车同轨”的文化措施,最早实施的地区也是在巴蜀。巴蜀地区是在秦统一之后才由原来的“莫同书轨”转而逐步使用中原的汉语与汉字的(从考古资料考察,秦统一之后,刻有巴蜀文字的铜器未再出现,有“巴蜀图语”各种图案的器物在西汉中叶以后也未再出现)。唐人卢求在《成都记·序》中说:“迁秦人万家实之,民始能秦言。”晋人刘逵在为左思《蜀都赋》作注时说,是秦置蜀郡之后,“蜀人始通中国,言语颇与华同”。刘逵所谓的“通”,我认为不是指商旅的交通,而是指语言的相通,文化的相通。

在秦国移民入川的同时,长江中游的楚人也有大量移民入川,以至“江州(今重庆)以东,滨江山险,其人半楚”(《华阳国志·巴志》)。西汉著名文学家扬雄的祖先就是由楚徙居江州,以后再迁郫县的。在巴蜀地区战国末期的考古发掘中,往往见到不少楚文化因素,1980 年在距成都很近的新都马家发掘的一个战国时期的大型土坑木椁墓,竟是一个相当典型的楚文化墓葬,有铭文“邵之食鼎”的铜鼎,无论器形与铭文,与楚国铜器竟如出一辙。后来,在郫县望丛祠又发现了一片战国末年至西汉初年的墓葬,其中很明显地表现了巴蜀本土文化、秦文化、楚文化共存的特点。这更是当时各地移民入川、各种文化相互交融的最好说明①。

在秦统一巴蜀之后的大移民浪潮之后，外地移民入川的进程并未停止。这其中，除了汉王朝派遣文翁等大量官员入蜀，带入各种文化因素之外，主要的移民活动有以下一些：（1）北方凡遇灾荒，总是将灾民安置到经济较富庶的巴蜀地区，如《汉书・食货志上》："汉兴，接秦之敝，诸侯并起，民失作业而大饥馑，凡米石五千，人相食，死者过半。高祖乃令民得卖子，就食蜀汉。"（2）为了开发边疆，打通向西南的官方经济流通孔道，汉代屡次"开西南夷"，向盆地边境地区移民，如《华阳国志・南中志》晋宁郡下载："司马相如、韩说初开，得牛马羊属三十万，汉乃募徙死罪及奸豪实之"；永昌郡下载："孝武时通博南山……徙南越相吕嘉子孙宗族实之"。（3）西汉末年和东汉末年，中原都曾长期战乱，大量流民进入社会较为安定的巴蜀地区。例如："南阳、三辅民数万户流入益州"（《后汉书・刘焉传》）。（4）东汉末年，刘焉、刘璋集团率领大量军民入蜀，其中仅从南阳等地迁入的"东州士""东州兵"就有数万家之多。不久，刘备、诸葛亮集团又率大量军民（其中以荆州人士为最多）入蜀，而且定居于蜀中。

正是由于上述的外地移民大量入川，文化上的相互交融，巴蜀地区原来的本土文化特色逐渐减弱，中原华夏文化的特色逐渐增强（《华阳国志・蜀志》称这种变化叫"染秦化"，而不仅是染秦俗，这个"化"字用得十分贴切）。秦汉时期，原来的巴族与蜀族的大部分成为汉民族的一部分，巴族与蜀族不再作为一个具有特色的民族而存

① 这批墓葬的发掘与清理是由成都市考古工作队进行的，资料正在整理中，报告尚未发表。

在。在巴蜀地区，汉民族在秦汉时期逐渐形成。

汉民族是一个有共同语言、共同地域、共同经济生活以及表现于共同文化上的共同心理素质的稳定的共同体。这种共同体的主要特征，在汉代的巴蜀地区已明显地有所表现。上述各方面具体的情况，我们在本书有关章节中各有专门的论述，这里可以做一个简单的叙述。首先，秦并巴蜀之后，巴蜀逐步不再使用原有的语言与文字，不仅“言语颇与华同”，而且开始阅读中原传来的典籍，用汉语汉字进行文学创作，在西汉就出现了司马相如、扬雄、王褒等第一流的大作家（如前所述，扬雄祖上乃是外地移民，司马相如以其姓氏看，也应是中原移民之后）。其次，秦建蜀郡、巴郡之后，巴蜀地区长期成为中央王朝的一个地方行政区，成为“海内为一”的统一版图的一部分。第三，与全国各地有着极为密切的经济交流，不仅向中央交纳赋税，使用统一的货币，而且巴蜀丰裕的粮食成为全国的后备粮仓，多次运粮救济全国的受灾地区。巴蜀的丝织品、漆器、银器、铁器行销全国，成都成为全国六大商业城市之一。第四，中原的学术文化传入巴蜀，巴蜀的文人学士到中原游学，无论是研习各种典籍，还是传播儒学的伦理道德与阴阳五行的哲学思想，均在不断向中原地区看齐，还有了《太玄》《法言》等一批学术成果。巴蜀居民大多按中原的姓氏制度而有姓。沛国人张陵来西蜀鹤鸣山创立道教，并很快传向全国。总之，从民族共同体的四个主要特征来考察，巴蜀地区的大多数居民在汉代已成为汉民族的一部分，他们所创造的业绩也是汉代盛世中不可缺少的重要部分。

汉民族在巴蜀地区形成之后，在历史的长河中不断向前发展。一方面是自身经济文化的发展与素质的提高，有关情况，我们将在以下各章中分别论述。另一方面是新成分的不断加入、不断融合，在融合中发展与提高。这种新成分的加入，主要表现为外族的加入与外地移民的加入，使原来的多元变得更加多元，使自身的文化内涵更加丰富。严格来讲，这种新成分的加入是从未间断过的。但值得记述的大的高潮有以下几次：

在两晋南北朝时期，可谓天下大乱，烽烟四起，但巴蜀地区相对来说比较安定，故而有多次大规模流民入蜀，如：（1）西晋时天水、略阳等6郡“流民十万余口”入蜀，散居于蜀、广汉、犍为三郡境内。（2）北方战乱时，不断有北方流民，“举族率户”地移向南方。从东晋开始，南方不得不设置大批侨置郡县来安置这些移民，巴蜀地区也不例外，如刘宋时，四川盆地中可考的就有16个侨郡和69个侨县。当时从北方流入蜀中人口的具体数目，已无法稽考。（3）南方的少数民族也曾大量入蜀，这其中最主要的是原居于贵州与云南地区的僚人。成汉时期，为了与东晋争夺人口，充实蜀中，李寿有意“从牂柯引僚人入蜀境”，“蜀本无僚，至是始出巴西（今阆中）、渠川（今渠江）、广汉（今射洪）、阳安（今简阳东）、资中（今资阳）、犍为、梓潼，布在山谷，十余万家”（郭允蹈：《蜀鉴》卷四引李膺《益州记》）。自此以后，僚人不断进入蜀中，在各种史籍中，蜀中州郡归附僚人的记载颇多，少则数万，多如资州有20万户。有的研究者认为，蜀中僚人最多时可能达到三四百万口，超过了原有居民的人数①。这是古代一次罕见的民族大迁徙。僚人进入蜀中之后，逐步被汉民族所同化，“皆列为郡县，同之齐人”（《隋书·南蛮传》）；“富室者颇参夏人为婚，衣服、居住、言语，殆与华不别”（《隋书·地理志》）；“遂同华人矣”（《通典》卷一八七《南蛮》），虽然同化与融合的情况各地

① 参见刘琳：《僚人入蜀考》，载《中国史研究》1980年2期。

不完全一致（最晚的延续到明清）。这一次僚人大规模入蜀，为巴蜀境内的汉民族注入了大量的新鲜血液。

唐代后期至宋初，北方自安史之乱后就战火不熄，而四川比较安定，物产又相当富饶，故以唐玄宗、唐僖宗为首，大批士人入蜀避难，“是时唐衣冠之族多避乱在蜀”（《资治通鉴》卷二六六），不少人遂留居蜀中，这其中不乏文士，对宋代四川文化的发展有着不小的作用。宋代长期与辽、金、西夏、蒙古作战，中原人士认为“世行乱，蜀安，可避居”（《宋史·邵伯温传》），又有不少人入蜀。

宋末元初、元末明初和明末清初这三个时期，巴蜀大地都曾遭到严重的战乱，造成社会残破，人口锐减。除了元代初年未组织移民入川之外，明初与清初都有大量移民入川，这就是历史上著名的“湖广填四川”。今天四川汉族的先辈大约70%以上都是在“湖广填四川”时期从外省迁入四川的。有关情况我们在后面还有专门论述。这里需要指出的是，“湖广填四川”使四川的原来人口构成发生了很大的变化，虽然基本上都是汉民族内部的迁徙，但使四川盆地中的汉民族有了更为多源的血统，使近代的巴蜀文化显示出更为明显的汇纳百川的特征，为近代的巴蜀文化的重振起了决定性的作用。

第三节　两千年的人口增减与文化兴衰

任何一个民族或地域，在历史发展的过程中，人口的增减反映着整个社会的兴衰。人口增加，表示社会安定，经济发展；人口减少，则表示社会动荡，经济衰退。而经济的起伏，又制约着文化的盛衰。所以，人口变化的曲线，大致上可以反映文化曲线的盛衰。

我们现在要考察巴蜀地区两千年来人口的增减变化，肯定是不可能得到比较精确的数字的。原因很简单：一是古代不可能有科学的人口普查，所记载的数字一般都以“载籍”即赋役情况为准，不可能准确；二是巴蜀地区行政区划历代并不完全相同，每个时期作统计的区域也不相同。所以我们所要考察的和能够考察到的，只能是一个大致的情况，画出一条大致的曲线。

据目前所见到的材料，我国最早的一次人口统计是西周宣王三十年（前789），“宣王既丧南国之师，乃料民于太原”（《国语・周语上》）。不过，巴蜀地区最早的一次人口统计却是在西汉末年的平帝元始二年（2），据《汉书・地理志》所载，巴蜀地区的益州五郡（蜀郡、巴郡、广汉郡、犍为郡、越嶲郡）的总人口数为3514217人。到了东汉顺帝永和五年（140），总人口数为5483713人，这个统计中，巴郡人口数据《华阳国志・巴志》汉桓帝永兴二年（154）数字，其余据《后汉书・郡国志》。东汉较之西汉，人口有明显的上升趋势。汉代人口之盛，是巴蜀地区的第一个人口高峰，这也是巴蜀地区经济文化第一次高度繁荣的反映。

三国蜀汉时期在文献中只能见到总的人口数，无各郡人口数，而且又是蜀后主投降时所报数字。《三国志・蜀书・后主传》注引王隐《蜀记》：“送《士民簿》，领户二十八万，男女口九十四万，带甲将士十万二千，吏四万人。”“将士”和“吏”实际上是户数，如果以《士民簿》中的户与口的比例来折合，将士与吏带家口共应当477120人，则后主炎兴元年（263）的蜀汉总人口数为1417120人。按理说，蜀汉统治区域较宽，可人口数却大大低于两汉，这是由于东汉末年以来蜀中长期内战、外战不止，“益州疲弊”（《三国志・蜀书・诸葛亮传》）、“肌膏草野”（同上书《刘二牧传》），造成人口下降的结果。

两晋南北朝时期，巴蜀地区人口变化很大。一方面不断有外地人群迁入（大量的如天水等六郡流民、南边的僚人、北方的侨户，小量的如南阳、关中、陇右均有流民迁入），另一方面在有战事时，又有不少人迁出（如曹魏灭蜀后，曾有计划地将蜀人“内移”关中与河东地区；六郡流民起兵反晋时，巴蜀逃往荆湘地区的流民就有十几万户，后来只有少数返回故园；东晋攻灭成汉时，又有一些人逃往关中与陇右）。加之这段时期政权更迭频繁，小规模战火不休，故“户口不能详究”（《通典》卷七《食货七・历代盛衰户口》）。按这种未“详究”的不准确数字，西晋统一时，即武帝太康元年（280），据《晋书・地理志》的资料，在梁州和益州的今四川境内诸郡，只有 22 万户左右。到刘宋孝武帝大明八年（464），据《宋书・州郡志》的记载，地理范围远远大于四川盆地的梁州与益州，总户数不到 10 万户，总口数才 31 万多一点。这个数字基本上没有参考价值，因为此时蜀中几次起兵反宋时，一次战役所投入的兵力都有 10 万、20 万。如“渠帅赵燕、句文章等，与宝首屯军于上，去成都六十里，众号二十万人”（《宋书・萧惠开传》）。

隋统一全国之后，行政区划作了大的归并整理，有了较之南北朝时要准确得多的人口统计数。据《隋书・地理志》载，隋炀帝大业五年（609），今四川盆地内的蜀郡、临邛、眉山、隆山、资阳、泸州、犍为、越嶲、黔安、巴郡、巴东、巴西、遂宁、涪陵、新城、金山、普安、汶山、平武、义城、清化、通川、宕渠、同昌等 24 郡，共有户 514482，约有 200 万人口。到了唐代，继续增加。据《新唐书・地理志》记载，唐玄宗天宝元年（742）四川境内诸郡总人口数为 4970549。不过，唐代四川的户口统计是大大少于实际数字的，因为唐朝对四川地区征收的赋税很重，从唐初开始，就是“剥夺既深，人不堪命，百姓失业，因即逃亡”（《陈子昂集》卷八《上蜀川安危事》）。大量人口根本未能入籍。到了中唐，竟普遍“不申户籍”（《旧唐书·穆宗纪》）。据唐人卢求在《成都记·序》中所叙，只是剑南西川，就是“领州十四，县七十一，户百万”。以一家五口计，就有500万口。根据唐代四川经济发展的繁盛程度，估计当时人口最多时不会低于1000万人。

五代时期没有人口统计数字保留下来，但估计人口不会减少，因为唐末及五代时期中原战事频繁而蜀中相对安定，北方还有不少人入蜀避难。北宋乾德三年（965）的户口统计，四川地区只有534039户（见《宋史·地理志》），应当是由于刚刚平蜀（宋灭后蜀就是在乾德三年），是受降时所“得”户口，是不准确的。在此之后，从北宋初到南宋末，川峡四路人口则一直呈上升趋势，据《宋史·地理志五》所载的统计数字，是4143439户，11960726口（这个数字不是同时期的数字，成都府路是淳熙二年数字，潼川府路、利州路、夔州路是绍兴三十二年数字）。这里的人口数可能比实际数字偏低，因为宋代官方统计数字一般是以成丁为主，如“乾德元年令诸州岁奏，男夫二十为丁，六十为老，女口不预”（《文献通考》卷一一《户口考二》），故而在宋代的户口数字中，总是户多口少，一户只有二人左右，这与我国传统的五口之家的情况相距甚远，故有些学者对宋代人口专门做了一些研究（如袁震的《宋代人口》，载《历史研究》1957年3期），但对川峡四路的人口数仍难有一个准确的数字。有的研究者估计南宋嘉定十六年（1223）应有1295万余口①，这种估计是有道理的。无论是过去的文献记载还是今人的研究成果，就以四川盆地范围而论（宋代

① 见贾大泉：《宋代四川经济述论》，四川省社会科学院出版社1985年版，第18页。

川峡四路的版图比四川盆地略大），在宋代也已超过了一千万。这是四川历史上在清代以前的最高人口数字，表明了巴蜀地区在宋代已是“地狭而腴，民勤耕作，无寸土之旷”（《宋史·地理志五》），表明巴蜀地区的经济文化在唐宋时期达到了汉代以后又一次的高度繁荣。

宋末元初，巴蜀大地饱经战火近50年，蒙古骑兵在巴山蜀水之间受到从未有过的顽强抵抗，也对巴蜀人士进行了极为残酷的剽掠烧杀，时人记载是“蜀人受祸惨甚，死伤殆尽，千百不存一二”（虞集：《道园学古录》卷二〇《史氏程夫人墓志铭》）。元初的至元十九年（1282），官方公布的户口数字是“四川民仅十二万户”（《元史·世祖纪》）。仅为《宋史·地理志》所载户口数字的2.9%。与宋代最后一个户口数字，即《文献通考》卷一一《户口考二》所载嘉定十六年（1223）川峡四路总户数259万户比较，也仅为4.6%。对于至元十九年仅有12万户这个数字是否准确，历来有不同意见，但对于当时四川人口曾经大批死亡又大批逃亡而急剧减少这一事实，则从来是看法一致的。

宋末四川人民遭受的这一次大浩劫，不仅导致了四川历史上第一次极大幅度的人口减少，恢复很慢，而且在整个元代，都缺乏较准确的统计数字。《元史·世祖纪》在至元二十八年（1291）有如下记载：“户部上天下户数……江淮、四川一千一百四十三万八百七十八，口五千九百八十四万八千九百六十四，游食者四十二万九千一百一十八。”这是一组很高的数字，但不可信，因为它已接近了《元史·地理志》所载的全国总户数（13867219），相当于同书所载的至元二十七年统计的四川大部分地区（缺嘉定府路、永宁路、潼川路、叙州路、马湖路）总户数（98538）的116倍。所以，严格来说，我们至今无法知道元代四川的最高人口数。

由于整个元代四川人口增长很慢，元末明初的战火又使人口的发展雪上加霜，所以到了明代初期的洪武五年（1372），“户部奏四川民总八万四千余户”（《明太祖实录》卷七二）。这个数字比元初的12万户还要低得多，很可能是由于天下初定，户籍尚未认真建立的关系。九年后，即洪武十四年（1381），据《明太祖实录》卷一四〇所载，全省人口上升到214900户、1464515口，这个数字可能较为符合实际。自此以后，四川人口不断有所增长，但速度很慢。明万历年间的统计数，是整个明代最高的，但万历六年（1578）时，即距洪武年间两百年之后，全省也只有262694户、3102073口（据《万历会典》卷一九）。这个数字的户口比例令人吃惊，每户平均为11.8人，这与传统的一家五口相距太远。这种情况，在明代四川的户口统计中不时可以见到，最高的一县每户平均为21口（如洪雅）。据研究，可能与明代四川的“合户”情况有关。所谓“合户”，就是或由于移民的同乡同族关系，或由于为了减轻粮差的负担，遂几家合为一户，乃至有“一户有四、五姓者”（嘉靖《洪雅县志》卷一），“有三姓、五姓、十姓合为一户者”（《万历会典》卷一九），故会出现上述的户数低而口数高的情况。例如，据梁方仲《中国历代户口、田地、田赋统计》一书中乙表42《明嘉靖中年后分区里数及户口、田赋数》的统计，明嘉靖三十年（1551）左右，四川共有164万户，每户平均人数高达12.8人，这也只能用“合户”来加以解释。

四川人口稍有缓慢增长的时期并不长，因为明末清初四川地区又遭受长达80年的战乱、天灾加瘟疫，可以说是四川历史上最大的一次浩劫。诸如“数千里城郭无烟”（光绪《富顺县志》卷二）、“成都所属州、县，人烟断绝千里”（孙锜：《蜀破镜》卷五）、“全川自此，烟火断绝凡十五年”（民国《江津县志》卷二）之类记载比比皆是。

到了清初的顺治十八年（1661），官方清理户口的结果，据《清通考》卷一九《户口》记载全川仅有在籍人丁16096人，按一丁五口计，也只有8万人左右。不少府州县城基本无人无房，遍地荆榛，野兽出没，连清初的四川巡抚衙门也无法在成都驻足，而只能暂驻保宁（今阆中）。不少县城是到了康熙年间才开始修建县衙。例如安岳县，清初无法置县，先后并入遂宁、蓬溪、乐至，直到康熙十九年（1680）仍是安岳、乐至两县共设一个知县，而这个知县还因“人稀政简”，无公可办，县衙也没有，只得在道林寺破庙之中栖身。后来到了康熙三十年（1691）才修造县衙，次年县城中才有店铺出现，全县的生气“犹不过十复其五”（乾隆《安岳县志》卷八）。

面对四川如此残破的严重局面，清政府一方面大力移民入川，听民自由开垦荒地，永占为业，五年中不纳田赋，一方面采取若干恢复生产、鼓励增加人口的政策。上述两方面措施的结果，四川出现了历史上空前未有的人口快速增长，增长率一直保持着全国第一。由于清代有关的文献材料较多，近年来一些研究者对四川人口在清代的增长情况做了若干研究。下列统计表，是我参照梁方仲《中国历代户口、田地、田赋统计》与四川通史编写组《四川通史》第五册的研究成果编写出来的，原来的人丁数与户数，均按一丁五口或一户五口的比例折算为人口数：

年　代	人　口　数	占全国总人口百分比（%）
顺治十八年	80480	0.42
康熙十年	90000	0.46
雍正二年	2046555	1.5
乾隆十四年	2507000	1.4

续表

年　代	人　口　数	占全国总人口百分比（%）
乾隆四十一年	7790000	2.9
嘉庆十七年	21435678	5.93
道光十年	32170000	8.1
道光二十年	38330000	9.3
咸丰元年	44751964	10.36

咸丰元年（1851）这个统计数字是值得重视的一个数字：（1）从此时起，四川人口在全国各省中位居第一位，而且一直保持到如今。（2）在全国总人口中比例超过10%，以后长期居于10%左右。（3）从清乾隆年间（以乾隆五十一年至五十六年平均数为100）到咸丰元年，60年间四川人口增加率竟高达503.7%，不仅在全国各省遥遥领先（第二位是奉天，只有314.23%），在全世界也是极为罕见的。（4）清代前期与中期地广人稀的局面不复存在，四川已成为人口饱和的地区，特别在平原地区，“昔之蜀，土满为忧；今之蜀，人满为患”（道光《新都县志》卷三）。在部分地区，甚至出现人口外移，如同治朝湖北省《郧阳县志·舆地志》卷一引述嘉庆时的记载，就说“今则四川、江南、山西亦多入籍”，就是一例。

咸丰元年之后，四川人口还在继续增长，但无确切的数字。因为清代官方的统计数字，同治元年为5126万，光绪元年为6044万，光绪二十四年是8475万。这些数字一望而知是有问题的，李世平研究之后认为，清代的四川人口统计数字从道光二十年（1840）开始就虚报浮夸，以致发展到荒谬的程度①。《清史稿·地理志》所载 1911 年四川人口数为 4813 万人，比较接近实际。

四川人口在清代所以会如此高速地增长，主要原因有：

1. 清初大量移民入川，前后延续将近百年，时间之长，范围之广，数量之大，在四川历史上都是空前的。这方面情况，我们在第九章《交流》中有专节论述，此不赘。

2. 明末清初战乱之中为避难而逃匿山林或外移他省者逐渐回籍。除了不少自愿回籍的，清政府还通过各级官府在各地对外流川人进行清理、登记，“查令回籍”（《清圣祖实录》卷二七）。这一措施，又使大量的人口返乡回籍。

3. 清代社会比较安定，清政府又执行了一整套鼓励人口增殖的经济政策，这对于四川人口的增加产生了很大的作用。这些政策中最重要的有两项：一是康熙五十年（1711）按当年注册人丁数固定下来，作为征收人丁银的常额，从此以后，“盛世滋生人丁永不加赋”。二是将丁银的征收全部摊入田赋之中，这叫“摊丁入亩”，又叫“地丁合一”，赋役全按土地多少（这一政策在四川最先实行，应当是有意为之的）。上述措施的结果，使贫富人家的负担比较公平，又不再有人口多则赋役重的问题，这对于稳定社会秩序、刺激人口增长，有着很积极的作用。

4. 随着移民的迁入和生产技术的交流，四川地区在清代前期传入了几种原产于海外的重要的农作物玉米（四川称包谷）、甘薯（四川称红苕）和马铃薯（四川称洋芋）。如光绪《奉节县志》卷一五所说：“包谷、洋芋、红薯三种，古书不载，乾嘉以来，渐产此物。”这

① 见李世平：《四川人口史》第七章，四川大学出版社 1987 年版。

三种粮食作物的共同特点是适合于山区丘陵旱地种植，产量高，营养丰富。如道光《仁寿县志》卷二所说："瘠土则以种薯，无处不宜。"这三种作物在四川大量的丘陵区和山区传播之后，使过去长期缺粮的在四川耕地中占多数的丘陵区与山区的粮食产量大为提高，对丘陵区与山区的经济发展可以说是一次无声无息的绿色革命。"遍山漫谷皆包谷"，"民食全赖包谷杂粮"（严如熤：《三省边防备览》卷九《民食》）；由于广种甘薯，"虽遇饥荒，持此无恐"（嘉庆《江津县志》卷六《食货》）。恩格斯曾认为，"马铃薯的出现"，"是在历史上起过革命作用的各种原料中最后的和最重要的一种原料"。[①] 我认为，恩格斯这种分析对于四川广大丘陵区和山区的情况完全适用，直到今天，这三种作物仍然是这些地区的重要粮食作物[②]。粮食生产的大幅度增加，必然大大改善当地人民的生活条件，这对于四川丘陵区与山区的经济发展和人口增长当然具有很积极的影响。在清代以前，特别在汉唐盛世，四川的人口分布长期密集于几个平原区，特别是成都平原，其人口密度一直位于全国前列，而广大丘陵区与山区则一直是地广人稀的地区。在清代，这种稀密不均的情况有了明显的改变。据前引《四川人口史》的研究结果，如果以清代嘉庆十七年（1812）和宋崇宁元年（1102）相比，四川人口净增295%，而同期之内，成都平原只净增152%，而相当于汉代巴郡的山区，则净增418%，相当于汉代犍为郡的丘陵区，更净增450%。而这些增长人口数中，又主要是

① 恩格斯：《家庭、私有制和国家的起源》，《马克思恩格斯选集》第四卷，第159页。

② 我这里所说的玉米、甘薯和马铃薯，是指原产于美洲而传播于全世界的栽培品种。据调查，在包括四川在内的我国西南山区，早有本地土产"小包谷"和"山红苕"的种植，但产量不高，也未推广，更未在人民生活中产生过较大的作用。关于这一问题的研究，见李璠：《中国栽培植物发展史》第二章第一节，科学出版社1984年版。

在清代增长的。所以，由于丘陵区与山区经济条件的改善而出现的人口高速增长，应当是四川在清代人口猛增的重要因素。

从上述巴蜀地区历代人口升降的大致情况，可以明显地看出，这一条升降的变化曲线与巴蜀地区经济文化盛衰的变化曲线大致同步。秦汉时期，人口上升，而同期的经济文化也相当兴盛。西汉元始二年（2），大约相当于四川盆地内区域的益州五郡总人口为 3514217 人，而当时全国总人口为 57671401 人，巴蜀人口占全国总人口的 6%。东汉永和五年（140），巴蜀地区人口增为 5473813 人，则占全国总人口的 11%。东汉时全国分为 13 州，各州的地域均较今一个省区为大，包括巴蜀地区在内的益州占全国总人口的 15.12%，名列全国第一。如果以今省区区域比较，当时的四川人口比重显然也是全国第一。这种情况与汉代四川经济之繁盛、文化之发达均位居全国前列，“汉家食货，以为称首”（《华阳国志·蜀志》）、“文章冠天下”（《汉书·地理志》）的局面也是完全相称的。唐代四川人口数并不准确，但《新唐书·地理志》所载天宝元年（742）剑南道的人口数，也占全国人口总数的 8.05%，这也与唐代“扬一益二”的总格局相符。宋代以后，四川人口大幅度减少，按《元史·地理志》所载全国户口数统计，元代的四川人口在全国总人口中仅占 1.03%，这表明四川地区在宋末元初是何等残破，所遭苦难是何等深重。而自元代到清代前期，四川地区经济衰颓，文化不兴，也正与人口大幅度减少密切相关。清代自中叶开始，人口大幅度增加，则又反映了四川地区经济文化的复兴。

第四节　盆地周边的主要少数民族

巴蜀地区地域辽阔，人口众多，而且是一个相当典型的多民族地区。在历史长河中，经多次民族融合之后逐渐形成了占主体的汉民族，但在汉民族之外，从来都还有若干少数民族。这些少数民族与汉族一样，也有一个长期融合的过程。大约在隋唐时期，今天四川地区各民族大体形成。他们与汉民族一道，为巴蜀地区经济文化的发展作出了自己的贡献。他们与汉民族一样，都是巴蜀地区历史文化的创造者。本书所论述的内容，基本上都是汉民族的历史文化，但对于汉民族之外的少数民族的情况，我们也必须有一个概略的了解。

在历史文献中，从来就没有关于各少数民族人口、分布方面的全面资料。这方面的详细统计资料，是新中国成立之后才有的。根据最新的人口普查的统计，四川境内居住的少数民族共有 55 个。这其中，人口较多的世居民族共有 13 个，即：彝、藏、土家、羌、苗、回、纳西、傈僳、布依、满、傣、蒙、壮，占全省总人口的 3.71%。从分布地域上看，全省少数民族聚居与杂居地域共有 73 县，占全省总面积的 57%。今天，全省还设有甘孜藏族自治州、凉山彝族自治州和阿坝藏族羌族自治州。这三个州的总面积达 30 万平方公里，占全省总面积一半以上。此外，在黔江地区（今重庆市黔江区）设有黔江土家族苗族自治县、石柱土家族自治县、彭水苗族土家族自治县、酉阳土家族苗族自治县、秀山土家族苗族自治县，在乐山市设有峨边彝族自治县和马边彝族自治县，在凉山州设有木里藏族自治县。下面我们介绍几个主要的少数民族的历史文化简况。

一、彝 族

彝族是四川人数最多的少数民族，大多居住于凉山彝族自治州和乐山市的峨边彝族自治县、马边彝族自治县，还有少数居住于攀枝花市和米易、盐边、九龙、泸定、汉源、石棉、屏山、古蔺、叙永等县。彝族自称诺苏，有自己的语言，属汉藏语系藏缅语族彝语支，有自己的文字。彝文是一种音节文字，有单字近万个，已有一千多年的悠久历史，我国古代典籍中所称的爨文，就是古代的彝文。新中国成立后，语文研究工作者对彝文进行了整理和规范，试用之后，于1980年由国务院正式公布使用，故今天所使用的彝文是规范彝文，一般通称为新彝文。

彝族的祖先，是从西北高原南迁的羌人与本地的古老部落融合而成，汉代的笮都夷、斯榆、冉駹、叟夷、昆明等，与后世的彝族有密切的渊源关系。安宁河谷是四川境内彝族长期的活动中心，汉代设有越嶲郡。三国时，曾举众反叛蜀汉的越嶲叟人，可以确知就是彝族的先民。到了唐代，被称为白蛮和乌蛮，或通称东蛮，其中主要部落是勿邓、丰琶和两林，当时已有“罗落”“罗兰”“罗罗”之称，这种称呼一直保持到近代。宋代将这一地区通称为“黎州诸蛮”，下分12部，以两林（今普雄一带）、丰琶（今昭觉一带）、邛部川（今西昌一带）三部力量最大，农业已有较高水平，当地特产红椒（即近代著名的正路花椒）已是远近知名的贡品和与汉族地区进行商品交换的重要物资。当时所产的“川马”（即良细马）已是宋朝的“御马”品种。元代在今西昌设立罗罗斯（斯是蒙古语复数的语尾）宣慰使司建昌路总管府，统管今凉山黄茅埂以西地区，今西昌、越西、冕宁、布拖、宁南、会理、金阳、美姑、甘洛、普雄、昭觉等县当时均属其管辖。黄茅埂以东则在今屏山设马湖路总管府，今屏山、雷波、马边、峨边、沐川等县当时均属其管辖。担任罗罗斯宣慰使司宣慰使的安氏（一世祖为安普卜）是凉山最大的土司，即《明史·四川土司传》所称的“西南土官，安氏殆为称首”。安氏长期世袭土司之职，也世袭建昌路（明代称建昌卫）的宣慰使或指挥使。明代时，马湖路总管或马湖府知府亦由安氏担任，是明代著名的土知府。只不过，在元代时，凉山地区曾一度划归云南行省，到明代，则一直归四川行都指挥使司与马湖府管辖，四川行都指挥使司之下又分设建昌卫（治今西昌）、宁番卫（治今冕宁）、越嶲卫（治今越西）、盐井卫（治今盐源）、会川卫（治今会理）。到了清代，则进一步统一行政区划，改土归流，在建昌道下设宁远府（下设西昌、冕宁、盐源、昭觉、会理等州县和越嶲厅、盐边厅以及若干个长官司），原马湖府撤销，其下各县、厅则属永宁道。

彝族地区大约在汉代就已进入奴隶制社会，“豪帅放纵，难得制御”（《后汉书·西南夷列传》）。慧皎《高僧传》卷七《慧叡传》载：“尝游方而学，经行蜀之西界，为人所抄掠，常使牧羊。有商客敬信者，见而异之，疑是沙门僧，请问经义，无不综达。商人即以金赎之，既还袭染衣，笃好弥至，游历诸国，乃至南天竺界。”这是发生在晋代的邛都地区的一个很典型的掠夺、买卖奴隶的事例。这种奴隶制度，在大小凉山的腹地一直保持到近代。但在浅山及河谷、平坝地区，由于汉族的不断迁入，当地彝族受汉族文化影响，在唐宋时期就已进入封建地主经济。明代中叶以后，西昌地区的彝族已逐渐融于汉族之中，乃至安宁河畔的昌州土司卢家和会东土司张家，都自称是汉族。至于今天西昌地区的 20 万彝族，则多是清代中后期从凉山山区迁入的。一般来讲，浅山区与平坝区的彝族因长期与汉族杂处，接受汉族文化影响较深，他们会讲汉语，有不少识汉字，少数的还读儒家典籍，参加科举考试。

凉山地区的彝族长期由世袭的“兹莫”即元代所封的土司统治，所有的人无论男女都严格地分为五个等级：兹莫、诺、曲诺、阿加、呷西。诺又称为“黑骨头”，即黑彝，是贵族、奴隶主，原来也在兹莫即土司统治之下，但长期和兹莫有着矛盾冲突。明代中叶之后，诺的力量逐步超过了兹莫，遂在凉山大部分地区取代了兹莫的统治权，其权力一直保持到新中国成立之后。曲诺、阿加、呷西都是被统治阶级，称为“白骨头”，即白彝，但其间又有严格的等级。曲诺属于中间阶级，虽然必须隶属于兹莫或诺主子，无迁徙自由，必须为主子服役，但他们有自己的家庭经济，有一定的土地与生产资料。其中少数富裕者占有一定的奴隶和较多的生产资料，从阶级关系上说已成为奴隶主，但曲诺的等级不能改变。阿加等级低于曲诺，有家庭和极少的从主子处领来的“耕食地”，但仅有使用权，他们的大部分时间都必须无偿为主子服役，没有任何人身自由，从阶级关系上看他们全都是奴隶。呷西是最低等级，也是最底层的奴隶，基本上是被掳掠、贩卖而来，或是阿加的子女被主子指定为呷西的，他们没有家庭，必须住在主子家中，为主子日夜劳作，主子可以任意买卖、虐待乃至杀戮。只有少数呷西经主子指配成婚之后方能有家，并上升为阿加。凉山彝族这种既有等级又分阶级的社会结构，这种残酷的奴隶制度，一直到新中国成立之后的民主改革以后，方被摧毁。

在由黑彝统治凉山的几百年岁月中，一直没有形成统一的政权或权力机构，完全由近百个黑彝家支各自统治着一个地区，互不隶属，各自按习惯法为政。家支作为一种父系血缘集团，在社会生活中起着很重要的作用。作为被统治阶级的曲诺和一部分阿加、呷西也有自己的家支，称为“曲伙家支”，在维系家支内部关系上有一定作用，但处于黑彝家支的隶属之下，且往往被不同的黑彝家支所分割，在社会生活中起不到多大作用。由于奴隶制的严酷剥削与不同黑彝家支之间的严格区域划分，凉山彝族地区的经济发展迟缓，长期处于落后状态，生产粗放，不少地区直到近代仍处在刀耕火种阶段。山区农业以玉米、荞麦、马铃薯为主，河谷以水稻、小麦、油菜为主。畜牧业则饲养黄牛、绵羊、猪和马。手工业尚未从农业中完全分离出来，基本上停留在家庭手工业阶段。商品交换很少，基本上停留在以物易物阶段。

彝族盛行祖先崇拜，迷信多神，各种占卜术十分流行。彝族有自己的历法，每年以农历冬月为岁首，但过年多在岁末，即农历十月过年。全年年节中最盛大的节日是火把节，时间是农历的六月二十四。

二、藏　族

藏族是我国主要的少数民族之一。四川境内主要分布在甘孜藏族自治州、阿坝藏族羌族自治州和凉山州的木里藏族自治县。此外在冕宁、盐源、宝兴、石棉等县也有少数分布。四川藏族的分布一般都有大杂居、小聚居的特点，即在藏族聚居区都有汉族或其他少数民族与之杂居，相安共处。藏族有自己的语言，属于汉藏语系藏缅语族藏语支。有自己的文字，文字还有楷书与草书的不同字体。由于藏族分布地区很广，所以相互之间的方言差异颇大，在甘孜州大部分农业区内通行康巴方言，在甘孜州广大牧区和阿坝州北部通行安多方言，在甘孜州东部和阿坝州南部则通行嘉戎语，与其他地区的方言差异最大。藏族的祖先是古老的羌人，在今天的藏族聚居区的川西北高原上，从汉到唐都是以大大小小的羌族部落为主要居民。《后汉书·西羌传》说，原居于我国大西北的羌人在战国至秦汉这一时期有不少人南迁，“出赐支河曲（今青海南部）西数千里，与众羌绝远，不复交通，其后子孙分别，各自为种，任随所之。或为旄牛种，越嶲羌是也；或为白马种，广汉羌是也；或为参狼种，武都羌是也”。这其中的“旄牛、白马羌在蜀汉，其种别名号，皆不可纪之也”。此外，还有岷山上游的“七羌”，西部高原的“徼外羌”。这若干羌族部落就是四川地区藏族的主要族源。一直到隋唐时期，这一地区仍以羌族为主，如最西边的白兰羌、占今甘孜州大部分地区的党项羌、川西北草原的那鄂羌、大小金川一带的“西山八国”等等。也就在唐代，吐蕃（吐蕃祖先也是羌人）不断东侵，川西高原诸羌一度被其统治，受其影响很大，在此以后，随着吐蕃地区的封建化而逐步封建化，随着吐蕃地区喇嘛教的兴起与传播而传播着喇嘛教。也由于吐蕃的东侵，有一些羌族部落逐步投向唐王朝，即所谓“各率其部诣剑南西川内附”（《旧唐书·南蛮东女国传》），唐王朝也逐步在这些地区设置“羁縻州”，也有少数地区设置了正州（即经制州），但因记载简略，当时羌族地区各州的具体所在今天大多无法确定，仅能知其少数，如笮州在今茂汶、维州在今理县、松州在今松潘、当州在今若尔盖、悉州在今黑水、恭州在今红原、扶州在今南坪。宋代基本维持着唐代的格局，川西高原诸羌仍在吐蕃的松散统治下，“种族分散，大者数千家，小者数百家，无复统一矣……各有首领”（《宋史·吐蕃传》）。这其中也有一些逐步内附，归顺宋王朝统治，“内属者谓之熟户，余谓之生户”（同上）。但从整体来看，绝大部分仍在吐蕃的强烈影响之下，经济文化形态逐步与吐蕃趋于一致。

在藏族的历史上，元代是一个重要时期，因为蒙古帝国用武力统一了原来互不统摄的各个部落，使其全部置于元朝的统治之下，不仅在今西藏地区设置了乌斯藏宣慰司都元帅府，而且在四川地区设置了朵甘宣慰司都元帅府和吐蕃等处宣慰司元帅府。同时，元王朝大力提倡尊崇喇嘛教，“僧俗并用而军民通摄”（《元史·释老传》），推行政教合一的政策，“惟僧言是听”（《明史·西域传》）。在喇嘛教传播过程中，原来的各个教派，如宁玛派（红教）、萨迦派（花教）、噶举派（白教）都在流行，如今白玉县的噶拖寺是红教中心，德格县的八帮寺是白教中心。当明代格鲁派（黄教）兴起之后，又逐渐超过了其他各派而成为主要教派。这些发展与变化，都是受西藏地区的影响而产生的。黄教的优势地位确立于清代，清王朝所加封的黄教最高首领达赖喇嘛中，有四位出生在今甘孜地区，即七世达赖噶桑加措、九世达赖隆朵加措、十世达赖楚臣加措、十一世达赖凯朱加措[①]。

元代统治藏族地区时，任命各地藏族首领为土司，作为一个地区的行政首领，“以土官治土民”，而且实行世袭制。这种类似于后代地方自治的羁縻政策对维持地方秩序颇为有效。明代基本沿袭，只在少数地区如茂州（治今茂汶）、威州（治今理县）设置流官。到了清代，推行“改土归流”，四川藏区的改土归流从雍正年间开始，乾隆年间规模最大，最后在道光年间扫尾，或设府设州设县，或设厅，在其下则设长官司、宣慰司、安抚司等。从此以后，在大多数地区由清政府任命派遣的流官代替了原土司的地方统治权，在一定程度上有利于社会秩序的安定与社会经济的发展，在促进藏汉之间的交流上则有相当明显的积极作用。

自元代由中央政府直接统辖藏区以来，汉族与藏族的经济文化交

① 见格勒：《甘孜藏族自治州史话》，四川民族出版社 1984 年版，第 138 页。

流日渐增多，除了传统的茶马贸易之外，经常性的朝贡与回赐也是经济文化交流的重要形式。更重要的是民间贸易与采金促使若干内地的汉族商人与金矿夫移住藏族聚居区，一些戍边的军人也留在藏族聚居区。据统计，从清乾隆十五年（1750）到道光三十年（1850）的100年间，移住今甘孜藏族自治州地区的汉人就有16000人。直到今天，当地还流传着清代进入藏区的陕西籍商人编写的汉语与藏语对译的韵书，如：

天叫朗，地叫沙，驴子孤日马叫打。
酥油玛，盐巴察，大人胡子喀苏热。
却是你，可是他，喝茶加统饭热玛。
来叫学，去叫松，藏族白米汉叫甲。①

由于汉族的不断移徙，使得四川藏族居住地区往往有汉族杂居，这种大杂居、小聚居的特点一直保持到现在。以近年人口统计，阿坝州的汉族占总人口的37.64%，甘孜州的汉族约占20%，而且各县都有分布。

自宋代以来，藏族地区逐渐进入封建农奴社会，以土司为代表的农奴主是土地的主人，他们都有自己直属的大庄园，然后将其他土地赏赐给下属的头人或赠送给寺庙。头人和掌管寺庙的上层喇嘛又建立自己的庄园，再把其余土地分给农奴做份地。广大农奴除耕作自己的份地外，必须为农奴主耕种份地、服各种劳役、缴纳各种摊派。土司所属农奴称为“差巴”，头人和寺庙的农奴称为“科巴”，他们被世代束

① 见格勒：《甘孜藏族自治州史话》，四川民族出版社1984年版，第78页。

缚在一小块份地上，没有迁徙的自由，也没有改变身份的可能。在牧区，农奴则是在承担农奴主所布置的一切劳役和摊派的条件下，取得对牧场的使用权，所放牧的牲畜自养的是少数，多数是向农奴主租用，每年缴纳高额的酥油（即奶油），此外还要代牧主放牧一定数量的牲畜。

喇嘛教在藏族聚居区有很高的地位，大小寺庙遍布各地，近代统计，四川藏族聚居区共有寺庙 800 座左右。寺庙不仅有土地、农奴，还有武装乃至监狱。上层喇嘛和土司有紧密的联系，构成了各个地区的权力联合体，他们用“二男抽一”或“三男抽一”的办法使大量青壮年入寺充当喇嘛（也有少数女性，称为“觉母”），不少地区的喇嘛占当地成年男性一半左右。

由于农奴制度的残酷与落后，无论是农业或畜牧业（四川藏区从事畜牧业的占三分之一，其余的都以农为主，以牧为副），生产技术与水平都十分低下。农业主产青稞、小麦、马铃薯、玉米，亩产粮食只有百斤左右。牧区一头牛一年只产毛二斤左右，一头羊只产毛一斤左右。生产力低下，广大农奴生活困苦，人口也发展很慢。

藏族的文化基本上都与宗教有关，音乐、舞蹈与民间文学都相当流行，《格萨尔王传》是流传于四川藏族聚居区的享誉中外的长篇叙事诗，锅庄舞和弦子舞是十分优美的舞蹈，诗歌、舞蹈与音乐三结合的藏戏已有 700 多年历史。始建于雍正七年（1729）的德格印经院是四川藏族聚居区的出版中心，于 1733 年刻印成 103 函的《甘珠尔》和 209 函的《丹珠尔》这两部巨型佛学丛书，被誉为德格版的大藏经。此外，又陆续刻印了各种藏文书籍 326 部，4500 多种。直到今天，德格印经院仍在用传统工艺印制着各种藏文经书。

三、土家族

在四川东南部的川湘鄂黔交界地区，有一个自称为“毕兹卡”的古老民族，长期以来并无族称，被称为“土人”“土丁”“土蛮”，备受歧视。直到1956年10月，才被正式承认为土家族。土家族主要分布于湖南的湘西土家族苗族自治州、湖北的恩施地区和四川的黔江地区（今重庆市黔江区）。四川的土家族主要居住于黔江地区的下列五县：黔江土家族苗族自治县、石柱土家族自治县、彭水苗族土家族自治县、酉阳土家族苗族自治县、秀山土家族苗族自治县，此外，在万县地区和涪陵地区也有少量分布。人口总数在100万左右。

土家族的祖先，主要成分是古代的巴人之后，并融合了当地的一些其他民族，近代土家族中人数众多的冉姓、田姓、向姓，就是魏晋南北朝时期土家先民冉氏、田氏、向氏等强宗大姓的后裔。当秦灭巴蜀之后，原居在今川、湘、鄂、黔边界山区中的若干巴人部落长期保留着自己的民族特点，未受官府治理，在秦汉时仍被呼为蛮、夷，这其中最主要的就是被称呼为巴郡南郡蛮中的廪君之后和被称为长沙武陵蛮中的盘瓠之后（见《后汉书·南蛮西南夷列传》）。由于他们居住在酉、辰、巫、武、源等五溪之上，故又称为五溪蛮（见《十道志》《宋书·夷蛮传》，五溪名称，各书所载有异）。他们同其他被通称为“蛮”的部落曾有相当大的力量与周围相抗衡，如《周书·蛮传》所说：“蛮之种类，盖盘瓠之后，在江淮之间，部落滋蔓，布于数州，东连寿春，西通巴蜀，北接汝颍，往往有焉。……有冉氏、向氏、田氏者，陬落尤盛。余则大者万家，小者千户，更相崇树，僭称王侯，屯据三峡，断遏水路，荆蜀行人，至有假道者。”五溪蛮曾有过多次反抗官府的武装斗争，但都被镇压下去。到了唐代，冉氏、田氏仍是当地大族，但已被唐王朝授以官职，在此设置了黔中道，其下辖黔州都督府，均治今彭水县。黔州下辖彭水、黔江、石城、洪杜、洋水、信宁等县，均是原五溪蛮聚居区。五溪蛮众在成为编民之后，也逐步与当地居民融合而被称之为“土人”“土丁”“土蛮”。元代推行土司制度时，在今酉阳县境设有酉阳宣慰司，在今秀山县境设有溶江芝子平茶等处长官司、佛乡洞长官司、石爷顺德军民府、邑梅沿边溪洞军民府，在今石柱县境内设有石柱军民宣抚司。这些土官一直到清代改土归流时才加以改变，在这一地区设置了酉阳州、秀山县、黔江县、彭水县和石柱厅。

在长期的民族融合中，过去的“土蛮”大多数都讲汉语，只有少数人使用土家语（土家语属于汉藏语系藏缅语族，接近于彝语支）。土家族没有自己的文字，一直使用汉字。土家的年节也与汉族一致，只有农历四月十八的牛王节还保持着古老的传统特色。在习俗服饰上，大多与汉族接近。丰富的山歌与众人齐跳的摆手舞是最有特色的文艺形式，土家地区素有“歌的海洋”的美誉。

土家族的传统产业是农业与林业，秀山、酉阳所产的桐油、生漆、白花泡桐木材远近驰名，今天在国际市场上享有很高声誉的“秀油”“酉阳漆”“秀桐”，就是当地的传统产品。

四、羌　族

羌族是我国多民族大家庭中今天只在四川才有分布的民族，但却是我国早期民族构成中的主要民族之一。羌族最早是分布在我国西部广大地区的牧羊民族，以后大部分逐渐向东向南迁徙，并转化为农业民族，是华夏族的主要族源之一，是藏族、彝族等兄弟民族的主要族源，也是古代蜀族的主要族源之一。留在西边的羌族到了秦汉时期或被称为西羌，或被称为戎，他们陆续向内地迁徙，“与华人杂处，数代之后，族类藩息”（《晋书·江统传》），逐步融合到汉族之中，完全保留羌族本身文化特点的人数愈来愈少，自隋唐以后就少有记载。但在四川盆地西北部的岷山山地与高原区相对来讲则保留得较多。《后汉书·西羌传》说羌族“其后子孙分别，各自为种，任随所之。或为牦牛种，越嶲羌是也；或为白马种，广汉羌是也。……牦牛、白马羌在蜀汉，其种别名号，皆不可纪知也”。《后汉书·南蛮西南夷列传》又说，汉代的汶山（即岷山）郡“其山有六夷、七羌、九氐，各有部落”。岷山上的这“七羌”，有一部分一直未迁向他乡而长期聚居于岷山地区，唐宋时称为“威州蛮”或“茂州蛮”。保留到近代，就成为古老的羌族留下来的唯一一块聚居区，这就是今天四川西北山区的羌族聚居区，包括阿坝州的茂县、汶川、理县、黑水、松潘，以及绵阳市的北川县。其中茂县、汶川、理县的羌族人口，占了我国羌族总人口的绝大部分。茂县的羌族占全县总人口的77%，是我国羌族人口最多的县，也是羌族占总人数比例最多的县。

羌族自称“尔玛”或“日玛”，有自己的语言，属汉藏语系藏缅语族羌语支，又分为南部方言与北部方言。由于长期同汉民族杂居与交往，所以大多数羌族均能讲汉语。羌族没有文字，一直使用汉字。羌族的年节也与汉族一致，仅有农历十月初一的“小年”是特有的民族节日。

近代的羌族是农业民族，仅以不多的牲畜放牧作为副业。林产品中的“香蕉苹果”“茂椒”（一种花椒）是驰名中外的特产。举世闻名的熊猫之乡卧龙自然保护区（联合国教科文组织六个世界生物圈自然保护区之一）就在汶川县西境的羌区，占汶川县总面积的一半。羌族人民的文化成果中最具特色的是建筑，这其中包括：(1) 碉楼，以石片加黄泥砌成，最高的可达十三四层，墙壁光滑坚固，可在风雨中屹立数百年。《后汉书·南蛮西南夷列传》中所说的“依山居止，垒石为室，高者至十余丈”的“邛笼”，就是今天的碉楼，可见其历史之悠久。(2) 索桥，古代称“笮”，岷江上的无数索桥和著名的都江堰索桥都凝结着羌族人民高超的建桥技术的心血。横跨岷江与杂谷脑河交叉点上的威州竹索桥始建于唐代，长 100 多公尺，在不断维修之中，一直使用到现代才换为钢索。羌区的中心茂县古称绳州，所以如此称呼，据《太平寰宇记》卷八七茂州下载：“梁普通三年 (522) 置绳州，取桃关之路以绳为桥，因作州称。”

第四章　科　技

巴蜀先民在千百年的生产活动中，出现过一批又一批的发明创造，产生了一项又一项的科技成果，制造了一批又一批科技产品，不仅当时在全国乃至在全世界处于领先地位，而且长期推动着生产的发展，满足了人们的需要，有的至今还在发挥着重要的作用。下面，我们选取几个最重要的门类，看看巴蜀先民古代的科技成果在巴蜀地区的发展中所起的重要作用，在整个人类文化史的长河中所做出的重要贡献。

第一节　水　利

古代的巴蜀文明以农业为基础，也以农业为特点，而水利是农业的命脉。古代巴蜀经济文化发展的中心区域是成都平原，而成都平原的开发与繁荣，是从水利开始、赖水利支撑的。正如宋代诗人张俞在《蜀望丛帝新庙碑记》中所说：“予观蜀之山川及其图记，能雄九丘者，盖乘成水利以富殖之，其国故生生不穷。”成都平原的早期创业史，应当是一部古代人类最高水平的水利工程史。

成都平原是一个冲积平原，岷江、湔江、石亭江、绵远河、文井江、斜江等江河的洪水长期在这一区域冲刷。上古之时，河道不畅，洪涝不断，沼泽沮洳，遍布大地。宋人记载古时情况是“蜀困水难，至于臼灶生蛙”（黄休复：《茅亭客话》卷一《蜀无大水》）。当岷山上的古蜀先民逐步向平原迁徙时，首要的任务就是排水、排涝、防洪，开辟安全的居住环境和适宜的农耕地。以成都十二桥商代遗址为代表的古蜀建筑完全是距地数尺的干栏式建筑，正是巴蜀先民与洪涝长期抗争的最佳物证。而中华民族古代的治水英雄大禹乃是生于岷山，出于西羌。《史记·六国年表序》：“禹兴于西羌。”《集解》引皇甫谧曰：“孟子称：‘禹生石纽，西夷人也。’《传》曰：‘禹生自西羌’，是也。”《史记集解》所引，乃是已佚的《帝王世纪》，所说“孟子称”，在今本《孟子》中不见。但引用《帝王世纪》的各种古籍（详见徐宗元《帝王世纪辑存》）中，几乎都有“生于石纽”之载。《续汉书·郡国志》李贤注引《帝王世纪》还更具体：“禹生石纽，广柔县有石纽邑。”此外，《吴越春秋·越王无余外传》也说：“家于西羌，地曰石纽。石纽，在蜀西川也。”徐天祐注：“在茂州石泉县，其地有禹庙，郡人相传，禹以六月六日生此。《元和郡县志》：‘禹，汶山广柔人，生于石纽村。’《水经注》：‘县有石纽乡，禹所生也。广柔，即今石泉军。’”徐天祐所引《元和郡县志》不全，应是：“禹本汶山广柔人，有石纽邑，禹所生处，今其地名刳儿坪。”此外，陆贾《新语·术事》：“大禹出于西羌。”扬雄《蜀王本纪》说：“禹本汶山郡广柔县人也，生于石纽，其地名痢儿畔。”《三国志·蜀书·秦宓传》：“禹生石纽，今之汶山郡是也。”《华阳国志·蜀志》：“石纽，古汶山郡也。崇伯得有莘氏女，治水行天下，而生禹于石纽刳儿坪。”类似记载还有很多，不备引。我所以要引述以上一些文献记载，是因为在严肃的史学家眼中，大禹事迹的确具有一定的神话传说成分（例如，关于禹生于石纽村的说法，早在明末，顾炎武在《天下郡国利病书》卷六四《四川一》中就已认为“颇为无据”），可是古代文献的各种记载，对“兴于西羌”“生于石纽”这一点却几乎是完全一致，就不能认为完全是无稽之谈。至少可以证明，在古代先民心目中，岷江上游的羌族善于治水，曾在治水大业中作出过令人难忘的贡献。关于这一点，还可以找到一点旁证，就是直到近代，居于岷江上游的人数不多的羌人已是完全的“山民”，可仍以善于找井位、掘井泉、淘废井而闻名于川西。据我少年时代所闻，成都内外若要打井淘井，仍然愿雇请从“西山”下来揽活的羌民，他们的技艺仍然比汉族高得多。

除了中华民族的治水英雄大禹之外，古蜀王国的开明氏也是以善于治水而知名于后世的。《蜀王本纪》载：“时玉（垒）山出水，若尧之洪水，望帝不能治，使鳖灵（即开明）决玉山，民得以陆处。”《华阳国志·蜀志》载：“开明决玉垒山以除水害。”《水经注·江水》也说：“江水又东别为沱，开明之所凿也。”① 这些记载既反映了古蜀先民在水利工程中的丰功伟业，也反映了古代蜀地治水任务之重要与工程之艰巨。大史学家司马迁在游览了岷江与都江堰之后发出过这样的感慨：“甚哉，水之为利害也。”（《史记·河渠书》）唐代大诗人岑参在《石犀》一诗中也写道：“江水初荡潏，蜀人几为鱼。”这些都充分表明，汉唐时人对蜀地的上古水患的关切比我们今天要深刻得多。

早为中外所知的都江堰古代水利工程，是巴蜀地区水利科技的结晶，但在都江堰之前，还不知有多少治水的伟业早已湮没无闻。单是

① 关于开明治水的记载，各种文献多作“决玉山”，此一“玉山”乃因上文“玉垒山”而误，应从《水经注》引来敏《本蜀论》作“巫山”，应是“凿巫峡通水”，此之巫峡即今金堂峡，古时金堂峡一带沱江又称巫江。详见钟天康《开明决玉垒辩》，载王定富主编《都江堰与李冰》，巴蜀书社 1994 年版。

成都城区近年来在配合基建的考古发掘中所发现的古蜀王国时期的方池街遗址和成都军区第三招待所遗址的笼络卵石埂护岸工程，抚琴小区遗址和指挥街遗址的木桩排列坝体工程，也足以说明川西地区早期水利工程是无处不在的。上面提到的开明治水的业绩，如引岷江水入沱江以分洪，凿鳖令峡（又称金堂峡，在今金堂淮口）以泄洪，其遗迹今天仍斑斑可寻。而都江堰水利工程，则是古蜀先民治水的最伟大的成果，是全世界古代水利工程中科学成就最高、实际效益最大，使用时间最长的水利工程。这一点，早已为中外研究家所公认。

都江堰初建时期的名称今已无考，三国魏晋称湔堰、湔堋、都安堰，唐代称楗尾堰，南宋时称都江堰（据曹学佺：《蜀中名胜记》卷六引《堤堰志》说，是因为“横潴洪流，故曰都江”）。都江堰水利工程是一个全方位的系统工程，不仅是今天人们所参观的位于四川都江堰市（原灌县）的都江堰渠首工程；而且又是一个延续多年、不断完善的历史工程，不是一个时期能完成的。就以渠首工程而论，至少在开明王朝就已粗创，而以李冰时期的工程规模最大、成就最高。

只要谈到都江堰，就必须谈到李冰。李冰是秦统一巴蜀之后的第三任蜀郡守，身世不详，但有可能是蜀人（都江堰 1972 年出土的汉代李冰石像无须，与今天从众多秦兵马俑中所见秦人大异），担任郡守的时间大约在公元前 277—前 247 年，可能是卒于任所，什邡洛水镇的章山（也就是李冰治理过的洛水即石亭江出山水口高景关之侧）有他的陵墓。他在助手王缀的协助下，领导蜀郡人民在前人已有的基础上对川西水利及其他设施进行了大规模的综合治理，在水利方面的主要成就有以下几项：

1. 科学地修建了都江堰渠首工程（关于渠首工程的建成年代，史无明载，经过多方研究推测，都江堰管理处将这个年代定在公元前

256年，以便今日举行纪念活动，这个日期，已被学术界基本认可）。作为长江水量最大的支流之一，岷江集雨总面积在23000平方千米以上，现代年流量在150亿立方米以上，它从岷山奔腾而下，一进入川西平原即散漫无所归，洪灾严重，又不利灌溉。都江堰正位于这山地与平原的交接处，是修建水利工程的最佳位置。古时治水的英雄们正是选择了这个黄金地段在河滩中筑起了一道水中分水堤（古称金堤，今称金刚堤），堤之最前端作锐角斜坡状，便于分水护堤，叫作鱼嘴（秦汉时的鱼嘴位置不是今天所见的位置，而在上游的韩家坝州头上端）。江水经鱼嘴、金刚堤一分为二，右为外江，经疏通之后向东南流去，主要用作泄洪；左为内江，引入成都附近各县，用于灌溉与漂木。内江是沿玉垒山而行的，玉垒山有一个很大的突出部分，位于断裂带上，在江水长年冲击之下，突出部分与山体之间早有裂隙。李冰利用这一天然条件，将裂隙凿开扩大，使突出部分与山体完全分离，就是离堆。离堆与山体之间形成一个两边全是坚硬岩石的引水口，由此引内江江水东流用于灌溉，故称灌口。这个名字几经变更之后，到明代方名为宝瓶口，但灌口这一古称至今不废。宝瓶口的宽度固定（今测数据底宽为17米），进水量有所限制，可以保证洪水期间通过的进水量不会大量增加（今测数据，只要不发生地震，岷江高洪峰时宝瓶口流量也不超过700立方米/秒，只占岷江总流量10%左右），不会给成都平原造成洪灾。而在离堆外侧，即靠近金刚堤尾部一侧，则筑成一片比堤低、比河床略高的低平慢坡（今长180米），古名中减水、侍郎堰，今名飞沙堰。每当洪水时期，内江水超过宝瓶口流量时，就很自然地从飞沙堰排向外江（最高时可排出内江总流量的四分之三）。而非洪水时期，飞沙堰则无水可排，可以保证宝瓶口的进水量。更为重要的是，岷江刚从山地进入平原，在洪水期间所夹带的不仅是泥沙，更多的是大小卵石，每年输送量达400万—600万立方米，这在全世界河流中也是罕见的。由于宝瓶口通道狭窄而位置又不在正中，故内江水直冲离堆，离堆的顶托与飞沙堰的侧流会在离堆前面造成一种横向漩流（当地称为壅水），能将洪水中的沙石从飞沙堰卷出，避免了宝瓶口与宝瓶口下游河道（包括流向成都的二江）的淤塞。洪水愈大，飞沙堰的排沙力愈大（可以溢出直径达30厘米的卵石），排沙量愈大。对于飞沙堰这种奇特的“飞沙”作用，原成都科技大学的水利专家在大型实验室中做过六十分之一的定床模型实验，下面是实验得出的《飞沙堰分沙比表》：

飞沙堰分沙比表

试验日期			内江流量立方米/秒	飞沙堰流量立方米/秒	分流比%	分沙比%
年	月	日				
1977	6	16	500	90	18	10
1977	9	5	600	150	25	65
1977	7	19	700	240	34.2	80
1977	7	28	900	350	39	88
1977	8	17	1106	464	42.1	98
1977	8	20	1350	550	40.7	98

洪水中的大量沙石能从飞沙堰自动排出98%，这是蜀中先民的一个伟大的创造，直到今天仍被全世界水利专家称为“不可思议的奇迹”。为了观测水位，李冰又立了三个石人于水中，用“水竭不至足，盛不没肩”（《水经注·江水》）的观测尺度来控制内江的流量，这是全世界已知的最早的水则。由鱼嘴、金刚堤、宝瓶口、飞沙堰所构成的都江堰渠首工程，相互依托，彼此联系，科学合理，充分发挥了防

洪、灌溉、漂木的三大功能，而且连续使用两千多年而不废，这在全世界水利工程史上是仅有的一例，是我国人民在世界水利史上的杰出贡献。

2. 作为一项庞大的水利工程，需要简捷实用、成本低廉的建筑技术与维修方法，否则难以长期维持。都江堰筑堤护岸的主要手段是以当地颇为丰富的竹子劈片编笼，其中装填河中卵石，竹笼可根据需要而弯曲、堆砌、加高、加厚，可拆可毁，十分方便。这种笼石技术，据《元和郡县志》卷三一说是“李冰作之，以防江决”。其最大的优点就是“水不蛀土而渠可坚久”。这种以多层笼石逐渐减轻水势的以柔克刚的技术不仅在巴蜀地区使用了两千多年（元代和明代，曾分别用大铁龟和大铁牛作鱼嘴，后均废弃，仍用笼石），而且早就传到中原，为全国水利工程造福。汉成帝时，黄河瓠子口决口，“灌四郡三十二县，水居地十五万余顷，深者三丈，坏败官亭室庐且四万所”。原来指挥防河的御史大夫尹忠被责自杀。汉王朝起用蜀人王延世为治河使者，“以竹落长四丈，大九围，盛以小石，两船夹载而下之，三十六日，河堤成”。汉成帝大喜，以为王延世之法“功贵约省，用力日寡”，大加嘉奖，并特地改元为河平（《汉书·沟洫志》）。王延世为何会“长于计策”，使用笼石法呢？《华阳国志·先贤士女总赞中·犍为士女》载：“王延世，字长叔，资中人也。建始五年，河决东郡……汉吏案图纬，当有能循禹之功，在犍为之资阳求之，正得延世。征拜河堤谒者，治河。”这里的“案图纬”云云，当然有汉代盛行谶纬的迷信成分，但说专门要到蜀地资阳来寻求“有能循禹之功”的人，这就不是偶然的了。任乃强《华阳国志校补图注》分析说：“延世之术由何得之？由《沟洫志》文可知其人素为蜀郡水官，习知李冰湔堋成法而又灵活运用之者。”此说是颇有道理的。

修建渠首，其主要目的是合理地调节经内江进入成都平原的水量，夏季洪水（岷江在每年 6—9 月的流量相当于全年流量的 60%左右），保证不受涝；春秋枯水，保证灌区的用水而不受旱。这就需要用人力合理调节内江与外江流量的分配。在没有钢筋混凝土大坝与闸门的古代，都江堰采用的是杩槎与羊圈调节水量的技术。所谓杩槎，是用三根圆木扎成的一个三脚架，将杩槎架于水中，两个杩槎之间用横木作梁，梁外竖放木条，木条外放竹笆，竹笆外放竹席，竹席外或置竹笼中填卵石，或直接倾盖沙石，就可形成一道简易的临时水坝，筑堤规模可宽可窄，拦水时间可长可短。若须拆除，只要用刀砍断绑扎杩槎顶部的绳索，杩槎自行解体，用人力套上绳索一拉，木料顺水漂走，堤坝也就不存在了。所谓羊圈，是用竹木编成的桶状大笼，立于水中，中填卵石，一个一个连接起来，既可作拦水堤坝用，又可用来保护鱼嘴两侧的金刚堤。每当洪水期，就用杩槎与羊圈减少内江流量，让洪水从外江排出。每当枯水期，就用杩槎与羊圈减少外江流量，让江水主要进入内江。这种办法，一直使用了两千多年，直到 1974 年在外江上修起现代化的水闸。

3. 制定与总结出了一套长期维护、保证受益的科学方法。都江堰渠首的维护，主要有两个方面，一个是保护江心之中的鱼嘴与金刚堤不被冲毁，飞沙堰不致淤塞；二是在江底淘沙，这在宋代称之为“穿淘”，近代称之为岁修。每年冬天（一般在霜降至立春之间），都江堰渠首都要进行岁修。岷江的沙石虽然大部分已从飞沙堰排出，但江底总会积存一部分，所以岁修时就用杩槎将内江水截流，将宝瓶口上游的凤栖窝一段的沙石挖出，或堆于金刚堤上，或装入竹笼加固堤身。对于这种岁修，相传李冰定下了六字诀，《水经注·江水》载：“李冰作大堰于此，立碑六字，曰‘深淘潬（滩），浅包鄢（堰）’。”

(按:“立碑”以下 11 字,见明人曹学佺《蜀中名胜记》卷六引文,今本《水经注》无。《大明舆地名胜志·成都府六》所引《水经注》与《蜀中名胜记》同,可知明代《水经注》本有此 11 字)。所谓“深淘滩”,就是凤栖窝一段的江底要将沙石除去,清道光年间曾从江底挖出相传为李冰埋于江底的两个石马,那就是古时淘滩深度的基准。明代时改为埋入长达丈余的卧铁于江底作为基准。直到现在,江底还埋着三根卧铁,相距 11 米,各长 4 米余,直径 0.2 米,分别为明万历四年、清同治三年和民国时期所铸造置放。这种岁修工程,年年不断,直到今天,只是根据当年情况,决定岁修规模的大小。所谓“浅包堰”,是指用笼石砌成的飞沙堰因江水与卵石的冲击,每年必须维修,高度宜低不宜高(一般是高出江底 2 米左右),便于排洪排沙。到北宋时,六字诀改为更为通俗易懂的“深淘滩,低作堰”。明正德年间,曾于江中挖出一块铁板,上面就刻着这六个大字。

为了更好地观察渠首的水位高低,李冰立三石人于水中作为水则(见前),后来则在离堆下石崖上刻划作为水则。《宋史·河渠志五》载:“离堆之趾,旧镵石为水则。则盈一尺,至十而止。水及六则,流始足用。过,则从侍郎堰减水,河(指内江)泄而归于江(指外江)。岁作侍郎堰,必以竹为绳,自北引而南,准水则第四,以为高下之度。”离堆水则在宋代是 10 划,元代是 11 划,清代是 24 划,现在是 25 划。飞沙堰的高度,定在第 13 划。

都江堰岁修的六字诀被历代所遵循,而又不断发展,更为详备。今天中外游客参观都江堰,都会在纪念李冰的专祠二王庙(祭祀李冰与传说中的李冰之子李二郎)的墙壁上,见到清代嵌刻的两种《治水三字经》,文字大同小异,其中一种是:“深淘滩,低作堰。六字旨,千秋鉴。挖河沙,堆堤岸。砌鱼嘴,安羊圈。立湃阙,留漏罐。笼编密，石装健。分四六（按，指内外江水的比例，或内四外六，或内六外四），平潦旱。水画符，铁柱见。岁勤修，预防患。遵旧制，毋擅变。”这是两千年治水经验的结晶，是蜀中先民为水利工程史作出的巨大贡献。

4. 在渠首工程之下游，全面整治了渠道水系，用以保证灌区农田用水之需。内江经过宝瓶口之后，一分为二、二分为四，形成了以蒲阳河、柏条河、走马河、江安河四大干渠为主体的密如蛛网的灌溉体系。这个灌溉体系当然是积历年之功而形成的（例如蒲阳河就是西汉景帝时由著名的蜀郡守文翁主持开凿的。东汉时，据《续汉书·郡国志五》注引任豫《益州记》：“凿石二十里，引取郫江水灌广都田，云后汉所穿凿者。”而《水经注·江水》则记此事为“凿山度水”，故而有研究者认为，这是一件值得重视的水利工程，或是凿山引水的隧道，或是渡槽工程①），但李冰时期已为此打下了基础则是毫无疑义的。从古代文献考察，李冰时期开凿、疏导了郫江、检江，“穿二江成都之中，此渠皆可行舟，有余则用溉浸，百姓飨其利。至于所过，往往引其水益用溉田畴之渠以万亿计，然莫足数也”（《史记·河渠书》），是当时最主要的成果。二江是成都地区两千多年来灌溉、运输及生活用水的命脉。直到今天，成都地区的工业用水与自来水资源仍然仰给于都江堰。

除内江水系之外，李冰又在外江之侧开凿羊摩江（今羊马河），从渠首引水，再分出骆驼河（今沙沟河）、碓石河（今黑石河），灌溉岷江右岸广大地区。又疏导文井江水系（今西河），使之归于外江，

① 参见熊达成、郭涛：《中国水利科学技术史概论》，成都科技大学出版社1989年版，第58页。

并灌溉成都平原最西南地区的农田。

除了岷江水系之外，李冰还在南安（今乐山）整治沫水（今青衣江），凿石平滩，方便水运。又疏导成都平原北部的洛水（今石亭江）、绵水（今绵远河），既利灌溉，又导洪入沱江，减轻洪水灾害。

由以上四个方面可知，李冰所领导的都江堰水利工程是一个系统工程，实际上是对成都平原水利的全面治理。这种全面治理加上成套的维护技术，代代相承，不仅使当时，也使后世长期而大面积地受益。这种受益又体现在三个方面：

第一是防洪。由于通过鱼嘴分水，外江泄洪，宝瓶口控制进水，成都地区得以长期免除洪灾。如《太平广记》卷二九一《李冰》引《成都记》："唐大和五年（831），洪水惊溃……伤数十郡，唯西蜀无害。"杜光庭《录异记》卷四《鬼神》："蜀朝庚午年（按：指前蜀武成三年，910）夏，大雨，岷江泛涨，……而京江（按：指成都城外二江）不加溢焉。"黄休复《茅亭客话》卷一《蜀无大水》："开宝五年（972），壬申岁，秋八月初，成都大雨，岷江暴涨，……而府江（按：也指成都二江）不溢。"久居成都的大诗人杜甫对成都"不溢"的原因有所分析："君不见秦时蜀太守，刻石立作五犀牛。自古虽有厌胜法，天生江水向东流。蜀人矜夸一千载，泛滥不近张仪楼（按：成都名胜，诗人用以指代成都）。"（《石犀行》）一句话，靠的是都江堰的功劳。当代水利专家也对此有过分析：多年来，成都未受到大的洪灾，有过的一些中小洪灾也是由于"当地暴雨"和"灌县至成都区间降雨"，"灌县以上的洪水由于受都江堰工程的限制，对下游成都一带的直接威胁较小"。[①]

① 参见郭涛：《四川城市水灾史》，巴蜀书社1989年版，第38页。

第二是灌溉。《华阳国志·蜀志》说得好："灌溉三郡，开稻田，于是蜀沃野千里，号为'陆海'，旱则引水浸润，雨则杜塞水门，故《记》曰：水旱从人，不知饥馑，时无荒年，天下谓之'天府'也。"巴蜀地区所以能得到"天府之国"之美称，很大程度得力于都江堰对成都平原万顷良田的自流灌溉。都江堰灌溉的农田面积是逐步扩大的。最早见到的数字是汉代的，见于《北堂书钞》卷一五六引《风俗通义》说："溉田万顷以上，到秋收阅数百千里。"晋代数字见《华阳国志·蜀志》说："溉灌三郡"，即蜀郡、广汉郡、犍为郡。唐代的数字见《元和郡县志》卷三一说："灌田万顷。"宋代的数字见黄休复《茅亭客话》卷一《蜀无大水》说："灌溉彭、汉、蜀之三郡沃田亿万顷。"以上数字都是形容其多，未能确指。《宋史·河渠志五》第一次明确指出，都江堰的灌溉区域为：导江、新繁、金堂、九陇、崇宁、濛阳、洛、郫、温江、新都、成都、华阳等十余县。这个灌溉范围，一直保持到清代。清顺治十八年（1661）四川巡抚佟凤彩在《题修都江大堰疏》（见嘉庆《四川通志》卷二三）中说是"灌溉十一州县"，即灌县、郫县、温江、崇宁、新繁、新都、金堂、成都、华阳、彭州、汉州。清雍正年间，有了第一次详细的统计数字，是 76.54 万亩。这个数字以后不断扩大，1943 年统计为 14 县，329.26 万亩。中华人民共和国成立之后，治理了老灌区，开辟了新灌区，三条渠道穿过龙泉山脉，使都江堰灌区越过了成都平原的范围，到 1993 年，已达 34 县，1003 万亩，成为我国第一个实灌面积超过千万亩的特大型灌区。

第三是运输。《华阳国志·蜀志》载："冰乃壅江作堋（按：即指渠首工程），穿郫江、检江，别支流双过郡下，以行舟船。岷山多梓、柏、大竹，颓随水流，坐致材木，功省用饶。"在秦政权花大力气修都江堰之时，运输是排在第一的首要任务，因为秦国要利用这条黄金水道运送军队沿江而下，以高屋建瓴之势完成统一中国的大业，故而把灌溉排在了运输之后，所以《史记·河渠书》明确记载："此渠皆可行舟，有余则用溉浸。"二江"行舟船"，主要在成都以下，杜甫诗中的名句"门泊东吴万里船"早已为人所知。元代的《马可·波罗游记》中也说："江广半里，通海大船往来上下游。"自战国以来一直到近代成渝公路修通前，成都向东向南的主要运输方式一直是水运，如大诗人岑参所说："成都与维扬，相去万里地。沧江东流疾，帆去如鸟翅。"(《万里桥》)检江（今锦江）上的万里桥，自汉代起就是蜀人远行的起点。三国时，诸葛亮派费祎出使东吴，亲自为之饯行，费祎叹息说："万里之路，始于此桥。"万里桥也就由此而得名（《元和郡县志》卷三一）。战国末年，秦欲伐楚，张仪分析形势说："秦西有巴蜀，方船积粟，起于汶山，循江而下，至郢三千余里。舫船载卒，一舫载五十人与三月之粮，下水而浮，一日行三百余里。里数虽多，不费马汗之劳。"(《战国策·楚策一》)这里，把从汶山（按：即岷山）之下，即从成都到楚地的水运优势讲得十分清楚。在近代，都江堰至成都只漂木，不通船，可在古代是行舟的，所以杜甫在《西山》一诗中有"灌口米船稀"之句。正因为这条水道如此之重要，以至我们的祖先长期误认为岷江为长江正源。伟大的地理学家徐霞客通过考察，第一次指出了金沙江才是长江正源，他在《徐霞客游记·江源考》中敏锐地指出：长期以来人们所以会误解金沙江与岷江二者之间的正源与支流的关系，"世所以舍远而宗近，良为岷江为舟楫所通"。这是很有见解的。

岷江运输功能还有一个很重要的内容是漂木，即上引《华阳国志·蜀志》所说的"岷山多梓、柏、大竹，颓随水流，坐致材木，功省用饶”。两千多年来，莽莽岷山林区的大量木材几乎全部由岷江漂至灌县、成都等地，供应着川西地区的用材。古时无数字记载，新中国成立以后的40年间，平均年漂木仍在35万—50万立方米。其功之伟，实为外地所难以想象。

综上所述，古代的都江堰水利工程作为世界水利工程史上的奇迹，它创造了四项无可争辩的世界第一：

它是设计最巧妙、最合理的古代水利工程，从科学性上看，世界第一；

它是迄今仍在使用的全世界最古老的水利工程，从年代的悠久看，世界第一；

它是今天灌溉面积最大的古代水利工程，还有防洪、运输的巨大作用，从功能作用上看，世界第一；

它是维修工程量最小、耗资最低、综合效益最高的古代水利工程，从效益上看，世界第一。

除了都江堰之外，巴蜀地区在古代还兴建过若干其他的大规模的水利工程，如唐玄宗开元二十八年（740），剑南道采访使章仇兼琼主持开凿远济堰，“自新津邛江口引渠南下百二十里，至（眉）州西南入江”（《新唐书·地理志六》）；又开凿蟆颐堰，“因蟆颐山筑堤，障蜀江水，溉眉山、青神田，分东、中、西三大堰”（嘉庆《四川通志》卷二三《堤堰》）。这两项工程规模与效益都不小，远济堰开人工渠120里，灌田1600顷；蟆颐堰有支渠百余道，灌田720顷（同上）。到唐僖宗年间，眉州刺史张琳主持扩建远济堰，改名通济堰，“溉田一万五千顷”（吴任臣：《十国春秋》卷四〇《张琳传》）。这个数字可能有所夸大，但从当地百姓因“被其惠”而编的歌谣看，这项水利工程的效益的确是相当可观的。这首歌谣唱道：“前有章仇后张公，疏决水利粳稻丰。南阳杜诗不可同，何不用之代天工!”

从整个巴蜀地区来看，古代的水利工程主要都集中在川西地区，保证了川西地区一直成为全国的主要粮仓。如宋代诗人范成大在《吴船录》中所说：“一路江水分流，入诸渠皆雷轰雪卷，美田弥望”；“流渠汤汤，声震田野，新秋勃然郁茂”；“家家有流水修竹”；“所谓岷山之下沃野者，正在此”。明代著名地理学家王士性也说：“成都三十余州县，一片真土，号称沃野，既坐平壤，又占水利，……飞渠走浍，无尺土无水至者，民不知有荒旱，故称沃野千里。”（《广志绎》卷五）至于在其他丘陵区，则一直未兴建过大型水利工程，而以星罗棋布的中小型塘堰为主，这方面的材料在明清时期的地方志上多有记载，如峨眉的熊石堰、彭山的通济堰、夹江的刘公堰、犍为的大堰、青神的鸿化堰、仁寿的古佛堰、嘉定（今乐山）的楠木堰、遂宁的广利堰和轻风明月堰、巴县的宋家沟南堰等，对当地的农业生产都起了很大的支撑作用。

第二节　冶　金

铜是最早被人类所利用的金属，而且很多民族或地区都有一个光辉的青铜文明时期，亦即《越绝书》卷一一所说的“禹穴之时，以铜为兵”的时期。巴蜀地区也不例外，而且在这方面的成就十分突出。

蜀地自古出产铜矿，《管子·山权数》有“汤以庄山之铜铸币”之载，庄山即严道铜山，即今荥经的铜矿。这条记载虽不可尽信（成汤之时无铜币），但可知严道出铜，早已知名于中原。若从《汉书·地理志》与《续汉书·郡国志》中考察，在青衣江流域、金沙江流域很多地方都产铜。《华阳国志·蜀志》记蜀地之“宝”，其中就有“铜、铁、铅、锡……空青”。铅和锡都是冶铸青铜的重要原料。“空青”之名又见于《元和郡县志》卷三三所载梓州（今三台）的贡赋名单之中，《本草纲目》卷一〇引陶弘景《名医别录》：“空青，生益州山谷及越西山有铜处，铜精熏则生空青，其腹中空，三月中采，亦无时。能化铜铁铅锡作金。”空青其实是一种铜矿石，即蓝铜矿，含铜量可达55.3%，与北方常见的铜矿石孔雀石不同。这种空青，很可能就是古时巴蜀炼铜的主要原料。

目前已见到的巴蜀地区最早的铜器是在三星堆两个祭祀坑中出土的距今4000年左右的古蜀王国青铜器，这是一批冶铸技术相当高的大型青铜器，以礼器为多，总重量有一吨左右。在此之前，肯定还有一个从红铜（即纯铜）器、小型器、实用器阶段发展而来的漫长历程，只是尚未发现遗物而已。但如果把巴蜀地区冶铸铜器的历史从三星堆时期上溯千年左右，应当是合乎情理的。

在三星堆遗址的发掘中，可以见到铜熔渣、泥芯、坩埚以及伴出的大量的竹木灰烬，可以肯定当年在此地有大型制铜工场，其冶铸工艺是常见的火法冶铜，即以铜矿石为原料，以木炭为燃料和还原剂，同炉而冶，生产出金属铜，然后再加入锡、铅用坩埚冶炼成青铜，最后在陶范中浇铸成型。

青铜是一种合金，主要成分是铜、锡、铅，不同地区的青铜往往有成分与比例的差别。三星堆出土青铜器有铜锡、铜铅、铜锡铅、铜铅锡四类。大致来讲，礼器含铅量高，含锡量低；实用器含锡量高，含铅量低。这与以殷墟青铜器为代表的中原青铜器有明显的不同。此外，三星堆青铜器都不含锌，而多数含有微量的磷，这更是显示了与中原不同的特色。磷是青铜冶炼中良好的脱气剂，能消除合金熔液中的微小气泡，故能提高青铜的强度、硬度、弹性与耐磨性。这些微量的磷是有意加入的，还是矿石的杂质的混入，目前尚无法定论。但仅从含量成分上看就已非常清楚，三星堆青铜冶炼是明显有别于中原而自成体系、独具一格的。所以，蜀中乃是中国冶金术起源的若干个中心地之一。到了战国时期，巴蜀地区的青铜器仍然含磷，表明是三星堆时期的冶炼技术的继续与传承，虽然在合金成分中含锡量仍较中原低，但综合来看铅锡比例却逐步与中原青铜器接近，这表明可能已经受到中原技术的影响。巴蜀青铜器的合金比例与云南青铜器却相当接近，这表明云南青铜器可能又受到巴蜀的影响。

在铸造技术上，三星堆青铜器主要采用陶范范铸，小器用一次成型的浑铸法，大器则用分铸（又有先铸与后铸之别）法与嵌铸法。在加工工艺上，有焊、铆、热补、刻镂等。这其中的铜焊工艺（例如人们今天已熟知的全世界最大的青铜人面具的巨型双耳和凸出的眼球柱，就是焊上去的）是目前已知的全国最早的焊接工艺，较之中原与江淮都要早几百年，是否是古蜀的发明，尚待进一步的证实。

到了战国时期，巴蜀铜器的加工工艺有两项十分突出，一是嵌错，二是镀锡。嵌错是先在铜器上刻出细的槽状花纹图案，然后将金、银、锡等细丝嵌入。成都百花潭中学 10 号墓出土的铜壶上就嵌错着十分复杂而精美的水陆攻战、狩猎、弋射、采桑、宴乐等多组图案。涪陵小田溪 1 号墓出土的一套编钟共 14 枚，其中也有精美的错金图案。这些铜器不仅是巴蜀铜器的精品，也是全中国铜器的精品。如果说嵌错工艺其他地区也有的话，巴蜀地区的二次镀锡工艺就是全国独一无二的了。在我国古代的青铜兵器上曾出现过镀锡工艺，既可防锈，又可产生寒光闪闪的效果，增强战斗气氛（古代常见的“白刃”的说法，即来源于此）。巴蜀兵器不仅镀锡，而且有二次镀锡工艺，并用一种目前尚无法知道的特殊的氧化工艺使其保持着事先设计好的几何图案或动物图案，至今仍呈现十分明显的黑色“虎斑纹”①。这是巴蜀地区一种独特的加工工艺，时间最早的可以推定在西周后期，其工艺过程尚待进一步揭示。

在青铜冶铸加工工艺高度发展的同时，蜀中的黄金加工工艺也达到当时全国的最高水平。

我国很早就有使用黄金的记载，也有一些实物被考古工作者发现。可是在多年的发现中，全国商代遗址中发现的黄金制品并不多，而且都是些不大的金片、金耳环、金笄、金钏之类②。三星堆一大批金器的出土，使我国黄金利用与制作的早期历史应重新谱写。

在三星堆的两个祭祀坑中，出土黄金制品数十件（另有未制成成品的金块），其中有金杖、金面罩、金璋、金虎、金箔鱼形饰、金箔叶形饰等，这是我国已发现的时间最早、数量最多、工艺水平最高的一批黄金器。这其中最引人注目的是一木芯金皮权杖，长 142 厘米，直径 2.3 厘米，金皮重约 500 克，是我国发现的唯一一根金权杖，也是全世界已知的最长的金权杖。金杖上有三组雕饰图案，其中有人头像、鱼、鸟及其他装饰性图案。这根金杖的金皮系捶制而成，其展开面积有 1026 平方厘米，在上面施加了模压、雕刻、镂空等多项加工工艺，是我国先秦时期无与伦比的黄金精品。金面罩与真人面部大小相近，残宽 22 厘米，高 9 厘米，金虎形饰长 11.5 厘米，这两件金器都是用金片模压而成。这些黄金制品的工艺水平说明 4000 年前的古蜀先民高超的加工工艺和对黄金很高的冶炼工艺。巴蜀地区产金（在

---

① 参见何堂坤：《部分四川青铜器的科学分析》，载《四川文物》1987 年 4 期。
② 见彭邦炯：《商史探微》，重庆出版社 1988 年版，第 246 页。

《禹贡》中，天下贡金者只有梁州)，但无论古今，所产者都是沙金，大多是从岷江、涪江、沱江、金沙江、大渡河两岸淘洗出来的，一般称为“麸子金”，颗粒很小，必须经过几道工序才能熔炼纯化出可供加工的纯金块。当时的冶炼加工的具体过程今天虽不得而知，但已位居全国乃至全世界最前列，则应是毫无疑义的。

比三星堆文明时代稍晚的成都金沙遗址已经出土金器 200 多件，是我国先秦时期所有考古遗址发现金器最多的地方。这里出土的太阳神鸟金箔已经成为我国文化遗产的标志，被很多专家称为集最丰富的传统文化与最现代的艺术风格的文化瑰宝。2007 年 2 月，这里又出土了东亚最完整、最大的金面具，表明了金沙与三星堆一样是我国古代黄金加工水平最高的地区。

在整个先秦时期，巴蜀地区的金属冶炼一直以青铜为主，直到战国时期才见到少许铁器，而且质量很差，估计在秦统一巴蜀之前巴蜀地区尚未能掌握冶铁技术，假使有，技术水平也相当低。秦统一巴蜀之后，中原的冶铁技术传入巴蜀，而且设立了铁官专门管理冶铁，临邛（今邛州)、武阳（今彭山）和南安（今乐山）很快成为冶铁业的中心，丰富的矿藏与广阔的市场使得冶铁业迅猛发展，这其中最典型的地区是临邛。临邛“有古石山，有石矿，大如蒜子，火烧合之，成流支铁，甚刚”(《华阳国志·蜀志》)。《史记·货殖列传》载：

> 蜀卓氏之先，赵人也，用铁冶富。秦破赵，迁卓氏。卓氏见虏略，独夫妻推辇，行诣迁处。诸迁虏少有余财，争与吏，求近处，处葭萌（今广元）。唯卓氏曰：“此地狭薄。吾闻汶山之下沃野，下有蹲鸱，至死不饥，民工于市，易贾。”乃求远迁。致之临邛，大喜，即铁山鼓铸，运筹策，倾滇蜀之民，富至僮千人。

田池射猎之乐，拟于人君。

程郑，山东迁虏也，亦冶铸，贾椎髻之民，富埒卓氏，俱居临邛。

上述记载是可信的，因为已经得到考古调查的证实。秦汉的冶铸中心“古石山”，又称孤石山，就在秦汉时属于临邛的今蒲江县敦厚乡大同村，现存冶炼遗址三处。蒲江县近年已发现了秦汉冶铁遗址达57处之多，包括冶铁炉（一般残高2米、炉径1米）和大面积冶炼残渣（最厚的有6米，近年用作修公路路面的材料），还发现一批竖井状矿坑、残留的矿石和成堆的矿粉。从残存物可知当时矿石已经过粉碎与筛选两道加工工序，从伴出的石灰石可知当时已用石灰石作冶炼的熔剂和降硫剂。

秦汉时期的巴蜀铁器不仅供给整个西南地区使用，而且还远销关中以及其他省区，最远的已外销到今越南和泰国[①]。在出土实物中，特别值得注意的是1978年在徐州铜山县一座汉墓中出土了一柄钢剑，这是我国已知的有准确纪年的最早的一件钢制品，上面有铭文：“建初二年蜀郡西工官王愔造，五十炼□□□孙剑□。”铭文乃是错金书（这种错金书的铁质书刀1957年在成都市天回镇东汉崖墓中也曾发现）。从王愔造的钢剑可以得知汉代的铁器错金工艺的高超，更可见巴蜀地区已经以百炼钢技术而知名，钢剑已经远销全国。百炼钢是通过将铁反复折叠锻打、淬火而炼成的钢，一次折叠锻打淬火，就叫一炼（今天还在使用的成语“百炼成钢”，就是从这种工艺而来）。王愔所造钢剑经过检测，是经过60炼炼成，比铭文中的“五十炼”还

① 参见童恩正：《略谈秦汉时代成都地区的对外贸易》，载《成都文物》1984年2期。

多 10 炼。冶铁技术的发展与炼钢技术的掌握，是秦汉时期巴蜀地区经济发展的重要因素之一，特别是当时各地水利工程与交通孔道的兴建，遍布蜀中的盐井的开凿，如果没有铁质工具与钢质工具的使用，是不可能取得那样巨大的成效的。

秦汉以后，钢铁生产技术已在全国普及，巴蜀地区值得一提的是三国时期的蒲元制刀技术。据《诸葛亮集·故事》卷四《制作篇》引《诸葛亮别传》载：

> 亮尝欲铸刀而未得，会蒲元为西曹掾，性多巧思，因委之于斜谷口，熔金造器，特异常法，为诸葛铸刀三千口。刀成，自言汉水钝弱，不任淬用，蜀江爽烈，是谓大金之元精，天分其野。乃命人于成都取江水至，元取以淬刀，言杂涪水，不可用。取水者犹捍言不杂。元以刀画水云："杂八升，何故言不杂?"取水者叩头服，云："实于涪津渡负倒覆水，惧怖，遂以涪水八升益之。"于是咸共惊服，称为神妙。刀成，以竹筒密纳铁珠满中，举刀断之，应手虚落，若剃水刍，称绝当世，因曰神刀。

神刀蒲元所用的"特异常法"，从上述记载看来，是一种极为讲究的独到的淬火工艺。淬火工艺是我国最早采用的冶金技术，西汉的蜀中文学家王褒在《圣主得贤臣颂》中就有"清水淬其锋"之载。可是，将淬水对于原料选择的讲究、不同原料又产生如何不同的效果记述得如此详细而明确，《诸葛亮别传》还是第一次。对于神刀蒲元技艺的高超，除上述这记载外，还可找到一些旁证，就是汉代"蜀刀"一直在全国有很高的地位。除上述在徐州发现的蜀郡钢剑之外，过去在洛阳也曾出土广汉郡生产的汉代书刀，罗振玉《贞松堂集古遗文》

卷一五所著录的几把汉代错金铭文书刀也全部是广汉郡的产品。《汉书·杨仆传》有“欲请蜀刀”之载，《魏书·高允传》有“特赐蜀刀一口”之载，西汉时著名的教育家文翁从蜀郡派青年人赴长安学习，带到长安去送给博士们的礼物中第一项也是蜀刀（见《汉书·文翁传》)。由此可见蜀中出刀，知名全国，确是事实。

第三节 钻井术与井盐开采

我们的祖先对世界文明所做出的贡献中，最为人们所熟知的是“四大发明”：指南针、火药、造纸、印刷术。可是近年来有不少科学家认为我国的四大发明之外，还有必要列上第五大发明——钻井术。这一见解，虽然尚未被中外学术界普遍接受，但也已得到不少学者的赞同。我们可以毫无愧色地说，钻井术是中国的骄傲，钻井术对于人类所做出的巨大贡献，正在日益被人们重视。而钻井术的发明与发展，正在古代的巴蜀地区，其中又以著名的盐都自贡为中心。

盐是人类生活中不可缺少的日用必需品，我们古老的祖先曾有过一个逐水草而居的漫长历史时期，这种“逐水草而居”的流动，应当包括有逐盐源而居的内容。古代传说中最著名的几位领袖人物：尧都平阳（今山西临汾)，舜都蒲坂（今山西永济西)，禹都安邑（今山西夏县)，为什么都聚集在今山西西南角这个农业生产的条件并不好的地区？就是因为这里有中原大地上最重要的产盐地解池。有了盐就容易使人们聚居，这在古代是很重要的问题。在我国南方，除食用沿海的海盐外，主要靠天然的地表卤水，古人称之为“盐泉”（巴族聚居区的今川东巫溪一带，就是巴蜀地区最早、最兴旺的利用天然盐泉煮盐的地区）。其次是露头的岩盐，古人称为“咸石”。随着挖掘水井和冶铁这两方面技术的发展，就出现了挖出地下盐卤的可能性。战国末年，李冰在蜀中兴修水利，开出了巴蜀第一口，也是全国、全世界第一口盐井。

李冰治水蜀中，绝非仅仅是一处都江堰，而是在整个川西南地区。在大规模进行的水利工程中，发现盐卤资源是完全可能的。《华阳国志·蜀志》载：李冰在整治青衣江时，“凿平溷崖，通正水道”，南安县（今乐山市）有“滩……曰盐溉，李冰所平也”。这应当就是在修治河滩中发现的天然盐泉（溉，徐流也。盐溉就是不断流出的天然卤水）。由于在河滩之中，无法采用，只好“平”掉，但“盐溉”之名保存了下来。可是在另一地方也发现地下卤水之后就有意开挖为井，成为第一口盐井。也是《华阳国志·蜀志》载：“秦孝文王以李冰为蜀守，冰能知天文地理……又识察水脉，穿广都盐井。”广都县治，可能在今成都东南 15 公里的中和场，而所穿盐井的具体位置，则可能在今仁寿县东北的高家场，此地一直到西魏时仍以产盐著称。广都盐井开凿之后，巴蜀地区陆续出现了一批盐井。秦代巴蜀地区有 3 个县、汉代有 18 个县有盐井，而且数目不少，如汉宣帝地节三年（前 67），一次就“穿临邛、蒲江盐井二十所”（《华阳国志·蜀志》）。临邛盐井旧址在今邛州市高场、新民等地，至今还有盐井溪、六角井等地名，40 年前还可以取卤煎盐，只因含盐量不高，故停止生产。蒲江盐井所在地在蒲江朝阳乡，至今仍名叫盐井沟，昔年盐场遗址今名灰沙嘴，堆积层厚达 12 米，面积 2600 平方米，沿沟岩石上还有古时架设输送盐水枧槽开凿的石槽、石洞。汉代的巴蜀盐井，已经被中原人士所知，故王充才会在《论衡·别通》中说：“西州盐井，源泉深也。”

初期的盐井是大口浅井，有立桶式、坑洼式、束腰式等，口径2—10米不等，有如小的池塘，故又有“盐池”之称。这种大口井一般劳动力均可开凿，没有什么特别的技术。到东汉时，从画像砖的采盐图上可见井口已经缩小，在1.6—2米，已不再是大口，而是中口井了。这种井一直保持到唐代，技术有所改进，井深超过200米，固井措施也不断发展。比较典型的是陵州（今仁寿）的陵井（相传为道教祖师张陵主持开凿，故名）。唐代杜光庭在《道教灵验记》（《云笈七籤》卷一一九）中说陵井“直下五百七十尺，透两重大石，方及咸泉”。李吉甫在《元和郡县志》卷三二中说：

陵井，纵广三十丈（按：三十丈，疑当为三丈之误），深八十余丈。益部盐井甚多，此井最大。以大牛皮囊盛水，引出之役作甚苦，以刑徒充役。

北宋的释文莹在《玉壶清话》中对技术讲得更具体一些：

陵州盐井，旧深五十余丈，凿石而入。其井上土下石，石之上凡二十余丈，以楩柟木四面锁叠，用障其土，上下即盐脉，自石而出。为蜀置监，岁炼八十万斤。

这种用木料作井壁的浅井，四川至今仍有实物可与古代文献互证。如云阳县云阳盐厂的白兔盐井，井径3米多，深53米，井内用厚10厘米、长145厘米、宽26厘米的木板八块拼成八边形框架，层层重叠，成为井壁。这口井在当地都说是汉代开凿、使用至今的旧井，很有历史价值。

大口浅井与中口井为巴蜀地区提供了大量食盐，从秦到宋，大口浅井与中口井使用了一千来年。但是大口浅井与中口井毕竟比较简单，而且存在不少缺陷：(1) 挖掘几丈、几十丈深的井，工程浩大，费时、费力、费财。(2) 井大不易加固，时常塌方，又往往有淡水渗入井中。(3) 虽然耗费大量人力物力（需 5—7 人挖数年乃至更长时间），大口浅井与中口井的挖掘深度毕竟是有限的。目前所知的最深纪录是 80 丈。要用手工挖成如此深的大井，其艰难可想而知，要想再深是不大可能的。可是浅井不能得到较多的卤水，更不能得到浓度高的卤水。近千年的开采，浅层卤水逐渐枯竭，这是大口浅井所面临的最大困难。如《宋史·五行志》就明白记载着：端拱元年（988）九月，"泸州盐井竭"。如果从《宋史·食货志》中所载巴蜀盐课日益减少的情况估计，巴蜀地区的井盐产量从宋初到宋仁宗时，几乎减少了一半。井盐之乡出现了不同程度的盐荒。

社会经济的要求，带来了钻井术的飞跃。

北宋仁宗庆历年间，巴蜀出现了小口深井卓筒井，地点就在巴蜀著名的产盐区陵州井研（今井研县）。曾任陵州太守的文同（就是以"胸有成竹"知名于世的蜀中诗人画家文与可），明确记载了"井研县……自庆历以来，始因土人凿地植竹，为之卓筒井，以取咸泉，煮炼盐色。后来其民尽能此法，为者甚众"（《丹渊集》卷三四《奏为乞差京朝官知井研县事》）。

大文豪苏轼的记载更为具体：

> 蜀去海远，取盐于井。……自庆历、皇祐以来，蜀始创筒井，用圜刃凿如碗大，深者数十丈。以巨竹去节，牝牡相衔为井，以隔横入淡水，则咸泉自上。又以竹之差小者出入井中为

桶，无底而窍其上，悬熟皮数寸，出入水中，气自呼吸而启闭之，一筒致水数斗。凡筒井皆用机械，利之所在，人无不知。（《东坡志林》卷六）

由此可知，卓筒井的主要特点是：(1) 口径很小，只有竹筒的内径大，按“巨竹”计，也只能有几寸。根据四川现存的卓筒井所用楠竹情况看，内径只有 10—13 厘米。(2) 不用挖掘，而用“圜刃”进行冲击式顿钻法钻凿。这种“圜刃”，就是世界上最早的钻井用钻头。(3) 初期井深数十丈，后来发展到百丈以上。(4) 用竹筒首尾相接下到井中作套管，既防渗水，又防井壁坍塌。(5) 用小于套管的竹筒作汲卤水的汲筒，竹筒底用牛皮装为单向阀门，方便而耐用。(6) 还有文同、苏轼未记载的一整套采卤技术、治井技术。当然，钻井的具体方法，也无记载。根据其他文献资料和对现存卓筒井（四川现存的以“凿地植竹”为主要特点的卓筒井在新中国成立前还相当多，新中国成立后已逐渐被淘汰，目前只有大英县卓筒井镇还有保存，而且还在按传统工艺继续生产，可供参观考察。卓筒井镇原名大英乡，数十年前尚有盐井 1711 口，故而保存遗迹甚多）的考察，卓筒井钻井、治井、采卤的具体情况大致如下：

首先是钻井，就是根据实际经验选择可能出卤水的井址，然后在选定的井口上安置一个方形碓架，碓架上设一杠杆，有如汲水的桔槔或舂米的碓臼。一头连接踩板，用脚踩动使其上下；一头用竹片（四川称篾条）下悬“圜刃”，即一种钻头式的铁锉。铁锉升起之后再落下，反复冲击，将井中的土石击碎。将击碎的石粉岩屑取出的工艺，近代叫“扇泥”，就是用与取卤水的单向阀竹筒相似的扇泥筒，在井中有水时（若井中无水就灌水入井）放至井底，让土石粉屑成浆状进入扇泥筒，提出井口。就这样冲击之后扇泥，扇泥之后再冲击，将一口口卓筒井钻凿到有卤水的深度。

固井，就是使井壁牢固。由于卓筒井较深，在井的上部土层多，既易垮塌，又多渗漏，下部多为岩层，比较坚固，所以固井主要是在井的上部（有20—50米）安楠竹套管。近代钻凿往往是上部用大锉，安上套管之后再用小锉。钻凿上部就叫凿大口，钻凿下部的叫凿小眼，或凿小窍。

治井，是对已成功的生产井的维护。当取卤时篾条不停地上下提落，会把套管的楠竹磨坏，卤水的长期腐蚀，楠竹也会蚀烂，所以套管的更换是常有的事。此外，如果装卤的竹管掉入井底，锉井时铁锉掉入井底，篾片断落、井的下部有沙石垮落而将井堵住或填塞，都必须采取措施予以排除。这方面的技术远比凿井复杂，宋代是否已全面掌握这方面的技术，目前尚不可确知。

采卤，是在井口设置一架可以与地面垂直方向转动（有如井上的辘轳，当然要大得多）的盐车，盐车上环绕连接起来的篾片，下端固定入井取卤水的汲筒，将汲筒徐徐放入井底，装满卤水（每筒约可装15千克左右）后再提出井口。提升一般都用人力转动盐车，也可用牛推。卤水提出后，经日光照晒蒸发之后就可以放入大锅，熬制食盐。

卓筒井的出现，使盐井的钻凿较过去的大口井更为容易，卤水产量亦高，故而这种新式盐井迅速在巴蜀各地发展，宋代单是陵州就有数百口，与之接壤的嘉州（今乐山）与荣县“亦皆有似此卓筒盐井者颇多，相去不远，三二十里，连溪接谷，灶居鳞次”（文同：《丹渊集》卷三四《奏为乞差京朝官知井研县事》）。

卓筒井使巴蜀的井盐产量有很大的提高，但每口卓筒井本身的产量并不算高。就以每一汲筒装卤水 15 千克计，100 筒才 1500 千克，几十丈深的卓筒井，靠人力放筒升筒，速度很慢。从近代卓筒井生产情况调查，每口井日产卤水最高的，也不过 1000 千克左右，一个熬盐的大灶，少则要几口井供应，多则要几十口井方能满足熬盐的需要。据不完全统计，巴蜀各地的盐井到南宋绍兴年间已达 4900 余口，仍不能满足社会上对食盐的需要。但由于宋代以后巴蜀经济发展长期停滞，所以钻井技术一直到明代后期才有新的发展，到清代前期达到古代钻井术的顶峰。在这一时期，冲击式顿锉法的钻凿方式在总格局上仍如宋代，但在每个具体的工序上都有明显的提高。

在钻井方面，由于多年来经验教训的积累，每口井钻凿记录（清代称“岩口簿”，逐日记录钻凿进度并通过岩屑记录井下的岩石情况）的增多，工匠们通过分析，对地下的岩石分布与卤水分布逐渐有了完整的认识，对如何确定井位也就有了更大的把握。例如，自流井地区，工匠们对地下的由浅到深的红岩、瓦灰岩、黄姜岩、草白岩、黄沙岩、青沙岩、白沙岩、煤炭岩、麻枯岩、黑烟岩、绿豆岩，了如指掌；对地下的由浅到深的白水、咸淡水、草皮水、黄水、假黑水、黑水的位置心中有数。工匠们的目标是绿豆岩（今天地质工作者命名为三叠系嘉陵江石炭岩）中的黑水，这种黑水即黑卤，含盐量高达 18%。工匠们（一般称之为“山匠”）有了上述的盐矿地质的知识和多年的经验，确定井位就更有把握，最老练者“就地撷草拾土嗅之，即知下宜有水火（按：火，指天然气）”（《四川盐法志》卷二）。

确定井位之后，先用人工挖掘的方法开井口，直径在 1 米左右，要把表层的土石完全挖去，见到坚硬的岩层为止。然后在坚岩之上一层层叠砌安放外方内圆的石圈，一般都在两层之间用桐油石灰黏合，使这几十米的石圈成为一个坚固的整体，使上层松软土石对盐井不可能产生任何破坏性影响。石圈砌完之后才用冲击式顿锉和扇泥法凿大口。为了保证井腔圆而直，有一位熟练工匠在井口不断转动向下冲击的铁锉，这种“转锉”的工作是保证盐井质量的关键。大口井打到一定深度（以完全不见周围浸水为止），就下套管。明清的套管不再用太薄的楠竹，而用“木柱”，就是将青㭎、松、柏树的圆木对剖两半，挖空内部，合拢成为木筒，外面再用竹篾、粗麻、桐油石灰缠裹，晾干后才叫“木柱”。每根木柱之间有榫头连接，木柱与井壁之间还要灌上可以密封的“养身泥”，以防木柱被水浸入。下木柱之后，又用冲击式顿锉法和扇泥法凿小口。凿小口之前的工作，严格来讲只是准备阶段，凿小口才是钻井的主要阶段。为了将盐井钻至几百米以获得优质的卤水，一般需要一两年，长的四五年，甚至有十几年的。

我们的祖先就是用上述办法，一下又一下地用人力使铁锉向岩层冲击，钻成了一口又一口直径只有 10—15 厘米的深井。道光十五年(1835)，在今自贡市大安区长堰塘附近，凿成了深达 1001.42 米的燊海井。这口超千米井的凿成，是我国古代钻井术所取得的巨大成就，是当时全世界的最深井。这口井既出盐卤，又出天然气，石圈和木柱的深度为 64 米，小口井的井径在 125 米以上是 11.4 厘米，以下全部是 10.67 厘米。令人惊异的是，这口井一直到今天仍是生产井，日产天然气 1500 立方米。继这口深井之后，咸丰年间凿成的德胜井深达 1045 米，光绪年间凿成的长发井深达 1119 米。在自流井地区，深度达 800 米以至 1000 米的深井，可谓处处可见。

为了钻凿深井，为了维护深井，巴蜀各盐场的工匠们创造了一整套工艺，研制出各个系列的工具，故而在测井、纠斜、补腔、打捞、修木柱（已见记载的最深木柱有 187 米）、淘井等方面，都有一整套可谓巧夺天工的技术，这些技术的难度远比凿井要高得多。上面提到的桑海井至今仍在生产，1985 年又对整个生产区做了一次全面修复，它的大门、天车、碓房、碓架、车房、大车、灶房、仓房、柜房等都还保存着清代的历史风貌。更为重要的是自贡市早已成立了闻名中外、全球唯一的井盐博物馆——自贡市盐业历史博物馆，馆中陈列着完整而丰富的井盐历史文物，仅是各种凿井、治井工具就有 130 余种，中外的参观者均可在此大饱眼福。

古代巴蜀所发明的钻井术的巨大价值，远远不仅是在井盐生产中创造若干项世界第一：世界上第一口盐井，第一口深井，第一只钻头，第一次冲击式顿凿法，第一根套管……（西方钻出第一口盐井是美国鲁弗奈兄弟在 1808 年于宾夕法尼亚州西部完成的，深度只有 12.19 米，他们也在西方发明了第一只钻头，并使用了木质套管），而是我们巴蜀的祖先用这种技术凿成了全世界第一口天然气井，凿成了全世界第一口油井，在全世界第一次实现了人工采石油、人工采天然气。而西方近代石油工业的钻井技术正是在中国的发明创造的启发之下得以实现的，李约瑟在著名的《中国科学技术史》第一卷第二分册中经过仔细研究之后明确肯定了这一事实，他说：

> 今天在勘探油田时所用的这种钻深井或凿洞的技术，肯定是中国的发明，因为我们有许多证据可以证明，这种技术早在汉代就已经在四川加以应用（按：李氏在这里将大口浅井与小口深井未加区别）。不仅如此，他们长期以来所应用的方法，同美国加利福尼亚州和宾夕法尼亚州在利用蒸气动力以前所用的方法基本相同。此外，在古代的四川，已经利用从钻孔中冒出的天然气来蒸发抽出来的或从别处流来的咸水。一千年以来，这种技术丝毫没有传入其他文化地区去的迹象。后来在阿拉伯的书中，曾有一

二处提到过这件事，不久，欧洲就在公元十二世纪成功地钻了第一批自流井。钻这些井所用的方法是否就是古代中国人所用的方法，现在还很难完全肯定。但是因为据我们所知，在这以前，其他任何地方都没有出现过这种深钻的方法，所以几乎可以肯定，欧洲当时所用的就是古代中国所用的方法。

还有一项重要的发明必须提及，就是当代石油工业和岩盐开采的地下注水工艺，是巴蜀先民在世界上最早发明并用于生产的。关于地下水可以联通的原理，我国早已掌握。《太平御览》引盛弘之《荆州记》就说过，随郡庙乡村有九口井，“汲一井则众井水动”；又引《濑乡记》：“老子庙中有九井，汲一井余井水并动。”巴蜀先民在开采“盐岩”过程中，就在清代从单井注水发展为异井注水的“通腔”工艺。据林振翰《川盐纪要·自井盐务琐闻》载：

最初有人凿井百数十丈，尚不见功，验其土质色泽，则与他井异。以水化之，则咸量较黑水（按：黑水系含盐量高的地下卤水）尤重，由是知为盐崖之发现。日以淡水灌入井中，复以寻常汲卤水之法汲而煎之，互相仿效，盐崖井日渐加多。未几，甲井入水而不见，乙井不必入水，水反源源而来，推而至于丙丁，莫不如是。此皆水之就下，地势使然也。一日某井户以粗糠和水入井试之，果由他井汲出，因知盐崖融化，逐渐沟通。遂公同商议，于四十余眼盐崖井中只以一二井专司灌水，其应得利益，则公共赔偿之。

这种异井注水提高成片盐井产量的工艺在自流井盐区获得了很大

的效益。如清末的怀丰井注水（当地称为渡水井），可供20个通腔生产井（当地称直推井）汲卤。故而这一工艺发展很快，在清末已被各地普遍采用。而这种原理和工艺在国外是一直到20世纪50年代才被认识，才用于岩盐与石油的开采。

巴蜀的钻井术带来了井盐生产的繁荣（据《清盐法志》卷二五三的不准确的统计，四川在清末有盐井100814眼，盐灶7943座，盐锅25913口，产量无确切统计，大约最高年产量可达50万吨左右），这是对我国南方各省人民的生活用盐的重大贡献。但更重要的是钻井术钻出了全世界最早的油井和气井，影响了全世界钻井术的发展，使全世界出现了无数的油井和气井，这就带来了全世界的能源革命，促进了现代文明的到来。从这种角度来估量巴蜀地区钻井术对人类文明所做的贡献，我们用“难以估量”的提法，应当是不过分的；如果说钻井术是我国祖先的第五大发明，也确是很有道理的。

第四节　天然气与石油开采

全世界最早开采利用天然气的地方，是在巴蜀；全世界已知的由人力钻成并进行开采的油井，最早也出现在巴蜀。

我国很早就发现了天然气。《周易·革卦》的《象辞》中的记载“泽中有火”，就是描述的沼泽中有天然气燃烧的现象。关于这一点，不仅当代有不少学者持这种看法，古代也早有作如是观的细心人。清人许赞曾在《东还纪程》中说：“滇洱海……冬月，海风水面起，火高数丈，莫知其故。《易·象》曰：‘泽中有火，革。’《海赋》云：‘阴火潜燃’。岂其事欤!”除了《周易》之外，《山海经》卷一中也有

“令丘之山，无草木，多火”的记载。《山海经》反映了很多古代巴蜀的情况，这个“令丘之山”具体地点虽然不明，但很可能是在巴蜀范围之内。值得骄傲的是，我们的祖先不仅很早就发现了天然气可以燃烧，更重要的是很早就开始利用可以燃烧的天然气。

天然气储藏在地下，要开采就必须有井，巴蜀地区从战国晚期就开始挖掘盐井，而巴蜀地区的地下盐资源与天然气资源又往往伴生（直到今天，四川的主要产盐区仍是如此），人类最早的天然气井，就是在巴蜀古代先民挖掘盐井时意外地发现的，并以“火井”称之。以至刘逵在为左思《蜀都赋》作注时说：“火井，盐井也。”我们的祖先在发现火井之后，立即有意识地加以维护并利用（四川一直将天然气井叫作火井，直到近代仍称火井）。火井的名称，最早见于扬雄所写的《蜀都赋》：“蜀都之地，古曰梁州……东有巴賨，绵亘百濮，铜梁、金堂、火井、龙湫。”这里的铜梁、金堂、火井、龙湫，都是蜀中名胜，在扬雄的笔下，应当是“早已有之”的东西。根据宋人章樵对《蜀都赋》的注释，铜梁山，在宕渠县（今渠县东北）；金堂山，在新都县；龙湫，指巴东龙潭；而火井，就是指的临邛火井。不过，临邛地不在蜀都之东，故而章樵之注只能备一说。如果按“东有巴賨”的地域来看，《水经注·江水》在记今云阳盐场时曾提到过“盖蜀火井之伦”，可能是比喻，也可能当地古代就有过有如临邛之火井。

《太平御览》卷八六九引有《蜀王本纪》一条，由于未被严可均辑入《全汉文》中，故而很少有人注意。兹录原文如下：

> 临邛有火井，深六十余丈，火光上出，人以筒盛火，行百余里犹可燃也。

上述记载，可以与《博物志》《续汉书·郡国志》《水经注·江水》的类似记载相印证。晋人张华在《博物志》（据范宁：《博物志校证》本）卷二中写道：

> 临邛火井一所，从（按：即纵）广五尺，深二三丈。井在县南百里。昔时人以竹木投以取火，诸葛丞相往视之，后火转盛热，盆盖井上，煮水多得盐。入以家火即灭，迄今不复燃也。

自扬雄在《蜀都赋》中记载了火井之后，西晋著名文学家左思在他的《蜀都赋》中也写道："火井沉荧于幽泉，飞焰高扇于天垂。"另一位著名学者郭璞在《盐池赋》中也说："饴戎见轸于西邻，火井擅奇乎巴濮。"临邛火井是什么时候被开发利用的呢？史无明载，但南朝刘宋时代的刘敬叔在《异苑》卷四中说过：

> 蜀郡临邛县有火井，汉室之隆，则炎赫弥炽。暨桓灵之际，火势渐微，诸葛亮一瞰而更盛。至景耀元年，人以烛投即灭。是年，蜀并于魏。

《异苑》所说的"汉室之隆"，一般都是指的西汉的武帝时期。这里的"景耀元年"，应是"景耀六年"之误。因为"蜀并于魏"是在蜀后主景耀六年（亦即炎兴元年，263）。不过，《异苑》的这个火井熄灭的记载是不可信的，因为如果火井在蜀汉末已经熄灭的话，晋代的左思、郭璞不会还在文章中大肆描绘，特别是生长在西蜀，对临邛情况十分了解的晋代著名史学家常璩在《华阳国志·蜀志》中还有这样一段十分重要的记载：

> 临邛县……有火井，夜时光映上昭。民欲其火，先以家火投之，顷许，如雷声，火焰出，通耀数十里。以竹筒盛其光藏之，可拽行终日不灭也。井有二，一燥一水。取井火煮之，一斛水得五斗盐；家火煮之，得无几也。

从以上材料中可以看出以下几点：(1) 巴蜀地区早在西汉前期就已挖成了天然气井；(2) 汉代已经利用天然气作燃料，主要用来煮盐，这比西方利用天然气作燃料要早1800年以上；(3) 汉代已经用竹管做气管输送、储存天然气；(4) 初期的天然气利用曾得到诸葛亮的关心，很可能在利用的技术上有所改进；(5) 临邛火井储气量很大，就以汉武帝时期到常璩晚年计，也连续生产了大约500年。

对于上述结论，我们还可以用其他材料作为佐证：(1) 临邛火井在当时远近闻名，在传世的王羲之《十七帖》中有《与周益州书》，书中说："彼盐井、火井，皆有不？足下目见不？为欲广异闻，具示。"可见他为了"广异闻"，还专门询问火井的情况是否属实。(2) 北周时，在这里设置了火井镇，隋代改设火井县，一直到元代才裁撤火井县，火井县这一建置前后保留5代共673年。(3) 在火井县的县治故地，今邛州油榨沱的天纲祠（祭祀曾任火井县令的唐初著名占候学家袁天纲）附近，近年来出土了一些被当地农民称之为"火槽子"的石管道，经研究，可以肯定是汉代输送天然气的管道。(4) 火井作为地名，至今仍存，称为火井乡，而当地则称为火井槽；在上述天纲祠内，至今仍保存一块清乾隆年间所刻的石碑，上镌"自唐时古火井处"等字。

自汉代开始，巴蜀地区长期在开采利用天然气，而且长期作为煮盐的燃料。五代时，成都郊区都还在开采天然气，因为后蜀人李昊所写的《筑成都羊马城记》（载杨慎：《全蜀艺文志》卷三三）中还说："宵瞻火井之光，晓望云峰之彩。"宋代以后，巴蜀钻井术有了大步的进展，一大批小口深井也就被钻了出来，这其中有气井，也有既出天然气又出卤水的两用井。由于天然气长期与卤水并出，所以巴蜀地区的天然气长期用于煮盐，而未引入民家，这是巴蜀古代天然气利用的一大特点。当然，也有人用作照明、取暖、炊事，乃至袋装携于远处，那只是偶尔为之的例外，除前引诸书中所载的"以竹筒盛"而用之之外，如清代严如熤在《三省边防备览》卷一〇中所说："嗅之有硫磺气，储以猪尿胞（按：即经过简单加工的猪膀胱，四川过去常用作盛装需要密闭的物品的口袋）可寄远。刺小孔以阳气引之，气出如缕，暗室生光。"《太平寰宇记》卷一三九记蓬池（今仪陇）火井，"可以御寒，移时方灭"。

从明代中叶开始，今天的自贡市地区的丰富天然气储藏得到大规模的开发，出现了不少深井、高产井。清代的李榕在《十三峰书屋文稿》卷一《自流井记》中说：火井"至咸丰七八年而盛，至同治初年而大盛"。"火之极旺者曰海顺井，可烧锅七百余口；水、火、油三者并出曰磨子井，水、油二种经二三年而涸，火可烧锅四百口，经二十余年犹旺也。德成井火卤气熏人至死，可烧锅五百口。"根据前几年自贡市盐业公司对历史上煮盐用气有关记载的推算，自流井气田在1851年以前已产气120亿立方米，1851—1949年间产气186亿立方米。在自流井气田，连续产气达200年的气井并不罕见，如小桥井、老双盛井、大滐井等都是。至于高产的古老气井，如海顺井、双全井等，均已产气在3亿至5亿立方米。自流井气田开发利用至少已有500多年，至今仍在为人民造福，是全世界被开发利用时间最长、历史最久的气田。

要对天然气加以利用，除了钻井开采，还必须对有强大喷压力的天然气有所控制，使之听从人意。气井油井的压力都是不小的，控制不住就会形成“井喷”。《太平寰宇记》卷八五记陵州火井事，是全世界第一次记载了天然气井的井喷：“火坠井中，即雷吼沸涌，烟气上冲，溅泥漂石，甚可畏也。”如何控制“井喷”，成为当时的一大问题。在这方面，巴蜀地区的工匠们也做出了杰出的贡献。前面引述过的晋代张华的《博物志》在记述临邛火井的使用时说：“火转盛热，盆盖井上，煮水多得盐。”这里的“盆盖井上”四字虽不明其详，但很可能是用煮盐的牢盆（汉代一直称煮盐铁锅为牢盆）直接覆盖井口，用于对井口的简单控制。至于初期的输送，文献中的“竹筒”与地下出土的石管就是当时的输气管。不过，这时的输气距离不可能长，使用也不会普遍。

天然气是有毒气体，因为其中含有硫化氢。古人将天然气称为“阴气”，认为能“熏人至死”，所以在开发天然气时，如何避免中毒，这是一大难题。今天使用的天然气都必须经过脱硫处理，祖先无此技术，但发明了一种十分简单而又实用的去毒装置——雨盘。这一发明的地点在陵州，即今仁寿，年代在北宋。我们在前面曾经提到，陵州的陵井是古代巴蜀最有名的盐井之一，《元和郡县志》卷三四说“益部盐井甚多，此井最大。”可是，这口大井在五代后蜀时期因为井崩而产生大量的天然气，“阴气腾上，入者辄死”“毒烟上蒸”，使井盐无法继续生产。我国古代杰出的科学家沈括在《梦溪笔谈》卷一三《权智》中对解决这一难题的经过有较详的记载：

陵州盐井，深五百余尺，皆石也。上下甚宽广，独中间稍狭，谓之“杖鼓腰”。旧自井底用柏木为干，上出井口，自木干垂绠而下，方能至水，井侧设大车绞之。岁久，井干摧败，屡欲新之，而井中阴气袭人，入者辄死，无缘措手（引者按：据《续资治通鉴长编》卷八所载，后蜀广政二十三年，陵井“井口摧圮，毒气上如烟雾，炼匠缒入者皆死”）。唯候有雨入井，则阴气随雨而下，稍可施工，雨晴复止。后有人以一木盘，满中贮水，盘底为小窍，洒水一如雨点，设于井上，谓之“雨盘”，令水下终日不绝，如是数月，井干为之一新，而陵井之利复旧。

沈括的记载十分清楚，当时是从雨天的阴气可随雨而下得到的启发，用水淋法解决了天然气的毒熏。这是有科学根据的，因为现代科学试验证实，天然气中的硫化氢可溶于水。“雨盘”的发明者，据《宋史·杨佐传》的记载，是当时任陵州推官的杨佐：“佐教工人以木盘贮水，穴窍洒之，如雨滴然，谓之‘雨盘’。如是累月，井干一新，利复其旧。”

到了明清时期，随着小口深井的不断加深，自流井地区钻出了一批高产气井。为了利用这些高产气流，广泛采用了竹管输气的方法，“有一口井接数十竹者，并每竹中间复横嵌竹以接之，烟（引者按：即天然气）盛，无不贯透”（范声山：《花笑庼杂笔》）。这已经形成了一个纵横交错的管道网了。为了安全采气，又逐渐在气井井口发明了一种“寙盆”的装置，就是用一个高约一丈、直径约一丈的两层大木桶置于井口，几十根竹管均从桶中分出，将天然气输送到各个盐灶。天然气气压太高还可以从桶的顶部放出（根据现代科学考察，寙盆还具有测定气量、分离气水、防爆防毒的多种功能）。用以输送天然气与卤水的管道（四川叫笕或枧）用竹或木制成。在清代后期，自流井的管道就已长达一百多公里，“外不浸雨水，内不遗涓滴，高者登山，低者入地……虽长虹之饮涧，秋蛇之赴壑，不能状也。”（李榕：《自流井记》），成为自流井的一大壮观。

在天然气得到开采利用的同时，巴蜀也是全世界最早开发利用石油的地区之一。

我国是全世界最早发现与利用石油的国家。根据《汉书·地理志》和《水经注·河水》的记载，最早发现与利用石油的地区是在今陕北延安一带，时间在西汉。当时把自然流出的石油叫“肥水”或“石漆”，可以收集起来作燃料或作润滑剂。最早将石油从井中取出加以利用的事例，出在巴蜀。《太平寰宇记》卷七五邛州下记临邛火井时有如下记载：“又《十道要记》云：火井有水，郡人以竹筒盛之，将以照路，盖似今人秉烛，即水中自有焰耳。”很明显，这是在天然气井中得到伴出的可燃之“水”即石油，装在竹筒中即可点燃照明。《太平寰宇记》成书于北宋初年，所引《十道要记》一书已佚，但我国分十道是在唐贞观年间，开元年间就增为14道、15道。所以，《十道要记》乃是记录唐开元以前情况之书，这是至晚在唐初邛州已从井中取石油加以利用的可靠记载。邛州至今还有油榨沱的地名。当地相传，所以名为油榨，就是因为原来“沱里有一付油榨，长年累月榨个不停，榨出许多油来，浮于水面”。[①] 到了北宋时，沈括第一次用了“石油”这一称呼，并断言“此物后必大行于世”（《梦溪笔谈》卷二四），提出了极有预见的论断。就在沈括之后不久，《元一统志》卷四记载了陕北的“石油井”。不过，这些“石油井”是如何形成的呢？是水井、盐井变成油井的，还是人工专门挖凿的？是大口浅井，还是

---

① 见刘友竹：《世界第一口油井在四川邛崃》，载《四川石油志通讯》1990年第3辑。

小口深井？见不到任何材料，这是十分令人遗憾的。但从《梦溪笔谈》所载的“石油……生于水际沙石，与泉水相杂，惘惘而出，土人以雉尾挹之”的情况看来，陕北的这种石油井是较为原始的，如果有人工开凿，也肯定是挖掘式浅井。

目前已知的我国用人工钻凿出来的小口油井，最早的仍然是在巴蜀。

我们在前面已经谈到，巴蜀地区自宋代钻凿小口深井以来，无论是盐井还是气井，都往往有出石油的可能。清人吴鼎立在《自流井风物名实说》中说，在钻凿深井时，“水、火、油，得其一者谓之见功”，最明白地表明了卤水、天然气、石油三者常常并存的情况。只是因为没有专门去利用石油，所以就缺乏专门的记载而已。到了明代中叶，就多次有了这方面的记载。著名学者杨慎在《丹铅总录》中说：“火井在蜀之临邛，今嘉定、犍为有之。其泉皆油，热之燃，人取为灯烛，正德中方出。古人博物，亦未及此也。”杨慎在《艺林伐山》中又说：“近日蜀中火井汲出硫黄油。”较杨慎稍晚一点，伟大的药物学家李时珍在《本草纲目》卷九中说：各地所出的石油都是由岩中自然流出，浮于水面，直到明代“正德末年，嘉州开盐井，偶得油水，可以照夜，其光加倍。沃之以水则焰弥甚，扑之以灰则灭。作雄硫气，土人呼为雄黄油，亦曰硫黄油。近复开出数井，官司主之。此亦石油，但出于井尔”（明·曹学佺：《蜀中广记》卷六六《方物记第八》亦有此段记载，文字全同，并称引自《通志》）。与李时珍同时的张瀚则记下了他在四川宦游时的亲身见闻：“内江、富顺之交……有油井，井水如油，仅可燃灯，不堪食。……油井，犍为县有三处。”（《松窗梦语》卷二）

巴蜀地区自从钻出油井之后，油井曾一度有所增加，并直接用于照明，其作用已与现代的煤油相似。明代万历年间曾在四川为官的何宇度在《益部谈资》卷上有这样的记述："油井，在嘉州、眉州、青神、井研、洪雅、犍为诸县。居人皆用之燃灯，官长夜行，则以竹筒贮而燃之，一筒可数里，价减常油之半，光明无异。"

四百多年以前，巴蜀地区对石油的开发利用，无疑是走在全世界最前列的，开创了人类能源利用史上一个新的时期。国外开凿油井要比我国晚得多。欧洲第一口油井是 1848 年俄国人谢苗诺夫钻成的，只有 60 米。美洲第一口油井是由美国人德拉克在 1859 年钻成的，只有 20 米。而明代的巴蜀，小口井已钻到了 300 米以上了。

由于明末清初巴蜀经济的残破，石油开采未能继续发展，但仍有被外省利用的记载，如清代著名学者魏源在《圣武记》卷一四谈到水战时的燃烧剂时，就专门提到"蜀之石油"。清代后期，国外的"洋油"输入我国，巴蜀又有商人钻凿一批油井，开采石油，欲与"洋油"抗衡，只是由于技术的落后和得不到官方的支持而告失败，但这却是巴蜀商人十分有意义的一次行动。此事一般文献均未记载，迄今为止也未见有任何一位研究者注意到这一重要的行动。此事载于清光绪三十二年（1906）十二月的《广益丛报》122 期的《纪闻》：

> 资州（资中）属罗泉井，四面皆山，地居卑下，前由王君、杨君合办，开井取油，颇适于用。其井与盐井同深，亦八九十丈，唯盐井稍大。初唯销售本处，近闻各处购买日多，已开凿至十余井，每斤价五六十文。唯油质浊而色黑，不能如洋油之澄清。倘能提炼得法，其利源岂有穷尽哉！

第五节 造纸与印刷术

造纸与印刷术是我国古代的伟大发明，是我们祖先为世界文明所做的杰出贡献。古代的巴蜀曾经是我国造纸业的中心地区，也曾经是印刷业的中心地区，还是全世界纸币的发源地。

众所周知，我国的造纸术形成于汉代，晋代造纸术传到全国。但是在所有古代文献中一直见不到汉晋时期纸张重要产地的记载。一直到唐代，我国才出现了第一个造纸业的中心，这就是巴蜀。李约瑟主编的《中国科学技术史》第 5 卷第 1 分册《纸和印刷》第 32 章明确指出："四川从唐代起就是造纸中心。"而在宋代，全国造纸中心发展到 4 省 7 处，四川仍占两处。该书又写道："据说 10 世纪时，南唐后主李煜（937—978）曾经设局造纸，召唤名匠，造出以他的一所书斋为名、美誉不衰的佳纸（澄心堂纸）。南唐覆灭后，这些工匠流亡到长江下游各地，形成新的造纸中心，堪与蜀纸抗衡。"这就是说，在此以前，蜀纸一直在全国居于领先地位。而且我们还可以作一点补充，澄心堂纸虽然产于金陵（今南京），但却是巴蜀造纸技术的产儿，因为李煜所召唤的名匠，是从蜀中请去的造纸工匠。宋陈师道《后山丛谈》卷一说："南唐求墨工于海，求纸工于蜀。中主好蜀纸，既得蜀工，使行境内，而六合之水与蜀同。"

唐代巴蜀所生产的纸，主要是利用巴蜀盛产的麻作原料生产的麻纸。当时巴蜀产麻，天下闻名，故而杜诗中亦有"蜀麻吴盐自古通，万斛之舟行若风"（《夔州歌十绝句》之七）之句。蜀麻主要用来生产各种麻布，如青布、纻布、葛布、筒布、赀布、弥牟布等都进贡京师，远销全国。生产麻布之后的大量乱麻就用以造纸。费著在《笺纸谱》中说：

> 以木肤（按：即树皮）、麻头、敝布、鱼网为纸，自东汉蔡伦始。……今天下皆以木肤为纸，而蜀中乃尽用蔡伦法。笺纸有玉版，有贡余，有经屑，有表光。玉板、贡余杂以旧布、破履、乱麻为之，惟经屑、表光非乱麻不用。（按：本书中引用的《笺纸谱》《楮币谱》和《岁华纪丽谱》的作者，从来以为是元代费著无疑。近年谢元鲁提出异说，认为成书于南宋末年，见《巴蜀丛书》第一辑）

这里所讲的旧布、破履、鱼网等，其实也都是麻质。又有一种专门用织布下脚料生产的布头纸。苏轼《志林》说："川人取布头机余经不受纬者治作纸，名布头笺，冠于天下。"正因为如此，所以苏易简在《文房四谱・纸谱》中指出，"蜀多以麻为纸"，故称为"益州麻纸"。

益州麻纸的尺幅大小不同，颜色则有黄白之分。白麻是经漂白的，比较美观。黄麻则加入了黄檗树皮的溶液。黄檗皮中含有多种生物碱，有较好的杀虫作用。用黄麻纸书写的各种经书、文件等，就可避免虫（主要是蠹鱼）蛀。在唐代，巴蜀的黄白麻纸是中央的官方用纸，也是巴蜀向朝廷的重要贡品。唐玄宗时曾明确规定，"凡四部库书，两京各一本，共一十二万五千九百六十卷，皆以益州麻纸书写"（《旧唐书・经籍志下》）。在中央的图书库集贤书院，"太府月给蜀郡麻纸五千番"（《新唐书・艺文志一》）。一番为多少张，史籍未载，但据上引《笺纸谱》所载，蜀纸较厚重，"一夫之力仅能荷五百番"。这就是说，每月由太府发给集贤书院的蜀纸要 10 个全劳力来扛荷。此外还有一个数字，见于《唐会要》卷三五，大中三年（849），集贤书院共用麻纸 11707 张。除了中央图书库外，凡“赦书，德音，立后，建储，大诛讨，免三公、相，命将，日制，并用白麻纸；凡慰军旅，用黄麻纸”（李肇：《翰林志》）。

除了麻纸之外，唐代的巴蜀也用树皮造纸，即所谓皮纸。所用原料主要是楮树皮（今四川称楮树为构树），生产中心在广都（今双流）。广都纸又分四种：假山南、假荣、冉村（又叫清水）、竹丝，纸价都较廉，“蜀中经史子籍皆以此传印”，“凡公私簿书、契卷、图籍、文牒，皆取给于是”（《笺纸谱》）。在树皮所造的纸中，巴蜀在唐代还生产了一批著名的书画纸，即所谓“笺纸”。李肇在《唐国史补》卷下曾举出纸之精品：“蜀之麻面、屑末、滑石、金花、长麻、鱼子、十色笺。”这些笺纸受到文士们的高度赞扬。著名诗人陆龟蒙笔下的诗句：“捣成霜粒细鳞鳞，知作愁吟喜见分。向日乍惊新茧色，临风时辨白萍文（原注：鱼子曰白萍）。好将花下承金粉，堪送天边咏碧云。见倚小窗亲襞染，尽图春色寄夫君。”（《袭美以鱼笺见寄因谢成篇》）就是赞咏的蜀中鱼子笺。

蜀笺中最负盛名的，当然是流传至今的薛涛笺。薛涛之前巴蜀笺纸已有盛名，故而杜甫在《寄彭州高三十五使君适虢州岑二十七长史参三十韵》诗中就有“巴笺染翰光”之句。当时制笺的中心在成都浣花溪畔，因为“浣花溪水清滑胜常，以沤麻楮作笺纸，洁白可爱。数十里外便不堪造，信水之力也”（苏轼：《志林》）。上引《笺纸谱》所记更详：

以浣花潭水造纸故佳，其亦水之宜矣。江旁凿臼为碓，上下相接，凡造纸之物，必杵之使烂，涤之使洁，然后随其广狭长短

> 之制以造，砑（按：砑即碾磨，是造纸的一道重要工序）则为布纹，为绫绮，为人物花木，为虫鸟，为鼎彝，虽多变，亦因时之宜。

1978年在成都锦江大桥之北出土了唐代大石碓17个，证实了《笺纸谱》记载的可靠性（有好几位研究者都认为这些江边石碓是采用了水力驱动，我以为证据尚不足，有待新的发现证实）。著名女诗人薛涛就住家于浣花溪侧，她本来喜欢书画，又是诗人，所以她就在当地制笺工艺的基础上加以改进，制造了十色小笺，被文士们所采用，遂成为名声远播的薛涛笺。薛涛笺的特点有四：

第一是较小，只用来题诗，唐人李匡乂在《资暇录》中说：

> 松花笺，其来旧矣。元和初，薛涛尚斯色，而好制小诗，惜其幅大，不欲长，乃命匠人狭小之。蜀中才子既以为便，后减诸笺亦如是，特名曰薛涛笺。

第二是笺纸有各种颜色，乐史《太平寰宇记》、祝穆《方舆胜览》、李石《续博物志》、屠隆《纸墨笔砚谱》等都说薛涛所制为“十色笺”，但未明言是哪十色。曹学佺《蜀中广记·方物记第九》引北宋赵忭《成都古今记》载有“蜀笺十样”：

> 曰深红、曰粉红、曰杏红、曰明黄、曰深青、曰浅青、曰深绿、曰铜绿、曰浅云，又有松花、金沙、流沙、彩霞、金粉、桃花、冷金之别，即其异名。

估计这“蜀笺十样”，就是薛涛笺的“十色”（按：《蜀中广记》所记“十样”，其实只列出了九种，可能是印刷的脱误，当根据宋代成都生产的谢公十色笺的记载，补“浅绿”一种）。这十色中以三种红色为首，所以诗人们常以“红笺”来代表薛涛笺，如崔道融《谢朱常侍寄题剡纸》：“百幅轻明雪未融，薛家凡纸漫深红”；李商隐《送崔珏往西川》：“浣花笺纸桃花色，好好题诗咏玉钩”；韦庄《乞彩笺歌》：“浣花溪上如花客，绿阁深藏人不识。留得溪头瑟瑟波，泼成纸上猩猩色。……薛涛昨夜梦中来，殷勤劝向君边觅。”《笺纸谱》说：“涛所制笺，特深红一色尔。”太绝对，不妥。

第三，在彩色笺纸上还有若干花纹图案，“隐起花木麟鸾，千万其态”（朱长文：《墨池编》）；“为人物花木，为虫鸟鼎彝”（《笺纸谱》）。

第四，在造纸原料上，加入了成都常见的木芙蓉。宋应星的《天工开物·杀青第十三》：“四川薛涛笺，亦芙蓉皮为料煮糜，入芙蓉花末汁。或当时薛涛所指，遂留名至今。其美在色，不在质料也。”芙蓉花为红色，薛涛笺以红色为主，当与此有关。

唐代的四川，既有官府的专用纸，又有文士们最喜好的笺纸，所以说在唐代四川的造纸工艺是全国的最先进地区，是毫不为过的。

在唐代的基础上，宋代巴蜀地区的造纸业继续保持繁荣的局面，这表现在以下几个方面：

第一，产量仍然很大，运销全国，单是北宋初年在成都印制《大藏经》，每一部就有 13 万页，可见用纸量之巨。

第二，生产出一大批专用纸。在唐代笺纸基础上生产的各种笺纸，已经成为向朝廷的贡品（见《宋史·地理志》）。除薛涛笺之外，谢师厚又造出了谢公笺，也是十色彩笺。当时还在唐代的基础上扩大生产了水纹纸，在迎光时可以见到帘纹以外发亮的线纹和图案，是在纸帘上用线编成纹路图案，或用木模强压纸面而制成，例如衍波笺和鱼子笺就分属这两种水纹纸。当时生产这种纸是为了增加纸的美感，可是却开了当今世界上证券货币用水纹纸的先河。此外，四川还生产出了世界上最早的纸币专用纸。如《宋史·食货志下三》所载：

> 前之二界（按：当时纸币三年一换，称作一界），尽用川纸，物料既精，工制不苟，民欲为伪，尚或难之。迨十七界更印，已杂用川、杜之纸，至十八界则全用杜纸矣。纸既可以自造，价且五倍于前，故昔之为伪者难，今之为伪者易。

由此可知川产纸币纸在当时之地位。这种专用纸也是皮纸，即所谓“制楮为券”。

第三，巴蜀学者在北宋时写成了全世界第一本论述造纸的专著，这就是绵州（今绵阳市）人苏易简所写的《文房四谱·纸谱》。

宋代以后，巴蜀经济在全国的地位急剧下降，造纸业也不例外，不再具有唐宋时期的领先地位，只有两种纸的生产仍享有盛誉。一种是薛涛笺的制作一直继续，而且在明代制笺的东外锦江畔玉女津附近逐步发展为一处纪念薛涛的名胜，有薛涛井、崇丽阁、濯锦楼、吟诗楼、浣笺亭、清婉室、五云仙馆等建筑，即今日的望江公园。二是在夹江县形成了一个新兴的造纸中心，以当地盛产的各类竹子生产竹纸，高级书画纸可与著名的宣纸比肩，被称为“夹宣”。当代国画大师张大千、徐悲鸿都长期使用“夹宣”。张大千还亲自到夹江考察设计，制造出了大幅的大风堂专用笺，即今日中外驰名的“大千书画纸”。

正是在造纸业发展的基础上，巴蜀在唐宋时期成了全国，也是全世界印刷术的发源地和中心地之一。

我国是印刷术的发源地，但究竟发明于何时，至今还在随着新材料的发现而不断改说，难以定论，据统计，各种不同的说法超过20种。如果以已发现的实物为证，最早的一件雕版印刷品是1966年才在韩国庆州佛国寺的舍利塔中发现的《陀罗尼经咒》，其刻于中国可以肯定，刻印时间则在704—751年，无法确指。可以确定具体刻印时间的最早的雕版印刷品，是在敦煌发现的《金刚般若波罗蜜经》，时间是唐懿宗咸通九年（868）。这一件印刷品的刻、印技艺都很高。由是可知，我国至少在公元8世纪，即大约唐玄宗时期已经发明了印刷术。

那么，我国最早发明印刷术的地区何在呢？目前还不知道。但我国所发现的早期印刷品（指8世纪和9世纪的印刷品）中能够确知刻印地点的，都是刻印于成都。这就可以推知，全世界雕版印刷术的发源地很可能是在成都[①]。就算还不能下断语，但如果说成都是发源地之一，是早期的中心之一，却是可以确定无疑的。正如有的研究者所说："唐代刻书地点可考者……尤以益州成都较为发达。"[②] 如果从渊源上考察，汉代画像砖乃是先刻模再印泥版，然后烧制；道教从汉代以来就有符箓，而大量流行的符箓乃系板刻印造。这些都应当视作蜀中雕版印刷术的先河。目前我国已知刻印地点的早期印刷品实物有两件，一件是敦煌发现的唐僖宗中和二年（882）的历书残页，上面有通栏大字："剑南西川成都府樊赏家历。"可知此历书必刻于882年之

---

① 我国著名学者刘国钧曾说："很可能四川就是印刷术的发源地。"见他的《中国书史简编》，书目文献出版社1981年版，第60页。

② 张秀民：《中国印刷史》，上海人民出版社1989年版，第24页。

前无疑。由于唐文宗太和九年（835）东川节度使冯宿曾上奏朝廷，称剑南两川私家刻印的“印历满天下”，请下令禁印，而且得到朝廷的批准（《旧唐书·文宗纪》，《全唐文》卷六二四冯宿《禁版印时宪书奏》），故而这件历书有可能印于835年以前。第二件是在成都出土的，也是目前保存在国内的我国最早的印刷品实物（现藏中国历史博物馆），所以我们介绍得详细一点。1944年，四川大学校园内修建一条道路，在距锦江边不远处，发现三座宋墓、一座唐墓。在唐墓中死者骨架臂上有一银镯，银质已朽，整理时发现镯内有一纸卷，展开面积为31厘米×34厘米，茧纸，很薄，乃是用茧、桑皮、麻、檀木浆混合所制。纸上所刻印的是梵文《陀罗尼经咒》，右边首题汉字一行：“成都府成都县□龙池坊□□□近卞家□印卖咒本……”参加发掘整理的冯汉骥老师从墓中文物确定是一座唐墓，时代在850年至唐末之间，唐亡于907年，所以，这件印刷品也应当是9世纪后半期至10世纪初期的产品。由于成都称府是在唐肃宗至德二载（757），所以刻印时间最早也不会在此之前。除上述两件实物外，另有六件出于敦煌遗书中的根据唐代刻印本抄写的手抄本，其中五件都是根据“西川过家真印本”抄录的《金刚经》，一藏北京图书馆，一藏巴黎图书馆，三件藏于英国国家图书馆。它们的祖本也都是出于成都过家的刻书铺。

唐代巴蜀印刷业已有较大的发展，除了上述两件实物作证之外，还有大量的文献资料作证。如：

唐文宗太和九年（835），冯宿奉命出使蜀中，见当地有私印历书（古时历书是由官方发布刻印的）出售，特地上疏请求禁止，疏文载于《全唐文》卷六二四，文中说：“剑南两川及淮南道以版印历日鬻于市，每岁司天台未奏颁下新历，其印历已满天下，有乖敬授之道。”

由是可知在 835 年以前，私刻历书已较普遍。又，王谠《唐语林》卷七载，唐末僖宗入蜀，也见到市场上有历书印本发售。

日本僧人宗睿《新书写请来法门等目录》(载《大正藏》卷五五)载："西川印子《唐韵》一部五卷，同印子《玉篇》一部三〇卷。"宗睿是唐懿宗咸通三年（862）来华，3 年后回国的。上述目录是他带回日本的书籍目录，其中的"西川印子"就是西川刻印本。可知蜀中刻印的《唐韵》《玉篇》等书在 865 年已经传入日本。

唐僖宗避乱入蜀时，著名藏书家柳仲郢之子柳玭以中书舍人之职随行，曾在成都访书。他后来在《柳氏家训・序》中说："中和三年（883）癸卯夏，銮舆在蜀之三年也。余为中书舍人，旬休，阅书重城（按：当时成都有内外二城）之东南，其书多阴阳杂记、占梦、相宅、九宫五纬之流，又有字书、小学，率雕板印纸，浸染不可尽晓。"可知当时成都刻印书本出售的范围已经相当广泛了。

宋人朱翌《猗觉寮杂记》卷六："雕印文字，唐以前无之，唐末益州始有墨板。"

宋人王应麟《玉海》引《国史志》："唐末益州始有墨板，多术数、字书、小学。"

在唐代雕版印刷的基础上，五代和宋代的巴蜀地区印刷术一直在继续发展。

五代时期，巴蜀地区的社会较为安定。前蜀武成二年（909），任知玄自出俸钱，召雇良工，刻印了杜光庭的《道德经广圣义》三〇卷，费时 5 年（详见日本森立之：《古文旧书考》)。前蜀乾德五年（923），僧贯休的门徒昙域为其师刻印诗集《禅月集》(《四库全书・贯休〈禅月集〉提要》)，这是目前可以确知的我国古代所刻印的第一部个人诗文集。后蜀的宰相毋昭裔除了主持蜀石经的刊刻，还主持雕版刻印《九经》《文选》《初学记》《白氏六帖》。这又是目前可以确知的我国古代所刻印的第一批文学总集和类书。北宋初年，毋昭裔的儿子毋守素“赍至中朝，诸书遂大彰于世”（《十国春秋·毋昭裔传》）。

宋代是我国古代雕版印刷臻于完美、大规模发展的时期，巴蜀仍是全国的三大印刷中心之一，并有“宋时蜀刻甲天下”（民国《华阳县志·艺文二·地理类》）之誉。宋初，太祖开宝四年（971），宋太祖派高品、张从信到成都监雕《大藏经》，历时13年，终于完成这一部共5048卷，有1067部经书，分装为480函，刻板13万块的巨型佛藏，是为我国古代文化史上著名的《开宝藏》，亦称《蜀藏》。《开宝藏》所以会选在成都刻印，当然是与巴蜀地区所具备的十分雄厚的材料、工艺基础分不开的。而成都能顺利完成世界印刷史上第一次大规模工程，也充分显示了巴蜀印刷业的雄厚实力。《开宝藏》是我国历史上也是世界历史上刻印的第一部《大藏经》，不久传入朝鲜，朝鲜全部仿刻之后，又传入日本。所以，无论是从哪个方面来看，《开宝藏》都在国内外产生了极大的影响。

除《开宝藏》之外，巴蜀在南宋还刻了两部大型书籍，一部是宁宗庆元年间在成都刻印《太平御览》1000卷，另一部是在眉山刻印的《册府元龟》1000卷。此外，高宗绍兴年间眉山刻印的《宋书》《魏书》等“眉山七史”也是规模很大的著名工程。至于其他各类书籍则无法详细统计，但宋代的蜀刻本如《春秋经传集解》《淮海先生闲居集》《孟东野文集》《元包经传》等今日俱有原本传世，而且有校勘认真、板质好（多用梨木）、字画端楷（多用颜体、柳体）、版式疏朗、刻工精细、墨色漆亮、纸质上乘的优点。特别是大字本，字大如钱，墨香纸润，被后世学者评为宋刊“蜀本大字本皆善本”（钱大昕：《十驾斋养新录》卷一九《宋椠本》），是我国雕版印刷史上公认的精品。当时，巴蜀印刷业的中心在成都与眉山，此外，如什邡、双流、临邛、金堂、泸州、铜梁、潼川、遂宁、绵竹、嘉州、犍为、忠州、资州、夔州等州县，都有书坊刻书。

在宋代蜀刻书籍中，还出现了我国（当然也是全世界）最早的不准翻刻的声明文字，开印刷史上版权保护之先河。现存的五松阁仿眉山刻本《东都事略》的目录后有长方牌记："眉山程舍人宅刊行，已申上司，不许复版。"很明显，当时已有"上司"管理登记，已有不少人盗版翻刻，故而特地声明不准盗版，这是印刷业已相当兴旺之时才会出现的现象。

谈到宋代的印刷业，就不能不提到宋代在成都刻印了世界上第一批纸币。

北宋初年，巴蜀地区只准使用铁钱，禁用铜钱。太宗太平兴国四年（979），开铜钱之禁，但铁钱不准出境，铜钱稀少，而且规定"每铜钱一当铁钱十"，故而民间流通全靠铁钱。铁钱厚重，使用极为不便。李攸《宋朝事实》卷一五《财用》载："川界用铁钱，小钱每十贯重六十五斤，折大钱一贯，重十二斤。街市买卖，至三、五贯文，即难以携持。"太宗淳化二年（991），宗正少卿赵安易到巴蜀时，深感"铁钱轻而物价涌"。这里所谓的"轻"是指铁钱不值价，因为"市罗一匹，为钱二万"（《宋史·食货志下二》）。这两万枚铁钱，如是小钱，重 130 斤，大钱也重 24 斤，使用起来极不方便。到王小波、李顺领导的农民起义爆发之后，铸钱日少，流通更为不便。据《续资治通鉴长编》卷五九《真宗景德二年庚辰》条载："先是，益、邛、嘉、眉岁铸钱五十余万贯。自李顺作乱，遂罢铸，民间钱益少，私以'交子'为市。"全世界最早的纸币"交子"就这样在四川产生了。《续资治通鉴长编》又于《仁宗天圣元年十一月癸卯》条载：

> 初，蜀民以铁钱重，私为券，谓之交子，以便贸易，富民十六户主之。其后，富者资稍衰，不能偿所负，争讼数起。大中祥符（1008—1016）末，薛田为转运使，请官置交子务以榷其出入。

天圣元年（1023）十一月“戊午，诏从所请，始置益州交子务”。就这样，世界上第一所国有的纸币制作与管理机构“益州交子务”就在成都出现了。以后逐步发展，纸币终于通行于全国。元世祖时期，纸币又传到波斯，以后再传到四方。

纸币所以能在成都产生，除了经济流通的需要之外，成都地区造纸业与印刷业的基础是必备条件，因为纸币对纸张质量和印刷工艺都有特殊要求，否则既易作伪，又易损坏。北宋时期成都印刷的交子实物目前尚未有发现，但《宋朝事实》卷一五《财用》载，交子“同用一色纸印造，印文用屋木人物，铺户押字各自隐密题号，朱墨间错，以为私记”。又据费密《楮币谱》载，交子“表里印记，隐密题号，朱墨间错，私自参验，书缗钱之数，以便贸易”。由是可知工艺之复杂。成都的交子务中，除主管官吏之外，还有“掌典十人，帖书六十九人，印匠八十一人，雕匠六人，铸匠二人，杂役凡十一二人”。由是可见当时用楮皮纸制作交子的工艺与规模。至于所刻印出来的交子的质量，前引《宋史·食货志下三》已经讲过：“前之二界，尽用川纸，物料既精，工制不苟，民欲为伪，尚或难之。”

有研究者这样讲过：“四川成都地区不但有相对安定的社会环境，而且有较丰富的物质条件，所以雕版印书事业首先在这个地区发生发展起来。以后迭经五代、北宋、南宋，刻书事业日益发达，终于成为我国古代三大刻书中心之一。在我国古代刻书史上有首创之功，其版刻亦享有盛名。”① 我是完全同意这种看法的。而且我们指出了巴蜀地区在唐宋时期造纸与印刷术上的多项全国第一（当然也就是世界第一），即：第一处造纸中心、第一批有图彩笺、第一批货币专用纸、第一件可确知地点的印刷品、第一部文人别集、第一部文学总集、第一部类书、第一项世界印刷史的巨大工程《开宝藏》、第一批纸币。

第六节 医 药

在人类历史的长河中，如何保障人体的健康、治疗各种伤病，是科学技术的一个重要内容。我国的中医药对我们祖先的生殖繁衍、生活劳作发挥了难以估量的作用。巴蜀地区自古就是中医药事业相当发达的地区，不仅对保障巴蜀先民的健康，而且为整个中医药事业做出过巨大的贡献。

巴蜀地区在先秦时期的医药情况，未有专门的记载传世，但从《山海经》一书中可以考察到大量的远古医药的情况。

《山海经》自来号称奇书，不入史林。三十几年前，蒙文通老师在吕子方首倡“《大荒经》是巴人的作品”“《海内经》是蜀人的作品”，《大荒经》所称“天下之中……是川西平原”等论断的基础

① 李致忠：《历代刻书考述》，巴蜀书社1989年版，第27页。

上，[1] 发表了《略论〈山海经〉的写作时代及其产生地域》的著名论文，[2] 指出：

> 《山海经》十八篇虽是一部离奇神怪的书，但它绝不能如《四库提要》所拟议的那样，是一部闭门臆造的小说。春秋战国时代，各国都有它所流传的代表它的传统文化的典籍，邹鲁有《六艺》，齐有《五官技》，楚有《三坟》《五典》《八索》《九丘》，孔子之宋而得《乾坤》，之杞而得《夏时》。巴蜀之地当时也有它自己的作品，《山海经》就可能是巴蜀地域所流传的代表巴蜀文化的典籍。

上述结论，据我所知，已被学术界诸多学者所赞许，对古代巴蜀文化的研究具有重要的指导作用。

在《山海经》中，明确记载了若干古代巫医、医事、药物的情况，如《海内西经》载："开明东有巫彭、巫抵……皆操不死之药以距之。"《大荒南经》载："有巫山者，西有黄鸟，帝药，八斋。"《大荒西经》载："有灵山、巫咸、巫即、巫朌、巫彭……十巫，从此升降，百药爰在。"早期是巫、医不分的，《山海经》所记载的巫彭、巫咸等，就是中华民族有文字记载的最早的一批医生，故而郭璞为《山海经》作注时说：巫彭等人"皆神医也"。《世本·作篇》说"巫彭作

---

① 吕子方（1895—1964），原四川大学教授，著述宏丰而精深，多未出版。后经蜀中诸位师友整理遗稿、编辑为《中国科学技术史论文集》上下册，于1984年由四川人民出版社出版。书中有《读〈山海经〉杂记》的长文。

② 此文最初发表于《中华文史论丛》第一辑，今据《蒙文通文集》第一卷《古学甄微》，巴蜀书社1987年版。

医”，“巫咸作医”，《吕氏春秋·勿躬》也说：“巫彭作医，巫咸作筮”。《说文》释“医”字时也说：“古者巫彭初作医”。在《山海经》各篇之中，还记录了“百药爰在”的各种药物 130 多种，记录了疟、呕、心痛、疠、痈、痔、疫等疾病 30 多种，还记录了服之、浴之、涂之、砭刺等治疗方法。这些都是在《神农本草经》之前的极可贵的医药史料。尽管《山海经》曾在汉代有过加工增补，它所反映的内容不能说完全都是古代巴蜀地区的情况，但如果说古代巴蜀地区的医药事业相当发达，为中华民族的医药事业做出过巨大的贡献，我想应当不是夸饰之论。

巴蜀地区所以能为中医药事业做出贡献，有一点不能忽视，就是巴蜀地区的地理环境既有高山深峡，又有丘陵平川，既有雪峰凛冽，又有河谷温润，故而药材资源十分丰富。《华阳国志·巴志》特载“其药物之异者，有巴戟天、椒”。在我国最早记载药物产地的《名医别录》一书中，产于巴蜀的药物就有 80 种。从古至今，川贝、川乌、川连、川附子、川芎、川楝子、巴豆、蜀椒等等药名，各地药肆所挂的“川广药材”的牌匾，流传于四方的“天下有九福，药福数西蜀”的民谚，以及爱国诗人文天祥《赠蜀医钟正甫》诗中“炎黄览众草，异种多西川”的名句，都足以说明巴蜀地区有丰富的药物资源。根据 1985 年以前所做的调查，四川中药材品种为 4310 种，占全国品种的 75%。

巴蜀地区经济文化全面繁荣的西汉，出现了今天所能确知的最早的几位名医，就是涪翁及其弟子程高、郭玉。

涪翁，本名未传，“常渔钓于涪水（今涪江），因号涪翁。乞食人间，见有疾者，时下针石，辄应时而效，乃著《针经》《诊脉法》传于世”（《后汉书·方术列传下》）。涪翁传弟子程高，程高传郭玉，郭玉是广汉郡洛县（今广汉）人，汉和帝时入京任太医丞。以郭玉的时代往上推，涪翁应是东汉初年之人，他所著的《针经》和《诊脉法》应是我国最早的针灸学专著与脉学专著之一（湖南长沙马王堆汉墓帛书中有《足臂十一脉灸经》和《阴阳十一脉灸经》，湖北江陵张家山汉墓简书中有《脉书》，是已知的最早者）。这两本书虽然不传于世，但从涪翁“时下针石，辄应时而效”的记载看，《针经》应是一部很有水平的著作。至于《诊脉法》的内容，则可从他的再传弟子郭玉的以下事迹（亦见《后汉书·方术列传下》）中看出：

> 玉少师事高，学方诊六征之技，阴阳隐侧之术。和帝时，为太医丞，多有效应。帝奇之，乃试令嬖臣美手腕者与女子杂处帷中，使玉各诊一手，问所疾苦。玉曰：“左阳右阴，脉有男女，状若异人，臣疑其故。”帝叹息称善。
>
> 玉仁爱不矜，虽贫贱厮养，必尽其心力，而医疗贵人，时或不愈。帝乃令贵人羸服变处，一针即差（按：通瘥，病愈）。召玉诘问其状。对曰：“医之为言意也。腠理至微，随气用巧，针石之间，毫芒即乖。神存于心手之际，可得解而不可得言也。夫贵者处尊高以临臣，臣怀怖慑以承之。其为疗也，有四难焉：自用意而不任臣，一难也；将身不谨，二难也；骨节不强，不能使药，三难也；好逸恶劳，四难也。针有分寸，时有破漏，重以恐惧之心，加以裁慎之志，臣意且犹不尽，何有于病哉！此其所为不愈也。”帝善其对。

这一段将近两千年前的文字，是我国中医史上十分可贵的记载。不仅表明了涪翁及其弟子在针灸和诊脉上的高超技艺，更重要的是阐述了治疗原则中一些很深刻的道理。讲究阴阳之别、慎下诊断、为医不计贫贱、随气用功、神存于心手之际、贵在治病之四难、医生之心理状态、病人的养生之道、疗疾与养生的辩证关系等等，至今仍有很高的参考价值。

在外科方面，巴蜀地区已普遍使用膏药。《后汉书·方术列传》载：广汉郡新都人段翳以“合膏药”为人治疗头部外伤，“创者即愈”，是我国古代文献中使用膏药的最早记载。

唐宋时期，是巴蜀地区医药事业全面发展、取得成就最大的时期。

在医疗方面的成就，首推两部妇产科专著的问世。在古代男尊女卑的社会环境之中，多数医家都主张“宁医十男子，不医一妇人”。这不仅是由于古人对妇女的生理病理特点难以详究，也由于妇产科病人的病因病状多是难于启齿的，不愿就医。待到不得不延医之时，往往都是久病大病。故而我国古代论述妇产科的专著很少，隋代有过几种，都是只见目录而未见传书，我国现存的最早的妇产科专著，是唐末的成都医生昝殷撰写的《产宝》。《产宝》共3卷、41论、276方，其中妊娠病12论、难产4论、产后病25论。书中对妇产科疾病的分析和各种处方，大多数至今为中医所沿用，当归、川芎、益母草、红花、香附子等常用药至今仍是妇科良药。著名的“四物汤”（即当归、白芍、川芎、生地各四钱）就是出于《产宝》。由于此书刊行之后被认为“医效神验”，故而被后人称为《经效产宝》，宋以后就以《经效产宝》为名，而且被日本同行仿刻流行。此书的全本未能传到今天，今天所用的是辑佚本，但仍有可贵的参考价值。

在《经效产宝》的基础上，北宋的青神医生杨子建著有《十产论》，是我国医学史上专论产科的最重要的著作。《十产论》写于宋哲宗元符年间，书中除讨论正产之外，特别讨论了伤产、催产、冻产、热产、横产、倒产、偏产、碍产、坐产、盘肠产等 10 种难产的助产方法与救护措施，是全世界第一部论述难产的著作，在医学史上具有重要地位。书中介绍的异常胎位转位术，早于欧洲 500 年。更为难得的是《十产论》一书完整地保存至今，仍在为妇产学科发挥着作用。

在预防医学方面，巴蜀地区在宋代发明了全世界最早的用种痘来预防天花的方法。天花这种烈性传染病起源于古埃及，东汉时由战争中的俘虏传入我国，逐渐流行，几乎人人难免。北宋时，我国发明了人痘接种预防法。此事在宋代未有记载，而见于清人吴谦等编纂的医学名著《医宗金鉴·幼科种痘心法要旨》：

> 古有种痘一法，起于江右，达于京畿。究其所源，云自宋真宗时，峨眉山有神人出，为丞相王旦之子种痘而愈，遂传于世。

此事又载于朱纯嘏的《痘疹定论》一书，所记更详。由此得知这位种痘的神人乃是居于峨眉山的一位妇女，所采用的是鼻纳痘苗法，即将害天花的小孩身上所出的痘痂皮置于种痘儿童的鼻孔之中，七天之内，就会发热，然后见苗、出痘、长浆、结痂而愈，“实具百发百中之功，洵为尽善尽美之术”。种痘的技术在明代就已传到全国各地，又有痘衣法、痘浆法、旱苗法、水苗法四种方法。清代，种痘术传到日本与朝鲜。“康熙时，俄罗斯遣人至中国学痘医，由撒纳特衙门移会理藩院衙门，在京城肄业。”（俞正燮：《癸巳存稿》卷九《查痘章京》）我国的种痘术从此传入欧洲。在我国种痘术的启发下，英国医生琴纳才在 1796 年改进为牛痘接种法，以后传遍世界，为人类战胜天花提供了一条有效的途径。

巴蜀地区在唐代还有一件预防医学方面的成就值得一提，就是全世界已知的最早的牙刷是在成都出土的。根据目前所见到的资料，我国是全世界最早使用牙刷与保护口腔卫生的国家。唐代以前是用口嚼裂柳枝的办法“揩齿”。“牙刷”一词在文献中最早见于元代郭玉《静思集》所载的《郭恒惠牙刷得雪字》诗中：“南州牙刷寄来日，去腻涤烦一金值。”但日本僧人道无在《正眼法藏》一书记述宋代嘉定年间他在中国曾见寺院中的僧人“除漱口外，尚用剪成寸余之马尾，植于牛角制成的器物上，用以刷洗牙齿”。可证宋代已有牙刷。1954 年在内蒙古赤峰大营子村发现的骨柄牙刷，曾一度被认为是我国最早的牙刷实物。1985 年，考古工作者在成都指挥街基建工地清理的一座唐代灰坑中同时发现骨柄牙刷四把，形制与今日牙刷相似，毛孔为两排六孔。这是迄今所见的世界最早的牙刷实物。国外关于牙刷的最早记载是 1722 年见于法国。成都的牙刷较之国外早了一千年。

唐宋时期巴蜀地区在中药学上的贡献亦极为显著，其主要表现是几部本草学著作的问世。

丹砂是古代的重要药物，炼丹是中药学史的重要内容。巴蜀自古以出产丹砂而闻名。《山海经》中就有丹山的地名，《逸周书·王会解》中濮人的贡品就是丹砂。《史记·货殖列传》记“巴蜀亦沃野，地饶卮、姜、丹沙”。东汉时在盛产丹砂的今黔江县设置了丹兴县。第一次将各种丹药之种类、异名、炼制方法加以专门论述的，是唐代元和年间江原（今崇州）人梅彪的《石药尔雅》。此书收集了大量的丹药名称及其异号，加以解释，又记录了大量的有关文献，“令疑迷者寻之稍易，习业者诵之不难”（《石药尔雅·自序》），是一部我国本草类著述中专论丹药的重要著作。

五代前蜀时，祖籍波斯、唐末入蜀定居梓州（今三台）的李珣，以其家族世代贩卖香药的知识积累和他亲身在全国各地的考察，撰写了专门研究外来药物的《海药本草》（又名《南海药谱》）一书。在此之前，唐人郑虔有《胡本草》一书也是专记海外药物，但其书早已不传，连李时珍都未见到，故而《海药本草》是后人可以见到的外来药物的第一部专门药典。此书共六卷，记载评析外来药物 121 种（其中有少数是产于边区的，大多是产于外域的），对每种药物的产地、生态、性能、辨伪等详加阐释，并对前人所修几种《本草》中的一些错误做了纠正，既是中药学的重要著作，又是中外文化交流的重要著作。此书全书已佚，但在《证类本草》《本草纲目》等书中大量被引用，故今日尚可见其大半。

五代时的后蜀主孟昶是一个好医术、懂方药、可以诊脉处方的皇帝，他深知蜀中药材资源的丰富，遂下令由韩保升主持编修《蜀本草》。此书原名《重广英公本草》，即对唐显庆二年（657）英国公李勣领衔编修、其后由苏敬等人增订的国家药典《新修本草》的增订与注释，后人简称为《蜀本草》，是后蜀的国家药典，也是整个五代时期最重要的本草著作。此书不仅对《新修本草》做了重要的增订与注释，还第一次对传统药物学著作何以称“本草”提出了自己的解释（按：“本草”一词，首先见于《汉书·楼护传》：“诵医经、本草、方术数十万言”，但何以称“本草”，一直未有解说）：“按药有玉石、草木、虫兽，而直云本草者，为诸药中草类最众也。”这种解释已为后人所普遍接受。此书还对各种药物的配伍关系做了超过前人的研究，并做了以下的总结：

（所载药物）凡三百六十五种，单行者七十一种，相须者十三种，相使者九十种，相畏者七十八种，相恶者六十种，相反者十八种，相杀者三十六种。凡此七情，合和视之。

这是一段很重要的总结。直到今天，中药配伍中尽人皆道“十八反”，就是来源于此。

《蜀本草》一书全书已佚，但在宋人著述中曾被大量引用，故而该书的很多内容（包括释药 275 条，处方 35 个）今天我们还可以有所了解。

北宋年间，我国中药学史上具有里程碑意义的本草学巨著《证类本草》在蜀中问世。此书是李时珍《本草纲目》问世之前最重要的集大成式的权威性著作，又是李时珍编写《本草纲目》的蓝本。从巴蜀地区而论，则可视为巴蜀医药史上成就最高、贡献最大的第一部著作。

宋王朝建立之后，中央政府很重视作为国家药典的本草著作的编写，故而组织人力，在《唐本草》与《蜀本草》的基础上，多次编写增订，先后有《开宝新详定本草》《开宝重定本草》《嘉祐补注神农本草》《图经本草》等，但所有这些官修著作，不久都被蜀中医学家唐慎微独力编写的《经史证类备急本草》所取代。

唐慎微，成都人，一生行医，“举措语言朴讷，而中极明敏。其治病，百不失一，语证候不过数言。……其为士人疗病，不取一钱，但以名方秘录为请，以此士人尤喜之，每于经史诸书中得一药名，一方论，必录以告，遂集为此书”（宇文虚中：《证类本草·跋》）。这也就是书以“经史证类”为名的由来。此书后经修订之后分为 32 卷，共 60 余万言，引用书籍 246 种（书中引用前人著述均原文照录又注明出处，这对于考察宋以前文献极有价值，著名的《神农本草经》等书均依赖此书的引录而得以保存，故而李时珍在《本草纲目》中评论说："使诸家本草及各药单方垂之千古而不致沦没者，皆其功也。"），所载药物1746种，每药附图，其中较前人新增者628种，又载单方3000余首，方论1000余首，达到了前所未有的规模。英国著名学者李约瑟曾评论过《证类本草》："达到了空前未有的高水平"，"要比十五和十六世纪早期欧洲的植物学著作高明得多"。[①] 书中的药材与方剂并载的编写方法一直被后人所继承。由于作者生于蜀中，故而对蜀中药材的记述更为详明。

《证类本草》成书于北宋元丰至大观年间，大观二年（1108）刊行，故而又名《经史证类大观本草》。当此书刊行之后，立即在全国以及日本、朝鲜广为流传，多次翻刻刊行，如今所知的各种版本已有30种左右，在为人们造福的过程中发挥了十分重要的作用。

在唐宋时期巴蜀所出现的本草类著述中，还有两种很有特色的食疗类本草。

食疗，或称食治，是我国中医药宝库中十分珍贵的一部分，早在《周礼·天官·冢宰》中就有"食医"的设置，汉代有过《食经》的著述。到了唐代，就出现了四种最重要的食疗类本草著作，这就是孙思邈的《千金方·食治》、孟诜的《补养方》（经张鼎增订之后更名为《食疗本草》）、昝殷的《食医心鉴》、陈仕良的《食性本草》。后两种都出于巴蜀。

昝殷就是前文已介绍过的《产宝》的作者。《食医心鉴》三卷，原书已佚，但大部分保存在朝鲜的《医方类聚》中，故而有辑本传世。此书先按病症11类编写，论证每类病的病因、症状和机理，然后按玉石、草、木、果、米谷、菜、兽、禽、虫鱼九类列出食疗的疗

① 李约瑟：《中国科学技术史》第一卷第六章，科学出版社1975年版，第289页。

方。全书共载食疗方 114 种，其中以药粥方最多，有 60 余种，还有羹汤方 20 余种、药酒方 10 余种、药茶方 10 余种。所列食疗方，内容丰富、形式多样、取材容易、价格低廉，十分方便。不少方法至今仍被广泛采用，如杏仁粥止咳平喘、猪蹄粥治产后虚损、槐叶茶治痔疮下血等。

陈仕良，唐末人，五代时曾任剑州医学助教，是当时的名医。他广泛收集前人著作中关于食疗的论述，附以自己的见解，编写了集大成的《食性本草》10 卷，从容量上看，是古代食疗学科中规模最大的著作。遗憾的是此书已经失传，今天只能从《证类本草》《本草纲目》的引述中见到此书的内容。

明清时期，由于李时珍《本草纲目》在本草学上的崇高地位，故未再有新著出现。医药学家们多在专科或专书的研究上下功夫，巴蜀地区在这方面也有一些重要的成就。

韩懋，泸州人，曾遍游天下，拜访名医，经多年刻苦学习，成为明代中叶名满天下的名医。正德年间曾被明武宗召见，赐号“抱一守正真人”，诏筑白云观，让韩居住。他在医学上成就颇多，所著《韩氏医通》被后人誉为“韩氏有效方”，至今仍在流传，所创方剂至今仍被沿用。但他最重要的成就是写成了我国第一部治疗梅毒的专著《杨梅疮论治方》。据研究，梅毒是 1505 年从印度传入广东的，逐渐蔓延全国，是明代诸多医家初次接触的危害很大的性病，不少医家在他们的著作中都对此进行了研究，但写出的专著，以《杨梅疮论治方》为最早，刊行时间在 1600 年以前。此书只有一卷，印刷数很少，故而未能流传下来。但在《韩氏医通》中有“近时霉疮亦以霞天膏入防风通圣散治愈”的记载，可以见到他治梅毒的思路，他所独创的霞天膏在中医界长期沿用，很多医生都是熟悉的。

曾懿（1852—1927），清末著名的女医学家。她出生于成都，幼时目睹因瘟疫流行而让无数人丧命的惨状，立志学医，济世活人。学成后，不仅悬壶行医，而且潜心医典、联系实际，于1906年写成著名的《医学篇》四卷，次年刊印行世。书中特别着重伤寒与温病的研究，在清末民初的医学界受到普遍的赞扬。1933年苏州国医社将《医学篇》四卷重辑为《诊病要诀》《杂病秘笈》《幼科指迷》《寒温指迷》《妇科良方》《外科纂要》6种，以《曾女士医学全书》之名铅印传布。我国医学史上罕见的这部女医学家的著作，至今仍在流传。

郑钦安（1824—1906），邛州人，西南医界热药派鼻祖，世称“郑火神”。由于西南地区气候潮湿，寒湿邪症较多，因而出现了一批善用热药治病的医生，他们用常人不敢用的大剂量热药，治愈了无数难症重症，被称为“火神派”，郑钦安就是其中最杰出的代表。他认为“万病皆损于阳气”，“用药之必扶阳抑阴”，故而多用附子、桂皮、干姜等热药，而且剂量大于常人。他不仅终身在成都行医，而且著有《医理真传》《医法圆通》《伤寒恒论》三部著作来阐述他的理论。他的著作从来就被医界所推崇，近年来还出版了新的整理本。在他的影响下，四川杏林之中“火神”不断，如被称为“祝附子”的祝味菊、被称为“吴附子”的吴佩衡、被称为“卢火神”的卢铸之、被称为“戴乌头”的戴云波等，在中医学界至今有很重要的影响。

唐宗海（1846—1897），彭州人，自幼学习中医，又在当时“中学为体，西学为用”思想影响下学习“西学”，提出“中西医汇通”的主张，写出了《中西汇通医经精义》《六经方证中西通解》等书，且将这一学术思想贯穿他的医疗实践与他的其他著述中，是我国主张中西医结合汇通的一代宗师。他的著述中，成就最高、影响最大的是《血证论》。中医将吐血、咯血、便血、尿血等病统称血症。历代医家无不重视血症，但又从来没有人进行专门的研究，提出系统的理论，写出完整的专著。最早在这一领域取得成果的是巴蜀医林的两位杰出的医学家。第一个是新都人杨风庭（1736—1795），他的《失血大法》一书是这门学科的第一部著述。而唐宗海在杨氏的基础上继续前进，在《血证论》中以阴阳、水火、气血之间的辨证理论为基础，提出了治疗血症的止血、消瘀、宁血、补血四大原则，和治疗相关的兼证的方法，讨论了201种方剂，为血症的研究与治疗开创了一个崭新的局面，对中医事业做出了杰出的贡献，他与郑钦安同为巴蜀地区近代中医史上的最杰出的代表。

第七节 历 算

任何一个古老民族在观察与生活关系极为密切的昼夜交替、月圆月缺、星宿出没、四季变化的过程中，都会积累起若干天象知识，经过总结，也就是最初的天文学。为了农事的安排，必然要尽力掌握时间变化的特点与规律，制订大家共识的时间单位年、月、日、时，这就出现了最初的历法。古人所称的“观象授时”，正是这一过程的高度概括。在各民族科技发展的历程中，天文学总是最早发达的学科。我国的古代天文学是全世界最先进、最有特点的天文学之一。巴蜀的古代天文学又在我国古代天文学中贡献特伟，自古就有“天数在蜀”的说法，正是对古代巴蜀发达的天文学的形象化的描述。

《山海经》中有关于“日月所出”“日月所入”的记载14条之多，这是我国所有古代典籍中最早的观象材料。书中还有关于一日中时数的初步记载，有关于一年十二月、一旬十日的初步记载，有关于“司日月之长短”“行日月星辰之行次”的记载，还有关于日中黑子、天区划分为九个部位、制天地之长短等方面的记载。吕子方分析这些材料之后指出：“我在《读〈山海经〉札记》一文中曾经详细地谈到过《大荒经》是巴人的作品，《海内经》是蜀人的作品。从现在流传的书来看，《大荒经》不过八十多条，连同《海内经》一起，也不过百余条。而所记载关于天文上的东西有近二十条，占到四分之一或五分之一的比重，由此可见天文不仅成了一个重点，而且还有一整套讲天的东西。……从时间上看，它所叙述的东西比《尧典》中说的还要早一些。”① 这是极有见地的论点。

目前已知的最早的一位巴蜀天文学家是先秦与汉代典籍中很知名的苌弘，他精通天文、历法、气象，懂得地震。《左传·昭公十一年》说他能观察岁星的运行以知“天之道”；《淮南子·氾论训》说他是“周室之执术数者也，天地之气，日月之行，风雨之变，律历之数，无所不通”。苌弘所处的时代在春秋末叶，《庄子·外物》载：“苌弘死于蜀，藏其血三年化而为碧。”成玄英疏：“苌弘遭谮，被放归蜀，自恨忠遭谮，遂剖肠而死。”在各种典籍中，关于苌弘的原籍只有这种说法，并无异说，可见他是蜀人这一点是可信的。《蜀中广记》卷四一《人物第一》说“苌弘，资中人”，这就缺乏根据了。

巴蜀最杰出的天文学家是活动于汉武帝时期的巴郡阆中人落下闳，他是我国第一部完整的历法太初历的主要编制者，在古代天文学上有着若干重要的贡献，主要的有：

1. 他在汉廷主管历算的官员明确表态在制订历法这一大事上“不能为算，愿募治历者”的情况下，以“民间治历者”的身份从巴

---

① 吕子方：《中国科学技术史论文集·天数在蜀》，四川人民出版社 1984 年版。

蜀应召到京师，“观新星度、日月行，更以算推……一月之日二十九日八十一分日之四十三……《太初历》晦朔弦望皆最密”（《汉书·律历志》）。按这种一日长度的“八十一分法”，一月之长为29.53086日，一年之长为365.250162日，而且还包括二十四节气的安排、十九年置七闰的闰法、五星会合周期与交食周期等全面的内容，这是我国历法史上划时代的成果。它所测定的五星会合周期和公转周期与现代测算的精密值结果十分接近。可见下表：

五 星	会合周期（日）		公转周期（年）
	太初历	精密值	太初历
水 星	115.91	115.88	0.241
金 星	584.13	583.92	0.615
火 星	780.53	779.93	1.879
木 星	398.71	398.88	11.917
土 星	377.90	378.09	29.793

2. 在此之前，沿用秦代的颛顼历，按五德始终之说，每年以十月为岁首，与春夏秋冬的农事安排不协，十分不便。太初历改为每年孟春一月（即正月）朔日为岁首，使广大人民群众得到极大的方便。这种历日制度一直沿用到现代，未有变化。

3. 太初历是以天文观测记录为依据的。为了更好地观测天象，即所谓“观新星度、日月行，更以算推”，落下闳在我国历史上第一次制作了重要的天文仪器浑天仪和浑天象，“始立仪象之权舆”（朱文鑫：《天文考古录》），为我国古代天文学做出了极其重要的贡献。

4. 我国的传统历法最初是太阴历，与日月运行的规律不能协和，为了解决这个矛盾，发展成为阴阳合历，其关键措施是置闰。几年置一闰，闰月又置于哪一月，是古代所有历法所必须解决的大问题。太初历不仅提出了十九年置七闰的安排，还提出了于无中气之月置闰的先进办法。我国的农事安排主要是按二十四节气，二十四节气实际上是太阳节的分段，与阴阳合历有矛盾。由于两个节气的时间长度与一个朔望月的周期并不相等，按一月中安排两个节气的办法，时间一长就会四季混乱，这也只能靠闰月来解决。按太初历的安排，二十四节气从冬至开始，凡奇数如冬至、大寒等称为中气，凡偶数如小寒、立春等称为节气。一月一月地排下去，凡逢闰年就在无中气之月置闰，最合理地解决了何月置闰的难题。这种安排法一直沿用到近代。

5. 落下闳是如何进行推算才能编制出如此先进的历法呢？过去一直不能解释。直至上引的吕子方的研究成果（见《中国科学技术史论文集·三统历历意及其数源》），才知落下闳是“完全采用连分数以求其近似值”。这也是我国古代数学史上的重要成就。连分数的掌握与使用早于西方 1600 年！

落下闳观象治历，其理论基础是天文学史上极为重要的“浑天说”，认为“浑天如鸡子，天体圆如弹丸，地如鸡中黄，孤居于内”（《北堂书钞》卷一四九引张衡《浑天仪注》）。这是一种较为进步的天文学说。另一种学说是“盖天说”，即主张“天圆如张盖，地方如棋局”（《晋书·天文志上》）。虽然落下闳在理论上与实践上都取得了成功，但这两种学说在汉代仍一直有争论。在理论上予浑天说以重要支持的是蜀中著名的文学家、哲学家扬雄。扬雄在《法言·重黎》中说：

> 或问“浑天”。曰：“下闳营之，鲜于妄人度之，耿中丞象之，几乎！几乎！莫之能违也。”请问“盖天”。曰：“盖哉！盖

哉！应推未几也。”

从这里可以见到扬雄对于这一重要理论的鲜明的见解与有力的支持。据桓谭《新论·难事》所载，扬雄过去也是信盖天说的，可在与桓谭的讨论中，“无以解”。于是反复观察天象，特别是日光日影的变化，“大潭思浑天”（《汉书·扬雄传》）。又向专门制作浑天仪的“黄门老工”请教，终于“立坏其所作”，支持浑天说，并写了《难盖天八事》（见《隋书·天文志上》）这一篇重要论文，为我国古代天文学基础理论的发展作出了重要的贡献。而汉代的浑天说不仅是当时全世界最先进的宇宙结构学说，优于古希腊的亚里士多德—托勒密地球中心说①，而且从此成为我国古代天文学体系的理论支柱。所以，从这一角度上说，扬雄也是蜀中一位重要的天文学家。

从落下闳开始，巴蜀地区出现了一系列天文历算学家，人称“天数在蜀”。前引吕子方的《天数在蜀》一文中列举了一系列例子：

三国蜀汉时的巴西西充国（今南部）著名学者谯周，曾与蔡邕一道撰写了《续汉书·天文志》的初稿。而在《续汉书·天文志》中已经出现了纬度观念，记录了哈雷彗星与日中黑子的活动材料。这些都是天文学史上的重要成就。

唐初的“蜀人”梁令瓒，“精天文数术”，曾任朝中的星官，他制造了黄道游仪、水转浑天仪，与著名天文学家僧一行共同研究制定了著名的大衍历，是我国天文学发展史上承先启后的重要人物。

宋太祖时，巴中人张思训时为司浑天仪丞，制造了著名的太平浑天仪，在梁令瓒用水转轮的基础上发展为用水银作动力，不受寒暑的

① 参见郑文光：《中国天文学源流》第七章第五节，科学出版社 1979 年版。

影响，而且准确，是全世界使用水银于机械仪表的始祖。“思训所作，起为楼阁之状，数层，高丈余，以木偶人为七直神，摇铃，撞钟，击鼓。又作十二神，各直一时，至其时即自执辰牌，循环而出。并若日月星辰，皆须仰视。其机转之用俱隐楼中”（王应麟：《玉海》卷四《太平兴国文明殿浑仪》）。很明显，张思训不仅造出了新一代浑天仪，造出了世界上最早的机械时钟，还造出了一批机器人，被后世喻为世界上第一座自动化天文台，这在我国机械工程史上也是一个杰出的成就。

南宋时的隆庆府普城（今剑阁）人黄裳，长期在朝中为官，他曾于宋光宗初年绘天文图、地理图等八图，造浑天仪，还有其他若干成就。这其中，他绘的天文图和地理图于宋理宗淳祐七年（1247）由王致远刻石于苏州，至今还完好地保存在苏州文庙之中。这幅天文图是全世界公认的最早的一幅完整的石刻天文图，高 2.67 米、宽 1.17 米，星圈的下部还有说明文字，图中有星 1440 颗，星名 339 个，若按星座来讲，共有 280 座。星图与文字是我国迄至宋代对天文认识的最简明形象的反映，在全世界天文学史上都占有极重要的地位。因为“从中世纪直到 14 世纪末，除中国的星图以外，再也举不出别的星图了”。①

作为历算学家，历法与数学密不可分，南宋时的安岳人秦九韶（约 1202—1261）就是一位二者皆通、特别在数学上作出了巨大成就的大科学家。他的巨著《数书九章》是为母守丧期间在家乡写成的，书中列出了包括天文历法在内的 9 类 81 个问题的求解方法，其中的“正负开方法”是高次方程求解的方法，包括从二次方程到十次方程；

---

① 李约瑟：《中国科学技术史》第四卷第一分册，科学出版社 1979 年版，第 253 页。

其中的“大衍求一术”是联立一次同余式的解法。他还用十进小数表示无理数的近似值，表明了“三斜求积术”。所有这些都是当时全世界最高水平的成果，领先于欧洲好几百年到近千年。他是中外公认的世界大数学家。

宋代之后，随着巴蜀地区经济文化的全面衰退，“天数在蜀”的优势不再存在。但如果说在此以前，巴蜀地区的天文学水平一直处于全国和全世界的前列，这绝不是过誉之词。

宋代之后，巴蜀地区的天文学研究虽然没有再出现过重要的成果，但研究天文学的传统一直延续未泯，据统计，见于记载的精通天文的文士，明代有 18 人，清代有 56 人①。特别值得一提的是清代后期江津的女天文学家江蕙，她自幼受其父江海平的影响，学习天文、观测天象，12 岁就对《步天歌》进行补正。光绪六年（1880）刻印了《心香阁考定中星图》，其中有星图 26 幅，使二十四节气的天象变化粲然可据，她是近代一位罕见的女天文学家。除了文士之外，巴蜀地区在民间也不乏天文学知识的流传。光绪《珙县志》载有一首流传于川南地区的《天象歌》：

天有日月十二辰，三百六十五度轮。
五星金木水火土，进退无常任屈伸。
紫微太微与天市，三垣帝座炳鳞鳞。
天河亘天北斗转，二十八宿九野陈。
角亢氐房心尾箕，东方苍龙七宿屯。
斗牛女虚危室壁，玄武北方宿相邻。

① 见刘佳寿、刘德仁：《论“天数在蜀”》，载《大自然探索》1984 年第 1 期。

西方白虎是何宿，奎娄胃昴毕觜参。
井鬼柳星张翼轸，七宿朱雀南方巡。
客星流星无定处，彗孛晕蚀各有因。

上述这首《天象歌》能如此深入浅出、朗朗上口，在民间流传，实属天文史上的珍贵材料。类似的普及天文学知识的民间作品，我们还没有在其他记载中见到过相似的例子，这正是“天数在蜀”的余绪，是巴蜀地区在历史上天文学长期有较高水平的力证。

第八节 织 锦

我国是全世界丝织业的发源地，是著名的丝国。巴蜀地区是否是我国丝织业的起源地之一？“蜀”字的本义是否是蚕？“蚕丛氏”是否以养蚕为特点的民族？这些问题至今尚无定论。但是，巴蜀地区是我国古代最早、最重要的养蚕、治丝、织锦的中心之一，这一点却是从无异议的。

首先，《说文》谓“蜀，葵中蚕也”。古蜀先民第一代先王为蚕丛氏，居于蚕陵，汉代设有蚕陵县（今茂县叠溪），此地至今仍有蚕陵山。我国古代一致公认的蚕桑始祖是黄帝之妃嫘祖，嫘祖乃西陵氏之女，西陵何在？注《史记》诸家均无说明，王先谦《合校水经注·江水》“蚕陵县”下引沈炳巽曰：“西陵是蚕陵之误。”在川西地区农村多年以来所供的蚕神就称为西陵神母，并有民谣流传至今：“三月三日半阴阳，农妇养蚕勤采桑。蚕桑创自西陵母，穿绸勿忘养蚕娘。”①我并不认为上述这些记载都是确凿的信史，但至少可以作为上述论断的旁证。

其次，从考古实物看，1976 年在成都交通巷出土的一柄相当于中原西周时期的铜戈上，已有惟妙惟肖的蚕形图，战国时期的巴蜀铜器上的蚕纹或蚕纹变体则更多。1965 年成都百花潭出土的著名的战国时期的嵌错宴乐水陆攻战纹铜壶上，则有我国已知的最早的一幅精美的采桑图。这些实物，则是上述论断的有力物证。

在经过了长期的发展之后，随着秦汉时期经济文化的全面繁荣，巴蜀的丝织业也达到了当时全国的先进水平，从整体规模上看仅次于齐鲁，位居第二。

首先是种桑的普遍化、园田化。生活于西汉昭、宣之世的资中人王褒在《僮约》（见《古文苑》卷一七）中就提到在园中春分种桑，“三丈一树，八尺为行，果类相从，纵横相当”。《华阳国志·巴志》记载其特产，居于首位的就是“桑蚕”。在谈到巴郡将分为二郡时的二郡出产，第一位仍然是桑。左思《蜀都赋》记成都城内外是“桑梓接连”。连诸葛亮在自述其家中产业时，也说是“有桑八百株”（《三国志·蜀书·诸葛亮传》）。正因为有如此多的桑园，才会使巴蜀有“女工之业，覆衣天下”（《后汉书·公孙述传》）的赞誉。而汉代的蜀地画像砖中的桑园图，则正是当时的植桑业的形象描绘。

汉代巴蜀丝织业技术之精、产量之大的最佳例证是闻名中外的蜀锦。

锦是以彩色丝线用平纹或斜纹的多重或多层复杂组织织成各种花

① 《成都民间文学集成》，四川人民出版社 1991 年版，第 41 页。

纹的精美丝织品，是所有丝织品中织造技术最高、最华丽、最名贵的品种。故而《释名·释彩帛》解释说："锦，金也。作之用功重，其价如金，故惟尊者得服之。"这也可能就是所有丝织品中唯有锦字以金作偏旁的原因。关于锦的记载，早见于《诗经》《左传》等先秦典籍，考古发现的实物最早的见于辽宁朝阳的西周早期墓葬，但我国织锦技术的代表是蜀锦，早已得到了学术界公认。扬雄《蜀都赋》称"尔乃其人，自造奇锦。……发文扬彩，转代无穷"。据《古今图书集成·食货典》卷三一八所引《西京杂记》，汉成帝曾"诏益州留三年输为（赵）婕妤作七成锦帐，以沈水香饰之"。（按：《西京杂记》传世各种版本均无此条）近年来在湖南长沙、湖北江陵的战国墓中都出土了战国时期织锦实物，考古学家认为乃是蜀中所产①。至于汉代通过张骞通西域等对外交流活动从丝绸之路向全世界输出的大量汉锦，其主要产地乃是蜀中，则是毫无疑义的。

蜀汉魏晋时期，中原由于战乱，蚕桑丝织都受到影响，故而巴蜀丝织业领先全国。刘备入蜀后，一次就赐诸葛亮、法正、张飞、关羽锦各千匹（《三国志·蜀书·张飞传》），可见产量之高。《初学记》卷二七引山谦之《丹阳记》说：江东"历代尚未有锦，而成都独称妙。故三国时魏则市于蜀，吴亦资西蜀"。朱启钤《丝绣笔记》卷上更认为此时的织锦已经"专为蜀有"。诸葛亮治蜀的一个重要措施就是大力发展蜀锦生产，用作外贸的主要物资，认为"今民贫国虚，决敌之资，惟仰锦耳"（《诸葛亮集》卷二《教》）。直到蜀汉亡国时，宫廷府库之中仍有"锦、绮、彩绢各二十万匹"（《三国志·蜀书·后主传》注引王隐《蜀记》）。由是可知，左思在《蜀都赋》中所说的"伎巧之

---

① 武敏：《吐鲁番出土蜀锦的研究》，载《文物》1984 年第 6 期。

家，百室离房，机杼相和，贝锦斐成，濯色江波”，并非虚语。

左思所说的“濯色江波”，就是指在锦江之中濯锦。当时的成都城下有流江与检江这两条江水，乃是李冰治水时开凿，水源来于都江堰。据《文选·蜀都赋》注引谯周《益州志》云：“成都织锦既成，濯于江水，其文分明，胜于初成。他水濯之，不如江水也。”正由于江水的这种作用，二江之一的检江遂被称为“锦江”，这一名称，一直到今天仍无变化。又由于成都产锦，由于有了锦江之名，故而锦江两岸地区又被称为“锦里”(《华阳国志·蜀志》)，以至日后将整个成都称为“锦城”，这一别称，仍然使用到今天。此外，蜀汉时在成都设立了织锦的管理机构锦官，在其附近兴建了官方织锦工场“锦官城”，锦官城也简称锦城（按：《蜀中广记》引《华阳国志》有秦统一巴蜀之后即设锦官的记载，疑不确，待考）。晋代之后，锦官这一管理机构未再设置，但锦官城长期未毁。《初学记》卷二七引任豫《益州记》说：“锦城在益州南笮桥东流江南岸，蜀时故锦官也。其处号锦里，城墉犹在。”据近年的研究，锦官城的故址就在今成都百花潭公园一带。

汉代的精美的蜀锦是如何织出来的呢？近年在成都西部土桥曾家包汉墓出土的一方画像石上，刻有一幅很清楚的斜织机，这种斜织机采用的脚踏板（蹑）提综开口技术，是当时全世界最先进的织机与技术。

这段时期的蜀锦，今天尚有若干实物可以见到。如在新疆吐鲁番阿斯塔那—哈拉和卓古墓群出土了一大批丝织品，据前引武敏的研究文章，其中有若干件可以确定为南北朝时期的蜀锦，现藏新疆博物馆，可供观赏。

隋唐时期，蜀锦生产达到了一个新高峰。《隋书·地理志》称巴蜀地区“绫锦雕镂之妙，殆侔于上国”。隋代还出现了因经营丝织品而“致巨富”的郫县何氏“西州大贾”（《隋书·何妥传》）。到了唐代，不仅蜀锦继续在全国领先，巴锦也异军突起，杜牧在《中丞业深韬略志在功名再奉长句一篇兼有咨劝》一诗中有“樯似邓林江拍天，越香巴锦万千千”之句。在众多蜀锦产品中，出现了著名的“陵阳公样”。张彦远《历代名画记》卷十载：

> 窦思纶，字希言，纳言陈国公抗之子。初为太宗秦王府咨议、相国录事参军，封陵阳公。性巧绝，草创之际，乘舆皆阙，敕兼益州大行台，检校修造。凡创瑞锦、宫绫，章彩奇丽，蜀人至今谓之“陵阳公样”。……高祖、太宗时，内库瑞锦对雉、斗羊、翔凤、游麟之状，创自思纶，至今传之。

“陵阳公样”的花纹设计，一度是唐代蜀锦的典范。近年来在新疆的丝绸之路古道上出土了不少唐代的蜀锦，大多属于陵阳公样。唐代蜀锦曾大量远销日本，日本的正仓院与法隆寺都有实物收藏，称之为“蜀江锦”。

对于精美的蜀锦，唐代文学家留下了很多优美的描述，例如脍炙人口的刘禹锡《浪淘沙》：“濯锦江边两岸花，春风吹浪正淘沙。女郎剪下鸳鸯锦，将向中流匹晚霞。”又如陆龟蒙在《纪锦裙》一文中描绘了一幅“蜀锦裙”，其上左有20支仙鹤，右有20支鹦鹉，口衔花枝，中隔花卉，有如“驳霞残虹，流烟堕雾，春草夹径，远山载空，坏墙古苔，石泓秋水，印舟浸漏，粉蝶涂染……”真是天工巧夺，美不胜收。

蜀锦的产量，史无明载，但《新唐书·地理志》所记必须向中央入贡的巴蜀州郡就有 24 个。所贡者不仅有锦，还有绢、绸、绫、罗，可知当时的巴蜀丝织精品，已呈百花齐放之势，而且都是技艺超群，如“蜀川献单丝碧罗笼裙，缕金为花鸟，细如丝发，鸟子大如黍米，眼鼻嘴甲俱成，明目者方见之”（《旧唐书·五行志》）。

五代时，蜀锦生产的规模仍然很大，冯梦龙《古今小说》卷一七《史弘肇龙虎君臣会》记载了当时蜀中生产的“十样锦”：长安竹锦、天下乐锦、雕团锦、宜男锦、宝界地锦、方胜锦、狮团锦、象眼锦、八答晕锦、铁梗襄荷锦。故有“近觑四川十样锦，远观洛阳一团花”之誉。前蜀亡国之后，北宋将府库中的丝织品运至京师，每日一纲，竟运了好几年才转运完毕。与此同时，北宋王朝又将蜀中部分织锦工匠强行迁到京师，成立绫锦院，织机长期在 400 张以上。同时又在梓州（今四川三台）成立绫绮坊，专供中央所需。

北宋王朝宫廷所需及向外交流（如外贸与向辽、金交纳的“岁币”）所需的丝织品数量很大，其中很大一部分是指令巴蜀向朝廷提供的，据《宋会要·食货》卷六四的数字，每年单是绢一项，梓州路为 381522 匹，成都府路为 337357 匹，此外还有绫和绸。这些产品在当时属于一般质量的产品。至于蜀锦这类高档产品，则专门入贡，工匠们日夜辛苦，也难以满足。在这种产需矛盾扩大的情况下，吕大防于宋神宗元丰六年（1083）在成都成立了成都府锦院。他在《锦官楼记》一文中记述其事说：

蜀居中国之西南……日输月积，以衣被天下，此之谓致养。织文锦绣，穷工极巧。其写物也如欲生，其渥采也如可掇。连甍比室，运箴弄杼，然膏继昼，幼艾竭作，以供四方之服玩，此之谓致役锦官之职也。……乃度府治之东治室以为织所，兴阁于前

> 以为积藏待发之府，所以达风燥而远卑湿也。明年五月，又召以其所为上供机院，特置吏以莅之，凡岁贡之在官民者悉典领之。益治绨锦之精丽者千五百端，募工满三百，不足则蹴庸以充之。大率设机百五十四，日用挽综之工百六十四，用杼之工百五十四，练染之工十一，纺绎之工百一十，而后足役。岁费丝权以两者一十二万五千，红蓝紫葥之类以斤者二十万一千，而后足用。织室吏舍出纳之府，为屋百二十七间，而后足居。

这是一段相当重要的记载，说明北宋时成都的织锦业已从家庭手工业发展成为有 500 余名工匠、房屋 127 间的手工作坊，俨如近代一个中型的工厂。为了保证当时与少数民族交换战马的需要，南宋初又在成都建立了茶马司锦院，规模不详，乾道四年（1168），与成都府锦院合并，合并之后当然大大超过原来 500 工匠的规模。正因为巴蜀地区从民间到官方都有如此大的生产能力，故而南宋人杨仲良在《皇宋通鉴长编纪事本末》卷一三称“蜀土富饶，丝帛所产，民织作冰纨绮绣等物，号为‘冠天下’”。

宋代蜀锦在技术上有极高的水平，工匠们可以在织机上织出完整的仿王羲之笔意的《兰亭序》（宋人桑世昌：《兰亭考》卷一一）。工匠们根据唐诗“桃花流水窅然去，别有天地非人间”诗意设计的“紫曲水图案”，流行全国，被称作“落花流水锦”，直到近代，仍是全国各地锦缎的主要花样。

宋代以后，随着巴蜀地区经济文化的全面衰落，巴蜀丝织业也长期处于低谷，原来在全国的领先地位被江南地区所取代，直到清代后期才有所复兴，以成都、南充、乐山三处为中心，如“成都有机房二千处，织机万余架，机工四万人，丝织品占全省总额百分之七十”

（刘锦藻：《清朝续文献通考》卷三八四《实业》）。这个数字可能偏高，但也可以从中看到当时丝织业确有明显的复兴。

古老的蜀锦发展到今天，仍然显示着它无穷的魅力，以成都和南充为中心所生产的方方锦（唐锦“格子红”的改进型）、雨丝被面、浣花锦（即“落花流水锦”的改进型）、散花锦、民族缎、铺地锦（即古代的“锦上添花”）、月华缎一直是我国在世界市场上久誉不衰的丝织名品。

第五章　学　术

在我国古代社会中，学术通常都是指以哲学思想、政治理论、伦理学说、前代典籍等为中心的教学与研究。自汉代之后，又长期以儒学为主干，以佛道为侧翼，以小学为基础。学术的兴衰与倾向，是整个社会文化的兴衰与倾向的集中反映，而整个社会文化活动的基础则是教育。巴蜀地处西南，其学术发展与中原相较，显示出了更多的地方特色，本章就是这方面情况的简述。

第一节　教　育

在秦并巴蜀以前，巴蜀地区的语言文字均与中原不同，又未留下任何典籍，故而当时本应存在的民间教育活动，今天已一无所知。后代学者虽然对这段时期的教育情况有过若干推测，如吕陶在《经史阁记》（载《全蜀艺文志》卷三六）说蜀学“自周衰道微，乡校废坏”之类，实际上都是以中原来比附巴蜀，不可置信。从现有材料看，巴蜀地区的教育活动只能从西汉时著名的文翁兴学说起。据《汉书·循吏传》载：

> 文翁，庐江舒人也。少好学，通《春秋》，以郡县吏察举。景帝末，为蜀郡守，仁爱好教化。见蜀地辟陋有蛮夷风，文翁欲诱进之，乃选郡县小吏开敏有材者张叔等十余人亲自饬厉，遣诣京师，受业博士，或学律令。……数岁，蜀生皆成就还归，文翁以为右职，用次察举，官有至郡守刺史者。又修起学官于成都市中，招下县子弟以为学官弟子，为除更徭，高者以补郡县吏，次为孝弟力田。常选学官僮子，使在便坐受事。每出行县，益从学官诸生明经饬行者与俱，使传教令，出入闺阁。县邑吏民见而荣之，数年，争欲为学官弟子，富人至出钱以求之。由是大化，蜀地学于京师者比齐鲁焉。至武帝时，乃令天下郡国皆立学校官，自文翁为之始云。文翁终于蜀，吏民为立祠堂，岁时祭祀不绝。至今巴蜀好文雅，文翁之化也。

从以上这段重要的记载中，可以清楚地看出以下几点：

1. 文翁鉴于巴蜀地区当时教育比较落后，一方面派青年到长安学习，一方面又在成都设立官办学校（学官就是官学）。这是我国历史上（也是世界历史上）地方上兴办的第一所官办学校。由于成绩显著，汉武帝在全国推广，天下郡国一律办学，不仅大大推动了蜀郡的教育事业，也大大推动了全国的教育事业。宋代诗人张俞在《华阳县学馆记》（载嘉庆《四川通志》卷七八）中说：“三代之学由秦废，蜀郡之学由汉兴，而天下之学由蜀起。”这个总结是很有见地的。

2. 为了办好学校，文翁一方面对入学者给予若干优待条件，一方面还让这些学生参与社会实践，创造实习的机会。这样，既能吸引更多的学生入学，又能提高学生的实践本领。应当说，文翁的办学方针是相当成功的。

3. 文翁派青年到长安“受业博士，或学律令”。《华阳国志·蜀志》说是“诣博士受七经，还以教授”。这就是说学的是儒家经典和政策法律。并且，这些学生学成归蜀之后又担任了学校的教师。这是蜀中士子到中原去学习儒家经典与政策法律的首次记载，对巴蜀地区儒家思想的流传与普及，对巴蜀地区的行政管理当然会起到很重要的作用。

4. 文翁的教育成就受到蜀中的高度赞扬（据《华阳国志·蜀志》载，文翁还“穿湔江口，溉灌繁田千七百顷”。就是从都江堰主要支流柏条河口开凿了新的灌溉渠道蒲阳河，大大扩展了都江堰灌区面积），受到了后人的永久祭祀。在这种赞扬与祭祀的浪潮之中，肯定会有巴蜀各地纷纷效法蜀郡官学而兴建各地官学的很多事例。只有如此，才会“蜀学比于齐鲁，巴汉亦化之”（《华阳国志·先贤士女总赞上·张宽传》）。近年来出土的东汉画像砖中的几幅讲学图，就是汉代蜀学兴盛的真实写照。

文翁在成都办的是郡学，各州县办的是州县学，这样就在巴蜀建立了一个以郡学为中心的学校体系。成都郡学因为以石为墙，时称“石室”或“石室讲堂”，地址在今文庙前街石室中学。从汉景帝时期到今天，除战乱时期以外，此处一直办学，从未中断，原来是郡学，唐宋改为府学，元代改为书院，清末改为中学，四川近代著名学者郭沫若、王光祈、李一氓、李劼人、魏时珍等均出于该校。石室连续办学两千年，这不仅在中国，就是在全世界也是仅有的一例。

在文翁办学的带动之下，从西汉后期开始，巴蜀私人授徒讲学之风亦日益兴盛，而且规模很大。仅从《华阳国志·先贤士女总赞》中所载的资料可知，什邡有杨宣，“教授弟子以百数”；资中有杜抚，“治五经，教授门徒千人”；新都有杨厚，“授门徒三千人”；新都段翳在家授徒，“有人从冀州来学积年”；绵竹有董扶与任安，均“家居教授，弟子自远而至”。此外，还有不少人四方求学，如新都段恭，“少周游七十余郡，求师受学，经三十年”；梓潼景鸾、广汉郝伯宗、繁县任末等数人，“游学七州，遂明经术”。这些当然都是“巴蜀好文雅，文翁之化也”的结果。而这种结果对于巴蜀地区整个文化学术的发展，当然更具有很直接的作用。

在巴蜀地区教育事业日益发展的高潮中，也出现了一些步武文翁的杰出的教育家。如蜀汉时的西充人谯周，本身是一位著名的学者，又终身从事于教学，曾任“益州劝学从事”，继任“典学从事，总州之学者”。他培养了包括《三国志》作者陈寿在内的一大批人才，“门人以（文）立为颜回，陈寿、李虔为（子）游、（子）夏，罗宪为子贡”（《晋书·文立传》）。又如南朝时秭归（当时属巴州建平郡）人严植之，自幼苦学。梁天监四年（503）被诏任五经博士，他的授课，“有区段次第，析理分明。每当登讲，五馆生必至，听者千余人”（《南史·严植之传》）。

我国古代的教育事业，发展到唐宋时期，基本上分为三个渠道，一是官学，二是私学，三是书院。从总体看来，巴蜀地区的教育仍然能继汉代雄风而处于全国前列，有“蜀学之盛冠天下而垂无穷”之誉（吕陶：《经史阁记》，载《全蜀艺文志》卷三六）。从府到州县，普遍建有官学，连少数民族地区的威州（今理县）、茂州（今汶川）也建有官学。成都府学一直有较大规模，南宋时学生多达 800 余人，有校舍 585 间，被称为“举天下郡国所无有”（《宋代蜀文辑存》卷六七《重修创府学记》）。不过，由于唐宋时科举制度在社会上地位日益重要，官学实际上成为科举制的附庸，热心科举者往往轻视官学，锐意求知者也往往轻视官学，故而官学的独尊地位已有所降低，加上官学如何办完全取决于地方官的重视与否，其兴废高低的起伏很大。从真正传播知识、育人子弟的作用来讲，逐步让位于私学与书院。《文献通考》卷四七《学校考》分析说："州县之学，有司奉诏旨所建也，故或作或辍，不免具文。乡党之学，贤士大夫留意斯文者所建也，故前规后随，皆务兴起。后来所至，书院尤多，而其田土之赐，教养之规，往往过于州县学。"

私学，宋代又称"乡校、家塾、舍馆、书会，每一里巷，须一二所，弦诵之声，往往相闻"（耐德翁：《都城纪胜·三教外地》）。这是儿童、少年发蒙学习的主要场所，也是一部分青年人与成年人继续学习的场所，如成都杨牢之建私学四老堂，"讲授诸生，四方从学者不下数百人"（《宋代蜀文辑存》卷三九《浣花四老堂记》）。由于这些私学遍及民间，主要对象是儿童与少年，故而有关的记载不太多。私学之中，在社会上有重要地位的是书院。巴蜀地区从唐宋到明清，对教育事业贡献最大的阵地也是书院。

书院是我国自唐宋到清末的重要教育阵地，它既是学者讲学之所，又是授徒之所，不少有一定文化的学子到书院中学习研修，可以看作是一种高于蒙学以学习儒学为主的学校，初期大多属于私办。元代的书院多受政府控制，到了明代，才普遍出现了地方官府建立的书院。唐代的书院只是士人读书处，如在今遂宁的张九宗书院（据嘉庆《四川通志》卷七九所载，此书院建于唐贞观九年，很可能是全国最早的一所读书的书院）。到了宋代，就变成以学者讲学为主了。巴蜀地区最著名书院有理学家魏了翁在今蒲江建的鹤山书院；范政在今涪陵建的北岩书院，理学大师程颐曾在此作《伊川易传》，大诗人黄庭坚曾在此讲学；著名学者高定子在今夹江建的同人书院；王十朋在今奉节建的莲峰书院；著名诗人冯时行在今丹棱建的栅头书院；任逢在今合川原理学大师周濂溪读书处建的濂溪书院。这其中，最著名的是鹤山书院。理学家魏了翁是蒲江人，他不仅在蒲江，而且先后在今泸州、邛州、眉山分别都建有鹤山书院。蒲江的鹤山书院藏书达 10 万卷以上，超过了宋初中央的崇文馆的国家藏书 8 万卷的规模。据《宋史·魏了翁传》载，他“开门授徒，士争负笈从之，由是蜀人始知义理之学”。

巴蜀地区的书院教育在明清时期有了进一步的发展，根据嘉庆《四川通志》卷七八—七九的资料统计，明代时有书院 99 所（明代全国有书院 1239 所），到了清代发展到 394 所。“书院以育英俊，义学以养童蒙”（道光《夔州府志》卷三六《开县新设义学记》）。当时青年学士学识的提高主要依赖于书院，若干知名学者均在书院担任山长或主讲授徒，如成都的锦江书院，就曾由著名学者兼诗人彭端淑主持多年，声名远播。他所写的《为学一首示子侄》一文是至今仍被教育界评价很高的教育学论文，曾被一些学校选为语文教材。

在巴蜀历史上，取得成就最大、最被后人怀念的学校是清末的尊经书院。

同治十三年（1874），以洋务派官僚薛焕为首的蜀中士绅 15 人有鉴于蜀中文气较其他地区差，上书于四川省总督与学政，请求建立高水平的书院以培育英才。当时任四川学政的著名维新派干员张之洞也认为蜀中学风不振，士子多以猎取科举功名为首务而不重实学，通过科举所选拔的人才“十无一真”，原有的书院积弊太深，改造颇难，遂顺乎薛焕等人建议，决心改革教育，振兴蜀学。于是，他在四川总督吴棠的大力支持下，在文翁石室之西石犀寺旧址兴建尊经书院。书院正门匾额大书“石室重开”四字，两侧楹联为：“考四海而为隽；纬群龙之所经。”由此也可看出，张之洞是想发挥文翁兴学的传统，培养为国为民真正有用的人才，也就是他所说的“通博之士，致用之才”（张之洞：《四川省城尊经书院记》）。一年之后，书院建成，张之洞任命薛焕为第一任山长，薛焕立即礼聘湖南著名学者王闿运入川担任书院主讲，王未允。经新任川督丁宝桢连续五次诚恳函请，王闿运终于于光绪四年（1878）来到尊经书院担任山长，主持讲席。在张之洞、王闿运的大力倡导与严格要求之下，尊经书院一改旧式书院的作风与学风，八股文从书院中取缔，而着重研读传统典籍，凡“经史小学、舆地推步、算术经济、诗古文辞皆学也”（同上）。张之洞特地撰写了论述读书方法与立身立德的《輶轩语》，和学生应当阅读的书目《书目答问》。他还用自己的全部薪俸从外地购置各类图书以及当时最新潮的中西时务书报、挂图、仪器、标本，供学生使用。书院本身又附设尊经书局，刻印学习所需的书籍（包括西方学者的著述）和学生的优秀作业。为严格要求学生，张之洞制定了章程 18 条，规定学生必须本义、定志、择术、务本、知要、定课、用心、笃信、息争、尊师、慎习、善诱、程功、惜力、恤私、约束、惜书、释疑。王闿运在主讲中则以今文学说为主，力倡经世致用之说，教以崇用达本之方，既让学生树立德操、笃尚廉耻、认真读书、勤写心得，又让学生关心时政、议论国事、臧否人物、畅言己见。在这种办学方针之下，尊经书院从建院的 1875 年到改为四川省城高等学堂的 1902 年，28 年间，培养出了一大批优秀人才，使这些青年学子不仅学业优秀，而且忧国忧民，在全川全国政治舞台上崭露头角，使清末的四川一扫自元代以来学术不振、人才不兴的局面，不仅学风为之一变，学人辈出，而且涌现出一批在变法维新运动与辛亥革命斗争中居功至伟的杰出人物，使全国对蜀中人士刮目相看。尊经书院培养出来的著名人物有：

戊戌变法的代表人物，“六君子”之一的杨锐；

出任英法使馆参赞的著名“新学巨子”、《时务论》作者宋育仁(宋育仁曾于1898—1902年任尊经书院山长，在任期间更在尊经书院出版成都的第一家近代报刊《蜀学报》，把尊经书院变成了全川变法维新派的主要基地)；

鼓吹“离经叛道”的今文学派经学大师廖平；

保路运动的领袖、立宪派代表人物罗纶；

著名的民主主义革命家、保路运动领导人、曾任中国民主同盟主席、中华人民共和国中央人民政府副主席的张澜；

同盟会舍身炸敌的英雄、被孙中山先生封赠为大将军的彭家珍；

功勋卓著的从民主主义革命家进而成为共产主义革命家的革命老人吴玉章；

新文化运动骁将、著名学者、被誉为“只手打倒孔家店”的吴虞；

清代四川唯一的一位状元骆成骧；

著名学者、诗人、书法家吴之英、张森楷等。

上述这样一批杰出的人物以他们的学识、言论与行动在巴蜀大地推动了文化的振兴，推动了革命的发展，使巴蜀面貌为之一改。他们的学生一辈中，仍然是人才辈出，流风远播。四川现代史上的著名革命家、学者、文学家，诸如朱德、罗瑞卿、杨尚昆、郭沫若、王光祈、张秀熟、向宗鲁、李劼人、沙汀、艾芜、蒙文通、周太玄等人都是尊经书院学生的学生，都认为自己是“尊经后学”。今天说到四川的文化，无论谁都会高度评价尊经书院在清末所做的重要贡献。

随着西学东渐之风日盛、维新思潮高涨，清代末年四川也逐渐出现了“新学”，近代的教育制度逐步在四川扩展。光绪十八年(1892)，曾出使过英、法、德、日四国的著名新派学者、川东兵备道黎庶昌在重庆设立洋务学堂，四年后，四川总督鹿传霖在成都设立中西学堂，都是以中文、英文、算学三科为主课，是四川地区近代教育的开始。光绪二十三年（1897），尊经书院也新开设了天文、舆地、商务、测算、中外交涉等全新的课程，从读经的书院向新式学堂转化。

光绪二十六年（1901），清政府宣布新政，正式提倡新学，各地纷纷建立新式学堂，引进外籍（主要是日籍）教师，学风大变。在成都，由尊经书院、锦江书院、中西学堂合并改组为四川省城高等学堂，为全川最高学府，几经演变之后，即是今天的四川大学。在各州县，纷纷建立中学堂与小学堂。在清末，四川新式学堂的数量位居全国第二（仅次于直隶），在校教员数与学生数则为全国第一。下面，是《四川教育史稿》（熊明安等编写，四川教育出版社1993年版）的一个统计表：

年　份	学　校　数	在校学生数	教　员　数
1905	4361	73217	
1906	4897	145876	
1907	7793	244538	12089
1908	9346	277120	11276
1909	10661	345383	13079
1910	11387	411738	15291
1911	11085	320340	15380

特别值得提出的是，在上述新式学校中包括了一部分专门学校，如军事、法政、师范、实业，以及女子学堂。这些专门学堂所培养出来的人才远比一般学堂为佳，四川近现代不少优秀人才都出自这些专

门学校。

私学的迅猛发展，加之出国留学学生的数目增大（据 1906 年统计，全国留日学生八千余人，四川籍占十分之一），给巴蜀大地带来了极其深刻的影响。教育的近代化，人才的近代化，是政治、经济、文化、学术、社会风气的近代化的基础与先声，是古老的巴蜀大地走向新时代的先决条件。作为辛亥革命前奏的四川保路运动的规模之大、范围之广、斗争之坚决、发展之迅速，在全国是仅见的。全国第一个宣布反清独立的新政府是 1911 年 9 月 28 日成立的四川荣县的军政府，它早于武昌起义，“首义实先天下”；清末民初，巴蜀地区人才辈出，在近代的全国大舞台上频频闪亮光彩，如邹容、吴玉章、吴虞、张澜、朱德、郭沫若、巴金、王光祈等。所有这些，都是近代教育所产生的直接的或间接的成果。

第二节 古代巴蜀学术管窥

在秦统一巴蜀之前的古巴蜀时期，以三星堆出土文物为代表的文化遗物，表明了当时的文化已经发展到一个相当高的水平。在古巴蜀时期，应当有若干诗文著述，应当有早期的学术体系。可是我们今天对此却几乎是一无所知，一本书、一篇文章也见不到。这种情况的出现固然有多方面的原因，但其中最重要的原因，是由于古代巴蜀使用着与中原地区不同的语言与文字，经过秦代的“书同文，车同轨”的强力措施之后，大多毁尽，少数幸存的后人也无法认识，无法传承，遂至泯灭。如今在《华阳国志·巴志》中保存的几首四言的民谣式的诗歌，则可能是在巴地民间口耳相传，汉代用汉字记录的作品，或者是巴人之中的宗姬之巴在先秦时期用汉字记录下来的作品。《华阳国志·蜀志》中一首这样的民谣也没有，则说明蜀人较之巴人对汉字更为陌生，虽有某些交流，但未能记录下任何一篇作品。这些应当存在的作品必然应当给后人留下一些印象。《华阳国志·蜀志》中虽记有几首歌名，如《东平之歌》《臾邪歌》《龙归之曲》，但一句歌词也未记下，就是这几首歌名，也极有可能是古代蜀语的译音汉字，“臾邪”之名，至为明显；“龙归”，又作“陇归”“就归”，也只能做这种解释。

关于巴蜀地区在秦统一之前曾经使用过与中原地区不同的语言文字的这一事实，文献上早有记载，《蜀王本纪》说蜀人“左言”“不晓文字”；《华阳国志·蜀志》说蜀地与中原“莫同书轨”，这表明汉晋时人还很清楚，古蜀先民与中原地区语言不同，不晓汉字，书不同文，车不同轨，直到秦统一巴蜀之后，才“言语颇与华同”（左思：《蜀都赋》刘逵注引《地理志》）。这一事实，过去有一些学者长期是不相信的，但却被近年的考古发现完全证实。1972年，成都市郫县独柏树战国时期墓葬中出土了一柄铜戈，上面有一行独特的文字，引起了研究者的极大兴趣。不久，在郫县张家碾和新都又各出土一柄战国时期的铜戈，上面也有类似的文字。除成都地区上述三次发现之外，在川东的万县新田，在湖南常德和陕西安康的战国墓中也相继发现相似的铜戈，上面都有相似的文字。经过近年来不少学者的研究，学术界绝大多数观点都认为这是古代蜀人所使用的一种表意文字，与中原以甲骨金文为代表的古代汉字是完全不同的两个系统的文字。文字是语言的书面表达形式，既然有不同的文字，必然也就使用着不同的语言，考古新发现证实了前面引述的有关文献是可信的。由于古蜀语言今天已无法了解，故而这种古蜀文字今天也无法释读。有的研究者在并不了解古蜀语言的前提之下试图用甲骨文或古彝文的规律去释读古蜀文字，其试验性的推导无法得到学术界的支持。

正是由于上述原因，在著名的百家争鸣的战国时期的文献中，对巴蜀地区的早期学术见不到任何记载。我们对古代巴蜀地区的早期学术仅能从后代记载中做一些推测，或者说从后人眼光中得到一些折射。

如前所述，根据吕子方和蒙文通的研究，目前所知的可能产生于巴蜀地区的最早的著作是《山海经》中的《海内经》四篇与《大荒经》五篇。曹学佺的《蜀中广记》卷九六《著作记第六》中，也把《山海经》引为蜀人著述。可是此书在战国未见中原有任何记载，最早提到《山海经》的是《史记·大宛列传》所附的太史公评语，可太史公却说，“《山海经》所有怪物，余不敢言之也”。可能司马迁当时只是听说此书内容有若干“怪物”，未及亲见，故而不敢言；也可能司马迁见到此书部分内容，但因为与中原所见文献相比较显得太“怪”，故而不敢言。在整个西汉，此书未见人引述，直到西汉末年刘歆整理校定成书，才流传于世。很可能此书原在巴蜀及南方各地有少许流传，秦并巴蜀之后才辗转传入中原，并陆续用汉字写定。但此书很多事物的记载都与中原文献不同，如前引蒙文通老师文章所说：“是另一个文化传统的产物，代表着另一个文化传统。”这种文化与楚地十分相近，是典型的南方文化，而且对后世有明显的影响，如在屈原的《远游》与司马相如的《大人赋》中就可以见到《海外经》与《海内经》的影响。

我国记述先秦时期文献最详尽的目录首推《汉书·艺文志》。在《汉书·艺文志》的道家类中，有《臣君子》二篇，作者为“蜀人”。此书早佚，真相不明。在道家类中还有《鹖冠子》一篇，作者为“楚人”。可是《通志·氏族略四·以事为氏》却引《风俗通》：“赍人以鹖冠为姓，鹖冠子著书。”赍人本为巴人之一部，巴赍为楚所灭之后，也可称为楚人，所以此书应是巴地作品。《鹖冠子》今存三卷十九篇，有陆佃注本。在《汉书·艺文志》的杂家类中，有《尸子》二十篇，作者尸佼，据班固之载：“鲁人，秦相商君师之，鞅死，佼逃入蜀。”后世研究者如王应麟、汪继培等多认为“鲁人”应是“晋人”之误，但都不否认尸佼晚年入蜀之事。《史记·孟子荀卿列传》集解引刘向《别录》更明显地说：“商君被刑，佼恐诛，乃流亡入蜀，自为造此二十篇，六万余言。卒，因葬焉。”这就是说，《尸子》一书乃是战国晚期在蜀中写成的。此书宋时已佚，后人有辑本四种，以汪继培辑本较佳。但由于残缺严重，全书的主旨已无法了解。

上述提到的《臣君子》与《鹖冠子》两书是《汉书·艺文志》中仅见的巴蜀地区的学术著作，两书都属于道家，这一点是很重要的。这说明古代巴蜀地区的学风与楚相近，而与中原差异很大。《华阳国志·巴志》在叙述巴地习俗时说过：“江州以东，滨江山险，其人半楚。”在考古文化中，古代巴楚文化几乎密不可分。《山海经》的内涵，也充分反映了巴蜀与楚的文化完全相通，神仙传说十分浓厚。在《山海经》中，关于“不死之山”（《海内经》）、“不死之国”（《大荒南经》）、“不死之药”（《海内西经》）、“不死民”（《海外南经》）等记载比比皆是。传说中最著名的仙人彭祖与王子乔相传也是蜀中武阳（今彭山）人或最后葬于武阳。在汉代四川画像砖的神话题材中，除伏羲、女娲之外，反映最多的是西王母。扬雄在《蜀王本纪》中说：“老子为关令尹喜著《道德经》，临别曰：‘子行道千日后，于成都青羊肆寻吾。’今为青羊观是也。”此事是否可信姑不置论，但从上述这些记载看来，古代巴蜀的学术空气中最为浓烈的是道家与神仙传说，其特点十分明显。战国时期在中原地区十分活跃的儒家学说在巴蜀不见踪影。在《蜀王本纪》中提到的思想家只有老子一人。虽然我们今天对古巴蜀时期的学术思想的了解仅是上述一鳞半爪，但这一鳞半爪却是特点鲜明的，而且对后世影响很大。

第三节　特色显著的汉代学术

秦统一巴蜀之后，不仅在政区治理上巴郡与蜀郡成为中央政权的一个部分，更重要的是经过“书同文，车同轨”的文化上的大交流、大融合，使巴蜀地区在文化上与中原的交往日益密切，特别是巴蜀地区在秦汉时期经济上的大发展，再加上西汉初蜀郡守文翁有意派遣大批青年到长安学习，这就使得汉代的巴蜀在学术研究上也达到一个前所未有的高峰，出现了一个成果迭出、人才辈出的局面。但仔细考察一下，汉代的巴蜀学术的主线仍是沿袭古代巴蜀道家文化的传统，虽然也受到了中原很大的影响。

秦汉时期，蜀中士子开始到中原求学，并在巴蜀原有基础上，出现了一批有著述的学者，我们也正是从巴蜀文化史上目前可知的这第一批著述中得以了解巴蜀地区第一个学术繁荣时期的概况。

说到汉代巴蜀的文化，一般都必须提到蜀中四大家，即左思《蜀都赋》中所说：

江汉炳灵，世载其英，蔚若相如，皭若君平，王褒韡烨而秀发，扬雄含章而挺生。幽思绚《道德》，摛藻掞天庭，考四海而为隽，当中叶而擅名，是故游谈者以为誉，造作者以为程也。

上述的四大家，自古以文学成就闻世，但从他们的作品之中，却明显看得出道家思想的重要成分，故而左思综述四人成就时，第一句就说是“幽思绚《道德》”，即是说其思维的玄妙可以与老子的《道德经》争辉。李善在为《文选·蜀都赋》作注时说：四人“皆蜀人，君平作《老子指归》，子云作《太玄》《法言》，故曰‘幽思绚《道德》’也”。这话是很有见地的。辞赋大家司马相如在创作《上林赋》与《子虚赋》时，“意思萧散，不复与外事相关，控引天地，错综古今，忽然如睡，焕然而兴，几百日而后成”。因为他是要“苞括宇宙，总览人物”（刘歆：《西京杂记》卷二）。正因为如此，他的作品才会“飘飘有凌云之气，似游天地之闲意”（《史记·司马相如列传》）。特别是他的《大人赋》，与屈原的《远游》旨趣十分相近。

扬雄也是辞赋大家，而且也在京师为官，著作丰富，可是他却在独尊儒术的长安“不为章句”，“清静亡为”，“默然独守”（《汉书·扬雄传》）。在王莽执政时期，竟因为研究古文奇字而被政治斗争所累，投阁自杀，虽未死，“然京师为之语曰：惟寂寞，自投阁；爰清静，作符命”（同上）。他的无为、独守、寂寞、清静，其实是他思想十分矛盾的反映，他在长安明显地受到儒家学说的影响，可他出自西蜀，又带着极深的道家思想的烙印。他的哲学思想的中心是“玄”，也是他的代表作《太玄》的最基本的概念，而这个概念来自《老子》与《周易》。他所说的“玄生神象二，神象二生规，规生三摹，三摹生九据”（《太玄·太玄告》），与道家名言“道生一，一生二，二生三，三生万物”如出一辙；他所说的“贵其有循而体自然”（《太玄·太玄莹》），与道家名言“道法自然”也如出一辙。扬雄的另一重要著作《法言》本是想仿《论语》之例表明他“礼法正道之言”的，可是在谈到神仙时却说“神怪茫茫，若存若亡，圣人曼云”（《法言·重黎》)。这不能不说是巴蜀地区十分浓烈的神仙学说给他带来的影响。

在汉代巴蜀学术史上，最重要的人物应数严遵。严遵字君平，本姓庄，西汉末年人，因东汉时避汉明帝刘庄之讳，班固才在《汉书》改写为严遵。他是扬雄的老师，“专精《大易》，耽于《老》《庄》”(《华阳国志·先贤士女总赞·严遵传》)，长期隐居不仕，在成都卖卜为生，终生淡泊恬静，年九十而终①。扬雄赞誉他的这位老师是“才之珍也，不作苟见，不治苟得，久幽而不改其操，虽隋、和何以加诸”(《法言·问明》)。严遵的主要著作是《老子指归》，或称《道德真经指归》《道德指归论》。此书真伪过去曾有过讨论，经过近代学者的多方研究，特别是1973年长沙马王堆汉墓出土帛书《老子》甲、乙本之后，《老子指归》一书确为汉代著作已成定论。此书不仅继承老庄的思想，阐明自然无为之道，而且多有发挥，成为汉代道家学说中最重要的著作，被时人称为“道书之宗”(《华阳国志·先贤士女总赞·严遵传》)。

如果将眼光从上述几位知名学者身上再扩大一些，看看当时巴蜀学术界的全局，汉代巴蜀学术的面貌会更加清楚一些。

秦并巴蜀之后，中原的儒家经典当然会逐步传入巴蜀，汉初文翁派青年到长安学习，主要也是从博士“受七经”。也就是在这一批学生之中，张宽“始作《春秋章句》”(《华阳国志·蜀志》)。这是从文献上所见到的巴蜀文士对儒学书籍所作的第一本“章句”，亦即第一本阐释性的专著。从此开始，直到蜀汉，几百年间在全国独尊儒术的

① 在汉代的巴蜀，还有一位姓严名遵字王思的，乃是东汉时阆中人，《华阳国志·巴志》载：“巴郡严王思为扬州刺史，惠爱在民”，即是此人。他的儿子严羽字子翼，还做过徐州刺史，见《华阳国志·益梁宁三州先汉以来士女目录》。注意不要将这两个严遵混为一人。

空气下，蜀中文人当然要读经学儒。但巴蜀文士的学术表现出若干很明显的特点：

首先，如果将《华阳国志·先贤士女总赞》中所有汉代文士的著作统计一遍，可以明显地见到，在不多的著作中，对当时中原已占主导地位的儒家著作的研究很少。在这已是很少的研究中，又以《易》和《春秋》为主，没有研究《尚书》和《论语》的。就是这类研究，也是“益部多贵今文而不崇章句”（《三国志·蜀书·尹默传》）；“好学，不为章句”（《华阳国志·先贤士女总赞·扬雄传》）；“读五经，不为章句”（同前《李弘传》）。除了中原入蜀学者之外，蜀中生长的学者一直到三国时，才有谯周“研精《六经》”“治《尚书》”；才有尹默、李譔等人到荆州去“受古学”，回到蜀中之后才“著古文《易》《尚书》《毛诗》《三礼》《左氏传》《太玄指归》，皆依准贾（逵）、马（融）”（《三国志·蜀书·李譔传》）。也就是说，中原正统儒学是到三国时才较完整地传入蜀中的（仍不见《论语》《孟子》《孝经》）。在汉代，巴蜀士人对中原经典的学习着重《春秋》，是为了了解过去不熟悉的中原地区的古史；好《易》，则与巴蜀盛行阴阳五行学说有关；重今文而不重章句，则说明巴蜀学者是着重将中原著作与巴蜀本土文化相融合。

第二，学者多重《周易》、老庄之学，除著名学者扬雄仿《周易》作《太玄》之外，赵宾、景鸾、李譔均有研究《周易》的著作，但未传世。严遵著有《老子指归》。东汉章帝年间曾任益州太守的成都学者王阜有《老子圣母碑》，称“老子者，道也，乃生于无形之先，起于太初之前，行于太素之元”（载《全后汉文》卷三二），将老子与道等同，神化为创世始祖。正是在这种理论的倡导之下，张陵才会写出《老子想尔注》，在西蜀鹤鸣山作道书二十四篇，创立了道教。

第三，学者对史志十分重视，一方面重视《春秋》，以便熟悉中原历史，张宽著有《春秋章句》；杨终著有《春秋外传》，还将《史记》删为十余万言的简本，以便流传；何英著有《汉德春秋》，李龙与刘珍合著《汉记》，是对当代史的评述；谯周著《古史考》，是我国第一部考据性史学专著。另一方面，又特别重视地方史志的编写，如据《华阳国志·序志》之载，司马相如、严遵、扬雄、阳成子玄、郑伯邑、尹贡、谯周、任熙等人都曾撰写过《蜀本纪》这类著述。此外，陈术撰《益部耆旧传》（以后陈寿又撰《益部耆旧传》）、祝龟撰《汉中耆旧传》、李尤撰《蜀记》、赵宁撰《乡俗记》、来敏撰《本蜀论》、谯周撰《三巴志》与《巴中异物志》、孙盛撰《蜀世谱》、袁休明撰《巴蜀志》，直到晋代常璩完成了著名的《华阳国志》。这样多地方史志的出现，在全国各地区是罕见的。这种情况的出现，估计有两个原因，一个是原有的古代巴蜀时期的文献或口碑材料在经过秦火之后，到了汉代已知者不多，认识古代巴蜀文字的文士更少，有心者遂留心搜集整理，记录成书。另一个原因是秦并巴蜀之后，中原某些人士仍以蛮夷视之，而巴蜀文士出于自尊，遂记述本土文化之发达，历史之悠久，以示众人。这一点，从现存著述中犹可见到一些端倪。我们所列出的上述巴蜀史志著作，今天尚可见到全书的只有《华阳国志》一种，在此书中，处处充溢着对乡邦文化的自豪感。在评价汉初巴蜀文化发展阶段之时，《汉书·文翁传》的记述是，“蜀地辟陋，有蛮夷风，文翁诱进之”；而《华阳国志·蜀志》的记述是，“是时世平道治，民物阜康，承秦之后，学校陵夷，俗好文刻，翁乃立学”。在《战国策·秦策一》载司马错对统一的巴蜀地区的评价是“西辟之国也，而戎狄之长也”。《华阳国志·蜀志》在引述这一段话时却改为“西僻之国，戎狄为邻”。稍作比较，就可发现中原文献与巴蜀文献对同一事的不同记述，鲜明地表明了作者的态度与感情色彩的差异。我想，热爱乡土的感情，应当是当时士人大量撰写乡土史志的重要原因。

第四，出现了好几部语言文字学著作，这其中，司马相如的《凡将篇》、扬雄的《训纂篇》是字书，也就是搜集排列通行的汉字的汉字总表，是识字课本。汉代的这类书籍一共只编写过六种，巴蜀学者就编了两种。司马相如和扬雄作为当时的大学问家，所以要编写这样的著作，我认为很重要的目的就是为了使“书同文”不久的巴蜀地区正确地掌握使用汉字。因为他们身居长安，见多识广，具有编写这种书籍的方便条件。此外，扬雄还编写了著名的《𬨎轩使者绝代语释别国方言》，简称《方言》，这是我国，也是全世界第一部专门搜集整理各地方言资料的著作。我认为，扬雄编写此书，也应当有方便巴蜀人士与全国各地人士进行交流往来的作用。在汉代，巴蜀还出现过一部语言学的重要著作，就是“犍为舍人”为我国第一部词典《尔雅》所作的《尔雅注》。这位“犍为舍人”很可能姓郭（《文选》李善注引《尔雅注》，或作“犍为舍人”，或作“郭舍人”），是西汉武帝时犍为郡文学（郡中掌管文教之官吏），后被召至朝廷作舍人。他的身世史无明载，但在四川乐山乌尤寺中至少从北宋开始就建有“尔雅台”，直到今天仍然保存着，相传为郭舍人注《尔雅》之处，也是后人对他的永久纪念地。

第四节　宋代蜀学

在巴蜀文化史的发展历程中，宋代的学术研究是一个明显的高峰，在当时就被称为“蜀学”。所以会出现蜀学的兴盛，主要原因有三个：第一，在汉代经济繁荣的基础上，唐宋时期出现了巴蜀地区又一次经济的繁荣与科技的发展（例如造纸术与印刷术的发达），为文化学术活动提供了坚实的基础。第二，唐宋时期，巴蜀与外部的人员交流十分频繁，陈子昂、李白、马祖（道一）、雍陶、宗密、范镇、范祖禹、陈抟、苏易简、陈尧佐、三苏父子、文同、李焘父子、李心传、张浚父子、虞允文、魏了翁等巴蜀文士走出盆地，行遍全国；玄奘、高适、杜甫、吴道子、岑参、白居易、刘禹锡、李商隐、韦庄、杜光庭、周敦颐、黄庭坚、程颢、程颐、陆游、范成大等外籍文士进入巴蜀，传播文化。这种学术交流，对巴蜀学术的繁荣有着重要的促进作用。第三，是自汉代以来巴蜀地区学术活动的长期积累，历代学人的多年努力。关于这一点，北宋学者吕陶说：“蜀学之盛，冠天下而垂无穷者，其具有三：一曰文翁之石室，二曰高公之礼殿，三曰石壁之九经。”（《经史阁记》，见《全蜀艺文志》卷三六）在这里，“文翁之石室”，当然是指自文翁兴学以来的历代教育事业的人才积累；“高公之礼殿”，本指汉献帝时蜀郡守高朕在石室之侧所建的祀周公的礼殿，唐代改祀孔子，更名为大成殿，吕陶在这里是以礼殿代指中原儒学在巴蜀的长期传播；“石壁之九经”，指五代后蜀时在石室附近所刻的著名的《蜀石经》，北宋初又有补刻，共刻儒学经典 15 种，有石碑几千块，是我国古代刻经最多，而且唯一有注文的规模最大的石经（蜀石经在宋元之际毁于战火，目前全国仅存碎石 8 块，其中在四川保存有 6 块）。吕陶在这里是以蜀石经为代表，泛指多年来各种文献的积累。从上述三个方面来讲，吕陶的话是很有见地的。吕陶这篇《经史阁记》全称是《府学经史阁落成记》，又见《净德集》卷一四，写于熙宁四年（1071），尚在北宋中期，就已评价蜀学是“冠天下而垂无穷”，这也可见蜀学在当时的重要地位。

关于“宋代蜀学”这一提法，历代就有两种概念：一是广义的，指宋代巴蜀地区的各种学术；一是狭义的，指宋代儒学中的蜀中学派。我们在本书中是按广义的理解来作论述的。

宋代蜀学中最有特色的是儒学。巴蜀地区的儒学在唐代尚不发达，五代时期在毋昭裔等人的倡导下学者日众，蜀石经的刻石，雕版印刷九经的刊印，一批经学研究著作的问世（如今天谈《左传》的必备参考书《春秋名号归一图》就是后蜀学者冯继先所编撰），使后蜀成为五代十国之中经学最盛的地区，如《古今图书集成·方舆汇编·职方典》第五八四卷所说：五代十国之中，“惟吴蜀二主有文学，然李昪不过作小词、工画竹而已，孟昶乃表章五经，纂集本草，有功于经学矣”。

巴蜀的儒学大致可分为两大系统。第一大系统是传统的儒学经典的研究，其中又继承了汉代的特点，或者说保持了巴蜀地区的传统，主要研究方向是《周易》和《春秋》，其中特别突出的又是《易》学，正如李焘在《太玄经疏》的跋语中说：“蜀人盖多玄学”，“严（遵）扬所传，固自不绝”（《文献通考》卷二〇八引）。据许肇鼎《宋代蜀人著作存佚录》一书的统计，全部经学著作之中，《易》学占23.57%，《春秋》学占20.7%。研治《易》学，在当时十分流行，而且水平颇高，在全国都有很高的地位。据统计，宋代巴蜀治《易》学者可考见者有69位，著作94种[①]。《宋史·谯定传》有这样一段记载：

---

① 见胡昭曦、张泽茂：《宋代蜀学刍论》，载《四川大学学报》1993年第4期。

> 程颐之父珦尝守广汉，颐与兄颢皆随侍。游成都，见治篾箍桶者挟册，就视之，则《易》也。欲拟议致诘，而篾者先曰："若尝学此乎？"因指"《未济》男之穷"以发问。二程逊而问之，则曰："三阳皆失位。"兄弟涣然有所省，翌日再过之，则去矣。其后袁滋入洛，问《易》于颐，颐曰："《易》学在蜀耳，盍往求之？"滋入蜀访问，久无所遇。已而见卖酱薛翁于眉、邛间，与语，大有所得，不知所得何语也。……篾叟、酱翁，皆蜀之隐君子也。

在巴蜀地区《易》学如此兴旺的大潮之中，涌现出了一批成就很高、对后世影响很大的《易》学家，其中重要的有：陈抟（871—989），字图南，自号扶摇子，宋太宗赐号希夷先生，故又称陈希夷，普州崇龛（今四川安岳）人。他自幼"读经史百家之言，一见成诵，悉无遗忘"；在这种基础之上，"好读《易》，手不释卷"（《宋史·陈抟传》），一生著作丰富。他打破了传统的儒家学术体系，融儒、释、道三家为一体，而又以道家学说为核心，开启了宋代三教合一的新的思想潮流。他本人也被道教界奉为高道，称为"老祖"。《易》学史上极为重要的《太极图》《河图》《洛书》，据目前所见的资料，最早均传自陈抟，是《易》学研究中图象派和河洛研究的始祖。他说："《易》道无往而不可也，苟惟束于辞训，则是犯法也，良由未得悟焉。果得悟焉，则辞外见意，而纵横妙用，唯吾所欲，是为活法也。故曰：学《易》者当于羲皇心地中驰骋，无于周、孔言语下拘挛。"（《正易心法》四一章注）。这种蔑视权威、自创新学的精神不仅开创了"先天易学"，而且为宋明理学的形成起到发端启路的重大作用。宋代学者周敦颐、邵雍、刘牧、程颢、程颐、朱熹、蔡元定等都是他的学术传人。陈抟的著作，只有《正易心法》注文保存完整，其余皆散佚，只能在其他著作之中见到一些引述。

龙昌期，北宋陵州（今四川仁寿）人，世称武陵先生或君平先生，是“名动士林，高视两蜀”的著名学者，范仲淹曾赞许他“治《易》，深达微奥”（《范文正公集》卷一三《忠献范公墓志铭》），不仅在京师与诸家论《易》，还被请到福州“为众人讲《易》”（《宋史·胡则传》）。他曾“著书百余卷”，单是关于《易》学的就有《周易祥符注》《周易绝笔书》等，只因为他学术多“异端”（《宋史·胡则传》），受到当局严重的打击，著作被毁，故而如今已无法得见。但他曾受到过著名政治家兼学者文彦博这样的评价：“龙昌期气正行介，学纯虑深，窥古今治忽之原，穷圣贤变通之旨，旁通百氏，阐发微言，别注六经，颇有新义，高出诸儒之疏舛，洞见圣人之旨归。”（《金石苑》第6册《宋赐龙昌期敕并文潞公札子》）可见他在世时的影响之大。

谯定，涪陵人，生活于两宋之际，一生以研究《易》学为主，著有《易传》，惜已佚亡。他长期向程颐学习，“得闻精义，造诣愈至”。程颐被贬居涪陵，“北山有岩，师友游咏其中，涪人名之曰读易洞”（《宋史·谯定传》）。“定《易》学得之程颐，授之胡宪、刘勉之，而冯时行、张行成则得定之余意者也。”（同上）胡宪是著名学者胡安国之子，与刘勉之都是闽中学者，为朱熹之父朱松好友。朱松临终，“属其子熹受学于宪与勉之”（《宋史·胡宪传》）；“熹之得道，自勉之始”（《宋史·刘勉之传》）。由此可知朱熹与谯定的师承关系。

除上述三家之外，临邛（今邛州）学者张行成著有《周易述衍》《翼玄》《周易通变》等，井研学者李舜臣著有《易本传》《易解》等，资州（今资中）学者李石有《方舟易学》等，青神学者杨泰之有《大易要言》等，都是当时著名《易》学家。此外，阆州（今阆中）学者鲜于侁著《周易圣断》，巴郡学者房审权著《易义海》，江阳（今泸州）学者李见著《易枢》，遂宁学者傅耆著《同人卦说》，都是较为知名的著作。宋代巴蜀的著名文学家苏轼继承其父苏洵未完之业，撰有《易传》，著名理学家张栻著有《南轩易说》《南轩太极图解》，魏了翁著有《易要义》《周易集义》《易举隅》等，他们同时也是《易》学名家。

在研究《易》学之外，研究《春秋》及其三传，是巴蜀儒学又一特色，如宋人青阳梦炎所说，“《麟经》（按，即《春秋》别称）在蜀，尤有传授”（傅增湘编《宋代蜀文辑存》卷九五《春秋经鉴序》）。这其中的著名学者如阆州（今阆中）学者鲜于侁不仅为官颇有政声，而且“刻意经术”，北宋著名学者“孙复与论《春秋》，谓今学者不能如之”（《宋史・鲜于侁传》）。广安学者黎錞著有《黎氏经传集解》，欧阳修在向宋英宗介绍蜀中学人时曾说，“文行苏洵，经术黎錞”（嘉庆《四川通志》卷一四七《人物》引《一统志》）。著名文学家苏辙曾用很大力气治《春秋》，著有《颍滨春秋集传》（又作《春秋集解》）。涪陵学者崔子方著有《春秋经解》《春秋本例》《春秋例要》等书，“实足自成一家”（《四库全书总目》卷二七《春秋经解提要》）。绵州（今绵阳）学者赵鹏飞主张以经解经，而不是以传解经，著有《春秋经鉴》一书。丹棱学者程公说平生全力攻治《春秋》，著有《春秋分纪》《左氏始终》《左氏通例》《左氏比事》等书，这其中，至今仍存的《春秋分纪》九〇卷，实为清代名著《春秋大事表》之先河。眉州（今眉山）学者家铉翁著有《春秋详说》，并长期“以《春秋》教授弟子”（《宋史・家铉翁传》）。眉州另一学者王当著《春秋列国诸臣传》，夹江学者句龙传著《春秋三传分国纪事本末》，遂宁学者冯正符著《春秋得法忘例论》，潼川（今三台）学者谢畴编集《春秋古经》，普州（今安岳）学者冯山著《春秋通解》。由上可知巴蜀学者研究《春秋》之盛。

宋代蜀学研究儒学的另一大系统是理学。作为渗入佛、道，注重心性的新儒学，宋代理学在我国思想史的发展中占有重要地位，而巴蜀则是宋代理学得以发生、发展的重要地区。

我们在前文说过，陈抟在宋初就提出“纵横妙用，唯吾所欲”，他本人就融儒、释、道三家学说以治《易》，他的《太极图》传给周敦颐，才有了著名的《太极图说》，他的《先天图》传给邵雍，才有了著名的《皇极经世书》，宋代理学，正是在周、邵的大力推广下才形成气候，形成群体。所以，陈抟是宋代理学实际上的开山祖师。正如蒙文通老师所说：“图南（按：陈抟字图南）不徒为高隐，而实博学多能；不徒为书生，而固有雄武大略，真人中之龙耶！方其高卧三峰，而两宋之道德文章，已系于一身。”①

北宋理学的几位主要代表人物都曾到巴蜀地区讲学与治学，如周敦颐到了合州（今合川），傅耆、张宗范等均向他问学；据传邵雍曾到夔州（今奉节），还在云安（今云阳）筑有“演《易》台”；邵雍之子邵伯温，孙邵溥、邵博都曾入蜀，邵氏之学“遂盛行于蜀”（牟巘：《陵阳集》卷九《以斋记》）；程颢、程颐在巴蜀足迹颇广，什邡有“夫子院”，汉州（今广汉）有“讲道台”，涪州（今涪陵）有“读《易》洞”，都是其遗迹（程颐“读《易》洞”，是他撰写《伊川易传》之所，遗址至今仍存，位于涪陵北坪山，当地名“点《易》洞”，为涪陵市文物保护单位，南宋时建有程子祠，专祀程颐。清人石彦恬题

① 蒙文通：《陈碧虚与陈抟学派》，载四川省图书馆编《图书集刊》第 8 期，1948 年出版。

刻的“伊洛渊源”四字，至今仍存洞壁）。巴蜀不少学子因其授业而成为“伊川高弟”，谯定则是其中之代表。谯定的学生有张行成、冯时行、张浚等，都是当时著名的理学家，张浚之子张栻更是全国的理学大家之一。

张栻（1133—1180），号南轩，绵竹人，自幼从张浚问学并受业于二程再传弟子胡宏，又与朱熹友善，“二先生相与发明，以续周、程之学。于是道学之盛，如日月之升，如江汉之沛”（杜杲：《重修张南轩先生祠堂记》）。他二人加上吕祖谦，被时人并称“东南三贤”，成为南宋理学的“一代学者宗师”（陈亮：《与张定叟侍郎》）。张栻曾继其师胡宏之志执教于湖南，他新筑城南书院（即今长沙的第一师范学校的前身），主讲岳麓书院，前后达10年之久，著名的湖湘学派由他而确立并以他为代表。他死后与其父同葬于湖南宁乡。“唯楚有材，于斯为盛”，直到今天，张栻仍受到湖南人民的纪念，岳麓书院仍在湖南传统文化的研究中发挥着主干的作用。张栻在湖南教学时，巴蜀学子也有不少人前去求学，他还收了一批私淑弟子。这些学生又把他的著作与学说传回巴蜀，“蜀士宵续灯、雨聚笠以从事于南轩之书，湖湘间反不如也”；“南轩之教，遂大行于蜀中”（《宋元学案·二江诸儒学案》）。以他的学生宇文绍节、魏了翁、陈概、虞刚简、范仲黼等为主体，形成了宋代理学中的四川学派。张栻一生著述丰富，今天主要流传的是《南轩先生文集》44卷和《张宣公全集》61卷。

魏了翁（1178—1237），蒲江人，世称鹤山先生，不仅是南宋理学大师，也是集宋代蜀学之大成的杰出人物。南宋初年，朝廷曾视理学为“伪学”而贬斥之，是以魏了翁为代表的一批学者的据理力争、多方努力，朝廷才为周敦颐、二程和张载定谥，承认了理学的合法性，理学才逐步成为南宋的官方哲学。魏了翁不仅一生研究、传播理学，还在四川蒲江等地和靖州（今湖南靖州苗族侗族自治县）建立鹤山书院，亲自主讲，培养后进，“湖湘江浙之士，不远千里负笈从学”；“士争负笈从之，由是蜀人尽知义理之学”（《宋史·魏了翁传》）。各地学者多奉魏了翁为师，形成了家铉翁所说的“南方共宗鹤山老”的盛况。他的蜀中弟子高斯得、高稼、吴泳、牟子才、史绳祖等更是宋代蜀学之殿军，被称为鹤山学派，《宋史》为之立传者就有8人之多。魏了翁一生著述宏丰，传于后世者主要有《鹤山集》109卷和《九经要义》263卷（已残，今存164卷）。

除了儒学之外，宋代蜀学最具特色和最有成就的是史学。

在中国史学发展史上，宋代是一个十分繁荣的时期。无论在宋代史学的哪个方面，巴蜀史家都极为活跃，成果累累。

宋代继前代之绪，于中央设有史官，其组织之庞大和著述内容之丰富，均为前代所不及。单以机构而言，就有起居院、日历所、实录院、国史院、玉牒所、会要所等，史官们在各朝宰相指挥之下，编写了大量的各朝当代史与前代史，巴蜀史家入京担任史官、进行撰述者不少，如阆中陈尧佐，华阳（今成都）范镇、范祖禹，双流王珪、邓洵武，新津张商英，新繁（今新都）句涛，丹棱李焘、李垕，遂宁杨济曾，井研李心传、牟子才，蒲江高斯得，汶川谢方叔等。这其中，最突出的是华阳三范。

范镇（1008—1089），字景仁，作为一位史官，他参与了《仁宗实录》与《新唐书》的编撰。《新唐书》的编撰历时17年（1044—1060），领衔的是欧阳修与宋祁，但自始至终进行实际工作的最重要的编修者是范镇。除了担任史官之外，范镇还私修了《国朝事始》《北史录》《东斋纪事》《六家谥法》等史书，可惜除《东斋纪事》之外均已亡佚。

范祖禹（1041—1098），是范镇从孙，他作为朝廷史官，除参与修撰《英宗实录》《神宗日历》《神宗实录》，私修《仁皇政典》《史院问目》等书之外，最重要的成就是协助司马光编撰史学巨著《资治通鉴》。司马光编写此书有三大助手，范祖禹是其中年龄最轻、时间最长（15 年）、贡献最大的一位，他“智识明敏，好学能文”（《司马文正公家传集》卷四五《荐范祖禹状》），负责《通鉴》唐代部分的撰写和五代部分的后期工作。作为助手，他只是编写“长编”即初稿，他编写的唐代长编有 600 多卷，后经司马光反复删削，定稿为 81 卷。由于范祖禹用力最勤，唐代部分史料极为丰富，很有价值。作为宋代最著名的唐史专家，范祖禹还自己撰写了一部《唐鉴》，以评论唐代的治乱得失为主，有论述 306 篇。由于他既修《通鉴》的唐代部分，又撰写《唐鉴》，在当时知名度极高，被人称为“唐鉴公”。

范冲（1067—1141）是范祖禹之子，他也是一位有成就的史学家，曾作为史官参与重修《神宗实录》和《哲宗实录》。此外他私修了《宰相罢拜录》《编类司马公纪闻》等书，不过均已不存。

私家修史特盛，是宋代史坛较前代不同的最大特色，不仅数量多，而且门类广、成就大，其中有不少名著均出于巴蜀史家。

李焘（1115—1184），字仁甫，丹棱人，我国古代著名史学家。他博学多才，时有“杂学士”之誉。作为史官，主持重修了《徽宗实录》，主持新修了《钦宗实录》和《乾道续四朝（按：指北宋神、哲、徽、钦四朝）会要》。作为史家，他私修史籍达 20 余种，流传至今的《续资治通鉴长编》1063 卷，历时 40 年方成，实际上就是一部专记北宋九朝史事的《续通鉴》，李焘自谦，故加以“长编”二字。此书取材达 400 余种，编写之时距北宋结束不过 20 余年，加之李焘的高超史才，使此书成为今天研究北宋历史的最重要的史籍，其价值超过官修《宋史》。南宋著名学者陈亮这样评论说："《长编》一书用力 40 年，叶适以为《春秋》之后才有此书。"（《宋史·李焘传》）

因家学渊源而成为家族性学统传承，是宋代蜀学的重要特征之一。除尽人皆知的眉山苏氏（苏洵、苏轼、苏辙、苏过、苏籀）之外，如上面已提到的华阳范氏（范镇、范百禄、范祖禹、范冲），绵竹张氏（张咸、张浚、张栻），著名的还有阆中陈氏（陈尧叟、陈尧佐、陈尧咨、陈渐），华阳王氏（王琪、王珪、王仲甫），华阳宇文氏（宇文粹中、宇文虚中），蒲江高氏（高载、高稼、高定子、高斯得），大邑计氏（计用章、计有功），新津张氏（张唐英、张商英），中江苏氏（苏易简、苏耆、苏舜元、苏舜钦），简阳刘氏（刘孝孙、刘泾），资中李氏（李石、李占、李开），宜宾程氏（程公说、程公许），井研李氏（李舜臣、李心传、李道传、李性传），丹棱唐氏（唐庚、唐文若），仁寿虞氏（虞允文、虞刚简、虞集）。丹棱李氏也是其中著名的一家。李焘有子 7 人，除长子李谦早夭，其余 6 子均有文才，如李壁（1159—1222）辑有《国朝中兴诸臣奏议》，著有《中兴十三处战功录》等书，他为王安石诗所作的《王荆公诗注》至今仍是研读宋诗的必读书；李𡌴（1161—1238）著有《皇宋十朝纲要》等书；李埴撰有《校补华阳国志》等书，以上提到的几部著作都流传至今。

李心传（1167—1244），字微之，井研人，是与李焘齐名、号称"二李"的又一位"兼才、学、识之长"（李调元：《旧闻证误·序二》）的著名史家。作为史官，他参加了《中兴四朝（按：指南宋初的高宗、孝宗、光宗、宁宗四朝）帝纪》和《十三朝（指北宋九朝与南宋初的四朝）会要》的编撰。作为史家，他著有《建炎以来系年要录》20 卷、《建炎以来朝野杂记》40 卷、《旧闻证误》15 卷三部著名史籍，资料丰富，考订精慎，翔实可信，特别是对南宋初史事"半皆目击，所记特详”（李调元：《旧闻证误·序二》），是今天研究南宋初期历史最重要的著作，如《四库全书总目提要》就称《杂记》“为史家之巨擘，言宋事者，当必于是有征焉”。前面我们已经提到，井研李氏是著名的学统家族，号称“井研四李”。李心传之父李舜臣是著名理学家，著有《易本传》等书，在史学著述方面曾参与重修《裕陵（按：宋神宗）玉牒》。李心传之弟李道传（1170—1217）、李性传（约1174—1254）也都有著述，以理学名世。后世在井研龟山建有四李祠，春秋祭祀。

王偁，字季平，眉州（今眉山）人。生卒年不详，活动于南宋初年。他在史学上的重要贡献是撰写了《东都事略》130卷，是早于《宋史》，高于《宋史》的北宋时期纪传体史籍。有的学者（如汪琬等）认为，元人修《宋史》，北宋部分的水平明显高于南宋，其重要原因之一就是参考并取材于《东都事略》。《四库全书总目提要》在评价此书时曾说：“宋人私史卓然可传者，唯称与李焘、李心传之书而三，固宜为考宋史者所宝贵矣。”这种评价是完全正确的。王称还有《西夏事略》，是研究西夏史的重要著作，今传于世。

张唐英（1029—1071），新津人，他所著的《蜀梼杌》二卷，是记叙五代时前蜀、后蜀两朝的编年史，也是今天能见到的研究前蜀、后蜀史事的十分重要的史料。张唐英还著有《补撰九国志·北楚书》《唐史发潜》《仁宗君臣政要》《嘉祐名臣传》等书。张唐英的胞弟张商英（1043—1122）曾在朝中担任史官，参与编撰《神宗政典》《哲宗实录》。流传于世的伪托古人的《三坟书》（《说郛》卷二），研究者多认为也是出于张商英之手。

郭允蹈，资州（今资中）人，南宋中期人，他著的《蜀鉴》10卷，记述自秦至五代末蜀中史事，尤着重于政事得失与军事盛衰，是现有研究巴蜀古代历史的重要历史文献。

类似上述的《蜀梼杌》《蜀鉴》这类研究地方史的著作，以及地方志、图经等，当时曾经编纂了很多，这是宋代巴蜀史学之重要特色。在《蜀中广记·著作记》中还可以见到好几十部这类书籍的书目。蒙文通老师曾说："两宋之世，史学特盛，超越汉唐。蜀中史著之多，方志之富，更为特出。总宋蜀中四路图经，无虑千卷……殆于方方有志，以余之浅陋，所考见者将两百种……佚闻旧典，往往而在，可谓特盛，比诸他省，固远过之。"① 可惜的是这些书籍中的绝大部分均已失传。

第五节　明清时期学术的衰落与复兴

宋元之际和明清之际的两次长期而大规模的战乱，使巴蜀地区人口锐减、经济衰颓，伴随而来的是文化事业的凋敝、学术活动的低沉。从元代到清代中期的五百多年间，再也见不到两汉、唐宋时期的那种群星灿烂、佳作纷呈的盛况，在全国的文教学术舞台上，极少见到巴蜀人士的身影。这几百年的凋残景象，至今回首，仍令人心悸。元代著名学者虞集（1272—1348）说过这样一段十分沉痛的话：

> 吾蜀文学之盛，自先汉至于唐宋，备载简册，家传人诵，不可泯灭。宋南渡以来，蜀在斗绝一隅之地，然而文武忠孝之子，

① 蒙文通：《华西大学图书馆四川方志目录·序》，见《四川大学图书馆地方志目录》，四川大学出版社 1991 年版，第 115 页。

冠盖相望，礼乐文物之懿，德行学问之成，立功立言，卓荦亨畅。下至才艺器物之类，其见诸文辞者亦沛然，非它州之所能及矣。丧乱以还，废轶殆尽（《道园学古录》卷三一《葛生新采蜀诗序》）。

元代的巴蜀，用元代人的话说，一是“文物泯尽”（罗寿：《成都赡学田记》，载正德《四川总志》卷三六），一是“蜀学微绝”（虞集：《道园学古录》卷六《送赵茂元归乡序》）。在元代文坛上，知名的川籍人士只有两位：一位是虞集，但他只是祖籍隆州（今仁寿），他父亲虞汲宦游外乡，宋亡后侨居临川，以后迁居岭南，他生于衡州，长于岭南，一生中只回过故乡一次。另一位是邓文原，也只是祖籍绵州（今绵阳），幼时随父徙居钱塘（今杭州），以后一直在外乡活动。又如井研牟氏的牟巘、牟应龙父子，也是流寓外乡，“以文章称于东南，人拟之为眉山苏氏父子”（《元史·牟应龙传》）。由于宋元之际的战乱，不少蜀中学者携家流寓江南，在元代文坛上颇有建树，以至有的学者提出了“元代蜀籍流寓文化”的研究课题①。可是在巴蜀境内，却是一番凋残景象，没有出现过一位有成就的学者。以《易》学研究为传统特色的巴蜀学者，在元代也有几位颇有成就，如黄泽、王申子、任士林、赵采等，可他们都是祖籍在蜀、流寓江南的学者。

经过了元代的凋残，明代的巴蜀在经济与文化事业上都有所复苏。明初诗坛上，有著名的“吴中四杰”，其中的杨基和徐贲都祖籍蜀中，在宋元之际，先世即已流寓外乡。到了嘉靖年间，在文坛的“嘉靖八才子”中，就有两位真正生长于巴蜀的才子了。一位是熊过，

---

① 见陈世松、史乐民：《宋末元初蜀士流寓东南问题探讨》，载《元史论丛》第 5 辑。

字叔仁，富顺人，除诗文之外，还研治经学，著述不少。他的《周易象旨决录》，被《四库全书总目提要》评为“在明人《易》说之中，固卓然翘楚矣”。另一位是任瀚，字少海，南充人，他“潜心于《易》，深有所得”（《明史·任瀚传》），但著作全部亡佚，今已无从得见。熊、任之后，有“最善王守仁学”（《明史·赵贞吉传》）的内江学者赵贞吉（1508—1577），融儒、释两家学说为一，有《赵文肃公文集》传世。明代末年，梁山（今梁平）出了一位隐居山中 30 年，“终身麻衣蔬食，誓不见有司”（《明史·来知德传》）的《易》学家来知德（1525—1604），提倡“养心莫善于寡欲”“师心自悟”。他著有《周易集注》一书，阐发“取象之旨”，是《易》学史上自王弼扫象之后千余年来第一部高水平以象数为主的研究专著，对后世影响很大。《四库全书总目提要》称此书“参互旁通，自成一说，当时推为绝学”。

以上几位学者在当时虽然有一定影响，但并未达到全国一流的水平。整个明代，达到全国一流学者水平的只有一位，这就是杨慎。不过，严格说来，杨慎还不能完全说是蜀中学者，因为他生长在京师，一生 72 年中，在四川只 22 年，在故居新都生活不到 12 年。

杨慎（1488—1559），字用修，号升庵，新都人，他父亲杨廷和官居内阁首辅，他的两位叔叔也是著名的诗人和学者。他生于京师，长期在京师接受父亲与叔父的教育，自幼苦读，有“嗜书癖”。24 岁时中殿试第一，成为状元，授翰林院编修。嘉靖帝即位之后，杨慎在朝中的“议大礼案”辩论中，几次公开反对嘉靖帝的一意孤行，被处以“廷杖”之刑，再谪戍云南永昌卫（今保山县），时年 37 岁。此后，除因公私事务获准几次短暂回川外，一直在云南度过。杨慎天才英发，兴趣广博，聪敏明达，精力过人，遭打击之后，郁闷激昂，故而更发奋于学术，撰写和编纂了各类著述400多种（今存150多种），其范围包括诗文创作、古今历史、经学、民间文学整理、音乐与戏曲的研究与创作、音韵文字、文学批评、金石书画、地方史志、典章制度、自然科学等，是我国文化史上最具特色的百科全书式的大学者。在整个明代，“记诵之博、著作之富，推慎为第一”（《明史·杨慎传》）。李调元在《函海·序》中称他“为古来著书最富第一人”，当之无愧。由于他治学面广，著作丰富，一反空疏之风，对明代实学和后世影响很大。又如今天研究巴蜀文化，他所编纂的《全蜀艺文志》就堪称最为重要的资料之一。

在明代的近三百年间，无论是经济还是文化，都呈现出一种复苏的态势。如果顺利，发展趋势应当是相当乐观的。可是，明清之际的几十年战乱，使这种复苏的局面彻底毁坏。清代初年，出现了两位杰出的川籍思想家，即达州的唐甄（1630—1704）和新繁（今新都）的费密（1625—1701）。唐甄在其代表作《潜书》中直言“自秦以来，凡为帝王者皆贼也”；他认为“官逼民反”是客观现实，否定“君权神授”；肯定民为国本，富国先在富民；他从“无成乃无毁，有成必有毁”的观点，否定了封建制度的永恒论；他从“君民皆人”论进而指出分君之权，监督君主，已孕育着虚君立宪论的萌芽。作为一个启蒙思想家，他在中国思想史上的地位可与王夫之、顾炎武、黄宗羲等人比肩。可是，唐甄在8岁时就随父离乡远行，流寓江南，除回乡参加过一次科考，一直在外乡生活。费密也是一位具有启蒙思想的学者，有著述30余种，现存3种，《弘道书》是其代表作。他反对理学家的“道统”论和“空浮谈经”，反对禁欲主义，强调“实证实教”“实以致用”；他不反对“农本”，但反对“商末”，提倡发展商业。这在当时，是一种十分难得的启蒙主义观点。可是，费密的著作也是在离家东下之后，在江南完成的。在清代初年，还出现过一位颇有成就的诗人吕潜，吕潜祖籍遂宁，但长期生活在江南，直到晚年才返归故里，也只能算一位流寓诗人。

清代前期的顺治、康熙、雍正三朝，巴蜀大地的中心任务是移民入川、垦荒建房、恢复生机、培植生活的元气。从文化上来讲除了在废墟上重建学校之外，基本上没有什么建树。从人才上看，除了遂宁的张鹏翮（1648—1725）曾任河道总督与大学士，主持治河 10 年，时称贤相，有《治河书》《如意堂诗文集》传世之外，没有出现过其他的有成就的学者或诗人。直到乾隆年间，巴蜀文坛才开始恢复元气，出现了“蜀中三才子”：丹棱彭端淑（约 1699—1779）、罗江李调元（1734—1803）、遂宁张问陶（1764—1814）。他们在诗、文、戏曲方面都很有建树。可是有一点值得注意，他们三位虽然生于蜀中，但都长期宦游外乡，在与各地文坛高手相交流之中得到了很大的提高，进行了他们主要的创作活动。还有一点更值得注意，就是由于元气初生，底气不足，“蜀中三才子”的华章佳作未能引导出一批后继者。彭端淑晚年在成都主讲锦江书院达 20 年之久，可是竟未能培养出一个水平接近于他的学生。这种情况表明，巴蜀大地上的学风还不浓，文气还不盛，全面复苏的基础还不厚。清代后期方出现学术复兴，这种复兴，其主要原因是清代两百来年经济与文教的逐渐发展，使整个社会恢复了生机，有了进行学术活动与文化创作的基础；其次要原因则是清代大量的移民入川，各种文化在蜀中交汇融合，并在此基础上得以发展。这种学术复兴的重要标志，我认为是 1875 年尊经书院的创立。

从清初到尊经书院成立的两百年间，巴蜀文坛、学界之不振，可以从以下几个统计数字窥其大概：

1. 科举取士的情况，不能完全说明问题，但也可说明一部分问题。在整个清代，四川士人在科举中夺魁的只有一位，即光绪乙未年（1895）的骆成骧（尊经书院学生）。此前两百多年一个也无。这种情况不说远逊于唐宋（唐代有范崇凯、尹枢、尹极、李远、李余、于环，宋代有苏易简、陈尧叟、陈尧咨、马涓、何桌、何涣、赵逵），连明代也不如（明代有著名的杨慎）。若以考中进士计，宋代最高，达 4332 人，明代也有 1456 人，清代只有 786 人。

2. 清代学术之主干是经学，汇集全国经学研究著作之书是阮元于 1829 年编成刊印的《皇清经解》和王先谦于 1888 年编成刊印的《皇清经解续编》，此两书共收入 397 部著作，竟没有一部巴蜀学者的论述。

3. 编辑巴蜀历代文士事迹与作品的前人著述，最详的是姜方锬的《蜀词人评传》一书，清代前期、中期仅收入 12 人，而宋代是 50 人。当代著述如何崇文等的《巴蜀文苑英华》一书，清代前期和中期仅有 5 人，如果把流寓外乡的 2 人除外，只有 3 人。而宋代是 19 人。这两组统计数字还是颇能说明问题的。

清代中期，巴蜀地区的学风仍呈不振之势，学校、书院虽在陆续重建或新建，但多是以科考为中心，以制艺为主课，“群好帖括，经史百家每束高阁”（民国《名山县志》卷一一《学校》）；“惟用以八股试帖词章课试生徒，第其高下”（民国《泸县志》卷九《学校》）。这种环境怎能培养出真正的人才来？被视为“为通省作育人才之所”的“全川书院之首”的锦江书院曾经有很高的声望，可是，著名的“锦江六杰”除了李调元之外，其余并无多大成就。到咸丰年间，书院的学生已是“来去自由，并不通知监院，且多在外游荡，夜深方归，甚至招留友朋，视作旅寓”（锦江书院《咸丰学规》）。这种情况从一个侧面可以见到学风废弛之甚。

具有维新思想的张之洞、薛焕等人决心新办尊经书院，其目的就是为了“石室重开”，振兴蜀学、培养人才。正如我们在本章第一节中已经介绍过的，由于尊经书院是面向全川招生，学习的内容、教学的方式、提倡的学风都与旧式书院有很大的不同，又是大名鼎鼎的张之洞、王闿运等人在主持校务，故而它的作用不仅在于培养出一批学生，更重要的是在全川学界扭转积弊、开创新风。“风向所趋，人人皆知读书之有益矣”（伍肇龄：《尊经书院课艺二集序》）。在这种学风引导之下，清代后期的巴蜀明显地出现了一派人文蔚起、蜀学勃兴的气象。我很重视戊戌维新前后蜀中文士刘光第（他不是尊经学生，是锦江书院学生）、杨锐、宋育仁等人的杰出表现。在“公车上书”中，川籍举子签名者 71 人，占总人数 603 人的 11.8%，位居全国第四；第一个维新团体“强学会”成立，杨锐就是发起人之一；“蜀学会”在京成立，“蜀学堂”在京创办；杨锐与刘光第作为“六君子”在京就义；《渝报》在重庆创刊；《蜀学报》在成都创刊；宋育仁出任尊经书院山长。这一系列事实表明：(1) 巴蜀大地不仅兴起了一股强劲的学风，而且融入了维新自强的时代气息，正是这种合乎历史潮流的新的学风，才会真正具有横扫陈腐、开辟新局、创立新说、涌现新人的力量；(2) 经过近千年的低沉徘徊，巴蜀学士在长期积蓄和时代激荡两方面作用之下，又走上了全国政治与文化的舞台，演出了有声有色的活剧，不再是长期默默无闻于国人了。

在这样一个大潮之中，如果从学术角度看，清代后期出现了一批有作为、有影响的人物，标志着蜀中学术在新历史条件下的复兴。这批人物的主要代表有：

廖平（1852—1932），字季平，井研人。1876 年入尊经书院学习，深受王闿运影响，治今文经学，1884 年撰《穀梁古义疏》，次年撰《今古学考》。此后，一直以治学与教学终其身。在清末的社会剧变之中，廖平深受周围条件之影响，其治学的主旨不断变化，共有六变。他主张“为学须善变，十年一大变，三年一小变，每变愈上，不可限量”（《经话甲编》卷一）。今天看来，他的学术观点在第三变之后，愈变愈奇，很多看法令人难以接受。但在他这种大胆求变、不断求新的追求之中（特别是前三变之中），却有不少可贵的闪光点，对当时以及后代的学术研究有着重要的影响。

在当时的历史条件下，学术研究的主线仍然是经学，廖平的一生可谓是实实在在的皓首穷经，用力极深。他尊经、尊孔，他在经学研究中提出了一系列新见解，特别是对自汉代以来聚讼千载的今古文之争，他指出“今古异同端在制度、师说，不指文字”（《答江叔海论〈今古学考〉书》）；“经学之要在制度，不在名物”（《经话甲编》卷一）。这些观点被近代国学大师刘师培、章太炎喻为“魏晋以来未之有也”的“确然不易”的重要成果。廖平作为学术界公认的我国历史上最后一位经学大师，他一方面解决了经学研究中的若干难题，是为经学作出的巨大贡献；另一方面，他为了尊经尊孔而作出的若干努力也表明了旧式经学研究已不可能具有生命力，愈是竭尽全力，就愈是不合时宜，充分表明了旧式经学的必然的终结。作为最后一位经学大师，这两方面的特点在他身上都表现得十分鲜明。

由于清末的历史环境，廖平开始接触若干新的知识，包括西方的历史、宗教、天文、地理等，提出了变法改制、学习西方的理论。他论证了孔子就“意在改制救弊”，“春秋时有志之士皆欲改周文，正如今之言治莫不欲改弦更张也”（《今古学考》卷下），故“中国欲强，必先变法”（《公羊补证》卷九）。指出，治学者，“旧日考据之支离，理学之空疏，皆须改良进步”（同上卷一），“通经致用于政事为近”（《知圣篇》）。他从孔子所说的“文”与“质”加以阐发，“极古今中外之变，而求一与文相对相反之质，非泰西而何”（《四益馆杂著》）；“富强之学，中不如外，农工商贾诸学皆当取法外人”（《公羊补正》卷七）。他甚至说过：“井田乃百世下‘大统’之法，于古实无征。今泰西素有齐贫富之议，将来必出于此。”（《知圣篇》）他坚决反对“中国自号文明，闭关自守”（《四益馆杂著》）。他的这一整套从解经角度表现出来的“非圣无法”的态度提出的变法改制、学习西方的主张，在当时是明显的异端，具有极大的震撼性。他的恩师张之洞给了他严厉的责难。但广东的书生康有为却在经过了先疑后信的过程之后，在经过了1889年与之在广州畅谈之后，“思想受其影响”，“乃尽弃其旧学”（梁启超：《清代学术概论》）。康有为接受了廖平的思想，沿廖平的《知圣篇》而写成《孔子改制考》，沿廖平的《辟刘篇》而写成《新学伪经考》，在全国掀起大波，成为变法维新运动的理论基础，是我国思想史上一大转折。但是，我们不能忘记：“康有为的《伪经考》《改制考》是从廖平的《辟刘篇》《知圣篇》推衍出来的。”[①] 廖平才是变法维新理论真正的祖师爷。

在廖平的理论体系中，还有一个重要贡献，是他大胆的疑古精神。他在继承前人成果的基础上，详细阐述了刘歆伪造古文经的理论，指出了作伪的目的、方法、过程。康有为全面接受了廖平的观点，在此基础上援引更多的证据，以严格的逻辑推理与雄辩的笔法写成了《新学伪经考》，在古史、古籍的辨伪上开创了一个新天地，直接影响到一批著名的近代学者，如崔适、钱玄同、顾颉刚等，在我国学术史上掀起了一股巨大的疑古辨伪的浪潮。这股浪潮中的每一项具体成果不能说全都正确，但在我国知识分子的头脑已被禁锢多年、亟

① 范文澜：《中国经学史的演变》，载《中国哲学》第一辑。

须解放的清末民初，在新旧大变革的“五四”前后，这股浪潮对于推动全国知识分子弃旧图新的思想解放所起的作用，真是难以估量。而这股击碎僵化的疑古辨伪浪潮的最有力的开创者，仍是廖平。在廖平去世的1932年，有学者颇为深刻地这样评价过廖平的作用：

> 先生在中国经学史上，既具有相当地位，而在晚清思想上，亦握有严重转捩之革命力量。……回忆四十年来之中国思想界，类似霹雳一声者为康南海之《孔子改制考》《新学伪经考》等等，则廖先生则比霹雳前之特异的电子。……吾人于今日审查中国学术思想之进步如何？除东西舶来品而外，更不能不归功于贞下起元、曙光焕发之廖先生。廖先生崛起……将三千年来之孔子及数千年之经学，与经学所产生之思想言论，根本改造，发前人所未发。①

廖平著述丰富，现存的就有118种之多，大部分收入《六译馆丛书》之中，近年有李耀仙主编的整理本《廖平学术论著选集》由巴蜀书社出版。

宋育仁（1857—1931），字芸子，富顺人，尊经书院学生，1884年写成《周官图谱》《周礼十种》两书，从经学研究中表达了维新改制的主张。1886年中进士后，长期在北京为官，眼界大开，特别将目光移向海外的新的天地，1891年写成了著名的《时务论》。1894年被派出使欧洲，对西欧诸国做了详尽的考察，写成《采风记》一书。归国之后，又将《时务论》加以修订。两书发行之后，风行一时，宋

① 侯堮：《廖季平先生评传》，载1932年8月1日《大公报》。

育仁被称为“新学巨子”。他跨出了旧传统的樊笼，用全新的观点对当时的社会危机进行了剖析，提出了在中国实行资本主义性质的经济民族主义和民权主义的主张。如鼓励“办工作厂”，“不能动以官法治之”（以下引文未注明出处者，均见《时务论》），而且“一切皆如今外国公司之式”，这就是主张发展民族资本主义的工业；他主张发展商业，“经商者，富国之资”；他主张发展交通，并提出了“听民间集股自设公司”修建川汉铁路的计划（《采风记》）；他反对外国的经济侵略，要求政府“不欲与外人以利权”；他主张改革币制，变银本位制为金本位制；他主张进行政治改革，实行“民献其急，主决其计，官司专守以责其成”的“举废皆询于上下议院，两院成而后谋定，国主报可而后施行”的君主立宪制与议会制。他的这一系列主张，仍是在托古改制的大旗下进行的，如他所说是“取证于外国富强之实效而正告天下，以复古之美名，名正言顺，事成而天下悦，从而四海无不服”。在这方面，他的主张比廖平更为明确，更为彻底。宋育仁不仅著书立说，还是一位维新图强的实践者。1896 年他被任命为川省矿务商务总局监督，次年就在重庆创办了四川第一份近代报刊《渝报》，亲任经理，宣传维新变法、救亡图存。1898 年他被聘任尊经书院山长，又在成都成立蜀学会，办了成都第一份近代报刊《蜀学报》，亲任总理，吴之英任主笔，廖平任总纂。这两份报（用今天眼光，实际上是杂志）均是“为蜀中开风气而设”，“以通经致用为主”（《蜀学会章程》，载《蜀学报》第 1 期）。前者出报 16 期，后者出报 13 期，因戊戌政变而被迫结束，但的确在蜀中起到了“开风气”的作用。

与廖平、宋育仁同时，还有两位著名学者也主张维新变法，但将一生的主要精力放在对传统文化的研究上，都取得了很大的成就。这就是张森楷与傅增湘。

张森楷（1858—1928），号石卿，合州（今合川）人，他呕心沥血一生，从事史学研究，著述达27种，最主要的是《通史人表》及附录共352卷、《二十四史校勘记》337卷、《史记新校注》133卷、《合川县志》83卷。他是我国近代极有水平的史学家，用力之勤，罕出其右。他这些著作的手稿先后与盛昱、翁同龢、李慈铭、缪荃孙、王懿荣、康有为、俞樾、陆心源、丁丙、罗振玉、陈衍、刘师培、宋育仁等人切磋，深受嘉许。《二十四史校勘记》中除《宋史》以下诸史因未得善本，只是重校之外，其余各史都经过几次校勘。《史记新校注》则前后费时50年，据以校勘的各种版本20来种，参校版本30来种，引用文献200来种。遗憾的是，由于这几部巨著卷帙太大，虽经多方努力，他在世时绝大部分未能付梓，他的学术成果一直未能为广大研究者所知。几经辗转之后，他的《二十四史校勘记》书稿只有部分残存于南京图书馆，中华书局整理二十四史时曾据以参考。《史记新校注》一稿据说已流到台湾。《通史人表》稿已不知下落。只有《合川县志》于1922年刊行，得以流传至今。

傅增湘（1872—1949），字沅叔，号藏园，江安人，我国近代最著名的版本目录学家。他一生之中校书800余种、16300余卷，收藏宋、金刊本150余种、4600余卷，元刊本数十种、3700余卷，特别是1916年所得宋绍兴二年刊本《资治通鉴》和1928年所得宋淳熙十三年宫廷写本《洪范政鉴》，是海内争睹的珍中之珍，合称“双鉴”，名重一时。他一生中所见珍本之多、藏书之富、校勘之精，为近代学者所仅见。傅增湘也是一位著名教育家，从1905年开始，先后创办天津女子公学、高等女学、北洋女子师范，曾任京师女子师范学堂总理、直隶提学使，1917—1922年任内阁教育总长。五四运动中，他因反对镇压学生与拒签免蔡元培北大校长令，愤而辞职，悄然离京，隐居扬州。故而学生代表在向当局所提条件中有“挽留傅增湘、蔡元培”的要求。著名画家徐悲鸿、张善孖、张大千在成名之前，都曾受到他的大力支持与奖掖，当代版本目录学家如王重民、赵万里、谢国桢、吴丰培、陈乃乾等都是他门下弟子。傅增湘一生著述200余万言，有《双鉴楼善本书目》《双鉴楼藏书记》《藏园群书题记》《藏园群书经眼录》等，编成《宋代蜀文辑存》100卷，主编《绥远通志》稿本160卷。他还自费影印宋本《周易正义》，刻印《蜀贤遗书》（含宋本《方言》《王荆公诗注》等蜀人著作12种）、《双鉴楼丛书》（含《家世旧闻》等12种）、《宋代蜀文辑存》，传播四方，嘉惠学林。还值得一提的是，他临终前，将平生珍藏全部分赠北京图书馆与家乡四川省（后归川大图书馆）。在1959年编印的《北京图书馆善本书目》中，傅氏旧藏精品即有280余种之多。

辛亥前后，我国思想界还出现过两位狂飙式的人物，一位是自称“革命军中马前卒”的出生于重庆的青年革命家邹容（1885—1905），他在1903年写的宣传资产阶级革命，号召独立、自由，“劝动天下造反”的《革命军》，一年内再版20多次，印行100多万册，连孙中山先生也亲自参与刊印与散发，风靡全国，远播海外，鼓吹革命之功不可胜量。另一位是被称为“中国思想界的一个清道夫”的著名学者、出生于成都的吴虞（1872—1949），辛亥前后，他在成都写了一系列文章，发表于《新青年》等报刊，批判封建专制与礼教，在全国产生了很大影响，与陈独秀并列为“最有力的两位健将”，被称为“只手打倒孔家店的老英雄”（胡适：《吴虞文录序》）。邹容与吴虞的激进思想与作风标志着清代末期巴蜀大地的学术思想已经摆脱了传统的经学儒学的窠臼，走上了民主革命的新途。巴蜀大地的学术史，由此也翻开了新的篇章。

第六章　艺　文

任何一个民族、一个地区，都必然有自己的文学与艺术，愈是古代，这些文艺形式的地区性愈强、乡土味愈浓、生活气息愈深，对该民族、该地区整个文化特色的反映也愈鲜明。巴山蜀水，地灵人杰，我们的先民在文明史的进程中不仅在物质文明的创造中硕果累累，在精神文明的创造中也同样是繁花簇簇。左思《蜀都赋》谓之为“江汉炳灵，世载其英”。唐人魏颢在《李翰林集序》中说：“剑门上断，横江下绝，岷峨之曲，别为锦川。蜀之人无闻则已，闻则杰出。”几千年的文学艺术发展，名流竞秀，佳作纷呈，我们只选择几个最有特点的侧面加以论述，俾能从中品尝到巴蜀文化的若干正宗的“川味”。

第一节　尚待完全揭破的三星堆之谜

1986 年 7 月和 8 月，四川广汉三星堆发现并清理了两个古代的祭祀坑，出土了各种珍贵文物上千件，成为世界考古史上罕见的重大发现，被誉为“20 世纪世界考古的最重要发现”，“沉睡数千年，一醒惊天下”。这是因为，三星堆出土文物的极高的工艺水平、艺术价值、文化内涵都令人震惊，在它多项“中国第一”与“世界第一”的背后，为学术界提出了一个又一个难以解答的问题。

今天所称的三星堆，严格来说有广义和狭义之别。广义的三星堆是指位于四川广汉市城西约8公里的南兴镇三星村地区的一大片古文化遗址，面积在12平方公里左右，由于有三个土堆犹如星布，故当地早有三星堆之名。狭义的三星堆是指1986年发现的位于三星堆Ⅲ区的两个祭祀坑。

三星堆出土重要文物，始于1929年春天。当地农民燕道诚在住宅旁挖沟，准备车水灌田，在沟底发现了一坑玉石器，其中以玉器为主，总数近400件之多。这批文物从燕家陆续流到社会上，有的甚至转卖到国外。华西大学的中外学者得知这一消息后，于1933年冬天在三星堆进行了小型发掘，收获不小，主要是石器和陶器。中华人民共和国成立后，考古工作者于1958年和1963年在三星堆做过调查和发掘，但规模都不大。1961年，我到三星堆作考古实习，几乎每条探沟都有石器、陶片出土，至今印象犹深。1964年和1974年，当地农民在田地中劳动时，各发现玉石器一坑。1980年4月以后，四川考古工作者先后在三星堆进行了一定规模的正式发掘，出土各种文物几万件。经过这样长时期的工作，三星堆文化遗址的面貌已得到大致的了解。

三星堆遗址北临鸭子河（即古代的洛水），东、南、西三面都有人工夯筑的城墙，墙下有2.8米深的城壕。现在残存的城墙还有近2000米，最高处有7米，底部最宽处有40余米，顶部宽20余米。这种三面筑城、一面临水的结构（北边也应有城墙，当是被河水冲毁），很明显是一个古城，东西长1600—2100米，南北宽1400米，总面积约2.6平方公里。根据城内遗址中所发现的木炭所做的碳一14测定，文化遗址的年代大约在公元前2700—公元前900年，相当于中原地区的新石器时代晚期到西周初期，这与《华阳国志·蜀志》所说的“蜀之为国……历夏、商、周”，是一致的。文献材料得到了考古材料的证实，并由此可证《蜀王本纪》和《华阳国志》关于古代巴蜀的记载是大致可信的。

从三星堆遗址已经发现的文物，可以见到当年的社会生活情况：磨制的石斧、石磅、石凿，大量的陶器（包括工艺水平较高的薄胎陶器和有各种动物图案的装饰工艺陶器），表明当时已以农业为主；纺轮的发现，说明已知蚕桑，从事纺织；网坠的发现，说明也从事捕鱼；猪骨和鹿骨，说明已在饲养牲畜并仍从事狩猎；大量的房屋基址密布，说明早已不再穴居野处；大量的玉、石器与玉、石器加工作坊（其中有大量的原料、半成器、废器）的发现，大量陶制酒器的发现和冶铜用的泥范、熔渣的发现，说明当时已有脱离农业而独立存在的制玉器业、制石器业、酿酒业、冶铜业等手工业生产；大量海贝的存在，说明已经有了货币，有了商品交换。上述情况反映了当时的生产水平已经不低，加上出土了两个双手倒缚、双膝下跪的奴隶石雕像，所以可以肯定，当时已经进入了奴隶社会。

作为一个古城遗址，研究者大多认为这里可以肯定是古代蜀国的都城，而且很可能属于《蜀王本纪》和《华阳国志·蜀志》所记的鱼凫至杜宇王朝这一时期。这是因为：

1. 庞大的城墙遗址和面积达 100 乃至 200 平方米的房屋基址，是只有都城和宫殿、宗庙才可能有的。

2. 大量出土的玉制石制礼器如璧、圭、琮、璋、瑗、戈、剑、斧等，大量的酒器和工艺陶器，只能是统治阶级上层人物所使用的。出土的玉石器单是礼器就有 1000 多件，特别是全国仅见的直径达 70.5 厘米的特大玉璧和残长都有 167 厘米的特大玉璋，更是只可能被王室所使用。

3. 两个祭祀坑的规模都相当可观，每个祭祀坑中的玉石礼器达百余件，牺牲的动物骨渣在3立方米以上，还有大量的金器与青铜器，一个坑中的象牙就有60余枚（节）。这些都说明其祭祀规格之高，非王室不能有。

4. 出土的金杖上刻有头戴王冠的人像，这种金杖只能是君主的权杖。

5. 出土的陶器与青铜器中都有大量的鸟形图案，很多陶器的顶部都有鸟头，金杖上也有鱼和鸟的图案。这无数的鸟，形状相仿，极似鱼鹰，这完全可以与“鱼凫”即鱼鹰相印证。鱼凫王朝之后是杜宇王朝，杜宇即杜鹃，也是以鸟为名的。

根据从以上几个方面所进行的综合考察，我认为关于三星堆所在地应是古蜀国鱼凫至杜宇王朝的都城的看法，是可以相信的。

三星堆出土文物（这里主要是指两个祭祀坑中的文物）中最使人感到震惊的，是金器与青铜器。

三星堆出土的大型金器有四件，一件是金杖，是用纯金皮包卷而成（原有木芯，已碳化），长达142厘米，直径2.3厘米，重逾半公斤，上面刻有戴王冠人头像、鱼、鸟、树叶等图案。另三件是金面具，也是用金皮制成，与真人头部大小相仿，眉、眼、口部镂空，鼻梁突出，形象逼真而生动，有一件直接罩在青铜人头像之上。3000多年前就有如此大的金器，这不仅在全国属于首次发现，在全世界也罕见，完全出乎很多考古学家的意外。

三星堆出土青铜器有400多件，可分为三大类：人物、礼器、动植物。

各种表现人物形象的青铜器群是三星堆珍宝的主要部分，单是完整者就有82件。这其中有全身整体人像10件、头像40余件、面像20余件，共三大类。在二号祭祀坑中发现的一尊巨大全身整体铜像身高181厘米（包括帽高10厘米），加上脚下的底座，高达260厘米。这是目前全世界古代青铜人雕像中最高大的，也是现存的完整古代青铜人雕像中年代最古老的。青铜人头像的大小和一般人的头部大小相仿，但有各种不同的形态和装饰。青铜人面像最大的宽达138厘米，高达64.5厘米，造型手法十分夸张，是全世界最大的青铜人面像。

礼器，有尊、罍、方彝、小编钟等约20件。其中的龙虎尊、三羊三鸟尊、四牛四鸟尊、四牛八鸟尊等，造型优美，工艺水平很高，与中原和江西、湖南出土的商代青铜器精品不相上下。

青铜铸造的动物，多附着于其他器物之上，有龙、虎、蛇、鸟、牛、羊等，也有的是面具。青铜铸造的植物主要是三棵祭神的神树，两大一小，神树枝叶繁茂，树上有枝、叶、花、果，有各种飞禽走兽，有小铃，最高的一棵高达4米，是十分难得的艺术珍品。

上述这样一些巨型而精美的青铜器的制造，工艺是相当复杂的。根据仔细考察，当时的能工巧匠不仅采用了浑铸法（多范合铸），而且采用了先铸、后铸、嵌铸等分铸法，更重要的是还采用了铜焊、热补、铆接等先进技术。这些技术在中原地区的殷周铜器中，直到秦国的铜车马，才全面运用。此外，三星堆的青铜器的合金成分除了一般的铜、锡、铅之外，还含有磷，这在中原的殷周青铜器中是很少见到的。青铜器中含有微量的磷，可以提高青铜器的流动性、硬度、强度和弹性，这说明了三星堆出土青铜器的工艺水平之高。三星堆青铜器中含砷，这是特有的。所含的铅经仔细研究乃是含放射性的低比值铅，这种铅全国只有两处发现（另一处在江西）。以上两点说明了三星堆青铜器独特的地方特点。

三星堆出土文物，特别是大量的青铜器的造型艺术手法引起了艺术家们极大的关注。3000多年前的古蜀工匠创造的这一批高超的工艺品几乎每一件都有强烈的装饰功能，无论是浮雕、圆雕都经过了精心设计，具有充分的视觉效果与强烈的震撼力。有的青铜人像以写实为主，我们可以从精细的面部特征、发式、衣饰来区分他们不同的族属与阶层；有的则以传神为主，通过夸张变形的手法，如巨型人面像突出的立柱式眼球，撕裂般的拉长的口角，宽阔如面部的大耳，使人不能不产生一种深感怪诞与无比敬畏的效果。其他不少人像亦多以其分明的轮廓和局部的夸张来增强其质感的力度和艺术的感染力，既具体又抽象，既写实又浪漫，既有力又神秘，既有人的实感又有神的虚妄，再加上这些青铜像本身在祭祀或宗教活动中所富有的文化内涵，就更能表现出优秀艺术品的永恒的力量。

关于三星堆文化的研究正在展开，尽管投入研究的人数之多、学科之广、层次之丰、影响之大在四川当代学术史上都是空前的，但很多问题都还在讨论之中，有必要将几个最主要的争论之点做个简明的介绍：

1. 分期与断代。多数人认为三星堆文化应分为四期。最早的是新石器时代晚期，最晚的在周初，测定年代在距今4740—2875年左右，两个祭祀坑属于第三期的后段，时代在商代后期和商末周初。可是也有研究者认为年代应当下移，祭祀坑的年代是在西周后期或春秋中期。

2. 继承关系。三星堆文化在古代巴蜀是异峰突起，特别是青铜面具、立像和黄金器是前面不见源，后面不见流。有的研究者认为是考古材料不充分所致，有的研究者认为宝墩文化已有源的端绪，而流的不显是由于异族的替代所致。

3. 外来因素。三星堆文化有蜀地之外的外来因素，主要的外来因素从哪来？有的认为来自二里头文化，有的认为来自山东龙山文化，有的认为来自长江中下游，有的认为来自遥远的西亚近东。

4. 关于祭祀坑的性质。多数认为是祭祀坑，可也有的认为是墓坑，或认为是萨满文化的厌胜埋葬坑，或认为是窖藏坑，或认为是战争之后的毁物坑。

5. 族属。三星堆文化是早期蜀文化，这里的蜀人的族属或来源，多数认为是氐羌，也有的认为是濮、是巴，还有人认为是越。

其他问题还多，还有待于今后的研究。由于古代的巴蜀没有任何文献传世，由于三星堆文化中没有发现使用文字的痕迹（这样发达的文化却无文字，这本身又是一个谜），由于相关的考古材料不够充分，由于本身的独特之处太多，我认为，要将三星堆之谜完全破解，还需要一个较长的时期。

第二节　生生不息的民间歌舞

《荀子·正乐》说："乐者（按：指音乐），乐也（按：指快乐），人情之所必不免也，故人不可无乐。"巴蜀先民同所有古老民族一样自古就有极富乡土气息的歌舞，从"击石拊石，百兽率舞"（《书·皋陶谟》），到"操牛尾投足以歌"，诸如"遂草木""奋五谷""敬天常""达帝功"（《吕氏春秋·古乐》）都应是他们歌舞的内容，正如《诗·序》所说："言之不足，故嗟叹之；嗟叹之不足，故咏歌之；咏歌之不足，不知手之舞之，足之蹈之也。"只是由于古代巴蜀的语言文字与中原不同（关于这一原因，古人早已谈过，如《晋书·乐志上》在谈到早期巴地的“巴渝舞”时，就说“舞曲……总四章，其辞既古，莫能晓其句度”），由于古代没有记录音乐舞蹈作品的手段，故而流传到今天的资料极少，今天只能以“管中窥豹”的方式来了解古代的巴蜀歌舞。尽管如此，也能见到巴蜀歌舞之盛，见到巴蜀歌舞在中华民族艺术殿堂中的地位。

如果要追寻最早的材料，《山海经》中所记的“巫祝二人舞”“干舞”“璆冕舞”（《中山经》）、神鸟“是识歌舞”（《西山经》）等，都可能与巴蜀地区有关。《尚书·尧典》中所载最古的“典乐”的乐官是夔，他能作到“声依永，律和声，八声克谐”，《世本·作篇》也说“夔作乐”。《水经注·江水》卷三四秭归县下说：“县故归乡，《地理志》曰：归子国也。《乐纬》曰：昔归典叶声律。宋忠曰：归即夔乡矣。”按这种说法，尧舜之时的典乐官本出生于秭归，而秭归在古代本属巴地。这种记载虽是传说，但从一个侧面可以说明古代巴人音乐活动之盛，对外界影响之大。

现在我们能确切可知的古巴蜀歌舞的资料，在实物方面，是三星堆出土的乐器。1929 年在三星堆月亮湾玉石器窖藏中发现石磬一件，形如曲尺，音声清脆优美。2006 年在金沙遗址又发现了一件更大的石磬。石磬是我国最古老的打击乐器之一，也就是《尚书》中“击石拊石”的石。1986 年，在三星堆遗址生活区发现吹奏乐器陶埙，此外还发现铜铃数十枚。在三星堆，还出土了一批著名的青铜面具，则很可能是进行某种歌舞的道具或道具的仿制品。在图像方面，是成都百花潭中学出土的相当于战国早期的水陆攻战纹铜壶上的宴乐图，图中的乐队有二人击编磬五枚，二人击编钟四枚，一人击建鼓，四人吹奏笙、排箫之类乐器，还有四人佩剑持矛而舞（当即武舞）。在文献记载上，《华阳国志·蜀志》载：蜀王为挽留与哀悼美而艳的王妃，先作《东平之歌》，后作《臾邪歌》和《龙归之曲》。“龙归”，各本或作“陇归”“就归”。“东平”之意不明，“臾邪”更明显是音译。歌词不传。《太平御览》卷八八八引《蜀王本纪》又说蜀王“作伊鸣之声六曲”。“伊鸣之声”，也与“臾邪”相类，很可能这几首歌都是古蜀先民用当时的蜀方言唱的，后人只记录其名，这几个歌名也都是译音之后写成汉字的。

虽有上述明确可考的古巴蜀歌舞遗物或记载，今天也无法将当时歌舞加以复原，但这些歌舞并未中断，对后世有影响，则应当是无疑的。例如在三星堆和金沙发现了石磬实物，百花潭出土铜壶上有成组石磬图像，而在《山海经》中有六处关于出产“磬石”或音如“磬石”的记载，证明巴蜀地区具有制造石磬的优越条件。到了汉代，犍为郡又从水中发现“古磬十六枚”（见《汉书·礼乐志》）。直到清代，三台还在刻制成组石磬（三台县文管所有一组四枚实物收藏），广汉还在铸造成组铁磬（广汉市文管所有一组十四枚实物收藏）。这说明，编磬曾在巴蜀地区长期流传与使用。又如三星堆出土的青铜面具、黄金面罩到底有何功用，学术界尚有争论，但多数认为应与祭祀有关，是一种舞蹈的道具。在四川各地多次出土的汉代方相俑[①]，都是巨头、突眼、獠牙、长舌的狰狞形象，与三星堆的面具风格非常接近。汉代以后，川南的傩舞、彝族的面具舞等，也很有可能就是汉代方相舞的余绪。

古代巴蜀歌舞对后代影响最大的是巴渝舞，尽管对最初的巴渝舞的具体状况我们还无法明白。

---

① 详见余德章《四川汉代方相俑小考》，载《成都文物》1988 年 3 期。

《华阳国志·巴志》载：

> 阆中有渝水，賨民多居水左右。天性劲勇，初为汉前锋，陷阵，锐气喜舞。帝善之，曰："此武王伐纣之歌也。"乃令乐人习学之，今所谓"巴渝舞"也。

上述记载，又见于应劭《风俗通义》和《史记·司马相如列传》裴骃《集解》引郭璞说、《乐府诗集》《晋书·乐志》《通典》卷一四五等文献，应是可信的。据上述记载，舞曲分为四篇：矛渝、安弩、安台、行辞。渝水，即嘉陵江；賨人，是巴人的一支，因勇猛而善于用盾，故又称板楯蛮。所谓武王伐纣之歌，即指"武王伐纣，实得巴蜀之师，著乎《尚书》。巴师勇锐，歌舞以凌殷人，前徒倒戈，故世称之曰武王伐纣，前歌后舞也"（《华阳国志·巴志》）。既有歌，又有舞。舞是勇锐的武舞，歌就是著名的"下里巴人"之巴歌。《文选》载宋玉《对楚王问》："客有歌于郢中者，其始曰《下里巴人》，国中属而和之者数千人。"巴歌来自民间，流传广泛；巴舞勇锐激昂，故能深得汉高祖赞誉，纳入乐府，正式命名为"巴渝舞"，成为宫廷乐舞之一，而且还列名于宫中各种娱乐活动的第一位。《汉书·西域传·赞》就讲得很清楚，汉武帝时，天下殷富，财力有余，其娱乐之节目是"作巴俞（按，通渝）、都卢、海中、砀极、漫衍、鱼龙、角抵之戏以观视之"。又据《汉书·礼乐志》载，宫庙郊祭大典中共设鼓 12 个，鼓员 128 人，其中"巴俞鼓员三十六人"，位居第一，占总数的三分之一左右。自汉代以来，巴渝舞一直是宫廷乐舞，直到隋文帝时才被取消，但仍保留在京师的主要乐曲之中。《通典》卷一四六《清乐》载，"大唐武太后之时犹六十三曲"，第三位就是"巴渝"。

隋代以来，巴渝舞虽然不再是宫廷乐舞，可在巴蜀民间却继续流传，例如诗圣杜甫在夔州时就曾写道："万里巴渝曲，三年实饱闻。"（《暮春题瀼西新赁草屋五首》）这种让诗圣"饱闻"的"巴渝曲"，当然就是指的沿巴渝舞、《下里巴人》等古老民间歌舞延续到唐代的巴地民间歌舞的歌曲。这种民间歌舞在唐代又一次得以发扬，驰名远近，这就是著名的《竹枝》。今天所见到最早的一首《竹枝》是顾况在唐肃宗时所作，其中有"巴人夜唱竹枝后，肠断晓猿声渐稀"之句。而在这发扬过程中推波助澜、立其首功的，是著名诗人刘禹锡。他在他写的《竹枝词·序》中说：

> 四方之歌，异音而同乐。岁正月，余来建平，里中儿联歌《竹枝》，吹短笛，击鼓以赴节，歌者扬袂睢舞，以曲多为贤。聆其音，中黄钟之羽，卒章激讦如吴声，虽伧伫不可分，而含思宛转，有《淇奥》（按：《诗经》篇名）之艳音。昔屈原居沅、湘间，其民近神，词多鄙陋，乃为作《九歌》，到于今荆楚歌舞之。故余亦作《竹枝》九篇，俾善歌者扬之，附于末，后人聆《巴渝》，知变风之自焉。

刘禹锡在这里谈得很清楚：建平（今巫山）地区普遍唱《竹枝》，吹笛击鼓，是且歌且舞的形式，激越的风格，婉转的内涵，歌词则相当通俗，他认为《竹枝》就是《巴渝》的"变风"即流变与发展。《太平寰宇记》卷一三七记巴地情况，也说是"男女皆唱《竹枝歌》"。比刘禹锡早入蜀两年的大诗人白居易也在"巴童巫女竹枝歌"（《听竹枝赠李侍御》）的环境之中听《竹枝》，爱《竹枝》，还模仿写了四首《竹枝词》，其中一首把他自己的感情融了进去："江上谁人唱《竹枝》，前声断咽后声迟。怪来调苦缘词苦，多是通州司马诗。”

《竹枝》的演唱形式，是有歌有舞，有唱有和，而且很可能是手执竹枝而舞，以脚踏地为节，正因为如此，所以被称为“踏歌”“踏蹄”。例如刘禹锡有一首著名的竹枝词：

杨柳青青江水平，闻郎江上踏歌声。东边日出西边雨，道是无晴却有晴。

由于刘禹锡、白居易在川东地区居住时听《竹枝》，爱《竹枝》，然后仿照民间写《竹枝》，被称为竹枝词，流行四方，如杜牧就有诗云：“楚管能吹柳花怨，吴姬争唱竹枝歌。”（《刘秀才与池州妓别》）于是，竹枝词成为唐代诗歌中令人耳目一新的诗歌体裁与流派，仿作者日益增多。这种由诗人文士所创作的民歌体的《竹枝》，有人又称之为“文士竹枝词”。由于只有这些“文士竹枝词”得以在文集诗集中流传下来，所以我们所能了解到的历代竹枝词，就都是指的这些仿民歌体而又保持了民歌风格的文士竹枝词，而古代真正的民间竹枝词，今天已无法见到了。

自唐宋以来，竹枝词的创作久盛不衰，各地均有，故而有北京竹枝词、江南竹枝词等。但是，作为竹枝词的故乡，巴蜀地区的竹枝词创作一直都相当发达，唐、宋、元、明，代代有作品传世，尤以明清时期留下的作品为多。据统计，四川许多县市都有竹枝词流传下来，除成都最多之外，就数竹枝词的故乡三峡地区最多。不仅汉族地区有，少数民族地区如巴塘、德格、康定、小金、理县、峨边、雷波、越西、冕宁等县，也有汉族文人在当地写的竹枝词流传下来。所以，在巴蜀从古代到近代的文艺大观园中，竹枝词是一束别有风味、最接近于民歌的五色花草，而且一直保存着反映民风民俗的传统、清新的风格和七言四句的格式，千年不改。刘禹锡、白居易的竹枝词是文学名篇，早已脍炙人口。其他不少著名诗人也都在今川东地区写有竹枝词，如苏辙在忠州就写过一组《竹枝歌》，其中有这样两首：

扁舟日落驻平沙，茅屋竹篱三四家。连春并汲各无语，齐唱《竹枝》如有嗟。

俚人风俗非中原，处子不嫁如等闲。双鬓垂顶发已白，负水采薪长苦艰。

宋代著名诗人黄庭坚在今川东黔江，范成大在今川东奉节，也都写有《竹枝词》或《竹枝歌》。范成大有几首写得很不错，如：

赤甲白盐（按：赤甲和白盐都是三峡中的山名）碧丛丛，半山人家草木风。榴花满山红似火，荔子天凉未肯红。

白帝庙前无旧城，荒山野草古今情。只余峡口一堆石，恰似人心不肯平。

五代时期的川籍著名学者兼诗人孙光宪在他的《竹枝词》中保留了当时民间歌舞《竹枝》的形式，每句中都有群歌的随和之声，如：

乱绳千结（竹枝）绊人深（女儿），越罗万丈（竹枝）表长寻（女儿）。杨柳在身（竹枝）垂意绪（女儿），藕花落尽（竹枝）见莲心（女儿）。

这种随和之声，在民歌之中应当是每首《竹枝》都有的，只是文士竹枝词一般都未仿其体而记录下来而已。直到现代，四川一些民间音乐或曲艺中仍然保留了这种随和之声。

巴蜀地区竹枝词的创作，随着清代经济文化的逐步恢复而日渐增多，其繁荣的景象一直保持到民国时期，而且所反映的内容也日渐广泛，但其中心仍是描绘民风民俗、民间生活。例如描绘年节习俗、春游花会等内容的竹枝词，传世者就有近千首之多，其中不少习俗今天已不复存在，颇有古代风俗图的价值。例如清末新津人陈经所写的一首《春官说春》：

漫道春官也是官，双手捧着滥盘盘。而今宦味真情苦，墨染胡须纸作冠。

这就把当时农村中已不多见的“春官”送春的景象写得十分生动。

清嘉庆九年（1804），别号六对山人的杨燮刻印了一本《锦城竹枝词》，其中有一首是写为求雨并请都江堰放水而成都城中通城插柳之事：

天雨知时总不忙，都江堰远候栽秧。通城折柳供龙位，要水敲锣上宪堂。

类似上述描绘生活习俗的竹枝词，数量很多。这其中最值得重视的，是有不少着意反映当时社会中民生疾苦、世态百象的内容，完全可以当作社会史材料，当作留至今天的一幅幅观察当时社会中若干侧面的特写镜头，想来与唐代民间的《竹枝》的内容是相近的。关于这一点，一些竹枝词的作者曾经明确谈过他们的创作意图，例如清嘉庆年间，有一位署名为“定晋岩樵叟”的文士，在他刻印的《成都竹枝词》中的《再续竹枝词序》中就认为，竹枝词的特点应当是“俗中带雅，褒中寓刺”。民国初年，有一位叫王霜菊的女词人，在她的《霜菊诗集》中专门写了一组记述地方军阀在成都打巷战的竹枝词，她最后一首是这样写的：“刍荛试献《竹枝词》，遗笑方家且自知。奈属裙衩空抱憾，忧民忧国敢言诗。”在这类“忧民忧国”“褒中寓刺”的竹枝词中，有大量写贪官、写兵祸、写民怨的代穷苦百姓立言的佳作。例如上面提到的定晋岩樵叟所写的：

八月新收稻谷多，千仓万厢尽收罗。富家粮已三年积，无怪穷人受折磨。

清代后期，在四川某些地区不仅穷苦农家民不聊生，连一些原来的有身份人家也难以度日了。咸丰年间，曾任西充县训导的刘鸿典在《西充竹枝词》中写道：

纤纤女手不缝裳，刈草山头镇日忙。莫笑蓬头兼跣足，其中亦有秀才娘。

到了民国初年，这类直刺时弊的竹枝词就更多了。例如成都著名的竹枝词大家刘师亮所写的：

幸福人人说共和，共和偏著泪痕多。迭遭兵燹逢饥馑，无限苍生唤奈何。

全国都称革命军，谁真革命杳无闻。问他命革多和少，荒草斜阳乱葬坟。

自由幸福已亲尝，幸福如斯不可当。莫谓共和无好处，一年能上十年粮。

几多杂币纸银圆，吸尽脂膏是四川。军阀太肥民太瘦，大家空自说民权。

由于古代文献少记民间风情，故而唐宋以来有关巴蜀民间歌舞的材料大多是一些“铙鼓箫吹”之类的泛泛的记载，直到清末民初，有关记载才多起来，可知民间歌舞承往昔余绪，十分丰富而活跃。其主要的有：

山歌，无论山区平坝，农村中流行民歌小调多称为山歌，如栽秧歌、薅秧歌、薅草歌、闹年歌、车水歌、嫁歌、丧歌、晨歌、午歌、夜歌……可一人自唱，二人对唱（男女一问一答者最多，称为盘歌）、领唱、齐唱（多配以锣鼓），题材丰富，形式灵活。在郫县望丛祠，从清代后期以来每年端午还有大型赛歌会，远近州县高手竞逐于歌台之上，直到今天仍年年举行。各地山歌内容以情歌为主，如：

高高山上一树槐，手把栏杆望郎来。娘问女儿望啥子？我望槐花几时开。

出门一望不见郎，抱住衣裳哭一场。娘问女儿哭啥子？没得米汤浆衣裳。

太阳出来照山腰，约郎深山砍柴烧。爹妈骂我归迟了，我说难捆又难挑。

郎在外面学鸡叫，妹在屋头把手招。娘问我在做啥子，纳鞋累了伸懒腰。

号子，集体干重体力活时必须要唱（四川多称为“喊”，不称为“唱”）号子，有领有和，用以齐整步伐、掌握节奏、解除困乏、调节情绪，分船工号子、石工号子、抬工号子、伐木号子、打墙号子、夯工号子、竹麻（造纸作坊）号子、打麦号子等，大类下又分小类，如石工号子又分大锤（又叫开山）、撬石、抬石、梭石、安砌等号子。号子中音乐性最强、艺术感染力最深的是船工号子。川江航道，弯多滩险，船工下水推船，上水拉纤，船工少则数人，多则上百，但大多有一位专职的号工根据水流急缓与行船需要喊出不同腔调与节奏的号子，如开船时用莫约号子，平水用四平数板，进滩用懒大桡号子，闯滩用复桡号子或复桡数板，闯险滩用鸡啄米号子，拉上水用幺二三号子，拉平水用小斑鸠号子，拉急流用大斑鸠号子或抓抓号子……号子的内容有传统的段子，但更多的是各人发挥，水平高的“号子哥”可以根据日常生活、戏文评书、民间故事、河边景物等等编出喊出千变万化的号子。下面就是一段号子中的一小部分：

说江湖来道江湖，哪州哪县我不熟？买卖要数重庆府，买不出都卖得出。荣隆二昌出麻布，自流贡井把盐出，温江酱油保宁醋，丰都出的豆腐乳，长寿饼子灰面做，涪州露酒胜姑苏，大头菜出顺庆府，邻水界牌出包谷，万县赶船下夔府，臭盐碛摆的八阵图，船过巫山没得路，半岩现出风箱炉……

在过去的川江船上，号子是全船的灵魂。全川的船工号子又以川江号子与嘉陵江号子最为有名。当轮船取代了拉纤划桡的木船之后，江中不再闻号子，但船工号子仍在舞台上大放异彩，多次出国表演，在很多国家引起轰动。

花灯，是历代相沿的保留在民间的最古老的小歌舞。一直到近代还在演出的最有名的花灯是川东的秀山花灯和川北的剑阁花灯。花灯演出一般都是农村中年节（主要是春节）时自愿组合，走村串寨，一男称为灯哥，一女称为花妹（也由男扮，近年才有女扮）表演歌舞，几人演奏乐器，所有观众均可跟着“掌调师”唱和，十分热闹。秀山花灯演出时真的有两盏五颜六色的“吊吊灯”，一名金花，一名银花，行进时用于开道，演出时用以照明，是名副其实的“花灯”。各地花灯的唱腔、唱词各有不同。从“灯是灯，灯由何处起，灯由何处生？唐王设下花灯会，年年月月闹花灯；花灯三千六万盏，只留两盏到如今”的花灯调中，可知这种民间歌舞真的是源远流长。

第三节　汉代文章冠天下

《汉书·地理志下》对汉代巴蜀的文学创作做过很精当的评价：“文章冠天下。”

战国末年，秦并巴蜀，都江堰水利工程的完成与成都、郫县、临邛三城的兴建等一系列措施促进了经济的发展，以秦人南移与楚人西迁为主的大量移民的进入和巴蜀内外文化交流的频繁又为经济文化的发展注入了新的活力，汉初文翁兴学，更是大大加速了文化的发展。就以文学创作而论，中原的大量典籍与文风的宏伟深沉，楚蜀的多年积累与文风的夸张瑰丽都成为巴蜀文士继承借鉴之源。在这样的土壤与气候之中，巴蜀作家在汉代的文坛上大展身手，标领风骚，文章冠天下。

汉代文学的代表是汉赋，现存汉赋（包括残篇）只有 70 余篇，巴蜀作品即有 25 篇，占总数三分之一以上。汉赋代表作家有四位，号称四大家之首的是司马相如与扬雄，早在《文心雕龙》中就被并称为“扬马”。扬马不仅是汉代文坛代表，也是我国文学史上身世清楚、一生以创作为主要事业、其作品又有专集行世的最早的两位大作家。

司马相如（前 170—前 117），字长卿，成都人，原名“犬子”。他自幼好学，并勤学剑术。随着学识日增，阅历日广，他十分崇敬战国名臣蔺相如临危赴难、为国增辉的英雄业绩，崇敬蔺相如心怀大局、安定国家的高尚品格。为了终生仰慕并学习蔺相如，遂更名为“相如”。

司马相如初入仕途，是到首都长安，被汉景帝授予武骑常侍之职。此时，梁孝王刘武来到长安，喜延揽文才。京中一批著名的文学家如邹阳、枚乘、严忌等都成了他的座上客，颇受礼遇。司马相如为了能施展自己在文学创作上的抱负，遂托名有病，辞去官职，与邹阳等人日日切磋辞赋创作。梁孝王离开长安，他也和邹阳、枚乘等一道随之去了梁国（今河南商丘市南），开始了他一生的文学创作生涯。在梁国，他写出了他的成名之作《子虚赋》。

梁孝王死后，司马相如回到成都，因无官无业，家贫难以自活，遂接受了过去的老朋友、现在的临邛（今邛崃市）县令王吉的邀请来到临邛。临邛在西汉相当繁盛，是当时蜀中三大城市之一，以产盐铁而闻名远近。一天，他应约赴临邛富商卓王孙的家宴。卓王孙女卓文君寡居父家，她爱慕司马相如雍容闲雅、风流倜傥，遂逃出家门，夜奔相如，结为夫妻，并立即逃往成都。可是衣食无着，不得已又回到临邛，司马相如将车骑全部卖掉，开了一家酒店，“文君当垆，相如涤器”，粗衣淡食，但却乐在其中，研讨文学，从事创作，成为千古佳话。

这时，汉景帝已经去世，汉武帝继位，对《子虚赋》大为赞赏，感叹“朕独不得与此人同时哉!”武帝身边的杨得意乃向武帝介绍：“臣邑人司马相如自言为此赋。”武帝大喜，立即召见司马相如。司马相如只得辞别文君，应召来到长安。此时，由于汉武帝重视文化，选贤良，设乐府，立学校，置五经博士，各地著名文士如严助、朱买臣、吾丘寿王、主父偃、东方朔等都云集于此。司马相如得以与他们交流作品，切磋文艺，还可以饱览石渠、石室、延阁、广内、麒麟、天禄等国家图书馆的丰富藏书，因而技艺日精，创作益丰。在向汉武帝详细介绍了自己的《子虚赋》后，很快又写出了《子虚赋》的续篇《上林赋》。这两篇大赋用铺张的手法，描绘并渲染了皇家的苑囿之盛，畋猎之乐，也描绘了山川的壮丽，物产的丰饶。结构宏大，辞藻华丽，排比对偶，极尽铺陈夸张之能事，是我国大赋的代表性作品。

司马相如以超群的才华得到了汉武帝的信任，被任命为郎（西汉时帝王侍从官员的统称）。这时，奉武帝之命开辟西南夷道路的唐蒙因政策失误引起“巴蜀民大惊恐”。武帝便命司马相如为特使速发巴蜀，设法抚喻，并纠正唐蒙的过失。于是司马相如立即入蜀。他写成《喻巴蜀檄》的专文，晓谕各地，讲明朝廷开通西南夷地区是为了解决“道里辽远，山川阻深”的困难，唐蒙“发军兴制，惊惧子弟，忧患长老”等等做法，“皆非陛下之意”，希望各地安定毋恐。同时司马相如对西南夷地区的情况做了调查，然后回京向汉武帝作了汇报。他认为，西南夷是很愿意同内地和睦相处、加强联系的，道路也不难打通。如果纠正了唐蒙所采取的“蜀民及汉用事者多言其不便”的错误政策，“为置郡县”，一视同仁，西南夷的问题是完全可以顺利解决的。汉武帝欣然同意司马相如的看法，命他以中郎将之职作为朝廷的全权代表前往成都，处理有关西南夷的事务。据《华阳国志·蜀志》记载，当年司马相如辞别文君赴京之时，文君送别于北郊的升仙桥，桥头有送客观，相如曾指着升仙桥在观门上题字：“不乘赤车驷马，不过汝下。”如今，司马相如果然手持皇上符节，乘着高车驷马荣返成都，“蜀太守以下郊迎，县令负弩矢先驱，蜀人以为宠。于是卓王孙、临邛诸公皆因门下献牛酒以交欢。卓王孙喟然而叹，自以得使女尚司马长卿晚，而厚分与其女财，与男等同”（《史记·司马相如列传》）。升仙桥亦被人们改称驷马桥，这个地名至今仍在使用。

司马相如在现今四川西部、南部广大的少数民族地区，与当时的邛、筰、冉駹、斯榆等西南少数民族进行了广泛的交往，排除关隘，开辟道路，设置郡县，使西汉中央与边区的友好关系一直发展到牂柯（今贵州中部）、邛都（今四川凉山彝族自治州）等地。“还报天子，天子大悦。”为了消除蜀地一些人对开通西南夷地区的疑虑，他又写了一篇著名的《难蜀父老》的长文，反复宣传西汉王室的“偃甲兵”“息诛伐”“垂仁义”的宗旨，取得了很好的效果。应当说，在司马相如的一生中，他在致力于边区少数民族与中原地区的和睦相处，并加强双方经济文化交流方面取得的业绩，意义重大，影响深远，其价值并不亚于他著名的文学创作。

司马相如晚年住在长安茂陵，“称病闲居，不慕官爵”，只担任着“孝文园令”的闲官。可是，他一直关心着国家的强盛。针对汉武帝迷恋狩猎与幻想成仙，他写了意在讽谏的《谏狩猎疏》与《大人赋》；针对汉武帝晚年的若干失误，又写了劝其吸取秦代二世而亡的深刻教训的《哀二世》一文。直到患糖尿病去世之前，还写了一篇《封禅文》，希望汉王室能够“彰至尊，舒盛德，发号荣，受厚福，以浸黎民”。

据《西京杂记》卷二载，司马相如对他自己的创作方法作过这样的总结：“合纂组以成文，列锦绣而为质，一经一纬，一宫一商，此赋之迹也。赋家之心，包括宇宙，总览人物，斯乃得之于内，不可得而传。”

司马相如的文学创作得到历代的高度评价，对后世产生过很大的影响，班固称为“弘丽温雅”，王世贞称长卿之赋，“材极富，辞极丽，而运笔极古雅，精神极流动，意极高，所以不可及也”（《艺苑卮言》卷二）。鲁迅评价为“不师故辙，自摅妙才，广博闳丽，卓绝汉代……其为历代评骘家所倾倒，可谓至矣”①。特别是他以自己的创作成就，影响与带动了蜀中文学创作的繁荣，正如班固所说：巴蜀地区“及相如游宦京师诸侯，以文辞显于世，乡党慕循其迹，后有王褒、严遵、扬雄之徒文章冠天下”（《汉书·地理志》）。巴蜀人民为了怀念这位杰出的文才，又为了称颂他与卓文君对爱情的追求，一直在以各种形式纪念他。直到今天，在成都北郊，有相传他当年告别文君、挥笔桥头的“驷马桥”。在邛州，有相传是相如弹琴之地的“琴台”和文君汲水酿酒的“文君井”，而且，修建了占地十余亩的园林。值得一提的是，在成都西郊三洞桥附近，有一个高 15 米、直径 80 多米的大土丘，成都人历来称之为“抚琴台”，认为是司马相如当年在成都弹琴之所，当作司马相如的遗迹加以纪念。直到 1940 年，为躲避日本飞机的轰炸，在此挖掘防空洞，发现是一处古墓，方知这就是

---

① 鲁迅：《汉文学史纲要》，《鲁迅全集》第九卷，人民文学出版社 1981 年版，第 418 页。

五代时期前蜀皇帝王建的陵墓“永陵”，现在已成为我国的重点文物保护单位。这是巴蜀文化史上一个有趣的误解，但这一误解却清楚地表明：文学家司马相如较之皇帝王建在人们心中的地位要高得多。当地居民长期用“抚琴”而非“永陵”命名所居之地，直到如今，在一环路侧的新建住宅区，仍叫抚琴小区。

据《元和郡县志》卷三一载，今都江堰市“东十二里”有司马相如墓，但久已不存，无从稽考。

扬雄（前53—18），字子云，郫邑（今郫县）人，自幼口吃，不善言语，然而却喜欢读书与思考，《汉书·扬雄传》称他“博览无所不见”，“默而好深沉之思”，“不汲汲于富贵，不戚戚于贫贱”，“自有大度，非圣哲之书不好也；非其意，虽富贵不事也。顾尝好辞赋”。自小就打下了从事文学创作与哲学研究的坚实基础。自司马相如以辞赋名天下以后，蜀中辞赋之风颇盛，扬雄也深受影响，“每作赋，常拟之以为式”。他又敬慕屈原的为人，悲悯屈原的投江，特地仿《离骚》之体，反《离骚》之意，写《反离骚》，“自岷山投诸江流以吊屈原”。在蜀中时，还写了《蜀都赋》《逐贫赋》等著名辞赋。

40余岁时，扬雄来到长安，希望能一展抱负。不久，他因“文似相如”而被王音、杨庄等人荐给汉成帝，待诏宫廷。于是，他连续为汉成帝写了《甘泉赋》《河东赋》《校猎赋》《长杨赋》四大赋，在这些作品中，他学习司马相如，用铺陈夸饰的手法，华丽雕砌的辞藻，一方面对汉成帝的“英华沉浮，洋溢八区，普天所覆，莫不沾濡”的功业尽力歌颂；另一方面，又以讽喻的手法对汉成帝穷奢极欲的作风进行了规劝。从风格上看，他学司马相如又不全同于司马，司马是以铺陈恣肆为特点，扬雄的四大赋则加入隐约婉转之风，是辞赋创作中蕴藉派的开始。

在写了若干辞赋之后，扬雄逐渐感到自己这些辞赋的结果是毫无讽劝作用，“赋劝而不止，明矣”（《汉书·扬雄传》）。他下决心，“雕虫小技，壮夫不为”，不再作赋，转而研究哲学，少问政事，虽然长期不升官也安之若素。对于旁人的嘲笑与疑问，只作了《解嘲》与《解难》两篇文章予以回答，表明自己“位极者宗危，自守者身全”的处世之道。对于扬雄这种从尽力作赋到反对作赋的重要变化，茅盾在《夜读偶记》中曾誉之为“比韩愈早了八百年揭起反对文学骈丽化的旗帜的第一人”。

扬雄潜心学术之后，发愤著书，写成了几部重要著作，即：仿《论语》而写的政论性著作《法言》、仿《周易》而写的哲学著作《太玄》、仿《仓颉篇》而写的文字学著作《训纂篇》、仿《虞箴》而写的政论性韵文《州箴》、仿《尔雅》而写的语言学著作《方言》。这些著作都流传至今，是我们研究古代文化史的宝贵资料。这几部著作中，最有特点的是《方言》，其全称是《辅轩使者绝代语释别国方言》。这部书是扬雄继承老师林闾翁儒（林闾是复姓）生前的遗愿，利用全国各地的人汇聚首都的有利条件，进行了长时间的访问、积累、整理而成的方言学专著，其中记录了西汉时期全国各地的方言材料和古今不同的词汇材料，也记录了各地相同的民族共同语“通语”。它不仅是我国第一部，也是全世界第一部方言学专著，对于语言学的研究有着极重要的价值。例如，巴蜀地区古代语言的情况，今天主要的材料就只有《方言》。我们从《方言》中可以知道：汉代的四川，称“肥”为“ráng”，称“裂”为“pīe”，这与今天四川方言基本一致。如果有功夫对扬雄当年搜集的方言资料继续加以研究，一定会得到若干有趣的结果。

王莽篡权之后，诛杀甄丰父子，放逐刘棻。因刘棻曾向扬雄学习过古文奇字，有一些来往，于是就株连到扬雄。当时扬雄还在天禄阁中校勘古籍，司法官员前来抓他，他拒不受辱，乃从天禄阁上跳下，以自杀相抗议。可是，扬雄并未摔死，被救得治。后来，王莽宣布免去加在扬雄身上的罪名，又给予了大夫的官职。但扬雄仍过着“家素贫”，“人稀至其门”的生活，只有不多的学生来向他学习《太玄》与《法言》。公元 18 年，他病逝于长安。

扬雄在世时，他的学识并未受到时人的重视，刘歆甚至说他钻研学术是“空自苦”，挖苦他的著作“恐后人用覆酱瓿也”（《汉书·扬雄传》）。可是，有眼力的哲学家桓谭却称他为“圣人”，为“西道孔子”，认为他“才智开通，能入圣道，卓绝于众，汉兴以来未有此人也”，断言“数百年，其书必传”（见桓谭：《新论》中《求辅》《启寤》《闵友》诸篇。严可均：《全汉文》本）。果然，扬雄去世后 40 余年，“《法言》大行”了。对于这位杰出学者与文学家，家乡的人们一直在纪念他，川西地区，长期有多处关于他的纪念地：相传他洗砚、洗笔之地的成都洗墨池以及在此地修建的墨池书院，郫县的扬雄墓，还有五处子云亭。

扬雄墓建在他出生之地郫县，至今犹保存在郫县友爱镇子云村，当地称为“子云坟”。不过，据《汉书》记载，他是死于长安，并由他的学生侯芭葬于长安的。所以，这座扬雄墓的真实性还有待考证。

洗墨池旧址在今成都青龙街原十三中学校园内，相传这里就是扬雄在成都的旧宅“东园”。唐代著名诗人岑参在成都凭吊古迹时，还专门写过《扬雄草玄台》一诗。北宋时，这里曾有过一组纪念建筑，即：墨池、准易堂、解嘲亭、吐凤轩等。宋末元初，毁于兵火。元代开始在这里修建书院。明万历年间，范涞入主川政，乃疏浚洗墨池，重建子云亭。清道光年间，聂铣敏任四川学政，又在洗墨池侧修建了颇具规模的墨池书院，培养全川的学子，并将洗墨池拓宽为有数亩水面的小湖。一百多年过去了，洗墨池早已淤塞不存，书院也变成了中学，但“墨池”的芳名，仍然在蜀中文教界享有盛誉。

子云亭原有五处，成都洗墨池、犍为城南子云山、五通桥磨子场、郫县扬雄墓侧、绵阳西山。保存至今的只有绵阳一处，与著名石刻玉女泉为邻。

汉代巴蜀著名文学家除扬雄之外，还有王褒。

王褒，字子渊，资中（今资阳）人，生卒年不详，主要活动在汉宣帝时期。王褒少有文才，通音律，被益州刺史王襄荐于汉宣帝，所著散文《圣主得贤臣颂》《四子讲德论》和辞赋《九怀》等，在当时是极受称赞的名篇，被左思在《蜀都赋》中誉为“王褒韡烨而秀发”。不过，王褒的著作对后世影响最大的却是两个短篇，一篇是汉代第一篇咏物小赋《洞箫赋》，音调和谐，描写细致，形象鲜明，风格清新，故而《文心雕龙·诠赋》称“子渊《洞箫》，穷变于声貌”。自此之后，咏物赋不断增多，成为辞赋中别具特色的品种。另一篇是散文《僮约》，描写的是奴仆，文章别具一格，相当生动，对了解汉代社会生活具有很高的史料价值，例如我国最早关于烹茶与买茶的记载，就见于《僮约》。

谈到汉代文章，除了几位著名作家之外，不能忘记并不以作家知名的两位人物所写的佳作，这就是蜀汉丞相诸葛亮的《出师表》和蜀汉郎官李密的《陈情表》。

《出师表》是诸葛亮在刘备病死之后出师北伐之前向后主上的表章，阐述必须北伐和如何北伐的方略。文章写于成都，原无篇名，只保留在《三国志·诸葛亮传》中，萧统编《文选》时加上了《出师表》的篇名。这篇散文精练朴实，逻辑缜密，有骈有散，有情有理，披肝沥胆，情真意切，大诗人陆游在《书愤》中说：“《出师》一表真名世，千载谁堪伯仲间。”千百年后读此文仍会被一片赤诚所动，真是感人至深，催人泪下。“受任于败军之际，奉命于危难之间”等名句被后人反复引用，直至如今。

李密（224—287），字令伯，武阳（今彭山）人，蜀汉时任过郎官。西晋统一后，朝廷召他到朝中任官，他因祖母年高，无人奉养，不愿应召赴京，遂上疏朝廷，剖明心迹，希望能得到理解，免遭获罪的后果。文章原无名称，《陈情表》这个篇名也是萧统编《文选》时加上去的。这篇文章是很难写的，在古代“忠孝不能两全”时，都是先尽忠而后尽孝，否则就有欺君之嫌。李密从自己的特殊身世与处境入笔，让人惊异，让人同情，让人理解，让人支持。文章行文精美，逻辑严密，肺腑洞见，十分煽情。文中的“茕茕孑立，形影相吊”；“日薄西山，气息奄奄，人命危浅，朝不虑夕”等名句脍炙人口，流传千载。

不少先辈都如此教导后辈：“读《出师表》不流泪者谓之不忠，读《陈情表》不流泪者谓之不孝。”因为这种出于至诚而又极为优美的文章确实难得。“两表”是巴蜀文苑两千年来写得最好的两篇散文，是汉晋散文并峙的双峰。

第四节　独绝一时的汉代造型艺术

我国古代的绘画雕塑艺术起源很早，真可谓源远流长。彩陶上的绘画，已经趋于成熟；商代铜器与玉器的雕塑，则已达到相当高的水平。不过，在整个先秦时期，除了战国时几件铜器（如河南辉县赵固镇出土的宴乐射猎纹铜鉴、汲县山彪镇出土的水陆攻战纹铜鉴、四川成都百花潭中学出土的水陆攻战纹铜壶，以及故宫博物院所藏的桑猎宴乐纹铜壶）之外，无论是铜器、玉器、漆器上以各种艺术形式所反映的内容都十分狭窄，大多是一种装饰。长沙楚墓中先后出土了两幅战国时期的帛画（这也是已见到的最早的绘画作品），也都是祭祀或神话的内容。我国古代艺术作品题材大范围扩展、全面反映社会生活的时期是在汉代，这也是汉代经济文化高度繁荣的必然结果。只是由于很多艺术作品（如著名的汉武帝时的鲁灵光殿大型壁画）无法保存下来，所以我们所能见到的汉代绘画作品不多，如著名的马王堆汉墓帛画，以及江苏邗江汉墓出土的两幅木板彩画。在汉墓中发现过一些壁画，又往往不够完好，或有所损污。所以我们今天所能见到的汉代艺术，最主要的就是既不生锈，又不易蚀坏的石刻与陶塑造型艺术，这其中主要的就是中外闻名的汉代画像石与画像砖。巴蜀地区的画像石，是我国汉代画像石的三大中心之一。汉代的画像砖，则基本上都是出自巴蜀地区，又特别以成都地区为多。以至学术界在谈到画像砖时，几乎就是四川出土汉代画像砖的简称。

在汉代经济繁荣的刺激下，出现了一股厚葬之风，凡有一定经济条件的人家，几乎家家厚葬。“以为死人有知，与生人无以异”（《论衡·薄葬》）；“今生不能致其爱敬，死以奢侈相高。虽无哀戚之心，而厚葬重币者则称以为孝，显名立于世，光荣著于俗。故黎民相慕效，至于发屋卖业”（《盐铁论·散不足》）。这种情况在当时经济发展居于全国前列的巴蜀地区特别突出，“工商致结驷连骑，豪族服王侯美衣，聚嫁设太牢之厨膳，归女有百两之从车，送葬必高坟瓦椁，祭奠而羊豕夕牲，赠禭兼加，赗赙过礼（按：赠禭、赗赙，都是指的以财物赠助治丧）”（《华阳国志·蜀志》）。正是这种厚葬之风中，巴蜀地区的汉墓之中才会有大量的画像石和画像砖出土。

巴蜀地区的汉代画像石主要保存在崖墓之中，包括崖墓的墓门、墓壁、墓内斗拱等建筑、墓内的石棺和石函。巴蜀地区的崖墓数量很大，又以岷江、涪江、沱江、嘉陵江以及长江两岸为多，据初步统计，单是岷江流域就有 15000 多座，其中乐山市周围就有上万座，还有的崖墓正在陆续被发现、被清理，所以画像石也正在被陆续发现之中。也有少数画像石是在砖室墓的墓门或墓壁上。

巴蜀地区画像石上的雕刻多是浅浮雕，也有少数的深浮雕和线刻，手法多变而细腻精美，具有很高的艺术水平，在中国美术史上占有很重要的地位。

巴蜀画像石的最突出特点和最重要的价值在于它的题材多样，内容丰富，广泛地反映了汉代巴蜀地区的社会生活。仅从已收入《四川汉代画像石》（高文编，巴蜀书社 1987 年出版）一书的 163 幅画像石作品来看，就可以分为六大类：

1. 反映物质生活的，如农作、纺织、运输、狩猎、车马出行、酿造、垂钓、聚会、谒见、武库、庖厨、饮宴、屠宰，以及各种建筑物；

2. 反映文化生活的，如讲经、乐舞、六博、百戏杂要等；

3. 神话故事，如伏羲、女娲、西王母、羽人、三脚鸟、比翼鸟、九尾狐、玉兔捣药、牛郎织女等；

4. 历史人物，如荆轲刺秦王、孔子问礼、完璧归赵、秋胡戏妻等；

5. 自然景物，如日、月、星、云、树、龙、虎、猿、家禽、家畜、鱼、鸟，还有传说中的凤凰、麒麟等；

6. 各种图案花纹。

在巴蜀的汉代画像石中，上述的墓室中所发现的，都是平面的浮雕线刻。此外还有一个重要门类，就是在全国独具特色、名闻中外的立体雕刻——汉阙。

“阙，门观也。”（《说文》）《释名·释宫室》：“阙，在门两旁，中央阙然为道也。”就是古代建筑物大门外分列左右的表示威仪等第的建筑，起源较早，但汉代建阙之风最盛，无论宫门、城门、祠庙门、官衙门、邸宅门、陵墓园门等等，外面都按一定的等级建阙。正如《白虎通》卷一二《杂录》所说：“门必有阙者，所以饰门，别尊卑也。”长安城未央宫前有东阙、北阙，建章宫前有凤阙、圆阙。汉阙中本来还有砖阙、木阙，但都不能保存下来。我国保存下来的阙最早的都是汉代的，而且都是祠阙和墓阙。从质地来看，都是石阙，因为只有石阙能够保存下来。石阙都是用雕琢之后的块石砌成，从整体看就是一座大的石雕。所以，石阙不仅在艺术史上有很高的价值，而且在建筑史上有更高的价值。这是因为，我国古代的地面的房屋建筑，原物保存至今的，最早的就只有汉代的石阙（此外，只有一处山东长清县的孝堂山石祠），当然是价值无比了。汉代的完整石阙，全国有25座（另有残阙8座），巴蜀地区就有16座（另有残阙5座），渠县一县即有6座。全国有墓有阙的汉代墓阙也仅有雅安的高颐墓阙一处。所以，巴蜀地区汉阙在我国的考古史、建筑史、艺术史上的价值，也就可想而知了。

巴蜀地区的汉阙，不仅数量多，而且时代早，工艺精。梓潼的李业阙建于东汉建武七年至十三年间（31—37），是已知年代的各阙中年代最早的。说工艺精，包括整体的建筑工艺和表面的雕刻工艺。一座汉阙，就是一座汉代建筑的缩影，台基、阙身、顶盖俱全。特别是顶盖部分，枋、檐、盖十分精细，阙上的斗拱和飞檐则是我国这种古建筑中特有结构的最早实物标本。作为全国重点文物保护单位的雅安高颐阙，渠县冯焕阙、沈府君阙，绵阳平阳府君阙这四大精品，都有十分优美的深浮雕，人物禽兽，栩栩如生。仅是高颐阙上现在尚可辨识的雕刻就有人物63种、禽兽38种、花木器物20余种。

画像砖是与画像石并列齐辉的汉代艺术珍品，但无论从品种、数量、反映社会生活面的广狭、在全国同类艺术品中所占的地位等几个方面来看，巴蜀地区的汉代画像砖都超过了画像石。画像砖的著录与研究是清末才开始的（目前已知最早的发现是在光绪三年），一百年来，画像砖的艺术价值与学术价值早已名闻中外。

画像砖是汉代（目前已发现者均为东汉）嵌在墓壁上作为装饰的工艺砖，大多是长方形或近于正方的长方形，少数是长条形。一个墓中，少的只有几方，最多的已见有54方者。砖上用模印法压成各种图形，烧制之后再施彩绘（出土时彩绘大多剥落）。画面中有的是各种几何花纹，有的是反映社会生活的各种图像。此外，还有一些纪年砖或文字砖。纪年砖只刻年号年份，如“建武十九年”“永平十八年造”之类。文字砖则有各种吉祥文字，如“富贵乐昌未央”。最长者有24字：“富贵昌，宜宫堂；意气阳，宜弟兄；长相思，毋相忘；爵禄尊，寿万年。”以上各种汉代画像砖中，以几何纹砖（四川一般称为花砖）为最多，估计已出土上万块。最珍贵的当然是各种人物和动物画像的砖，绝大多数都是新中国成立以后在川西平原出土的，不同题材的画像已经超过100余种。

画像砖的表现手法，少数是线条，多数是浅浮雕。浮雕的技艺很高，构图和谐，形象逼真，轮廓分明，线条流畅，有很高的艺术造诣，不仅在我国，就是在世界艺术史上，也占着很重要的地位。

画像砖所反映的汉代社会生活，远比画像石的内容丰富，同一大类的题材，也比画像石的画面更为细致和具体。除了简单的龙、虎、凤、鹿、鱼、鸟、朱雀、玄武之外，可以分为以下几类：

1. 反映官场生活的，如官署考绩、府门击鼓、迎谒、习射、骑吹、伍伯前驱、骑吏、导车、斧车、轺车卫从、轺车骖驾等；

2. 反映农业生产的，如水田、水塘、采莲、大江行筏、播种、薅秧、收割、弋射、驱雀、粮仓、舂米、桑园、采芋、采桐、园禽等；

3. 反映手工业生产的，如井盐、酿酒、酒肆等；

4. 反映城市与道路风貌的，如门阙、甲第、市井、车马出行、亭吏、传舍等；

5. 反映民族文化交流的，如骆驼建鼓、胡人骑行、胡人杂耍等，在其他画像砖中也屡次见到少数民族装束的人物；

6. 反映上层社会生活的，如庭院、宴饮乐舞、六博、戏鹿、戏虎、收租、武库、庖厨、养老、鞲鹰、赈赡穷乏、传经讲学、舞乐百戏等；

7. 反映神话题材的，如西王母、伏羲、女娲、羽人、日月神、星辰龙车、采仙药、仙人六博、仙人渡海、仙人骑鹿等。

从以上不完全的介绍中已经可以看出，巴蜀地区的汉代画像砖所反映的汉代社会生活十分广泛，十分珍贵，完全可以视为汉代社会的一部摄影图册，是研究汉代的极为重要的资料。我们仅举三例。

井盐生产画像砖，在成都市郊和郫县等地已发现了好几方，十分清晰而生动地为我们展现了汉代的巴蜀十分普遍的井盐生产的具体情况。盐井位于山区或丘陵区，井上有井架，架上安置辘轳，用人力提卤，卤水由枧道引流，直到盐灶。一灶数锅，用柴薪煮盐。这说明，当时天然气尚未普遍使用。今天要了解汉代井盐生产的情况，画像砖提供了最真实的材料。

我国从何时开始用蒸馏法酿酒，这在学术界是一个分歧很大的问题。传统的说法认为决不能早于宋代，新的说法认为汉代已经开始。目前新说的根据主要有二，一是上海博物馆收藏的一件小型蒸馏器，第二就是四川彭州和新都各出土的一方酿酒画像砖，画面大同小异，在作坊中，是一个大的酿缸，旁边是三个酒坛，在酒坛上面各有一根好似导管的东西。所以，有的研究者就认为这是蒸馏制酒的真实记录。

在我国古代的艺术作品中反映性爱的作品是不多的，可是在近年出土的画像砖中，竟发现了一批十分形象甚至夸张的男女性交图（据我所知已有五方，两方出于新都，两方出于彭州，一方出土地未详）。有的研究者定名为高禖图或野合图，我以为不确，因为画面并非都在郊外（《吕氏春秋·仲春纪》："以太牢祀于高禖"，高诱《注》："周礼禖氏，以仲春之月合男女于时也，奔则不禁。因祭其神于郊，谓之郊禖，郊音与高相近，故或言高禖。"），有的画面是在帷幔之中的室内，所以暂时称为秘戏图为妥。由于种种原因，这批在我国美术史上最早描绘这类题材的重要材料长期未曾公布，也未研究。一直到1995年才由《四川文物》首次公布了两方郊外野合的画像砖，其实这是研究汉代社会生活重要的资料。在非常严肃的墓室建筑中为什么要选用这类画面（有的画面上还有树上的猴子和旁观的男人），是为了求长寿？祈多子？还是追求性生活的美好？在未见到更多的材料和未做更深入的研究之前，目前还很难下结论。但至少可证明，我国的"三纲五常"的主张虽然出于汉代（见《春秋繁露·基义》《白虎通义·情性》），"三从四德"也最早见于汉人整理的《仪礼·丧服》与《周礼·九嫔》，汉代又有刘向的《列女传》与班昭的《女诫》，对女性的限制与管束日渐增强，可在民间，男女交往还是比较自由的，文艺作品中是可以大胆表现性的内容的。正因为如此，乐府诗中才会有那样多“男女共游宴，黄花生后园”（《幽州马客吟》）之类的内容，《抱朴子外篇·疾谬》才会有“携手连袂，以邀以集，入他堂室，观人妇女，指玷修短，评论美丑”，“促膝之狭坐，交杯觞于咫尺，弦歌淫冶之音曲，以挑文君之动心，载号载呶，谑戏丑亵，穷鄙极黩”的记载。

有一个问题有必要在这里说明一下。巴蜀地区所出的画像砖绝大多数都是东汉时期的，但也有少许蜀汉时期制作的。近年来又在彭州发现了 12 块很可能是六朝时期的画像砖。所以，古代画像砖发现的时间范围今后还有扩大的可能。

汉代巴蜀地区的造型艺术还有一项也相当重要，就是陶俑。陶俑是一种殉葬品，在“事死如生”（《论衡·薄葬》），“世以厚葬为德，薄终为鄙”（《后汉书·光武帝纪》）的汉代，随葬俑特别丰富，巴蜀地区已出土者数以千计。这些陶俑大多为模制，少数为捏制或模捏结合制作，在圆雕上有时还加上线刻。写实风格者如动物俑准确逼真，如西昌出土的马俑可明显看到文献上“筰马”的体形特点，平原地区与丘陵山区出土的猪俑也可见到品种的不同。浪漫风格者如人俑，追求神韵而又形神兼备，享誉世界的几种说唱俑形态夸张，生动诙谐，趣味横生，令观者无不捧腹。1986 年在绵阳河边乡出土的说唱俑以浑圆的肚皮代鼓，更是绝妙无比，被艺术家誉为国之瑰宝。

陶俑的题材十分广泛，大致可分为三类：

人物俑，大多数是在天国侍奉主人的仆役形象，如执锸、执镰、荷锄、执箕帚、执镜、提蛙、持扇、庖厨、哺乳、击鼓、吹笛、抚琴、鼓瑟、舞蹈、说唱，还有各种侍卫和武士。

家畜家禽俑，如马、牛、猪、羊、狗、鹅、鸭、鸡（包括母子鸡、雌雄鸡）等。1990 年在绵阳何家山嘴出土一件汉代铜马俑，马前有牵马俑，马高 134 厘米，长 115 厘米，为我国已见的最大的古代铜马。

建筑模型，这也是供死者使用的一种俑，有楼房、畜圈、井栏、水塘、水池、田畴等。

在泸州李少君墓与合江草山坪汉墓各出土过一对男女亲吻的秘戏俑，这与巴蜀地区的汉代画像石上多次见到的类似题材的石刻秘戏图（如郫县、荥经的石棺，乐山、彭山的崖墓）一样，都是我国其他地区从未见到的题材，是研究汉代文化的重要材料。

无论是汉代的画像石、画像砖还是陶俑，都还在不断地被发现，随着实物的增多与研究的深入，它们对于学术研究与艺术欣赏的价值必然会不断地提高。

第五节 唐宋诗人多入蜀

山灵水秀的巴蜀地区，哺育了一批又一批杰出的英才，尤多文士。从司马相如、扬雄开始，我们可以列出很长的一个名单，其中不乏李白、苏轼等古代文豪，郭沫若、巴金等当代泰斗。可是还有一个十分值得重视的现象，就是在巴蜀经济较为繁荣的唐宋时期，曾有一大批当时最有名的骚人墨客云集蜀中，真可谓是名流星聚，名篇竞出，他们对巴蜀地区文学创作的影响超过了巴蜀本土的文学家。

以古代杰出的诗人杜甫、陆游等为代表的文士们，所以愿“细雨骑驴入剑门”（陆游：《剑门道中遇微雨》），当然有种种原因，但是和巴蜀地区先民一贯的汇纳百川的态度、好客敬客的热情应当是分不开的。对于这一点，有两个事实可以为证：大诗人杜甫曾流寓全国，大诗人陆游也曾在各地为官，最早为他们建祠并长期维护、敬祀不断的，只有巴蜀，以至于成都的杜甫草堂以及其中的工部祠至今仍是全国纪念杜甫的中心，而崇州的陆游旧居罨画池以及其中的陆游祠，乃是从古至今一直保存完好的全国唯一的陆游故居与专祠。

“自古诗人例到蜀”（李调元：《送朱子颖孝纯之蜀作宰》）。现在，就让我们来看看唐宋时期的盛况。

初唐四杰之一的王勃（650 或 649—676），绛州龙门（今山西河津）人，自幼聪慧过人，17 岁进士及第，被任为沛王（就是后来被称为章怀太子的李贤）府修撰。21 岁时，竟因在皇族子弟斗鸡热中为沛王助威，写了一篇《檄英王鸡文》，无意中触动了唐王朝皇族后代相互争夺接班人位置这根敏锐的神经，被唐高宗李治与武则天夫妇治罪，斥出王府。他心情十分不快，在好友杨炯等劝慰之下，决定外出游历，以便“采江山之俊势，观天下之奇作”。所选定的地区，就是山奇水秀的蜀中。王勃于唐高宗总章二年（669）5 月从长安出发，6 月就抵达绵州（今绵阳），小住之后就到梓州（今三台）、玄武（今中江）、飞乌（今中江仓山镇）、金堂、汉州（今广汉）等地游历，所到之处都受到热忱款待。他不仅写诗作赋，还应邀为各地寺庙撰写碑文。比他早入蜀的卢照邻到玄武来看他，偕另一位诗人邵大震共游玄武山，留下了一组著名的唱酬诗，“玄武山唱酬”遂成为初唐诗坛上一段佳话。第二年秋天，王勃到了成都，立即成为益州都督府的上宾，被邀为新扩建的孔庙撰写碑文。以后他又去了九陇（今彭州）、绵竹、梓潼等地。咸亨二年（671）秋天，蜀中友人在绵州为他举行了饯别宴会。这以后他沿旧道北返，于当年冬天回到长安。王勃在蜀中一共生活了两年多，所到之处都留下了作品，曾编有《入蜀纪行诗》一卷。

初唐四杰中的另一位诗人卢照邻（约 630—680 后），本是幽州范阳（今北京地区）人，一生只活了大约 50 岁，可却在蜀中生活了十几年。卢照邻第一次入蜀在唐高宗显庆四年（659）左右，以后在益州都督府担任了一个不大的官职。在蜀中生活的七八年间，他遍游成都附近的山水名胜，留下了不少诗篇。乾封二年（667），他奉命到长安办理公务。总章二年（669）又回到蜀中，担任新都县县尉的职务。不久，他和成都的郭姓女子相恋。咸亨二年（671），他身患重病，乃辞官到长安就医，向当时最著名的医药大师孙思邈求治。谁知病况一直不见好转，半身麻痹，五官坏缺，痛苦不堪，竟自投颍水而死。他未曾想到，当他离开西蜀时，郭姓女已经怀孕，以后生了孩子，孩子却又病夭，她一直在成都茫然地等待，留下了一曲凄恻的悲歌。

高适（约 706—765）是唐代著名的边塞诗人，本是渤海（今河北景县）人，当他从边境回到内地之后曾在蜀中生活了六年，度过了他最后的晚年生活。他是在安史之乱中到蜀中的，唐肃宗乾元二年（759）入蜀，初任彭州刺史，转蜀州（今崇州）刺史，最后升剑南西川节度使，是唐代入蜀的著名诗人中官位最高的一个，也是在唐代唯一一个“以诗人为戎帅”的人物。作为一方军政长官，在国事多难之时，他“心怀百忧复千虑”，一方面“政存宽简”，安抚百姓，平息了梓州（今三台）刺史段子璋等人的叛乱；一方面还要抗击吐蕃在西北方的侵扰，他为蜀中局势的稳定是做出了重要贡献的。唐代宗广德二年（764），他被召还京，第二年就病故了。高适在蜀时期，由于军政事务繁重，诗作的成就不如往昔，但在诗史上却有一件要事，就是他的好朋友杜甫从陕西来到成都投奔他，他对杜甫给予了生活上的资助，并在诗歌创作上相互唱和，使杜甫安心在蜀中居住，这对杜甫的诗歌创作起到了很好的作用，也对四川地区的文化繁荣作出了贡献。似乎可以这样说，当时倘无高适在成都，杜甫是否决计入蜀，就有另一种可能了。

在中国绘画史上，被公推为“画圣”，又被民间雕塑艺人尊奉为“祖师”的大画家吴道子（约685—758），本是河南阳翟（今河南禹县）人。他一生曾两次入蜀。第一次是在成名之前，在蜀中游历写生，蜀中的好山好水成了他胸中用不尽的画稿，对他后来创作寺庙壁画有很大的作用。吴道子在洛阳画壁画取得巨大的成功，名震天下，遂被唐玄宗召入宫中担任宫廷画师，他在寺庙作画时，“长安市肆老幼士庶竞至，观者如堵”（《宣和画谱》）。他所以能取得如此大的成就，据张彦远在《历代名画记》中所说，是“因写蜀道山水，始创山水之体，自为一家”。由于他笔下的蜀中山水实在太美，所以唐玄宗派他专门到蜀中沿嘉陵江写生。吴道子重游蜀中，对嘉陵江山水再进行了仔细的揣摩，心中打了大量的腹稿。回到长安之后，唐玄宗命他当场在大同殿壁上作画，他在一天之内一口气绘完了“嘉陵江三百余里”的无限风光。遗憾的是唐代的壁画早已荡然无存，被喻为“古今独步”的吴氏佳作今天已无法窥其神妙了。

岑参（715—769）是河南南阳人，是唐代与高适齐名的最杰出的边塞诗人，可是很多人都不知道，这位杰出的边塞诗人的晚年是在蜀中度过，并病死在蜀中的。唐代宗永泰元年（765），诗人51岁时，被任命为嘉州（今四川乐山）刺史。因蜀中发生兵乱，他行至途中又折回长安，第二年才以剑南西川节度使杜鸿渐的部属身份，随杜鸿渐到达成都。“山花万朵迎征盖，川柳千条拂去旌。”美丽的蜀中山水给诗人留下了很多描绘蜀中风物的诗篇，成为今天研究唐代成都地区历史的宝贵资料。

公元767年，岑参到嘉州赴任，一年后即罢官东下。船到戎州（今宜宾），被叛军所阻，只得转回成都，打算从陆路北归故乡河南。谁知在成都时染病不起，大约在769年岁末，就病逝于成都。岑参的诗集名为《岑嘉州集》，就是以他晚年为官嘉州而得名的。

在整个巴蜀文化史上，从外乡入巴蜀进行文学创作成就最高、影响最大的文学家是伟大的诗人杜甫（712—770）。出生于河南巩县（今巩义市）的“诗圣”半生潦倒，“卖药都市、寄食友朋”。安史之乱爆发后甚至到了靠挖野菜、拾橡栗充饥的地步。最后终于决定全家离开同谷（今甘肃成县）南徙，到秩序安定、经济繁荣的蜀中去投靠老友高适。唐肃宗乾元二年（759）冬天，他到达成都，顿有“我行山川异，忽在天一方”之感，“曾城填华屋，季冬树木苍。喧然名都会，吹箫间笙簧”（《成都府》）的成都接纳了他，在高适的帮助下，他一家在城西浣花溪畔建成一所“舍南舍北皆春水”的草堂，有了安静的生活。这其中，到绵州（今绵阳）、梓州（今三台）、阆州（今阆中）住过一年多。一直到765年才离开成都沿江东下。在云安（今云阳）小住之后，766年移居夔州（今奉节），在夔州都督柏茂琳帮助下，在此修建一所瀼西草堂，住到768年才乘船赴江陵。两年之后，即客死舟中。从759—768年，杜甫在巴蜀地区住了九年，川西、川北、川南、川东都留下了他的足迹、他的诗篇。九年中的诗作数量超过他一生诗作总量的一半。在成都地区写的271首“草堂诗”和在奉节写的429首“夔州诗”是诗人一生中最成熟的作品，是继“秦中诗”之后一个更高的高峰。前人对杜甫在巴蜀的诗作从来都有极高的评价，如王十朋说“夔州三百篇，高配风雅颂”（《夔州七贤·少陵先生》）；黄子云说：“其意之精密，法之变化，句之沉雄，字之整炼，气之浩瀚，神之摇曳，非一时笔墨之所能罄”（《野鸿诗的》）。杜甫自己也说是“晚节渐于诗律细”（《遣闷戏呈路十九曹长》）。这里的“律”，不仅是格律，也指作诗的艺术风格与创作技巧的总的规律；“细”，不是纤细，而是指其精密与准确。

“李杜文章在，光焰万丈长”，杜诗的佳作名句数不胜数，我们不在此多作引述评析，而只是想指出，诗圣虽然离去，但却永记在巴蜀人民心中。他去世之后不久，草堂建筑在五代时就已被修复。北宋时在草堂故址修建了杜公祠，年年奉祀不绝，历代均有培修，建筑与园林不断增多。现在的杜甫草堂面积已有两百余亩，其中有工部祠、诗史堂、草堂书屋、恰受航轩、一览亭、水榭、大廨、花径等建筑，还有荷池、梅苑、盆景园、楠木林。在这里成立了杜甫草堂博物馆，全国的杜甫研究会设在这里，专门研究杜诗的杂志《杜甫研究学刊》编辑部也设在这里。每天都有数不清的中外朋友来此瞻仰诗圣故居，参观各种杜诗版本、译本、研究成果与杜诗书画作品。除了成都草堂，三台牛头山上有梓州草堂（过去还有草堂书院），奉节有草堂河，有瀼西草堂（始建于宋，原名大雅堂）和东屯草堂，几处草堂都是在杜甫旧居所建的重要的纪念地。除此之外，阆中锦屏山原有少陵祠（后改为三贤祠，同祀杜甫、司马光、陆游三人）、苍溪少屏山麓有杜里坝、苍溪城西有杜少陵放船台和送客亭、泸州忠山下有杜甫石、云阳桓侯庙内有杜鹃亭和史诗堂，所有这些，都是巴蜀儿女为在这里留居九年的诗圣的永久的纪念。

白居易（772—846）是我国古代最伟大的现实主义诗人之一，他出生于河南新郑，一生中到过很多地方，其中在忠州（今忠县）也住了一段时间。唐宪宗元和十年（815），白居易被贬官江州（今江西九江）司马。江州三年的贬官生涯结束之后，他被朝廷任命为忠州刺史，这是一种很明显的提升，所以他以“忠州好恶何须问，鸟得辞笼不择林”（《除忠州寄谢崔相公》）的高兴心情，于元和十四年（819）沿江西上，来到忠州。忠州在唐代是不够繁盛的“下州”，作为一州的主官，白居易在《东坡种花二首》之二这首诗中写下了他的打算：

养树既如此，养民亦何殊。欲将茂枝叶，必先救根株。云何救根株？劝农均赋租。云何茂枝叶？省事宽刑书。

从以上诗歌看来，白居易是很想为忠州百姓做些好事的，遗憾的是史料缺载，今天已不能知其详，只能从他在忠州所写的120余首诗作中见到他如何与州人一道登高访巴王宫旧址，如何到鸣玉溪观赏奇特的木兰，如何饱食忠州的特产荔枝。特别值得注意的是他记载了如何与土著的“蛮儿巴女”交往，在民间采取竹枝词、民谣山歌的情况。可以肯定，他在民间的“蛮鼓声坎坎，巴女舞蹲蹲”之中，会吸取到丰富的文学艺术的营养，对他的创作会有不小的促进作用。大约在元和十五年（820）秋，白居易接到朝廷的调令，入京担任京官。他在赴忠州途中，曾与弟行简、好友元稹三人同游于西陵峡中一个漂亮的山洞，三人均有诗，白居易还写了一篇《三游洞序》。从此此洞遂以三游洞为名，成为巴乡名胜，苏轼、欧阳修、陆游等人均曾到此游览。近代知名人士如冯玉祥等的题词，至今仍刻于洞中。在忠州，则有明代修成的白公祠，几经沧桑，至今仍存。

就在白居易离开忠州第二年，他的好友、著名诗人刘禹锡（772—842）又到了距忠州不远、也在长江边上的夔州（今奉节）担任刺史。刘禹锡本是洛阳人，于元和十六年（821）到夔州，在此住了三年。刘禹锡在唐代大诗人中，是著名的唯物主义者和革新派政治家，此次到夔州作刺史是第二次被朝中的守旧派贬斥。可他在夔州期间，毫无颓唐之意，仍然饱含忧国忧民之情。夔州是三国时期刘备向诸葛亮托孤之处，有很多蜀汉史迹，他在参观刘备庙之后，写下了《蜀先主庙》这首著名的怀古诗：

天下英雄气，千秋尚凛然。势分三足鼎，业复五铢钱。得相能开国，生儿不象贤。凄凉蜀故妓，来舞魏宫前。

刘禹锡在夔州时，十分喜爱当地的民歌竹枝词，他不仅爱听，而且爱唱，以后就依调填写了 11 首《竹枝词》。他还写了 9 首《浪淘沙》，4 首《踏歌词》，也是仿竹枝的民歌体诗歌。这些诗歌是古典文学作品中向民歌学习的最佳成果，是唐诗中最有特色的作品之一。而四川东部山区的唐代民歌竹枝词也正有赖于刘禹锡的借鉴与创新，得以保留下来。

白居易的另一位至交好友、著名诗人元稹（779—831）这时期也在巴蜀，而且也在川东北地区。元稹在这里写下了若干篇著名的诗作，包括他的代表作，在唐代长篇歌行体中地位仅次于《琵琶行》《长恨歌》的《连昌宫词》，就写于通州（今达州）。元稹于元和十年（815）贬为通州司马，心情沮丧而烦闷，周围又无可以深谈的朋友。他最好的朋友白居易此时也被贬官江州（今江西九江），书信往还，成了他生活中重要的精神支柱。正是在这种心情之下，元稹在通州的四年多时间中，写了一些极有水平的遣怀小诗，而这些诗又大多是与白居易即白乐天有关的。我们可以举出以下两首：

残灯无焰影幢幢，此夕闻君谪九江。垂死病中惊坐起，暗风

吹雨入寒窗。(《闻乐天授江州司马》)

远信入门先有泪，妻惊女哭问何如？寻常不省曾如此，应是江州司马书。(《得乐天书》)

唐代著名诗人很多都到过巴蜀，有的甚至长眠于此，可留下坟墓的却不多。今天还能瞻仰其墓园的只有一位，这就是贾岛。贾岛（779—843），范阳（今北京）人，一生不得志，还当过较长时期的和尚，长期过着“拄杖傍田寻野菜，封书乞米趁朝炊”的贫困的日子。唐文宗开成二年（837）已是58岁的老人，才得到一个长江县（今四川蓬溪）主簿的九品小官。三年后调任普州（今四川安岳）司仓参军。再三年，即唐武宗会昌三年（843），老病而死。次年，安葬于普州城南的安泉山下。贾岛虽然是一个九品小官，但他一生中以“二句三年得，一吟双泪流”的态度追求着诗歌创作的高格调，特别是他为“鸟宿池边树，僧敲月下门”中的“敲”字到底应当用“推”，还是应当用“敲”而苦吟不已的故事，久久流传，成为我国古代诗人中苦吟派的代表。“位卑终蜀土，诗绝占唐朝。”巴蜀人民一直怀念着这位潦倒一生的异乡人，一直保护着他的墓园，宋代建有祠堂，清代建有“瘦诗亭”。现在祠已不存，但龚鼎所写的《贾浪仙祠堂记》还保存在《全蜀艺文志》中。贾岛的墓至今仍然保存在安岳县城南三里处，近年又修建了一座祭堂，堂中立着“唐普州司户参军贾浪仙神位”的石碑（按：贾岛字浪仙，他死前任职是司仓参军，死后几天又下达改任司户参军的任命），另有石碑刻着唐人苏绛写的墓志铭和清人吴省钦写的《瘦诗亭记》，供广大游客瞻仰、凭吊。

在唐人绝句中，有一首脍炙人口的《夜雨寄北》：

君问归期未有期，巴山夜雨涨秋池。何当共剪西窗烛，却话巴山夜雨时。

很明显，这首诗是在巴蜀写的，它的作者就是唐代大诗人李商隐。李商隐（约813—858），怀州河内（今河南沁阳）人，曾两次入蜀。第一次在唐宣宗大中二年（848），这首《夜雨寄北》就是这年写的。第二次是在大中五年（851），他作为剑南东川节度使柳仲郢的节度书记，到了梓州（今四川三台），一住就是五年，到大中十年（856），才随柳仲郢回到长安。在这五年中，他游历过蜀中不少地方，写下了若干描绘蜀中山水与古迹名胜的诗篇，例如拟杜甫诗而作的《杜工部蜀中离席》：

人生何处不离群，世路干戈惜暂分。雪岭未归天外使，松州犹驻殿前军。座中醉客延醒客，江上晴云杂雨云。美酒成都堪送老，当垆仍是卓文君。

唐末和五代时期，中原战乱不休，蜀中相对来讲比较安定，所以不少文士皆避乱入蜀，如韦庄、李珣、鹿虔扆、孙光宪等都留下了若干优秀的作品。特别是自唐末兴起的填词之风在蜀中形成高潮，蜀中文士几乎人人填词，后蜀赵崇祚遂将有关作品编成我国历史上第一部词集《花间集》，由欧阳炯作序，前后蜀的这一批蜀中词人也就形成了我国古代文学创作中著名的“花间派”。这其中，成就最大的是韦庄。

韦庄（836—910），京兆杜陵（今西安市东南）人，是著名诗人韦应物的四世孙。唐昭宗乾宁四年（897）奉使入蜀，以后成为剑南西川节度使王建的掌书记。王建称帝，建立前蜀政权，他是主要策划者之一，后任前蜀王朝的吏部侍郎同平章事，也就是宰相。前蜀王建武成三年（910），75 岁时病逝于成都，葬于成都西郊的白沙，墓园今已不存。韦庄在入蜀之前，目睹长安地区战祸给人民带来的深重灾难，曾写下了著名的《秦妇吟》，这是所有唐诗中最长的叙事诗，当时众口流传，甚至被人抄于帘幛，挂于门墙。入蜀之后，他在创作上的主要成就是词，被认为我国词作早期阶段的主要代表人物之一。他的词婉丽清新，情真意挚，例如著名的《思帝乡》：

> 春日游，杏花吹满头。陌上谁家年少，足风流？　　妾拟将身嫁与，一生休。纵被无情弃，不能羞。

韦庄在成都生活将近了十年，词作中有很多描绘锦里风光的珍贵镜头，例如写成都蚕市的《怨王孙》：

> 锦里，蚕市，满街珠翠，千万红妆。玉蝉金雀，宝髻花簇鸣珰，绣衣长。　　日斜归去人难见，青楼远，队队行云散。不知今夜，何处深锁兰房，隔仙乡。

宋代著名的诗人中也有不少人入蜀，其中最知名的是黄庭坚、陆游和范成大。

黄庭坚（1045—1105），洪州分宁（今江西修水）人，宋哲宗绍圣元年（1094），他因为朝中两派的政治斗争，被贬为涪州（今涪陵）别驾，黔州（今彭水）安置，他就来到了黔州。三年后，又命他移到戎州（今四川宜宾），于是他又来到了戎州。一直到宋哲宗元符三年

(1100)，黄庭坚才被朝中解脱。他遂沿江东下，在江安、泸州、万州、巫山等地都曾停留，直至宋徽宗建中靖国元年（1101）夏天才出峡。黄庭坚在巴蜀地区总共生活了六年多，这六年多都是以“安置”的身份度过的。所谓“安置”，是宋代对犯罪官员的一种处分，就是在贬谪之后，指定地区居住，行动要受到限制。可是由于黄庭坚在当时已是著名的诗人与书法家，所以在这六年多一直受到巴蜀官民的礼遇，戎州两任知州彭道徽、刘广之都以宾客款待，经常邀请他参加各种诗文唱和或宴游活动。江安县令石信道主动与他结成儿女亲家。丹棱杨素翁捐助巨资给他，将杜甫在蜀诗作全部刻石（刻石已不存，在黄庭坚为此事所写的《刻杜子美巴蜀诗序》《大雅堂记》中记有此事）。此外，更有不少蜀地青年向他问学，以师礼尊之。在这种环境中，黄庭坚虽是被“安置”的犯官，精神上却也得到了莫大的安慰，得以过着“风日晴软，策杖蹇蹶，雍容林丘之下，清江白石之间”的生活，写下了大量的诗文。宋代学者周必大曾说黄庭坚“词章翰墨，日益超妙”，乃是“巫峡峻峰激流之势有以助之也”。黄庭坚离川之后，巴蜀儿女一直以尊崇的心情怀念着他：在成都杜甫草堂的工部祠中，将他和陆游一起配飨杜甫，被称为“异代升堂宋两贤”；在宜宾，由他主持设计建造的九曲流杯池，至今保存完好；在宜宾江北公园、泸州中坝和滴乳岩、万州西山、射洪金华山、青神中岩、涪陵钩深堂、资中来鹤亭等地，都保留着他的手书石刻；后人为他修造的衣冠墓遗迹在今彭水玉屏山麓。可以肯定地说，四川是保留黄庭坚遗迹和纪念地最多的地区。

在我国古代著名诗人的行列中，陆游不仅被公认为宋代最杰出的诗人，而且是整个古代诗人中现存诗作最多的诗人，有诗九千多首传世。陆游的诗集名叫《剑南诗稿》，剑南即指巴蜀地区，由此可知陆游一生与巴蜀地区关系之深。

陆游（1125—1210），越州山阴（今浙江绍兴）人，宋孝宗乾道五年（1169），他被任命为夔州（今奉节）通判，次年入川赴任。此后他辗转在南郑（今陕西汉中，宋代属利州路，也在四川行政区域之内）、成都、蜀州（今崇州）、嘉州（今乐山）、荣州（今荣县）等地为官，足迹几乎遍及蜀中的一半地区，时间则是整整八年。这八年他"看尽巴山看蜀山"，是陆游创作的成熟时期，不仅写了大量的诗歌而且写了一部旅游日记《入蜀记》，是古代四川旅游文学中的上乘之作。陆游在蜀中居留最长的地方是成都，成都的艳丽风光，特别是成都的海棠花与梅花使诗人如痴如醉，走马东西南北，"有花即入门，莫问主人谁"，"曾为梅花醉似泥"，"市人唤作海棠颠"，写下了大量咏赞成都风光的好诗，真有流连忘返之意，如"放翁五十犹豪纵，锦城一觉繁华梦"（《怀成都十韵》）；"客报城西有园卖，老夫白首欲忘归"（《成都书事》）。直到晚年，他还写了若干怀念成都之作，例如这一首著名的《海棠歌》：

> 我初入蜀鬓未霜，南充樊亭看海棠。当时已谓目未睹，岂知更有碧鸡坊（按：碧鸡坊在成都城内偏西北处）。碧鸡海棠天下绝，枝枝似染腥红血。蜀姬艳妆肯让人，花前顿觉无颜色。扁舟东下八千里，桃李真成奴仆尔。若使海棠根可移，扬州芍药应羞死。风雨春残杜鹃哭，夜夜寒衾梦还蜀。何从乞得不死方，更看千年未为足。

由此诗可见诗人对于蜀中思之深，意之切。诗人热爱蜀中，蜀中也热爱诗人。正如我们在前文已经谈到过的，蜀中人民不仅将陆游与黄庭竖配飨工部祠，同杜甫一道永远奉祀，而且将他的旧居崇州市罨画池长期保存，作为纪念地，又在那里建了陆游祠，永远祀奉。经过历代的保护维修，罨画池和陆游祠至今保存完好，成为全国唯一的陆游故居与专祠纪念地。诗人若能有知，亦当含笑于九泉了。

范成大（1126—1193）是与陆游并列为南宋四大诗人之一的著名诗人，吴郡（今江苏苏州）人。他于宋孝宗淳熙元年（1174）以敷文阁待制知成都府、四川置制使，在成都住了三年，于1177年任满回朝。在这三年间，他写了不少记咏成都风物的诗篇，如《丙申元日安福寺礼塔》一诗及注对了解宋代的成都就很有价值：

> 岭梅蜀柳笑人忙，岁岁椒盘各异方。耳畔逢人无鲁语（原注：蜀人乡音极难解，其为京洛音，辄谓之虏语，或僭伪时以中国自居，循习至今不改也。既又讳之，改作鲁语），鬓边随我是吴霜。新年后饮屠苏酒，故事先然牢堵香。石笋新街好行乐，与民同处且逢场。

在范成大笔下，记述巴蜀山水风物的最重要的作品，不是他的诗篇，而是他离蜀返吴时所写的一部旅游日记《吴船录》。《吴船录》较陆游的《入蜀记》的史料价值还要高些。我们这里摘引记述著名的峨眉奇观“佛光”的一段文字：

> 氛雾四起，混然一白。僧云“银色世界也”。有顷，大雨倾注，氛雾辟易。僧云“洗岩雨也，佛将大现”。兜罗绵云复布岩下，纷郁而上，将至岩数丈，辄止，云平如玉地。时雨点有余飞，俯视岩腹，有大圆光，偃卧平云之上，外晕三重，每重有

青、黄、红、绿之色。光之正中，虚明凝湛，观者各自见其形现于虚明之处，毫厘无隐，一如对镜，举手动足，影皆随形，而不见旁人。僧云“摄身光也”。此光既没，前山风起云驰。风云之间，复出大圆相光，横亘数山，尽诸异色，合集成彩，峰峦草木，皆鲜妍绚蒨，不可正视。云雾既散，而此光独明，人谓之“清观”。

这一段文字，是古人对峨眉“佛光”最早而又最完整、最美妙的记述，可称旅游文学中的精品。

古代入蜀的非川籍文士当然不止上述这些，介绍了唐宋时期的上述情况也只是当时经济文化生活中的一个侧面，但仅从这一个侧面中即已不难看出：巴蜀地区经济文化的发展绝不是封闭型的，广收博采、汇纳百川，才是巴蜀地区经济文化发展的特点；巴蜀地区经济文化的几度繁荣，都包含了不少非川籍人士的努力在内。对于这一特点，今天是无论如何也不应忘却的。

第六节　西蜀画派

在巴蜀绘画史上，有一个成就极为辉煌的时代，就是从唐代末叶到北宋这段时期。在这段时期中，蜀中画家不仅领先于全国画坛，而且以自己独特的风格与技巧对后世产生了极为重要的影响。

唐代中期以前，蜀中画家成就不显。但唐代经济的繁荣，特别是与全国经济文化的交流已为绘画的发展奠定了坚实的基础。由于唐代的巴蜀经济发达，社会稳定，故而自安史之乱以来，中原若有动荡，不少文士往往将巴蜀作为避乱的最佳选择，纷纷入蜀。正如《资治通鉴》卷二六六所载："是时唐衣冠之族多避乱在蜀。"唐玄宗和唐僖宗两次入蜀，又各带来了一批为宫廷服务的名家巧匠，很多都没有再返中原。再加上因其他原因而入蜀的，就使得中唐之后的巴蜀聚集了一大批高水平的画家，这其中有"笔精墨妙，雄壮气象，莫可记述，非天纵其能，情高格逸，其孰能与于此"的孙位，有"天资神用，笔夺化权，应变无涯，罔象莫测，名高当代，时无等伦"的赵公祐，有"精劲湿润，妙穷毫厘"的范琼，有"当代名流，咸伏其下"的卢楞伽，有"冠绝今古，时称大手笔"的张南本，有最"善传神，为后学师范"的常粲、常重父子，有"善画山水、竹树、人物，思格高逸"的丰偃（以上引文俱见黄休复《益州名画录》、罗元黼《蜀画史稿》），还有著名画家滕昌祐、张询等。他们从各地而来，不仅带来了新的画风、技巧和经验，还带来了若干重要的图书名画，使蜀中的珍藏更为增加，蜀人的眼界更为开阔。宋人黄休复《益州名画录》卷上《赵德玄传》载，"蜀因二帝（按：指玄宗、僖宗）驻跸，昭宗迁幸，自京入蜀者将到图书名画，散落人间，固亦多矣。杜天师（按：指杜光庭）在蜀集道经三千卷，儒书八千卷，德玄将到梁、隋及唐百本画，或自模拓，或是粉本，或是墨迹，无非秘府散逸者，本相传在蜀，信后学之所幸也。"所以，无论从哪方面看，这些画家到达蜀中，对蜀中画坛都是一个极大的推动，使外地技艺与蜀中技艺交流融合，成果累累。正如宋代书画名家文同所说："蜀自唐二帝西幸，当时随驾以画待诏者皆奇工，故成都诸郡寺宇所存诸佛、菩萨、罗汉等像之处，虽天下能号为古迹多者，画无如此地所有矣。后历二伪（按：指前蜀、后蜀）至国初，其渊源未甚远，故称绘事之精者，犹斑斑可见。"（《彭州张氏画记》，载《全蜀艺文志》卷四一）

宋人郭若虚在《图画见闻志》卷二共列有唐代末期的知名画家27人，如果仔细一查，其中蜀中画家有7人，流寓蜀中的外省籍画家有12人，共有19人，超过总数的70%。这些画家都集中在成都，成都成为全国无可争议的绘画中心，故而宋人李之纯在《大圣慈寺画记》（载《全蜀艺文志》卷四一）中说："举天下之言唐画者，莫如成都之多。"这种优势在整个五代时期继续保持，《图画见闻志》卷二所列的整个五代时期的知名画家共91人，前后蜀就占31人，仍然居于全国各地区之首位。

就这样，从唐末到北宋，蜀中原有的画家加上流寓入蜀的画家，在社会比较安定富庶的成都地区形成了一个数量大、流派多、环境好的创作群体，人称西蜀画派，真是人才辈出，佳作纷呈。"益都多名画，富视他郡"（李畋：《益州名画录·序》），"世俗多以蜀画为名家"（《宣和画谱》）。应当指出，这段时期绘画事业所以能取得很大的成绩，和前蜀、后蜀的两代君主都雅好艺文、尊重画家、鼓励创作的态度与措施有很大关系，如费著所说："蜀多画工，而盛于王、孟僭伪之时。盖其割制一方，耽玩图画以自娱，故工聚焉。"（《蜀名画记》，载《全蜀艺文志》卷四二）当时以朝廷名义支持绘画创作的重要措施是设立了官办的画院（前蜀叫内廷图画府，后蜀叫翰林图画院），让画家们能在良好的生活条件与创作环境下进行创作。我国由中央设置画院，就是从此时开始的。遗憾的是西蜀画派名家的作品除了黄筌的《写生珍禽图》尚存故宫博物院之外，其余均已无法得见，但从近年来发掘的成都地区五代墓葬中，可以见到一些彩绘壁画，如王建墓门额的花卉，孟知祥墓壁上的男女宫人图，羊子山后蜀墓墓壁上的乐伎图，徐高年墓拱额上的花鸟纹图等，从这些民间工匠的作品中，尚可窥见当时绘画风格之一斑。

从文献资料看来，在西蜀画派的众多画家与作品中，大致可分为宗教绘画与非宗教绘画两大部分。

为佛教道教寺庙宫观画壁画，是唐代绘画的重要方面，很多画家都在这种场所大显身手，巴蜀地区也不例外。《宣和画谱・宋永锡传》就说："西蜀丹青之学尤盛，而工人物道释者为多。"这其中，天下驰名的是大圣慈寺的壁画。范成大在《成都古寺名笔记》（载《全蜀艺文志》卷四二）中说："成都画多名笔，散在诸寺观，而见于大圣慈寺者为多，今犹具在。"他对各院的主要壁画及作者一一做了记录，但未统计总数。总数统计则见于李之纯的《大圣慈寺画记》：

> 举天下之言唐画者莫如成都之多，就成都较之莫如大圣慈寺之盛……今来守是邦，俾僧司会寺宇之数，因及绘画，乃得其详：总九十六院，按阁殿塔厅堂房廊，无虑八千五百二十四间，画诸佛如来一千二百一十五，菩萨一万四百八十八，帝释梵王六十八，罗汉祖僧一千七百八十五，天王明王大神将二百六十二，佛会经验变相一百五十八，诸夹绅雕塑者不与焉。像位繁密，金彩华缛，何庄严显饰之如是。昔之画手，或待诏行在，或禄仕两蜀，皆一时绝艺，格入神妙。

大圣慈寺的庞大壁画群，是我国历史上有确切记载的最大的壁画群，其规模与气势直可与举世闻名的敦煌莫高窟比肩。据范成大的记载，当时参加大圣慈寺壁画创作的著名画家有赵公祐、范琼、卢楞伽、张南本、左全、孙知微、李升、高道兴、常粲等，著名的花鸟画大师黄筌在保福院画了"小壁画竹雀二堵"，山水画大师李升在四绝堂画了"彭州至德山、金堂栖贤山二堵"，在东观音堂画了"雾中山出峡图”。整个大圣慈寺壁画，基本上都是唐末五代的作品。当时画佛教题材最有名的画家如赵公祐、赵温奇、赵德齐被前蜀王建授予翰林待诏、赐紫金鱼袋。又如孙位，所画“天王部众，人鬼相杂，矛戟鼓吹，纵横驰突，交加戛击，欲有声响”，所画“龙拏水汹，千状万态，势欲飞动”（《益州名画录》卷上）。与孙位齐名的张南本时称“大手笔”，“其时孙位画水，南本画火，代无及者。世之水火，皆无定质，唯此二公之画，冠绝今古”（同上）。又如范琼、陈皓、彭坚三人，“善画人物、佛像、天王、罗汉、鬼神”，被时人评为“宗师吴道玄之笔，而傅采拂淡过之”，画之“六法，名辈少该，唯此三人，俱尽其美矣”（同上）。著名的诗僧贯休也是位杰出的宗教题材画家，所画人物“与他人画不同，或云梦中所睹，觉后图之，谓之应梦罗汉”（同上，卷下）。当时画道教题材的首推简州（今简阳）人张素卿，“落锥之后，下笔如神……笔踪洒落，彩画因循，当代名流，皆推画手”（同上，卷上）。

从总体看来，西蜀画派的作品对后世影响最大的还是非宗教绘画，又大致可分为人物、山水、花鸟三个方面。

人物画是自魏晋以来中国画的主流，非宗教题材的人物画与宗教题材同样流行。唐僖宗从成都返回长安时，蜀中士民欲留唐僖宗“御容”于大圣慈寺壁。随驾的画师一个个出来写真，均不能如意，遂由在唐懿宗时随父入蜀的常重胤主笔写真，“御容一写而成，内外官属，无不叹骇，谓为僧繇（按：指南朝梁代杰出画家张僧繇）之后身矣”（《蜀中名画录》卷上）。唐僖宗命他将随行官员百余人全部绘出，成为一时盛事。前蜀皇族王宗裕想为他的爱妾写真，又不愿让人久视，只让常重胤看一眼，凭记忆描绘，仍然是“姿容短长，无遗毫发，其敏妙皆此类也”（同上）。又如成都人张玫，其父专任“蜀翰林写貌待诏，赐绯。玫有超父之艺，尤精写貌及画妇人，铅华姿态，绰有余妍，议者比之张萱（按：盛唐杰出的人物画家）之俦也”（同上，卷中）。另一位成都画家李文才，“攻画人物，善写真，罕及”，又被誉为盛唐另一位杰出画家“周昉之亚也”（同上）。

山水画在我国古代是从唐代才开始繁荣的，吴道子将山水画推向了最高峰，李思训又创青绿山水，金碧辉煌，异军突起，领一代之风，被尊称为“李将军”。蜀中最杰出的山水画家是成都李升，“年才弱冠，志攻山水，天纵生知，不从师学。……意写蜀境，山川平远，心思造化，意出先贤。数年之中，创成一家之能，俱尽山水之妙。每含毫就素，必有新奇，蜀人皆呼升为‘小李将军’”（《蜀中名画录》卷中）。

西蜀画派成就最大的是花鸟画。花鸟画作为我国传统绘画的一个门类，是在唐代才从工艺美术中独立出来的，而真正形成气候则在五代。晚唐画家滕昌祐随唐僖宗入蜀之后，居处“竹树交阴，景象幽寂，有园圃池亭，偏莳花果”（黄休复：《茅亭客话》卷八），在极为有利的环境中，全心写生，进行花鸟画创作，对成都画家有很大影响。紧接着滕昌祐之后，花鸟画家刁光胤又在唐昭宗年间入蜀，“攻画湖石、花竹、猫兔、鸟雀，性情高洁，交游不杂。入蜀之后，前辈有攻花鸟者，顿减价矣”（《益州名画录》卷中）。他的作品被收藏者“将为家宝，传视子孙”。他的两位学生黄筌和孔嵩得到他“亲授其诀，孔类升堂，黄得入室”（同上），将花鸟画这门艺术上升到一个新的阶段。

黄筌是一位土生土长的成都画家，“幼有画性，长负奇能”，17岁时被授为翰林，以后又被任命为画院主持人。他向刁光胤、孙位、李升三位名家学习，“皆曲尽其妙”，“既兼综孙、李，学力因是博赡，损益刁格，遂超师之艺”（同上，卷上），成为一代宗师。据《益州名画录》所载，他的花鸟画已到了出神入化的地步：

> 淮南通聘，信币中有生鹤数只。蜀主命筌写鹤于偏殿之壁，警露者、啄苔者、理毛者、整羽者、唳天者、翘足者，精彩体态，更愈于生，往往生鹤立于画侧。……广政癸丑岁（953），新构八卦殿，又命筌于四壁画四时花竹兔雉鸟雀。其年冬，五坊使于此殿前呈雄武军进者白鹰，误认殿上画雉为生，掣臂数四，蜀主叹息久之。

上述记载的后一件事，又见于当时目睹者欧阳炯所写的《蜀八卦殿壁画奇异记》，应当是可信的。据欧阳炯所记，后蜀主孟昶见到黄筌画于壁上的雉被白鹰误认为真，连连扑向画壁，立即命令调鹰师将鹰带走，方才把八卦殿壁画保存下来。

黄筌的花鸟画法是先用淡墨勾画轮廓，再加色彩，形似与气韵兼而有之，对后世影响极大（黄筌作品保存至今的有藏于故宫博物院的《写生珍禽图》）。黄筌之子黄居寀继其父业，“作花竹翎毛，妙得天真，写怪石山景，往过其父远甚”（夏文彦：《图绘宝鉴》卷三）。北宋统一之后，黄氏父子都被延请到京师，入画院作画，黄筌于965年病逝之后，黄居寀成为画院首领。他们的风格也就成为画院共同模仿的标准，形成所谓“院体”。据《宣和画谱》卷一七载：“筌、居寀画法，自祖宗以来图画院为一时之标准，较艺者视黄氏体制为优劣去取。”米芾在《画史》中也说“今院中作屏风，画用筌格”。“院体”的风格是雍容华贵，被称为“黄家富贵”。这种崇尚工丽的“富贵”画风不仅在宋代居主导地位，元代仍然如此，直到明代才有所变化。

但一直到今天，我国的工笔花鸟画的基本技法仍然是沿着开山祖师黄筌开辟的道路在发展。

北宋时期，除了“院体”花鸟之外，巴蜀地区的其他画家仍然是全国画坛的主要成员，这其中对后世影响最大的是文同与苏轼的文人画（又称士人画）。文同（1018—1079），字与可，梓州永泰（今盐亭）人，著名诗人兼画家，以画墨竹知名天下。他作画不是为了生计之需，也不是出于宗教感情，更不是奉命而为，而是为了抒发情感，例如画竹就是为了以竹来寄寓“虚心异众草，劲节逾凡木”（文同：《咏竹》）的情操，是因为“意有所不适而无以遣之，故一发于墨竹”（《东坡题跋》卷五）。大文豪苏轼多才多艺，他画竹就是向文同学的，而且“尽得与可之法”。他作画与写诗一样，追求的是意境，是为了抒发胸中块垒。米芾看了他画的《枯木竹石图》，就说：“枯木枝干虬屈无端倪，石皴亦奇怪，如其胸中盘郁。”（米芾：《画史》）可谓知音。如文同、苏轼这样进行诗、书、画一体的、为抒发感情而作画的绘画创作，对北宋士人作画很有影响，不少文士纷纷效法（而在此前，诗人又以画名世者只有一位王维），他们的作品与过去以绘画为职业的画师、画匠的作品旨趣不同，被称为文人画。文人画的主要理论支撑点也是苏轼系统提出来的，是他最早在分析了王维的诗画创作之后，提出了“味摩诘之诗，诗中有画；观摩诘之画，画中有诗”（《东坡题跋》卷五《书摩诘蓝田烟雨图》）这一命题；是他首次在《跋宋汉杰画山》中使用了“士人画”这一概念，把“士人画”与“画工”作品明确分开，认为士人画应是诗书画并重的作品，他说“古来画师非俗士，妙想实与诗同出”（《次韵吴传正枯木歌》）；“诗不能尽，溢而为书，变而为画”（《文与可画墨屏风赞》）。他的理论，很快得到不少人的响应，“以诗为有声画，画为无声诗。盖诗者心声，画者心画，二者同体也”（阮维桢：《无声诗意序》，见《东维子文集》卷一）的理论在我国文化史上一直被大多文士所公认。着力阐发这一理论的，在宋代有一位蜀中文士功不可没，他就是双流人邓椿，他撰有《画继》一书，除保存了大量绘画史资料之外，将苏轼评为“轩冕才贤”之首，认为绘画应“独推高雅”，提出了“画者，文之极也”，“其为人也多文，虽有不晓画者寡矣；其为人也无文，虽有晓画者寡矣”的重要论点。直到今天，这种论点仍然是十分正确的。

以苏轼、文同、邓椿为代表的文人画的理论与实践，在我国文化史上有相当重要的地位，影响了北宋以来无数诗人墨客的创作生涯，应当说，这是巴蜀文化对我国文化的一大贡献。邓椿在《画继》中从“蜀虽僻远，而画手独多于四方”的事实中感叹说：“蜀学其盛矣哉!”应当认为，他的眼光是敏锐的。

第七节　源远而又多源的川剧

地方戏是一方文化的最富地方特色的内容，是古代社会中仅次于民间歌舞之后最普及、最流行、最受欢迎的艺术形式。据近代统计，我国有地方戏400种左右。主要流行于四川的川剧，无论就其历史之久，遗产之丰，地域之广，观众之多，在各地方戏中都名列前茅。在近代四川的文化生活中，川剧与川菜是最富特色的著名的“川味正宗”。

“川剧”这一概念有广义与狭义之别。广义的川剧可以包括四川地区自古到今的地方戏，狭义的川剧则是指今天在四川各地演出的被称为川剧的具有鲜明地方特色的四川地方戏。一般所称的川剧都是指狭义的川剧而言。但我们很有必要回溯一下川剧的源远流长的发展历程。

在我国的传统文化中，各行各业都有自己所崇拜的行业神。戏剧界古称梨园行，梨园行所崇奉的神有近30位之多，但居于首位的是清源师，又称清源妙道真君[①]。关于戏神中清源师的来历，目前还不是很清楚，但明代大戏剧家汤显祖在《宜黄县戏神清源师庙记》（载《汤显祖集》卷三四）中明白说过：

> 奇哉清源师，演古先神圣八能千唱之节，而为此道。初止爨弄参鹘，后稍为末泥三姑旦等杂剧传奇。……予闻清源，西川灌口神也。为人美好，以游戏而得道，流此教于人间。

西川灌口神是谁呢？就是蜀中在灌口治水的英雄李冰。李冰怎样又成为戏神呢？根据现在可考的材料，源于李冰治水时的“斗牛”传说。这个传说是由《华阳国志·蜀志》的“或曰冰凿崖时，水神怒，冰乃操刀入水中与神斗”的传说发展而来，最早见于应劭的《风俗通义》，但今通行本失载，见于多种古籍所征引，据《水经注》卷三三引文：

> 秦昭王使李冰为蜀守，开成都两江，溉田万顷。江神岁取童女二人为妇。冰以其女与神为婚，径至神祠，劝神酒，酒杯恒淡淡。冰厉声以责之，因忽不见。良久，有两牛斗于江岸旁。有间，冰还，流汗，谓官属曰：“吾斗，大极，当相助也。南向腰

---

① 参见李乔：《中国行业神崇拜》第15章，中国华侨出版公司1990年版。

中正白者，我绶也。”主簿刺杀北面者，江神遂死。蜀人慕其气决，凡壮健者，因名冰儿也。

在这个神话中，李冰化为苍牛与残害百姓的江神相斗，最后斗杀江神，民不复受害。由于李冰治水除害的大功大德，民间遂出现了李冰斗牛的戏剧。《太平广记》卷二九一《李冰》条引《成都记》说：“冰乃入水戮蛟，己为牛形，江神……遂毙。从此蜀人不复为水所病。至今大浪冲涛，欲及公之祠，瀰瀰而去。故春冬设有《斗牛》之戏，未必不由此也。”这条材料也见于王圻《稗史汇编》与《三才图会》所引。《成都记》为唐人卢求所撰，早佚，所记当为前代之事，则李冰《斗牛》之戏应是产生于汉晋间。这出戏以后在历代都有，李冰或演变为李冰之子李二郎，如唐代有《灌口神》，宋代官本杂剧有《二郎神变二郎神》，孤本元明杂剧中有《灌口二郎斩健蛟》，近代川剧有《拿孽龙》。由于李冰深受后世爱戴，由于他能降妖杀魔，由于汉晋就有《斗牛》的戏剧，李冰被尊为戏神也就可以理解了。除汤显祖的上述记载之外，清初大戏剧家李渔在他的《比目鱼》传奇与《连城璧》小说中也都有类似的记载，只是把戏神变成了李二郎，说“有个做戏的鼻祖，叫做二郎神”。现代著名戏剧史家齐如山在《戏班·信仰·二郎神》中是这样解释的：“戏界对于二郎神亦极崇拜，平常亦呼之为二郎爷，亦曰妙道真君。崇拜之原故，大致因戏中凡遇降妖伏魔等戏，皆借重此公，故平常亦以为其能降伏妖怪，特别尊敬之。”

李冰或李二郎作为“西川灌口神”而被尊为戏神这一事实，从一个侧面说明了巴蜀地区戏剧起源之早。《成都记》中这一出有人物、有情节、有打斗表演的名叫《斗牛》的戏，则是我国已知的最早一出有明确剧名的戏剧。王圻《三才图会·人事》卷一〇引《成都记》

说："蜀不复病水，由是有《斗牛》之戏，今世尚或有之，盖自秦世之始。"是否真是始于秦代，姑不置论，但很早，至晚也在汉晋，应是可信的。

汉代的巴蜀戏剧，现在尚有部分史实可以考见。画像砖、画像石上极为丰富的"百戏"图案与牛郎织女、荆轲刺秦王等画面很可能与戏剧有关，但无法详考。颜师古在为《汉书·武帝纪》"作角抵戏"作注时所说的"巴渝戏"到底是杂技还是戏剧，目前也很难分清。但《三国志·蜀书·许慈传》的记载，却为我们留下了一出重要的戏剧：

> 慈、潜（按：指胡潜）并为学士，与孟光、来敏等典掌旧文。值庶事草创，动多疑议，慈、潜更相克伐，谤讟忿争，形于声色；书籍有无，不相通借，时寻楚挞，以相震挠。其矜己妒彼，乃至于此。先主愍其若斯，群僚大会，使倡家假为二人之容，效其讼阋之状，酒酣乐作，以为嬉戏，初以辞义相难，终以刀杖相屈，用感切之。

这里写得很清楚，这是由刘备策划、导演，由专业演员演出，有情节、有矛盾冲突、有人物造型、有音乐伴奏、有化妆服饰、有道白、有道具、有武打、有观众、有演出效果的完全意义上的戏剧，而且是讽刺喜剧，是表现现实生活的现代剧。这出戏在中国戏剧发展史上是第一出记载准确而程式完整的戏剧，在川剧史上更是一座里程碑，是川剧中最富特色的讽刺喜剧的鼻祖。

巴蜀戏剧发展到唐宋，有了全面的发展，在王谠《唐语林·政事门》的记载中，有成都艺人描写刘辟蓄财的"《刘辟责买》戏"由"俳优"上演；在《乐府杂录·俳优》的记载中，有由从成都随唐僖宗入京演戏的著名男旦演员刘真演出的《弄假妇人》；在段成式的《酉阳杂俎》续集卷三的记载中，成都西市“有帖衙俳儿于满川、白迦、叶珪、张美、张翱等五人为火”的演戏的戏班（这也是目前所知的巴蜀戏剧史上最早的戏班）；在《旧五代史·毛璋传》的记载中，“蜀主王衍颇有宫戏”；在张唐英《蜀梼杌》的记载中，有写李冰治水的武戏《灌口神》，此外，还有十分活跃的木偶戏和猴戏，故而我国著名戏曲史专家任二北在《唐戏弄》一书中分析唐代戏剧时有“蜀戏冠天下”之誉。在这“冠天下”的繁荣中，以下几件事特别值得注意：

在我国戏剧史上，“杂剧”这种表演形式内容丰富而历史悠久，极为重要。“杂剧”这一名称第一次见诸文献，就在成都。唐文宗太和三年（829）南诏入侵成都，掳去近万人，其中就有“杂剧丈夫两人”（李德裕：《论故循州司马杜无颖第二状》，见《李文饶文集》卷一二），“杂剧丈夫”，就是以表演杂剧为主的男优。巴蜀地区的唐杂剧到了宋代，就正式有了“川杂剧”（宋代已将巴蜀地区简称为川，见本书第二章）之称。南宋时涪州（今涪陵）僧人道隆（1213—1278）赴日本，主持建长寺，后称大觉禅师。他写过一首观剧诗，载于《大日本佛教全书》第95册《大觉禅师语录》卷下《颂古》：

戏出一棚川杂剧，神头鬼面几多般。
夜深灯火阑珊甚，应是无人笑倚栏。

演戏看戏之所称“棚”，从唐宋到现代，蜀中俱有此称，如庄季裕《鸡肋编》卷上记成都春天之艺赏活动，就有“自旦至暮，唯杂戏一色，坐于阅武场，环庭皆府官宅看棚，棚外始作高凳，庶民男左女右，立于其上如山”。

从现有资料看来，唐宋时期成都的戏剧歌舞演出，不仅有“戏场”“歌场”，而且有了相当复杂的舞台装置，可以造出各种美妙的景色来。田况《儒林公议》载：

> 王建偕子嗣于蜀，侈荡无节。庭为山楼，以彩为之，作蓬莱山。画彩罗，为水纹地衣。其间作水兽芰荷之类，作折红莲队。盛集锻者，于山内鼓橐，以长龠引于地衣下，吹其水纹，鼓荡若波涛之起伏。以杂彩为二舟，辘辘转动，自山门洞中出，载妓女二百二十人，发棹为舟，周游于地衣之上，采所折莲列阶前。出舟致辞，长歌复入，周回山洞。俄而唐庄宗遣使李严入蜀，复作此舞以夸之。

上述大型演出是在宫中。在山乡僻壤也有小型的戏场，如陆游记蜀中印象的《初夏闲居》诗中就有“夜行山步鼓冬冬，小市优场炬火红”；“高城薄暮闻吹角，小市丰年有戏场”之句，可见宋代的巴山蜀水，处处有戏剧演出。

在经过了元代的衰落之后，明代的戏剧在巴蜀大地逐渐恢复。宋代的“川杂剧”，已逐渐摆脱了中原杂剧的一般程式，以自己的地方特色为主，著名诗人王世贞在《艺苑卮言》中称之为“川调”，戏曲理论家王骥德在《曲律》中称之为“蜀言”。著名戏曲家、有“乐王”之称的陈铎有《朝天子·川戏》的小令（载《滑稽余韵》）和《北耍孩儿·嘲川戏》的套曲（载《精订陈大声秋碧轩稿》），不仅将出川到江南演出的戏班直接以“川戏”相称，而且对这种同正宗的南戏与杂剧有很大差别的“不南不北乔杂剧”的川戏特点做了详细的记载，诸如“张打油篇章”的通俗、贴近生活，“描眉补鬓”的浓妆，“顽皮脸不羞”的以喜剧为主，“黄昏头唱到明，早晨间唱以黑”的剧目丰富，“一声蛮了一声呔，一句高了一句低”的声腔特点，有筝、笙、笛等“歪乐器”，其演出效果是“士大夫见了羞，村浊人见了喜”。从这些描述来看，近代川戏的某些特点如通俗、诙谐、声腔变化大等，在当时已具雏形。

清代前期，各省移民大量入川，大大加强了四川与外省的经济文化交流，外省的一些戏剧人才也随之入川。由于省内移民众多，五方杂处，也就为不同剧种的活动与发展提供了良好的环境。不同的剧种在四川同时存在，又相互交融，并与四川本土原有的“川戏”相结合，就逐步形成了具有不同源流、不同演唱特点和伴奏乐器，但却又同用四川方言，同用一套打击乐器（锣鼓点仍有小的差别），由同样一批演员演出的今天所见到的川剧，也即我们在前文所说的狭义的川剧。这在全国各地方剧种中是很有特点的，充分表现了巴蜀文化兼容并蓄、融汇发展的特点。经过川剧艺人和若干业余爱好者的努力，川剧已发展成为一种形式活泼、曲调多样、文辞优美、演技丰富，有着鲜明地方风味的地方剧种。

从现有资料看来，清代前期和中期四川境内的各戏班还是各种声腔单独组班的。例如乾隆年间，著名文士李调元在家中组织了一个戏班，由苏州教师排演昆曲，是一个“先生实苏产，弟子尽川孩”（李调元《戏作》）的单一的昆曲班。康熙末年，绵竹知县陆箕永在《绵竹竹枝词》中说：“山村社戏赛神幢，铁钹檀槽柘作梆，一派秦声浑不断，有时低去说吹腔。”并有自注：“俗尚乱谈。”（见王培荀：《听雨楼随笔》卷一）“乱谈”即“乱弹”，也就是“秦声”，即秦腔、陕西梆子。李调元《剧说》卷上：“秦腔始于陕西，以梆为板，月琴应之，亦有紧慢，俗呼为梆子腔，蜀谓之乱弹。”乾隆年间，四川金堂人魏长生（1744—1802）三度到北京演出，他演的也只是“乱弹”，因演技高超，“名动京城，观者日至千余，六大班（按：指当时京中的六大戏班）顿为减色”（吴太初：《燕兰小谱》卷五）；“京师梨园以川旦为优人，几不知有姑苏矣”（李调元：《雨村诗话》卷一〇）。魏长生所创造的旦角“踩跷”的演技和在后脑“梳水头”、面颊“贴片子”的化妆法，直到今天仍为京剧和不少剧种采用。这也是四川艺人在历史上第一次“名动京师”（昭梿：《啸亭杂录》卷八《魏长生》条）。日本著名戏剧史家青木正儿在《中国近世戏曲史》中则称魏长生“为旦色界辟一新纪元之天才，得写实之妙者。……可谓伶中之英雄矣！”

川剧的源头有五支，川剧的声腔也有五种，即：

高腔，这是川剧中比重最大的一种。“高腔”这一名称来源于江西的弋阳腔。李调元在《雨村剧话》中说：“弋腔始于弋阳，即今高腔，所唱皆南曲，向无曲谱，只沿土俗，以一人唱而众和之。”这种不用伴奏，一人唱众人和（今川剧称为“帮腔”）的形式，在川剧高腔中得到了充分的表现，直到新中国成立以后，才开始用乐器伴奏。高腔来源于弋阳腔，但在四川的“川化”过程中，大量吸收了四川的山歌、车灯调、船夫号子等成分，较之古老的弋阳腔更有民间风格，格调也较为明快和强烈。

弹戏，即古之乱弹，来源于北方的梆子腔，很可能明代就已传入。因为用一种四川叫“盖板子”的胡琴（琴筒不蒙蛇皮，而蒙薄木板）伴奏，用木梆敲打节奏，所以又叫“盖板”或“梆子”。由于由陕入川的人多，所以弹戏这种“川化”的梆子腔在清中叶曾非常流行，除上述的魏长生外，在北京演出而有名的四川艺人就还有陈银官、彭万官、陈金官等 30 多人（见吴太初：《燕兰小谱》），北京人称之为“川梆子”。

昆腔，沿于昆曲，清康熙年间传入四川。由于昆曲难以民间化，所以“川化”得最少，在川剧中也使用得最少，近代已没有全本的昆腔戏演出，只有《醉打山门》《议剑》《醉隶》等少数“川昆”折子戏。昆腔大多是以小段形式穿插在其他声腔之中，或用于一段唱腔的开始，叫“昆头子”，仍用笛子伴奏或不用伴奏。

胡琴，又分西皮和二黄，源于同属皮、黄系统的甘肃“琴腔”、安徽徽调和湖北汉调。在“川化”过程中融进了陕西二黄、四川扬琴（四川一种曲艺）、川梆子，用胡琴（与今天京胡相近）伴奏，是川剧中仅次于高腔的重要声腔。

灯戏，是川剧五种声腔中唯一的一种四川本土民间音乐，只吸收了少数外地民歌与戏曲（如陕西“眉户”）的影响，被称为“四川土曲”，用“大筒筒”胡琴伴奏，乡土味极浓，只用来表演活泼、诙谐的小戏，仍然保留了民间小曲的风格。

上述五种声腔，除灯戏来自民间，昆腔、高腔、胡琴、弹戏原来都是各有专班。一直到清末的同治、光绪年间，仍是大体如此。如舒颐班专唱昆曲，太洪班专唱胡琴，翠华班、宴乐班专唱高腔，魁胜班、查师爷班专唱弹戏等，但相互间已开始渗透，如魁胜班也唱少许胡琴。1912 年，在“五族共和”的潮流中，在“川剧改良”的呼声中，成都地区的十大名班合并组成“三庆会”，团结艺人 300 余人，开始了“五腔共和”即五种声腔同台演出的新局面，推出了一批新剧目，加强了理论的研究与人才的培养，使旧的川剧面貌一新。所以，三庆会的成立是近代川剧有别于过去的里程碑。从此以后，川剧的每个班都唱几种声腔，每个演员都唱几种声腔，今天这种五腔合一班的格局最后形成。新建的科班（如三庆会的升平堂）所培养的新一代川剧艺人也就是不分声腔的多面手了。不过，也有个别的戏班不参与这股融合的潮流，作为一种单独的剧种保留了下来，例如个别的汉调剧团就一直保存到20世纪的60年代。

五种声腔合一的川剧形成之后，在四川这样一个大省之中，由于各地区间的师承、擅长、演唱风格的不同，逐步形成了川剧的四大流派，称之为四条“河道”：（1）川西河，又称为成都河、上河，以成都为中心，代表戏班是三庆会和新又新，这个河道的胡琴戏造诣极高，被誉为胡琴戏的“正宗路子”。川西河先后拥有的著名艺术家有浣花仙、杨素兰、康芷林、唐广体、周慕莲、贾培之、天籁、萧楷臣、周企何、阳友鹤、刘成基等。（2）川南河，又称资阳河、中河，流行在资阳、内江、自贡、泸州、宜宾、乐山地区，历来以唱高腔擅长，是著名的唐派高腔的“窝子”，代表戏班是大名班。川南河先后拥有的著名艺术家有唐金莲、萧长志、岳春、张德成、蒲松年、罗开堂等。（3）川北河，流行在绵阳、遂宁、南充、达川等地，受陕西梆子和川北民间花灯戏（南充至今有花灯剧团）影响很大，擅长弹戏和灯戏，代表戏班是太洪班、时合班，著名艺术家有唐彬如、陈全波等。（4）下川东河，又称重庆河、下河，以重庆为中心，戏路广、新意多，丑角大师傅三乾、“京汉调”胡琴戏的开创者吴晓雷等著名艺术家都是下川东河的代表人物。

由于川剧是综合各家、广收博采而形成的，又在长期竞争之中发展，所以在短短几十年中取得了很大的成就，成为我国地方戏曲中水平高、影响大的著名剧种。综合起来看，川剧具有以下几大特色：

从剧本上看，川剧剧本来源广泛，剧目十分丰富，著名的有“高腔四大本”“弹戏四大本”“江湖十八本”“五袍四柱”等，清末傅樵村在《成都通览》中所列剧目就有363出，老艺人中流传的传统剧目共有4000多本，民间更有“唐三千，宋八百，演不完的三、列国”之说。新中国成立之后，经过积累、淘汰、加工和重编之后，多幕戏仍有1500本左右，大的戏班可以上演一年不重戏。新中国成立后不久重庆市川剧院上北京演出时，一次带去大本戏80个，折子戏300多个，可以连演半年不炒冷饭。“本子姓川，起码上千”是川剧艺人的口头禅。在川剧的形成、发展阶段，四川不少著名文士都参与了川剧剧本的整理和改编。如清代中叶著名诗人李调元从官场退隐之后，在家养戏班，潜心戏曲理论研究与剧本改编，“归来只在梨园坐，自敲檀板课歌童”。川剧中著名的弹戏四大本《春秋配》《梅绛雪》《花田错》《苦节传》（即今天名闻远近的《芙奴传》），就是经他加工修改过的。清末御史赵熙是著名诗人，他所改编的《焚香记》具有很高的感染力。著名剧作家黄吉安一生编剧本80余个，尤以《柴市节》脍炙人口。三庆会戏班的义务编剧冉樵子（本名冉开先）擅写高腔戏，《刀笔误》《琴挑》等至今上演不衰。由于民间营养和文士出力的两方面原因，所以川剧剧本的唱词洗练晓畅而又蕴含哲理，词句优雅而又自然明快，真正做到了雅俗共赏。对于川剧剧本的高水平，在戏曲界几乎是众口皆碑的。我们且举两例。在《焚香记》的一折《情探》中有这样几段唱词：

更阑静，夜色哀，月明如水浸楼台，透出了凄风一派。

梨花落，杏花开，梦绕长安十二街。夜间和露立苍苔，到晓来辗转书斋外。纸儿、笔儿、墨儿、砚儿，件件般般都似郎君在，泪洒空斋，只落得望穿秋水不见一书来。

在《刀笔误》的《望夫》一场，有这样一段唱词：

书房一转，来在花间。枝头晶莹日初上，叶底玲珑露未干。满地残花，片片被风卷，何日觅那并蒂莲。但见群芳摇落，只有蓉桂竞妍，只无人与奴摘进闺房，插在鬓边。夫妻分别十余年，但不知何时相见，才效这比翼鸟儿，翩翩飞舞向花前。

这些雅俗共赏的唱词，在地方剧种中无论如何比较，也是上乘之作。《情探》等剧曾被一些高等学校当作范文讲授（如王季思先生将其编入《中国戏曲选》作为戏曲院校的教材）。此外，川剧中以四川人特有的幽默感而发出的种种连珠妙语，真可以达到“奇言惊四座，妙语解人颐”的效果，无论正剧、悲剧都可以用喜剧手法来处理，故而川剧的喜剧情调很浓。川剧喜剧如《拉郎配》《乔老爷上轿》《鸳鸯谱》《迎贤店》《投庄遇美》等所以能在国内外受到热烈欢迎，其基础仍在剧本。

从表演上看，川剧的表演艺术既有一套高度写意的程式，又有丰富的生活情趣，其最大特点是十分精细而多样化。这里举几个非专业人员较易理解的例子：

我国戏剧的行当，都分为生、旦、净、末、丑，下面再分，各有不同。据我所知，川剧是分得最细的，其表演程式也是最细的。如旦之下，又分为闺门旦、奴旦、花旦、武旦、泼辣旦、富贵旦、鬼狐旦、水墨旦、青衣旦、摇旦、老旦；丑之下又分为袍带丑、褶子丑、武丑、襟襟丑、旦丑。

我国戏剧的表演技艺，艺人多有一些精练的总结，这方面的总结，川剧尤为精细。例如眼睛的表情，名演员薛艳秋分为 24 种：惊、诧、惧、怕、喜、怒、哀、疑、忧、恨、羞、媚、恋、妒、醉、病、盼、望、骄、藐、疯、恶、痴、情。小生的情绪风度，名演员袁玉堃总结为10种：喜、怒、哀、惊、怕、痴、疯、病、醉、派（四川方言，即摆阔，玩气派）。单是小生中的书生，又有10种表现手法：瓜（四川方言，天真、傻乎乎）、秀、酸、呆、俊、刚、柔、狠、伪、浮。川剧表演艺术家阳友鹤的手法、身段、步法有几百种，他写的《川剧旦角表演艺术》一书已成为全国所有剧种旦角演员最重要的教科书，国内很多地方戏演员都专程入川学习川剧的表演技艺。

川剧各种声腔共有各种曲牌腔调800余种，其中高腔曲牌300多种（常用的有100种左右）。行腔除一般的字正腔圆的要求之外，练唱分为喊嗓和吊嗓两类。喊嗓主要是训练和改变自然嗓音，吊嗓主要是练唱腔。唱腔讲究“腔无情，不见人；腔不巧，不见好；腔不美，淡如水”。要求“字重腔轻”“依腔就字”“字为主，腔为宾”“高腔轻过，低腔重煞”“腔高不薄，腔低不弱”“慢板要紧，快板要松，散板要稳”。

川剧演唱中与其他剧种很大的不同就是重视高腔的帮腔（这也是不熟悉川剧的观众所最不习惯的部分）。在从弋阳腔发展演变而成的各种高腔剧种中，唯有川剧的帮腔在曲牌中可以独立使用，可以帮整句乃至数句，甚至少数曲牌只帮不唱。川剧帮腔已由原来弋阳腔中简单的“以一人唱而众和之”发展为具有领唱、合唱、伴唱、重唱等多种形式，具有多种功能。其功能可以归纳为10种：（1）在道白和唱腔之间过渡，起领唱作用，俗称“放帽子”。（2）一支曲牌一开始就帮腔的叫“平起”，起定调、定节奏的作用。（3）在一支曲牌之间或几支曲牌之间帮腔，起转调的作用。（4）帮助刻画人物的内心感情，烘托气氛，特别是突然高八度的“咦”腔，作用十分明显。（5）在演员演唱描绘事物的同时，用帮腔描绘周围环境，起陪衬作用。（6）以第三者的身份从侧面描述戏剧情节。（7）代剧中人物说出不便说出的话，或从旁剖白人物的内心世界，往往可以起到画龙点睛的作用。（8）加强重点词句，加重语气，帮助观众理解。（9）渲染舞台气氛，这类帮腔往往是没有唱词的"没词歌"，只用语气词或衬字。（10）从观众或评论者的角度对剧中人或事加以褒贬，甚至对全剧做一个总结。

川剧有极为深厚的群众基础。在四川，有数不清的业余川剧演唱者，称为"玩友"，他们在四川遍布城乡的茶馆中，或院落、打谷场上，围坐清唱，锣鼓喧天，称之为"打围鼓"。在过去，几乎城市中每条街有围鼓，农村中每个场镇有围鼓，还形成了省内成都、重庆、自贡、广汉连山镇、富顺牛佛镇、绵阳丰谷镇、金堂淮口镇、安岳国卿寺等远近闻名的玩友中心。玩友们还编创唱本，如《清玩雅音》之类。玩友登台演出，就成为"票友"，票友下海成为专业演员者不乏其人，著名艺术家浣花仙、贾培之、陈淡然、天籁等是其中的佼佼者。直到今天，在影视歌舞的强烈冲击之下，四川城乡仍有无数玩友在打围鼓，不少地方还组织了玩友协会。

川剧表演中过去有不少艺人创造了一批"绝活"，有的因无有继承而失传，有的则至今还在舞台上表演，被人们称为绝技，如可连变九次的变脸（原称九变化身）、踢慧眼、吐火、滚灯等。

第七章 宗 教

我国的宗教与传统文化有着广泛而密切的联系，是我国传统文化不可分割的一部分。巴蜀地区各种宗教的发展历程在我国宗教史上占有十分重要的地位，既是道教的发源地，又曾是南方佛教的中心地区。直到今天，鹤鸣山仍是道教的祖庭所在，峨眉山仍是佛教名山，在我国的宗教生活中有着重要的作用。

第一节 古巴蜀的原始宗教

我国原始宗教的重要特点是多神崇拜，其中包括自然崇拜、灵物崇拜、图腾崇拜、祖先崇拜等等，古巴蜀的原始宗教也不例外，在这方面有充分的反映。例如：

蜀人出自岷山，沿岷江而向外发展，故而崇拜岷山的山神与江神。《蜀王本纪》载："李冰以秦时为蜀守，谓汶山为天彭阙，号曰天彭门，云亡者悉过其中，鬼神精灵数见。"汶山即岷山，以岷山为神山，不会是李冰的主张，而肯定是蜀人早已有之的信仰。我们在前一章已引述过《华阳国志·蜀志》中李冰治水而激怒江神，以至李冰与江神决斗的传说。这位江神虽然不敌李冰，但仍长期被祀奉，成都的江渎庙最早见于《汉书·郊祀志》，具体的建庙记载最早见于隋代，以后历代保护维修，直到1924年，仍在文庙西街。

蜀人最早在岷山之上与石为伴，“蚕丛始居岷山石室中”（《古文苑》载扬雄《蜀都赋》章樵注引《先蜀记》）。这种“累石为室”的“石室”在岷山地区长期使用着。离开山区来到平原地区的古蜀先民，虽然不再住石室，却长期对岷山之石有着一种大石崇拜。三星堆祭祀坑中有一块与金、玉、青铜器同在的大石，是其遗迹之一。在成都地区，古代文献上记载的大石崇拜遗迹甚多，如至今尚可见到的支矶石、天涯石，几十年前尚可见到的五块石、五丁担、石镜、飞来石，几百年前尚可见到的石笋等。对于这些大石遗迹，《华阳国志·蜀志》早就说过，蜀“王薨，辄立大石，长三丈，重千钧，为墓志，今石笋是也”。大诗人杜甫亲见过这些大石，在《石笋行》一诗中也说：“是恐昔时卿相墓，立石为表今尚存。”成都平原不出产这类石料，必是西部山区运来无疑。这些大石遗迹，无可争辩是古蜀先民大石崇拜的物证。

祖先崇拜是任何民族都存在的一种古老的信仰。在不少民族中，祖先崇拜也往往与图腾崇拜、神灵崇拜有着种种关系。三星堆出土的几十件青铜人像与三棵青铜神树，以及其他大量的青铜器与玉石器肯定与祖先崇拜有关，只是我们今天已难以了解其真正的内涵。今天可以见到的最重要的实物，是专门祭祀蜀王杜宇与开明的望丛祠（杜宇又称望帝，开明又称丛帝，故名），以及望丛祠内相传为杜宇与开明的陵墓。望丛祠最初建于何时，今已不可考，只知望帝祠庙最早建在都江堰渠首工程之侧今二王庙地区，丛帝祠在今郫县，南朝齐明帝时才将望帝祠移至郫县与丛帝祠并为望丛祠，至今仍在郫县城郊。可以肯定，对望帝、丛帝的祭祀是很早就已开始，源远流长。例如，杜宇又被称为杜主，在巴蜀大地上很早就有杜主祠庙，后世因其提倡农耕而作为农神长期祭祀，祠庙的数目愈来愈多，一直到近代，巴蜀各地常见的“土主庙”，就是杜主庙的误写。例如成都市郊的双流县永兴镇政府所在地，至今仍叫土主庙。

在上古之世常见动物崇拜，巴蜀地区最突出的是巴人的白虎崇拜。《后汉书·南蛮西南夷列传》：巴氏子务相被巴郡五姓共立为廪君，“廪君于是君乎夷城，四姓皆臣人。廪君死，魂魄世为白虎。巴氏以虎饮人血，遂以人祠焉”。樊绰《蛮书》卷一〇亦载：“巴氏祭其祖，击鼓为祭，白虎之后也。”在传世的巴蜀青铜器中常见虎纹，可见文献所载不误。巴人对白虎的崇拜，也就是一种祖先崇拜。在三星堆出土文物中，有一个小金虎和一个小铜虎，可见蜀人也有虎崇拜，只是不如巴人那样普遍。

由于古巴蜀时期的文化是由不同族系的民族组成的多元并存的文化，所以在各民族的原始宗教中一直未能产生一个影响比较大、传统比较远的宗教。秦统一巴蜀之后，巴蜀大地诸民族的文化逐渐融合，融合之时又加入了大量中原文化的因素，这才在秦统一几百年之后产生了一个对后世影响最大的宗教——道教。

第二节 道教的产生与传播

道教是世界上几大宗教中唯一在我国土生土长的宗教，对中国文化影响很大。鲁迅说过：“前曾言中国根柢全在道教，此说近颇广行。

以此读史，有多种问题可以迎刃而解。”[1] 道教的前身是五斗米道，或称天师道，其创教之地乃在巴蜀。

马端临在《文献通考·经籍考》中有句话讲得很精辟：“道家之术，杂而多端。”道教是融合了我国古代文化中多种社会思潮之后在汉代形成的。就主要者言之，道教的产生有三个主要来源：

第一个主要来源是古代的原始宗教与民间巫术，特别是南方的巫术。原始宗教与巫术并不是同一概念，但相互间有若干相通之处，崇拜多种鬼神，用各种方式祈福免祸，是其主要表现。作为以神的代表身份出现与人沟通的巫祝，可以为人免灾去病。巴蜀地区这种鬼神观念特别流行，巫祝的作用特别明显。《后汉书·南蛮西南夷传》说巴人“未有君长，俱事鬼神”。《华阳国志·蜀志·僰道县》下说大江两岸“民失在于征巫，好鬼妖”。《华阳国志·李特雄期寿势志》说巴人“俗好鬼巫”。这些信鬼求巫的习俗是创立道教的良好土壤。所以当道教创立初期，张鲁等人“以鬼道教百姓，賨人（按：即巴人）敬信”，“巴、汉夷民多便之”（《华阳国志·汉中志》）。

第二个主要来源，是自战国开始、秦汉时期特别流行的神仙学说，主要反映于荆楚文化。《庄子》中就有不少关于“神人”“至人”“真人”的描述，如《逍遥游》中说：“藐姑射之山有神人居焉，肌肤若冰雪，绰约如处子，不食五谷，汲风饮露，乘云气，御飞龙，而游乎四海之外。”按神仙学说，人是可以通过修行而成为这种长生不死、不食五谷、逍遥自在、神通广大的神仙的。社会上一些方士，也就利用这种学说来推销他们可令人长生不老的方术。在《战国策·楚策》和《韩非子·说林》中都有献不死之药于楚王的记载。秦始皇与汉武

① 鲁迅：《致许寿裳》，《鲁迅全集》第十一卷，人民文学出版社1981年版，第353页。

帝为求不死之药而作的种种努力更是为人们所熟知。与古巴蜀文化有很密切关系的《山海经》中多次提到有不死国、不死山、不死民、不死树、不死药，可知这种学说在巴蜀也十分流行，只是未有记载流传而已。神仙学说与方士的活跃，是道教所以形成的重要原因。

第三个主要来源是始于战国、流行于汉代的黄老思想。黄帝是传说中的中华民族的人文初祖，其各种传说在战国时期才见于记载。战国时文人往往假托黄帝之名来推销自己的学说，宣传自己的思想。特别是道家学者，由于老子这位道家学说的祖师身世不明、地位不显，故而在百家争鸣之中就往往托名于黄帝以成说，如《淮南子·修务训》所说："世俗之人多尊古而贱今，故为道者必托之于神农、黄帝而后能入说。"其实是以黄帝之名来宣传老子学派的道家学说。这种黄老之学原来主要是一种哲学思想，也含有一定的对社会对人生的看法，可是在不断发展之中，内容逐渐增多，特别是由于老、庄之学起于南方，与荆楚巴蜀地区的神仙学说相互影响，逐渐与神仙思想、阴阳数术相结合，老子也被神化，老子的道家思想在经过改造之后就成为创立道教的指导思想。

上述三种社会思潮，在战国末年到汉代这段时期，已经发展到具有了宗教的雏形，神仙方术之士已经有了"方仙道"的称呼，如《史记·封禅书》说："为方仙道，形解销化，依于鬼神之事。"黄老之学的宣传者也有了"黄老道"的称呼，如《后汉书·王涣传》："桓帝事黄老道，悉毁诸房祀。"又《皇甫嵩传》："张角自称大贤良师，奉事黄老道。"

东汉末年的社会，为道教的创立提供了必要的社会基础。

东汉后期，外戚与宦官相互争斗，穷奢极欲，专横残虐，强征暴敛。"视民如寇仇，税之如豺虎"（《后汉书·左雄传》）；"虐遍天下，民不堪命”（《后汉书·单超传》）；再加上灾荒，乃至出现了“河内（今河南武陟一带）人妇食夫，河南（今洛阳一带）人夫食妇”（《后汉书·灵帝纪》）的惨状。在社会矛盾如此尖锐的情况下，苦难深重的广大穷苦百姓急迫地要寻求生活之路，寻求互助之路，原来的一些宗教的雏形就很容易被群众所接受、所拥护，积极参加，原始道教的两大教派就在这种情况下形成了。在北方，是以黄老道为主而出现了太平道，以于吉的《太平清领书》为主要理论武器，以人无贵贱、人人平等来号召群众，主要领袖是张角。在信徒日益增加的基础上，发动了黄巾大起义，但后来被各路军阀的屠刀联合镇压了下去，太平道也同时被镇压而解体，残存的信众大多融入五斗米道。

五斗米道产生于巴蜀，时间比太平道产生时期略早。据《三国志·魏书·张鲁传》：

> 张鲁字公祺，沛国丰人也。祖父陵，客蜀，学道鹄鸣山中，造作道书以惑百姓，从受道者出五斗米，故世号米贼。陵死，子衡行其道。衡死，鲁复行之。

《华阳国志·汉中志》《后汉书·刘焉传》《魏书·释老志》、葛洪《神仙传·张衡传》等均有上述记载。鹄鸣山或作鹤鸣山，根据《后汉书》李贤注、李吉甫《元和郡县志》与《唐六典·户部》之载，鹤鸣山在大邑县西北，至今仍名鹤鸣山。《三国志》称“世号米贼”，《华阳国志》称“世谓之米道”，《水经·沔水注》称“世号五斗米道”。从这几处相同的“世号”来分析，“米道”“五斗米道”是他称而不是教派的自称，是旁人见他们“受道者出五斗米”而如此称呼的。由于张陵虽“造作道书”，但这道书并未能流传下来，所以只能从稍晚一些的道教文献来推测。历代道教徒都称张陵所创之道为“正一盟威之道”“正一道”；张君房《云笈七籤》卷六引《正一经》：“天师自云：我受于太上老君，教以正一新出道法。”又引《玉纬》称，太上老君授张陵“正一科术要道法文”“正一盟威妙经”，称张陵为“正一真人”“天师”；在洪适《隶续》卷三所载汉碑《米巫祭酒张普题字碑》中有“仙历道成，玄施延命，道正一元，布于伯气”的词句。所以，张陵当年在蜀中创立的教派很可能应当叫正一道。由于张陵是代天行道的天师，所以又称为天师道，上引汉碑中就有“祭酒约施天师道，法无极才”之语。

张陵的身世及创教经过，据葛洪《神仙传》及《道藏》中所收的《汉天师世家》所载，知他本沛国丰（今江苏丰县）人，生于东汉建武十年（34），是汉初名臣张良的八世孙，7岁开始读《老子》，通晓天文、地理、图谶之学。年轻时就有从学弟子千余人，并开始漫游天下，曾经“涉河洛入蜀山，得炼形合气之书，辟谷少寐”，与蜀中方仙道有了很深的关系。他又赴京入太学，博通五经，举“贤良方正直言极谏科”。永平二年（59），任江州（今重庆）令，在巴蜀生活了一段时间，因不满官场腐败，辞官入洛阳北邙山修炼长生之道。朝廷三次召他出来做官，均遭其拒绝。以后又长期漫游名山，求道炼丹，得到了不少《黄帝九鼎丹书》之类的秘籍。“闻蜀人多纯厚，易可教化，且多名山。”又“闻巴蜀沴气为灾，当往除之”，乃第三次入蜀，曾在很多地方停留，最后选定了鹤鸣山，著作道书二十四篇。汉安元年（142）上元之夜，据说太上老君被他感动，向他传授了正一盟威之道，以及经箓、玉印、剑、冠、玉简等神物。他得道之后，大力传道，为人治病，百姓翕然奉之以为师，弟子众至数万。他将弟子加以组织编列，定立条制，互助共济，修复道路，在此基础上，设立了

"二十四治"，即24个教区。初期的"二十四治"全在当时的巴蜀境内，其中又以阳平治（在今彭州）、鹿堂治（在今绵竹）、鹤鸣山治（在今大邑）最为重要。相传他于永寿二年（156）在鹤鸣山被毒蛇咬死，享年123岁，也有说是在云台峰升天。

张陵所以在遍游天下之后选中蜀中创教传教，除了当时整个社会的矛盾尖锐的大气候之外，巴蜀地区本身也有适宜于传教的环境。首先，如前所述，这里"俗好鬼巫"，"好鬼妖"，"俱事鬼神"，应当是本地的各种原始宗教，这些原始宗教的流行，就为创教传教提供了良好的土壤。其次，这里道家思想盛行，而且早有著作流传。如西汉著名学者严遵，"专精《大易》，耽于《老》《庄》，常卜筮于市，假蓍龟以教。……得百钱则闭肆下帘，授《老》《庄》。著《指归》（按：即《老子指归》），为道书之宗"（《华阳国志·先贤士女总赞上》）。东汉的新都人杨厚，"修黄老，教授门生，上名录者三千余人"（《后汉书·杨厚传》）。第三，汉代的巴蜀方术与图谶之学特盛。《后汉书·方术列传》中立传的巴蜀代表人物就有七位，为首的就是阆中的任文公。已知的巴蜀地区最早的道教题材的遗物是简阳逍遥洞发现的"汉安元年（142）四月十八日会仙友"题刻（刘燕庭：《金石苑》第一册），是汉顺帝时遗物，与张陵创教同时，可知神仙观念在巴蜀地区早已有之。第四，在成都平原西部山区，当时还有大量羌人，大邑鹤鸣山本是邛崃山脉的一支，往前是广阔的成都平原，往后则是起伏绵延的山区。这里在当年是羌人活动区（大邑县至今尚有蜀汉时防御羌人的"望羌台"遗址）。张陵选择鹤鸣山作为创教传教之地，很可能与氐羌原始宗教有关。据《广弘明集》卷八《二教论》道宣注引《蜀记》载，张陵曾"避病疟于丘社之中，得咒鬼之术书，为之，遂解使鬼法"。同书又载张陵死后，信徒以为升天，"米民之山僚，遂因妄传”。张陵要以西蜀为根据地，为当地人驱鬼去病，不采用本地的巫术是不行的。所以他很可能融合了这些巫术的内容在五斗米道之中。而山区的少数民族诸如“山僚”等，也就会有大量的五斗米道的信徒。

张陵在鹤鸣山创立五斗米道之后，信徒发展很快。他在“二十四治”中各设祭酒作为首领，用符箓、医药、导引等术为众人治病，按条制进行管理，强调思过悔过，乐善好施，又组织众人开山修路，发展生产，以信徒所交的五斗米设立义仓，互助济贫。他的教义很受广大民众的拥护，祭酒俨然成为一方之主，每个治已经具有政教合一的内容。而五斗米道作为一种宗教，在不断发展中也逐渐完善与严密，有了道书如《微经》《天官章本》《黄书》，教义，教仪，组织与戒律。如《魏书·释老志》载：

> 张陵受道于鹤鸣，因传天官章本千有二百，弟子相授，其事大行。斋祠跪拜，各成法道，有三元九府、百二十官，一切诸神，咸所统摄。

张陵死后，其子张衡与其孙张鲁继其业，因张陵被称为“天师”，张衡遂称为“系师”，张鲁称为“嗣师”，五斗米道也多被称为天师道。由于张陵长寿，故而张衡的事迹不显（相传张衡死于光和二年，179)。大约与张衡同时或稍后，五斗米道另一位首领张修在巴郡、汉中郡传道，发展很快。黄巾起义爆发时，他也响应而起义，与中原的张角齐名。张角被镇压之后，张修的力量才逐渐消失。

张鲁是继张陵之后发展早期道教的最有影响的人物。由于天师道在蜀中的势力日益扩大，汉灵帝时的益州牧刘焉就干脆任命张鲁为督义司马，让他带领徒众去攻杀汉中太守张固，将蜀中信教的主力引向汉中。张鲁占领汉中之后，就名正言顺地搞政教合一。张鲁攻占巴郡之后，又在巴郡搞政教合一，“雄据巴、汉垂三十年”。《三国志·魏书·张鲁传》载：

> 鲁遂据汉中，以鬼道教民，自号师君。其来学道者，初皆名鬼卒。受本道已信，号祭酒，各领部众多者为治头大祭酒。皆教以诚信不欺诈，有病自首其过，大都与黄巾相似。诸祭酒皆作义舍，如今之亭传。又置义米肉，县于义舍，行路者量腹取足，若过多，鬼道辄病之。犯法者，三原，然后乃行刑。不置长吏，皆以祭酒为治，民夷便乐之，雄据巴、汉垂三十年。

张鲁后来因兵力不强，降于曹操。建安二十一年（216）病死。张鲁死后，由于靠镇压黄巾军、太平道起家的曹操、刘备等都对宗教势力加以打击，对方士加以禁锢，天师道一度有所沉寂，到西晋时期才又逐渐活跃。在巴蜀地区，犍为人陈瑞是西晋天师道的重要领袖，《华阳国志·大同志》载：陈瑞自称天师，教徒首领称祭酒，传教中心称道治，徒众以千百数，各地均建有传舍，这些都与汉代天师道一致。到了十六国的成汉时期，由于李特统治集团的主体巴賨原来大多是张鲁天师道的信徒，故而从西北入蜀之后就与青城山下的“岩居穴处，求道养志”的著名道士范长生联合，尊范长生为“天地太师”，封官丞相。李雄统治巴蜀30年，天师道事实上与张鲁时期的地位相似，巴蜀社会“事少役稀，百姓富实，闾门不闭，无相侵盗。……国无威仪，官无秩禄，班序不别，君子小人服章不殊”（《晋书·李雄载记》）。其情况也与张鲁统治汉中时期相似。所以能如此，在中原人士眼中，仍是“以左道惑百姓，人多事之”（《晋书·周抚传》）；“以妖异惑众，蜀人多归之”（《资治通鉴》卷九七），是宗教力量在起作用。

成汉政权被东晋攻灭之后，天师道在巴蜀地区再也未有被统治集团支持成为官方宗教的情况，长期成为民间宗教。

由于北方的太平道在魏晋时期就未再有活动，徒众转入天师道。张鲁死后，据《汉天师世家》所载，其子第四代天师张盛遵张鲁生前之嘱，到张陵当年曾经住过的江西龙虎山设坛传教，此后龙虎山遂成为历代天师世袭的本山（据近代研究，此载很可能不确，张陵子孙迁居龙虎山当在唐末）。江南各地的天师道在东晋南朝时代十分活跃，或称五斗米道，如书圣王羲之家族，就是“世事五斗米道”；或称为天师道，如大贵族郗鉴家就是“事天师道”的。南朝刘宋道士陆修静对五斗米道做了若干改造，后称南天师道；北魏道士寇谦之自称代张陵为天师，也对天师道做了若干改造，后称北天师道。由于各派都强调对“道”的信奉，寇谦之又将天师道称为“道教”，所以这以后就都称之为道教（“道教”一词，原为诸子百家所共用的概念，是以道化教人之义。在道教文献中最早见于《老子想尔注》）。但溯其本源，其创教之地乃在大邑的鹤鸣山。

第三节 道教圣地青城山

大邑鹤鸣山是道教的发源地，但自从汉末道教中心从西蜀北移汉中之后，鹤鸣山的地位就不甚重要了。南北朝以至如今，巴蜀地区道教的中心地一直是青城山。青城山在今都江堰市，与鹤鸣山本是同一山系，相距只有三十几公里，古代通称“西山”，如《云笈七籤》卷六就说："汉末有天师张道陵精思西山，太上亲降。"青城山因自汉末就有道教的活动，故而很早就被称为清都、清城都（《列子·周穆王》："王实以为清都、紫微、钧天、广乐，帝之所居。"张湛注："清都、紫微，天帝之所居也"）。北周时因清城都之名，改所在的齐基县为清城县，山遂称为清城山。唐玄宗时在一份诏书中将清城写成了青城，从此之后遂一直写作青城。

据唐末著名道士杜光庭在《修青城山诸观功德记》中说：张天师曾"自渠亭鹤鸣（按：即大邑鹤鸣山）顿驾兹岭，行明威之法，清涤林泽，折冲万里，拔鬼城鬼市，刻石为天地日月……丹笔画山，青崖中断，笔迹在焉，经图攸载"。唐人徐太亨在《青城山丈人祠庙碑》中又说："青城山周回二千七百里，高五千一百丈，即道家第五宝仙九室之天矣。……仙都众妙之奥，福地会昌之城，张天师羽化之处焉。"因此，青城山上至今有相传张天师与六天魔王、五部鬼帅决战、扫荡群魔的"试剑石"（又称"降魔石"）、"掷笔槽"等名胜。又据《太平寰宇记》卷七三永康军青城县下记载，青城山不仅是第五洞天，而且"天师立青城治于其中"。这个青城治不是张陵所设的"二十四治"之一。而是晚些时候出现的"八游治"之一，"八游治"之说起于何时，目前还无法定论，但不会晚于南北朝。也就是说，在此之前，青城山即是天师道即道教中心之一，应当是可信的。

现在可以确知在青城山活动的最早的道教领袖是我们在前面已经提到的范长生。范长生，涪陵丹兴（今黔江）人，蜀汉延熙十一年（248），涪陵夷人反叛，车骑将军邓芝在用武力平叛之后，移涪陵五千家于西蜀，范长生就是这批移民中的一员。很可能原来就是天师道的重要人物（涪陵郡平都县"有天师治"，见《水经·江水注》，可见早为天师道的传教区域），到西蜀之后即"率千余家依青城山"（《晋书·李流载记》)。他为什么能率千余家，又为什么要依青城山，都只能认为是由于天师道的关系。当信奉天师道的巴賨李氏集团在蜀中起兵反晋受挫之时，李流、李雄等人驻于郫县，“三蜀百姓并保险结坞，城邑皆空，流野无所略，士众饥困”。在这种情况下，“说长生等使资给流军粮，长生从之，故流军复振”（同上）。李流死后，李雄为首，“雄以西山范长生岩居穴处，求道养志，欲迎立为君而臣之。长生固辞”（《晋书·李雄载记》)。当李雄称成都王之后，“范长生自西山乘素舆诣成都，雄迎之于门，执版延坐，拜丞相，尊曰范贤。长生劝雄称尊号，雄于是僭即帝位，赦其境内，改年曰太武。……加范长生为天地太师，封西山侯，复其部曲不豫军征，租税一入其家”。范长生原来就有追随者千余人，而且有部曲，力量之大，连李氏集团也要奉之为君，他坚持不就，乃拜相封侯，尊为天地太师。可他却又是一个“岩居野处、求道养志”的道士。从这些记载可以肯定，范长生是以青城山为基地的一位天师道领袖，他在传教区内实行的是政教合一的治理。李氏集团所以要尊崇他，据《魏书·李雄传》说，“范长生颇有术数，雄笃信之”，完全是由于宗教。另一记载也说：“长生善天文，有术数，民奉之如神。”（《太平御览》卷一二三引《十六国春秋·蜀录》）范长生加入李雄政权之后，“贤为李雄国师，以左道惑百姓，人多事之”（《晋书·周抚传》)，在治国方法上仍是政教合一的，而且治理得很不错，“简刑约法，甚有名称”；“事少役稀，百姓富实，闾门不闭，无相侵盗”；“国无威仪，官无禄秩，班序不别，君子小人服章不殊”（《晋书·李雄载记》)。在战乱不休的十六国时期，社会要达到如此境界，哪怕时间不长，如果没有宗教的力量，恐怕是很难的。范长生病逝之后，他的儿子范贲又继之为丞相。当东晋军队击败李氏集团，成汉亡国之后，还有一部分不甘心的旧部“隗文、邓定等立故国师范长生之子贲为帝而奉之，以妖异惑众，蜀人多归之”（《资治通鉴》卷九七）。仍然是利用的宗教力量，而且不小。虽然范贲等后来仍然被晋军所扑灭，但这 40 多年间范氏父子在以青城山为根据地的西蜀地区的力量与影响之大，是与张鲁在汉中割据时期相仿的。随着成汉政权的灭亡，范氏的政教合一的力量也被镇压下去，但范长生在青城山地区的影响却永久存在。范长生在青城山下的旧居被后人建成长生宫，唐代的唐求，宋代的陆游、范成大等均曾到过，并有诗文记其事。宫观建筑屡经维修，一直保持到当代，1968 年一场火灾，毁去大半，在其旧址建了青城制药厂。今天很多游客游览的都江堰离堆公园中宝瓶口侧的伏龙观，最早叫范贤馆，乃是范长生晚年的居住之所。

唐代是我国古代道教最兴盛时期，青城山也是如此。不仅兴建了若干宫观，而且由皇室确立了道教在青城山的统治地位，还涌现了若干著名的道教人物。

由于唐代从全国来讲都是佛、道二教在相互竞争，各领雄长，这种矛盾也波及青城山。在武则天时期，因武则天崇佛，故而佛教力量大增。唐玄宗时，山下飞赴寺的僧人上山，强占了青城山道教主要宫观常道观即天师洞。此事传到朝廷之后，信奉道教的唐玄宗在开元十二年（724）特地敕书剑南道节度使及有关官员，命令“勿令相侵，观还道家，寺依山外旧所，使道佛两所各有区分”。这道敕令明确了道教在青城山的地位，从此以后再无变化。当时，常道观主甘遗荣将这道敕令刻石于碑，这就是著名的《大唐开元神武皇帝书碑》。历经千余年之后，此碑仍然完整地立在常道观中的三皇殿中，是青城文物中的镇山之宝。在青城山上，过去还有一道唐玄宗手书的《唐金仙长公主碑》，但今已不存。金仙长公主是唐睿宗之女，她与其妹玉真公主两人于太极元年（712）在京出家当了女道士，修道于玉真观。后来出游天下名山，最后选中青城山为修炼之所，修建了“楼阁层层冠此山，雕轩朱槛一跻攀”的储福宫，其地址就在今祖师殿之南。两位公主最后就死于青城，葬于青城。她们烧香所用的飞龙鼎于清代出土，现存于都江堰伏龙观。

自隋唐至宋，有很多著名道士都在青城山留下了他们的足迹。

赵昱，字仲明，隋代时与其兄赵冕同在青城山师事李珏学道，后曾任嘉州太守。传说犍为岷江深潭中有蛟，截没舟船，为害日久。赵昱上任后第七天，蛟又使去青城山购药材的船只沉没。赵昱大怒，遂率甲士千人，入江中与蛟搏斗，最后斩蛟于江中。此后，当地百姓崇拜赵昱有如神明。隋末战乱，赵昱不知去向。唐太宗曾封他为神勇大将军，在都江堰立庙。唐玄宗到成都时，又封为赤城王。后来著名的灌口二郎神，其原型之一就是这位青城道士出身的赵昱。

梅彪，都江堰本地人，他从小读道经，在青城专攻炼丹术，以后集一身之经验于唐宪宗元和元年（806）写成《石药尔雅》一书。于“今时六家之口诀，众石之异名”，“诸丹所有别名，奇方异术之号”一一整理排列，“令疑迷者寻之稍易，习此者用之不难”（《石药尔雅序》）。他的本意是为炼丹的方便，对 62 种“石药”的 335 种异名做了辨析，可在今天看来，却成了全世界第一部矿物学专著，至今仍有参考价值。这一事例，也从一个侧面表现了道教对自然科学的促进作用。

杜光庭（850—933），是四川道教史上最著名的道士之一，他本是处州缙云（今属浙江）人，是江南著名道士，后入京授官，成为道教领袖人物。中和元年（881）他随唐僖宗入蜀，十分喜爱青城山，遂住了下来，主持青城山以及全蜀教务。前蜀时，曾授他多种封号与官爵。晚年定居白云溪清都观，即今祖师殿，死后也葬于观侧，其墓今已不存。杜光庭是一位修养很深、著述很多的高道，对道教有多方面的贡献。他的《道德真经广圣义》是道教理论建设上一部承前启后的巨著，他的《洞天福地岳渎名山记》是最重要的道教神学地理学著作，他修订道门斋醮科仪的《道门科范大全集》长期被后代所沿用。由于他多方面的成就，被时人誉为“词林万叶，学海千寻，扶宗立教，天下第一”（吕太古、马道逸编《道门通教必用集》卷一《历代宗师略传》）。而他的大部分著作，都是在青城山生活这 52 年中完成的。

谭峭，唐末五代时泉州人，自幼学道，内养外炼均有很高造诣，在遍游全国之后定居青城山而不出。谭峭的代表作《化书》以“化”为名，认为天下万事万物每时每刻都在变化之中，是很有见地的哲学思想。他认为统治阶级的腐朽与贪婪是造成人世痛苦的根本原因，明确说“防人盗不如防我盗”，赞同“官逼民反”，是相当进步的社会历史观。在古代的大量道经之中，《化书》是具有较多的民主性精华的一部。

张伯端（987—1082），浙江天台人，自幼学道，于熙宁二年（1069）到成都，遇青城丈人（或说为刘海蟾）传道。熙宁八年（1075）写出著名的《悟真篇》一书，成为道教修炼方术的承前启后的重要著作。书中关于“炼精化气”“炼气化神”的理论与功法，关于“教虽分三，道乃归一”的三教合一的思想对后世有很大影响，被奉为道教南宗的开山始祖。

宋代著名易学家谯定是理学宗师程颐弟子，南宋初，弃官入青城山，在大面山南的谯岩隐居，数年一出。他的易学传与弟子胡宪和刘勉之，再传于冯时行、张行成等人。在我国易学史上有着相当重要的地位。

巴蜀地区的道教，自汉末创教，魏晋发展，在唐宋时期达到最繁荣时期。唐代全国对道家经典《道德经》作“诠疏笺注”的共28家，蜀中就占6家。这其中绵竹道士王玄览的《玄珠录》是以佛入道、具有三教合流思想的重要著作。蜀中不仅出了若干高道，而且在道教信徒心中，还是神仙出没之地，不仅青城山是“神仙都会之府”（王象之：《舆地纪胜》卷一六一《永康军》），整个“成都乃神仙所聚之处”（《太平广记》卷八五《击竹子》）。正因为有如此号召力，金仙公主与玉真公主才会到青城山修道。唐玄宗与唐僖宗在成都避难时，才会都住在道观青羊观（今青羊宫）中。唐玄宗还为青城山送去丈人真君像，封青城丈人为五岳之长，建青城山丈人庙。相传唐玄宗还上过青城山，去观看过两位公主的墓棺。唐僖宗入蜀时，专门到梓潼七曲山去参拜梓潼帝君，解剑赠神，封梓潼帝君为顺济王。在成都时，又敕令青城山中修灵堂、道场、周天大醮。五代时道教更盛，青城山是前蜀和后蜀王室经常出入之地。王衍本人就受道箓于宣华苑，将王建与他本人的像都塑在道观上清宫之中陪侍仙人王子晋，皇宫之中嫔妃都穿着道士服。孟昶也信奉道教，他自己的道号就叫玉霄子。到了宋代，蜀中高道陈抟一度是皇室上宾，一批道观与道士被皇帝赐封或赐名。据天禧五年（1021）统计，全川的出家道士就有4653人。洪迈在《夷坚丙志》中说：“青城道会时，会者万计，县民往往旋结屋下，以鬻果茶。”可见当时青城山的道教节日已成为民俗盛会。

宋代以后，巴蜀地区经济文化全面衰退，宗教活动也随之萧条。清康熙八年（1669），武当山全真道龙门派道士陈清觉（1606—1705）游历蜀中，见青城山殿宇荒芜而山水奇秀，遂留居山中，重振道务，使青城山的道教再一次兴盛，成为蜀中道教中心，著名的常道观就是在他的努力下在废墟上重建的（清末与民初又曾再次修造）。陈清觉晚年居住于官方在成都青羊宫侧专门为他修建的二仙庵（今文化公园），还被康熙召见入京，被敕封为碧洞真人。他在蜀中所开创的教派遂被称为全真道龙门派碧洞宗，至今仍是蜀中道教的主要门派。

青城山作为道教发祥地之一与蜀中道教中心，再加上“天下幽”的自然风光，一直是海内外著名的道教名山与旅游胜地，2000 年与相邻的都江堰一道被联合国教科文组织批准列名为世界文化遗产。

第四节 从南方传入的佛教

佛教是从印度通过西域传入我国的外来宗教，传入时间在西汉末年至东汉初，这已是中国佛教史研究者的一致结论。通过对我国文献的研究，多年来学术界几乎一致认为，我国专门派人到西方学佛并迎来僧人是在汉明帝时期，初次来华的僧人是天竺的迦叶摩腾（另有关于竺法兰的记载，乃后人伪造，不可信）。他到洛阳后建立了我国第一座佛寺白马寺（这个寺名很可能是以后才有的）。关于遣使与僧人来华的具体时间，早期记载均无确切年代，后世则有永平三年、七年、十年、十三年等不同说法。佛教传入我国之后，开始发展极为缓慢，整个东汉未见有多少活动，直到东汉末年的桓、灵之世，又有安世高等僧人来到洛阳翻译佛经，才开始祭祀浮屠，而且是与黄老并列的。至于佛像，中原地区至今未见东汉遗物。文献中的记载，最早也是在汉桓帝时期[①]。

① 以上论述，均见任继愈主编：《中国佛教史》第一卷，中国社会科学出版社 1981 年版。

可是，近年来在四川地区的考古工作中却发现了若干例东汉晚期的佛教造像：乐山麻浩 1 号崖墓的石刻佛像，最早的报告见于 1940 年的《华文月刊》第 6 期载杨枝高《四川崖墓考略》一文；乐山柿子湾 1 号崖墓的石刻佛像，图像与报告见《东南文化》1989 年第 2 期所载唐长寿所写的《乐山麻浩、柿子湾崖墓佛像年代新探》一文；什邡皂角乡白果村东汉砖石墓中出土的画像砖上的佛塔与菩提树（这是我国所见到的最早的佛塔），图像与报告见《四川文物》1987 年第 4 期载谢志诚《四川汉代画像砖上的佛塔图像》一文，实物现藏四川省博物馆；宜宾黄塔山东汉墓出土的一尊坐于青狮上的佛像，报告同上；彭山县 1942 年发现的东汉崖墓中的摇钱树陶座上的一尊坐佛与两尊侍者站立，实物现藏于南京博物院，图像与报告见南京博物院曾昭燏等著《沂南古画像石墓发掘报告》；绵阳何家山 1 号崖墓 1989 年出土的摇钱树上的铜铸佛像，图像与报告见《四川文物》1991 年 5 期载何志国《试谈绵阳出土东汉佛像及其相关问题》一文；乐山西湖塘出土的施无畏印陶俑，无专题报告，图像见《文物》1992 年 11 期载吴焯《四川早期佛教遗物及其年代与传播途径的考察》一文，实物藏乐山市崖墓博物馆。以上材料陆续公布之后，在学术界引起了不小的震动。因为在以洛阳为代表的中原地区迄今未发现过东汉的任何佛像与佛塔的痕迹，如果佛教是先传入中原再从中原传入巴蜀的话，无论在时间顺序上、佛像塑造上都是无法解释的。这种现象只能有一种解释，就是佛教传入我国不止是传统的从西域入中原的一条途径，而是多源的。巴蜀的佛教应是大致与从西域入中原的时间相仿或甚至更早，由早已开通的南方丝绸之路（详后）从印度由缅甸入云南再到巴蜀的。成都很早就是南方丝绸之路的起点，又是西南地区北至中原地区的起点，是南北的交汇点。目前所发现的东汉晚期佛教遗物毫无例外都在这一条通道上，绝不是偶然的。而从传入到让民间有所信仰，到建佛塔、刻铸佛像，再将佛塔形象反映到画像砖上，也必然有一个较长的过程。

在佛教传入我国的途径这一问题上，我们同意多途说。因为除了上述的南方丝绸之路外，根据近年来在沂南、连云港等地发现的东汉佛教造像，表明了佛教也从海上丝绸之路传入。我国古代与印度乃至中亚、西亚的联系，本来就是通过这三条渠道（又有称西域道、南海道、滇缅道）进行的。佛教从这三条渠道大致同时传入我国，应当是很正常的。前引《中国佛教史》第一卷第三章只据当时已知的麻浩与彭山两处材料，做过这样的推断："关于四川的佛教，在东晋之前缺乏文字记载。四川佛像的发现，给佛教史学界提出了一个问题：四川的佛教是从什么途径输入的呢？是从西域经过敦煌直接输入的，还是从长安、洛阳输入的？我们认为更大的可能是通过云南输入的。对此，虽史书无证，但从这些考古发现，至少可以证明在三国以前，四川已传入佛教。"随着近年来考古材料的陆续发现，这种推断已逐步为更多的研究者所接受。还有一个现象很值得注意，就是从文献上看，汉代传入中原的佛教几乎全在上层统治集团中活动，而巴蜀的早期佛教实物则都在民间留存。这种情况表明中原是官方由官道迎来的，巴蜀是自南方丝绸之路的民间小道传来的，两者途径各别。

佛教在汉代从南方丝绸之路传入巴蜀，有无寺庙？有无文献记载呢？目前我们只能找到一条仅供参考的材料，这就是关于大邑雾中山开化寺的材料。

由道教祖庭大邑鹤鸣山前行 6 公里，就是佛教圣地雾中山。这里曾是佛寺遍布的地方，至今仍有开化寺等佛寺三所，有唐代石佛寺摩崖。据地方志记载，这里最早的佛寺建于东汉明帝永平十六年（73），名大光明山普照禅寺。晋永和年间西域高僧佛图澄到此住持，改名显应寺。唐高宗时复名普照寺。明宣宗时有蕃僧普达舍耶等来此再创重建，更名为开化寺。开化寺是雾中山寺庙群的主庙，也是寺庙群的总称。明代最盛时，山上有佛寺 50 余所。由于现在所见到的地方志都是清代所修，褒溢乡梓又是过去地方志之通病，故而上述记载是否完全为信史，尚待考察。目前见到的原始记载有两个部分，一是宋黄休复在《益州名画录》和范成大在《成都古寺名画记》（见《全蜀艺文志》卷四二）中都说著名画家李升在大圣慈寺东观音堂画有《雾中山图》，可见唐代的雾中山佛寺已有很高的知名度。二是在开化寺保存的三通明碑，一通由佛学家胡子衡撰文，一通由曾任大学士的万安撰文，另一位大学士杨廷和书丹，一通由著名学者与文学家杨慎撰文。这三通碑均名为《开化寺碑记》，都说雾中山自东汉就有佛事，还是由伽叶摩腾与竺法兰来此修建的。今摘杨慎《雾中山开化寺碑记》如下：

> 邛州大邑，蜀之望县也。斜江、干溪，合流于其前；鹤鸣、雾山，环绕于其后。沃野千里，名于三蜀。仙佛同源，萃于二山。鹤鸣二十四洞，张道陵之所登真也；雾山一百八盘，僧腾、兰之所卓锡也。……开化寺者，雾中之丛林，禅教之总持也。相传西汉时，此境时有金色布地，玉砌天峦，异相无穷，庶眈惊罕。……至汉永平十六年，始建住持，则摩腾、法兰两尊者游历所止。在晋永和，有佛图澄之孤创；初唐显庆，有僧伽护之双修。……源远流长，遐而尚矣。

关于雾中山开化寺的历史，关于伽叶摩腾是否到过蜀中等问题，目前由于史料太少，有待进一步研究。但上述材料的确是为巴蜀地区佛教传播提供了若干新的线索。

第五节 大佛之乡

自从佛教传入巴蜀之后，遂不断向全境发展。虽然在文献上没有任何记载，但1981年在忠县涂井崖墓中出土的摇钱树与陶俑中发现的佛像，用实物证明了在蜀汉时佛教的传播已到达川东地区。《法苑珠林》卷二六《敬法篇》载：“西晋蜀郡沙门静僧生，小出家，以苦行，致目为三贤寺主。”这段文字不太准确，《高僧传》卷一二《释僧生传》说：“释僧生，姓袁，蜀郡郫人，少出家，以苦行致称，成都宋丰等请为三贤寺主。”这段文字较准确，但未记时代。把两段记载互参，就可从较为可信的文献中见到目前所知的最早的僧人与佛寺。未见于记载的僧寺应当出现得更早一些。

魏晋南北朝时期，外地僧人入蜀者不少，如高僧释道安的弟子法和在东晋哀帝时入蜀，“巴汉之士，慕德成群”（《高僧传》卷五《释法和传》）。他是佛教典籍中所知的最早的外地僧侣。还有高僧慧远之弟慧持也在东晋安帝时入蜀，住成都龙渊寺。东晋后期，为了管理日益增多的僧侣，蜀郡已设立了专职的僧官僧正。如《高僧传》卷六《释慧持传》载，僧恭“幼有才思，为蜀郡僧正”。到了南朝刘宋时，又有了比丘尼，如《比丘尼传》卷四所载的昙晖。南北朝后期，蜀中高僧还被成批迎入长安。如《续高僧传》卷一六《释僧实传》载：北周“太祖平梁、荆后，益州大德五十余人，各怀经部，送像至京”。在这一时期，巴蜀各地建造了不少佛像，有摩崖石窟，也有寺庙雕塑，我们至今还能见到若干珍贵的实物。如蒲江龙拖湾石刻造像群（共有 10 龛）有西凉嘉兴元年（417）的题名碑刻，10 号龛有唐代之前风格的造像；成都万佛寺毁于明清之际，旧址前后数次出土了数百件精美石刻造像，最早的是刘宋元嘉二年（425），最晚的是北周武帝保定二年至五年（562—565），最著名的则是南梁时期的造像；茂县出土的南齐永明元年（483）的无量寿佛石刻像；1983 年广元城关出土的北魏延昌三年（514）释迦文佛石刻造像；广元千佛崖和皇泽寺石窟群中的南北朝时期石刻造像；新都宝光寺收藏的梁大同六年（540）千佛碑造像。

到了唐宋时期，佛教有了进一步的发展，可谓高僧辈出。据《续高僧传》和《宋高僧传》的材料统计，隋唐时期益州高僧共 28 人，其数目仅次于当时的两京长安与洛阳。什邡人道一（709—788）因俗姓马，又称马祖，是著名的禅宗大师，洪州宗开创者，门下法嗣 139 人，皆为一方宗主。西充人宗密（780—841），在京师有很高地位，曾为唐文宗说法，宰相裴休等均拜他为师，世称圭峰禅师，尊为华严五祖。洪雅人知玄（809—881），俗姓陈，曾在成都大圣慈寺讲经，蜀人呼为“陈菩萨”。后入京，唐宣宗署为三教首座。著名高僧玄奘年轻时也曾在成都学佛，在空慧寺受具足戒。有了如此之多的高僧，当然也就会有大量的僧尼及信徒。北宋初年，王小波、李顺起义军入成都，据陆游所述，李顺曾“饭城中僧数千人以祈福”（《老学庵笔记》卷九）。宋真宗天禧年间，全国共有僧尼 39.7 万人，四川即有 5.6 万，占全国总数 12.5%（据《宋会要辑稿·道释一》第十三数字统计）。与此同时，各地又建起了若干规模宏大的寺院。北宋时，慈云长老曾对成都地区的佛寺有过这样一段评论：“今之佛宫，凌云之阁，万木之殿，回廊四合，台榭相连，万瓦鳞鳞，轩牖金碧，虽世之王公大人之居，不能敌此也。”此话并非无根据的夸大，以著名的成都大圣慈寺为例，“总九十六院，按阁、殿、塔、厅、堂、房、廊，无虑八千五百二十四间”（李之纯：《大圣慈寺画记》）。这 96 院的具体名称，经过从有关史迹之中钩稽，已经确定 72 院（见民国《华阳县志·古迹四》），可见宋人所记并非虚语。其规模之宏大，在我国佛教史上，应当是最盛的一例。除大圣慈寺外，如成都的石犀寺（初名龙渊寺，又改空慧寺、圣寿寺，俗称石犀寺）、万佛寺（初名安浦寺，又名再兴寺，唐宋时名净众寺、竹林寺，南宋名净因寺，俗称万佛寺）、金绳寺（原名东禅院）、昭觉寺（原名建元寺），峨眉山的普贤寺（今万年寺）、华藏寺、乾明寺（又名集云寺，今称中峰寺），乐山的凌云寺，金堂的大中祥符寺（原名天宫寺、慈云寺），什邡的马祖寺等都是著名的佛寺。

唐宋时期的佛教胜迹一直留到今天的是遍布巴蜀的石刻造像。在今天四川省范围内，有石刻造像的县市为 49 个，龛窟在 10 个以上的分布点为 124 处，其中多数是唐宋时期的作品。著名的如广元千佛崖和皇泽寺、巴中水宁寺和南龛等、成都万佛寺、资中重龙山、邛州花置寺和石笋山等、夹江千佛岩、大足北山和宝顶山、安岳华严寺和毗卢洞以及圆觉洞等处。其分布之广、造像之多、题材之富、技艺之精，在全国都是少见的，在我国长江流域更是仅见的。不过，巴蜀地区的佛教造像较之上述作品来讲在全国更富特色、更为罕见的是以世界第一的乐山大佛为首的若干尊大佛，巴蜀地区是名副其实的大佛之乡。大佛有多少？单是高度或长度在 10 米以上的，就有 20 座之多。为了方便读者，现将 20 座大佛的简况先列表于下：

高序	俗称	姿态	佛名	高（长）度（米）	建造年代	所在地
1	乐山大佛	坐	弥勒	71	唐·开元	乐山凌云寺
2	荣县大佛	坐	释迦	36.67	宋·元丰	荣县城郊
3	潼南卧佛	卧	释迦	36	民国	潼南龙马乡
4	屏山大佛	立	释迦	32	明	屏山八仙山
5	大足卧佛	卧	释迦	31	宋	大足宝顶山
6	彭山双佛	立、坐	释迦	25	唐	彭山仙女山
7	安岳卧佛	卧	释迦	23	唐·开元	安岳卧佛沟
8	江津大佛	坐	毗卢	23	明	江津石门
9	资阳大佛	坐	弥勒	21.4	唐·贞元	资阳半月山
10	潼南大佛	坐	弥勒	18.1	唐·咸通	潼南城郊
11	南部大佛	立	释迦	17.5	晚唐	南部禹迹山
12	安岳大佛	坐	释迦	16	唐·开元	安岳黄桷铺
13	仁寿高家大佛	坐	释迦	15.85	唐·开元	仁寿高家乡
14	仁寿太乙大佛	坐		15	明	仁寿太乙坝
15	资阳大佛	坐		13	唐	资阳骑龙坳
16	乐至卧佛	卧	释迦	12.6	唐	乐至马罗乡
17	合川大佛	坐	释迦	12.5	唐	合川涞滩
18	仁寿牛角寨摩崖佛	坐	弥勒	12		仁寿牛角寨
19	威远大佛	立	阿弥陀	11.82	宋	威远百胜乡
20	合川钓鱼城大佛	卧	释迦	11	宋	合川钓鱼城

在一个省区之内竟有如此多的石刻大佛，这是出人意料的，更是在过去的书籍中不见记载的。的确，巴蜀地区不少大佛过去一直不为

外人所知，默默地在山野僻乡隐姓埋名多年，直到改革开放之后才为外人所知，才被文物工作者所注意，为旅游者所瞻仰。如潼南卧佛、安岳卧佛、仁寿的几座大佛都是 1981 年以后才见诸报刊而被外界所知，而彭山双佛则至今尚未被研究者所注意，基本上不被外界所知。

巴蜀大佛中最著名的一座，当然是世界第一的乐山凌云大佛。据实测，大佛通高 71 米，头高 14.7 米，头宽 10 米，肩宽 28 米，眼长 3.3 米，耳长 7 米，单是耳朵中也可容 2 人并立，足背长 11 米、宽 8.5 米，赤足上可围坐百人。乐山大佛的建成过程今天还能了解得很清楚，始建于唐玄宗开元元年（713），完成于唐德宗贞元十九年（803），前后历时 90 年之久。创建的主持者是唐代高僧海通禅师，续建的主持者是剑南节度使章仇兼琼，后期工程的主持者是剑南西川节度使韦皋。大佛四周原来还有保护大佛的巨大的 7 层 13 重檐的阁楼，将大佛完全覆盖其中。大佛表面原来还贴金绘彩，是“百丈金身开翠壁，万龛灯焰隔烟梦”（司马曙：《题凌云寺》）的奇观。宋代著名诗人范成大在《吴船录》中写下了他所见到的景象：“高三百六十尺，顶围十丈，目广二丈，重楼十三层，自头面以及其足，极天下佛像之大。”楼阁于明末毁于兵火，彩绘金身消磨于风雨之中。今日的乐山大佛，已经在近年做了几次整治维护。

前几年才被“发现”的潼南马龙山卧佛是全国第一大卧佛，独占了山峰的半壁岩面，长达 36 米，宽 7.5 米，却只刻了佛的上半身，下半身则有如与山一体，或隐匿于祥云白雾之中，给人以气势磅礴、深邃莫测之感，在布局构思上真可谓匠心独运。在佛首的莲台下边，以浮雕手法雕刻了“九龙浴太子”的佛经故事，龙口中有涓涓泉水不断流出，终年不歇，水源来自何处，不得而知。在卧佛周围，还有造像 226 龛，其中包括 500 罗汉像。潼南卧佛开凿于民国十八年（1929），两年刻完。在民国年间还能刻成如此巨佛，这在全国也是仅见的。

安岳卧佛是1982年3月在地名普查中才被县文化部门“发现”，它已在湖水如碧、翠竹繁茂的八庙乡卧佛沟中静卧多年。佛像全长23米，头长3米，呈全身左侧卧状，腰间有一切脉弟子，足下有护法力士，周围有大小不等的84个石窟，窟中刻有各种佛像1593尊。特别值得重视的是，在15个经窟上刻满了佛经，共有131平方米，约26万字，其中有《佛名经》《大般涅槃经》《金刚般若波罗蜜经》《般若波罗蜜多心经》《父母恩重经》《三藏经》《妙法莲华经》《大方便佛报恩经》等佛经，多刻于唐开元年间，经文底本多用玄奘译本。这是一处罕见而宝贵的唐代石刻经库，有重大的学术价值。从刻经题记考察，卧佛建造年代不会晚于唐开元十二年（724）。

荣县大佛是我国第二大佛，也是第一大释迦佛，通高36.67米，头高8.76米，肩宽12.67米，膝高12米，位于荣县城郊东山东如岩，由淳德长老化缘集资修凿，北宋元丰八年（1085）动工，元祐八年（1093）建成。原来还有庙宇，依山建殿十层，佛身还有贴金，游人在荣县城中街头也可见佛面金光耀眼。明末战乱中，寺殿全毁于火灾。清嘉庆年间重建殿屋数重，佛顶用券石拱盖。民国三十二年（1943），荣县县长黄某将大佛贴金全部洗掉，昔日金光耀数里的盛装遂不复得见。1981年之后，大佛及庙宇得到了保护维修。

在上列的大佛中，彭山双佛是至今少被报道或介绍过的一对双佛，位于彭山江口镇仙女山西侧老鹰台，当地称为齐山大佛，一站像、一坐像，但高度相同，都有25米。站佛是半立雕，面部已风化，但衣上的双领下垂及袒露的胸膛尚清晰可见。右手下垂体侧，左手已毁。坐佛结跏趺坐于须弥座上，座下有六个小龛。坐佛的面目与衣纹均已风化，仅见轮廓。由于这是一对双佛，所以巴蜀地区超过10米的大佛严格来说就是 21 尊。

巴蜀地区的大佛中还有两座很有特点的大佛，一是合川大佛，它的本名不叫大佛，而自称“二佛”。所在寺庙叫“二佛寺”。因为修建时认为自居于全川第二，仅次于乐山大佛，故而就以“二佛”为名了。二佛之奇，还在它建造于崖壁间的二佛寺大殿之中，游者沿石梯而下，犹入桶壁，下到底部，方能见到大佛全身。“二佛”至今仍全身贴金，一片辉煌，周围有大小不同的小佛 1672 尊，分上、中、下三层排列，姿态各异，情趣横生。所以，合川大佛可以说是一座刻在地下的大佛。另一座是仁寿高家大佛，双手合十，只雕刻了上半身，是一座尚未完工的大佛。由于其头部形象与乐山大佛十分相似，而且又同样采用了在头背处开隧道的排水法，所以有不少研究者认为这座大佛可能是正式开凿乐山大佛之前的试雕像。

限于篇幅，我们不再对其他大佛逐一进行介绍。只想简单地讨论一下，在巴蜀境内为什么会如此密集地分布这样多大佛，使四川成为“大佛之乡”呢？原因主要有四：

首先是统治者对佛教的大力提倡。出生于巴蜀的武则天就十分崇奉佛教，还自称是弥勒佛下凡。在营建奉光寺的大卢舍那佛像时，她一次就“助脂粉钱两万贯”。在她的倡导下，唐王朝统治集团几乎处在一片崇佛的气氛之中。以乐山大佛的建造为例，其始是由海通禅师倡导的，但在修建过程中得到了官方的大力支持。开元年间的剑南节度使章仇兼琼不仅主持续建，还“持俸钱二十万，以济其经费”。唐玄宗知道后，特地“诏赐麻盐之税，实资修营”。这笔“麻盐之税”具体数额未载，但从杜诗中“蜀麻吴盐自古通，万斛之舟行若风”的描绘来看，数额绝不会小。贞元年间的剑南西川节度使韦皋不但亲自主持了大佛后期工程的完成，历时 15 年之久，而且捐资 50 万。大佛建成之后，他还写了一篇《嘉州凌云寺大佛像记》，在文中说：“惟圣立教，惟贤启圣，用大而利博，功成而化神。即于空，开尘刹之迷；垂其像，济天下之险。嘉州凌云寺大佛石像，可以观其旨也。”可见他崇佛济世之旨趣。

第二是由于佛教的传播日益深入人心，人们笃信佛教，都祈佛消灾降福，使自己生活安定。特别是在经过魏晋南北朝的长期战乱之后，唐宋时期的社会是相对安定而繁荣的，人们更容易幻想大慈大悲的菩萨来保佑自己的较为安宁的生活。所以，唐宋时期的巴蜀佛教特盛，摩崖中的佛教造像数不胜数，成为我国南方石刻艺术的中心。在这种情况下，处处都热心造大佛，也就容易理解了。

第三，唐宋时期的巴蜀，经济比较繁荣，物力丰富，文化艺术也相当发达，对外交流频繁，中原地区大批文士工匠纷纷入蜀。这些都为在巴蜀建造大佛提供了物质条件的保证。

第四，四川盆地中除成都平原之外，大多数地区丘陵起伏，山冈不少，地面分布着大量的利于雕刻的岩石，这些也为石刻艺术的发达提供了极为方便的条件。

巴蜀地区的大佛在佛教文化史上与雕塑艺术史上都有着十分重要的地位。以我国而论，巴蜀大佛群占了全国 10 米以上大佛的 70%。就全世界而论，据我所搜集的材料，大佛前 10 名排名如下：

（1）乐山大佛，高 71 米；

（2）阿富汗巴米扬西大佛，高 55 米；

（3）阿富汗巴米扬东大佛，高 37 米；

（4）荣县大佛，高 36.67 米；

（5）潼南卧佛，长 36 米；

（6）甘肃莫高窟第 96 窟大佛，高 33 米；

（7）台湾高雄接引大佛，高 32 米；

（8）屏山大佛，高 32 米；

（9）大足卧佛，长 31 米；

（10）甘肃炳灵寺大佛，高 27 米。

在全世界前 10 名中，巴蜀大佛就占 5 名，其地位之重要，就不用多花笔墨了。

第六节　佛教圣地峨眉山

我国佛教圣地有著名的四大名山：山西五台山、浙江普陀山、安徽九华山、四川峨眉山。峨眉山又分为大峨、二峨（古称绥山）、三峨和四峨，古代都是宗教圣地，今天所称的峨眉则单指大峨，位于峨眉山市西南 6 公里。

峨眉山最早的佛事活动始于西晋。峨眉山报国寺外，著名的圣积寺大钟铸于明嘉靖十二年（1533），高达 2.3 米，口径 2 米，重量 12.5 吨，钟上铸有各种文字 61600 多字，其中记峨眉山第一位僧人是“晋祖武帝，司空净禅师”。这个说法，大致可信。现知峨眉山第一座佛寺则是东晋时高僧慧远之弟慧持于隆安年间（397—401）到峨眉创建的普贤寺（今万年寺），供奉普贤。自此以后，峨眉佛寺多供普贤，成为我国佛教中著名的普贤道场。

峨眉山峰峦雄峙，浓翠欲滴，具有雄、秀、奇、险、幽五大特色，一直有“天下秀”之誉（如唐代诗人元稹《赠薛涛》：“锦江滑腻峨眉秀”；宋代诗人范成大《三峨》：“三峨之秀甲天下”），是结庐修炼的难得佳境，故而在佛教僧侣上山的同时（或可能更早），道士也上了峨眉山。西晋时期由道士乾明建成的乾明观是山上最大的道观。虽然乾明观的道士后来在宝掌庵明果禅师传法之后皈依了佛门，改道观为佛寺（即今中峰寺），但道教宫观在峨眉山长期存在。峨眉一直既是佛教名山，也是道教名山。《魏书·释老志》在叙述道教源流时就有“授轩辕于峨眉”之语，葛洪在《抱朴子·内篇》卷四《金丹》也将峨眉山与绥山列为“此皆是正神在其山中，其中或有地仙之人”的仙山。张君房《云笈七籤》所列36洞天，峨眉山为第7洞天，故而峨眉山上佛道共处。但宋代之后，佛盛道衰，明代时道家大多转至绥山猪肝洞（相传为吕洞宾住所）。到了清初，道士完全从峨眉退出，峨眉才完全成为佛教的天下。

自从峨眉在晋代开始修建佛寺之后，僧人日渐增多，南北朝时期，印度僧人宝掌和尚和尼泊尔僧人阿罗婆先后来到峨眉，建了宝掌庵和化城寺，峨眉遂开始有了西域僧人直接传授佛学。唐宋时期是峨眉山佛教的发展时期，寺庙日增，名僧云集，特别是僖宗年间从会稽（今浙江绍兴）入蜀的慧通禅师与其妹慧续（她是峨眉第一位比丘尼）为峨眉山佛寺的维修与新建（清音阁就是此时新建的，初名卧云寺）做出了巨大的贡献。宋太宗时，著名高僧继业三藏大师率300僧人去天竺取经归来之后，选中峨眉牛心寺为修行传法之所，并将从天竺带回的佛经携至峨眉，加以注疏，分赠众僧诵读。茂真禅师与别峰禅师分别于太平兴国年间与绍兴年间被召至京师，备受嘉誉与赏赐。

峨眉佛教在明清时达到最盛，僧人最多的明代中期达到3000人，明太祖朱元璋幼年出家时的僧友宝昙与广济都来到峨眉。明万历帝生母慈圣皇太后“好佛，京师内外多置梵刹，动费巨万，帝亦助施无算”（《明史·后妃传》）。相传慈圣太后年轻时曾到峨眉进香许愿，“深得佛佑”。万历帝曾两次诏令白水普贤寺住持福登扩建寺庙，遂建成著名的不用一木一架的砖拱无梁殿，内置北宋时茂真禅师用宋太宗所赐的3000两黄金购赤铜30万斤铸成的饮誉中外的普贤骑象佛像，像高7.35米，重62吨。这佛像与砖殿遂成为驰名中外的著名佛教文物。此后白水普贤寺也因万历敕文而改称万年寺。也是在万历年间，妙峰禅师在峨眉山顶建造一铜殿，“殿高二丈五尺，长一丈五寸，宽一丈四尺五寸。上为重檐雕甍，环以绣棂琐窗，中坐大士，旁绕万佛。门枋空处镂饰云栈剑阁之险，及入山道路逶迤之状”（蒋虎臣：《峨眉山志》）。由于铜殿位置最高，阳光一照即金光闪射，极为壮观，人们多称之为金顶，从此之后，这山顶小平原也就称之为金顶。可惜的是铜殿已于清光绪十六年（1890）因殿侧华藏寺失火，一并焚毁。但金顶之名仍一直保存到现在。万历年间，楚山禅师还兴建了洪椿坪，原名千佛庵，明末续修，成为峨眉大寺之一。

峨眉山寺庙先后建过170余所，到近代仍有73所。知名的寺庙除上述万年寺、洪椿坪外，大多建于清代。如报国寺，是拆去原在今伏虎寺侧的会宗堂（初建于明万历年间）之后，顺治至康熙年间在新址上由闻达禅师主持新建的，报国寺之名也是康熙所命。伏虎寺的所在地，宋代有龙神堂，明代改为药师殿，明末全毁。清顺治至康熙年间，由贯之和尚主持在此兴建了伏虎寺。在明代建造的福寿庵旧址，康熙年间兴建了大峨寺。在宋代建造的初喜亭旧址，行能禅师主持在康熙年间修建了天花禅院（俗称洗象池）。在唐代雷洞祠旧址，在顺治年间与乾隆年间两次扩建，修成了雷洞坪（近年已拆除）。

峨眉山作为巴蜀地区佛教名山，一直是佛教活动的中心，清末时虽然佛事已呈明显衰退，全山常住僧人仍有600人左右。直至当代，报国寺、伏虎寺、万年寺、洪椿坪、洗象池、九老洞、清音阁、息心所、初殿、卧云庵、纯阳殿、广佛寺、白龙洞、慈圣庵、太子坪、华严顶等寺庙仍然是香烟缭绕、佛灯长明，朝山进香的善男信女纷至沓来。1990 年，金顶之上新建的华藏寺落成。2006 年，金顶之上新建的高达 48 米的十方普贤铜像落成开光，更为峨眉山增添了光彩。

1996 年，峨眉山与相邻的乐山大佛一道，作为集自然风光与佛教文化为一体的国家级山岳型风景名胜区，被联合国教科文组织批准列名为世界自然与文化遗产。

第七节　基督教入蜀三百年

基督教最早传入我国是在唐代，当时称为大秦景教，所建寺名为大秦寺。《大秦景教流行中国碑》至今还立在西安碑林之中。唐武宗灭佛时，将从西方传来的大秦景教一并禁止。当大秦景教初次在我国传播时，也到了巴蜀，成都也建了大秦寺。宋人吴曾《能改斋漫录》卷七《杜石笋行》条引赵清献即赵抃《蜀郡故事》："昔有胡人于此立寺，为大秦寺。"其更多的情况今天已无从考证了。

明代后期，西方基督教士较为有计划、有规模地到我国传教，从沿海逐渐深入内地，巴蜀是外国传教士到达较早的内陆地区。

明末崇祯年间，西蜀绵竹人刘宇亮任东阁大学士，他与在京的外国传教士关系友善，遂介绍意大利的天主教耶稣会士利类思于崇祯十三年（1640）到成都，在他家中设圣堂传教，次年就吸收 30 位信徒入教受洗礼。也是这年，菲律宾的耶稣会士安文思也从杭州到了成都，遂与利类思合作，在成都、重庆、阆中等地传教，三地均建有经堂。1644 年，张献忠占领全川，在成都建国称王，两位教士经吴继善推荐进入张献忠帐下，受到盛情款待，被尊为“天学国师”。他们为张献忠造了天球仪、地球仪和日晷，据古洛东《圣教入川记》一书记载：

> 二球之大，须二人围之。天球有各星宿及其部位，七政星宫环列其上，配以中国天文家所演各畜类，又分二十八宿，以合中国天文家之天图。而地球分五大部州，国名、省名、城名及名山大川历历可数。经线纬线、南北两极，与黄道赤道、南北温道无不具备。至于日晷，列有黄道子午线及十二星宫与各度数，日月轨道如何而明，岁时因何而定，了如指掌。以上各器，部位尺寸，大小合宜，实为当时特出之物，见者莫不称奇。献忠尤为称羡，视为珍宝。

这是一段较为重要的记载，因为从目前已见到的资料，这是西方近代科学技术成果第一次在巴蜀大地上出现，而且取得了成功。

利类思和安文思在清兵入川之后进入清营，至西安后未再回成都。清代初年，又有天主教士穆格我来真等在成都等地传教，影响不断扩大，康熙三十五年（1696），设立了四川宗座代牧区，至乾隆十一年（1746），全川天主教徒已超过千人。据《圣教入川记》的材料，天主教传入各县的时间如下：成都、重庆、阆中在1644年以前；金堂、安岳、邛州、彭山、峨眉、乐山、宜宾，均在康熙年间；永川，1770年；荣昌，1769年；璧山，1796年；铜梁，1720年；合川，雍正年间；武胜，1760年；广安、岳池，1746年；大竹，1753年；渠县，1790年；达川，1784年；开江，1861年；城口，1770年；奉节，1781年；巫山，1784年；巫溪，1798年；云阳，1798年；开县，1810年；石柱，1863年；万县，1730年；忠县，1861年；丰都，1782 年；垫江，1779 年；梁平，1704 年；酉阳、秀山、黔江，1863 年；彭水，1704 年；长寿，1756 年；綦江，1770 年。上述记载主要是川东地区，但却是一份比较珍贵的天主教传播情况的资料。由于耶稣会于 1773 年被罗马教廷宣布解散，故而天主教在全世界的传播都受到很大影响，1814 年耶稣会才得以恢复，1841 年才又有耶稣会士重到中国。但传教活动仍较缓慢。

鸦片战争之后的《南京条约》以及以后的《天津条约》《北京条约》等不平等条约都有官方必须保护教会活动的内容，于是天主教传教士重新大举来华，但四川不是他们的重点。四川的教会活动主要由新进入的基督教（此指狭义的基督教，即新教）进行。

基督教人员早已到四川做过考察，但正式入川传教是从 1877 年开始的，最初是在重庆传教，其后走向各地，而且是各教派纷纷进入，发展速度很快。迄至 1900 年，入川传教的教派有内地会、卫理公会、中华圣公会、公谊会、华西浸礼会、中华基督教会、英国伦敦会、德国妇女祷告会。入川的外国传教士与医生有 245 人，主要来自英国、美国和加拿大。

内地会传教士祝名扬和麦卡悌于 1877 年到重庆传教，在重庆九块桥设立教堂，是基督教在四川的发祥地。麦卡悌从重庆出发到贵州，入云南，以后到了缅甸的八莫。另一位传教士康慕伦则从湖北入川，向西走直到康定，再经巴塘进入西藏。内地会有不少这样一边长途旅行，一边考察传教的传教士。1881 年，克拉克在成都正通顺街设立教堂，然后向周围发展。在 1890—1906 年，就有 93 位内地会传教士到四川传教，其中有女性 59 人。他们在 38 个县建有教堂 237 个。

卫理公会（原名美以美会）最早到重庆展开传教活动是 1881 年。

1884 年在重庆戴家巷开办了四川第一所女子学校（后迁成都，名华美女中）。1892 年，在重庆九龙巷开办宽仁医院，这是四川第一所近代医院。1894 年，在重庆曾家岩开办求精高等学堂（1925 年改为求精中学），这是四川第一所新式中学。1891 年，开辟成都教区。1904 年与漫礼会、英美会、公谊会等联合兴办了华西协和大学，这是我国西部第一所教会大学，也是第一所按西方教育体制开办的大学。到 1905 年，已建立了重庆、成都、资中、遂宁 4 个教区，教堂和小礼拜堂 8 处，其他聚会所 95 处，教友及信从者近 7000 人。

中华基督教会在四川称中华基督教四川大会，原称英美会、美道会，属于加拿大联合教会。1892 年，赫斐秋等 8 位传教士首次到达成都，以四圣祠北街为布道所，以后改建为礼拜堂。他们最有影响的活动是医务，因为传教士中有好几位医生，一到成都就参与治疗霍乱。1896 年正式开办了四圣祠医院和育婴堂，次年又在乐山、自贡、荣县等地开办了医院。他们还在成都开办了著名的华英女中和华英书局，后者是四川第一家采用西方铅印技术的印刷厂。1905 年又开办了四川第一所专门训练传教人员的圣经学校。从 1892 年开始，陆续在成都、乐山、荣县、仁寿、彭州、自贡、泸州、重庆、涪陵、忠县建立了区会，区会下又有若干堂会与布道所。

迄至 1919 年的统计材料①，在四川传教的基督教各教派的外国传教人员共有 543 人（其中牧师 91 人），中国教牧人员 455 人（其中牧师 35 人），有教堂教徒 21567 人，办有中小学 482 所，大学 1 所，医院、药房 54 所。

① 参见四川宗教志办公室编：《四川基督教》第一章附录与第六章，巴蜀书社 1992 年版。

从以上简述情况可以看出，基督教在传教的同时，花了很大力量开展文教卫生事业，为社会发展做出了一定的贡献。四川的教会学校数目仅次于沿海的广东、山东、福建，居全国第四。华西协和大学是全国著名的教会大学，是全国第一所建立牙科的大学，也是全国最早吸收外国留学生的大学之一。重庆求精中学（后重庆六中）、精益中学与文德女中（后合并，即今重庆十一中）、成都华美女中（后成都十中）、华英女中（后成都十一中）、华西协和高中（后成都十三中）、遂宁涪江女中（后遂宁中学）都是当时相当知名的中学。基督教会还在少数民族地区开办了一些完全免费的小学，如理县的佳山寨小学，巴塘的华西小学。四川第一所盲哑学校成都盲哑学校也是基督教会于1918年开办的（最初在绵阳，1921年迁广汉，1922年迁成都）。在医疗保健事业方面，四川最早的一批近代医院完全是基督教会所办，如重庆宽仁医院（1892）、仁济医院（1896），成都仁济医院（1892）、存仁医院（1894），三台仁慈医院（1905），乐山福音医院（1894），彭州仁济医院（1908），宜宾仁德医院（1904），雅安仁德医院（1906）。在少数民族地区，如理县、汶川、小金、昭觉、德昌、盐源等地也建有小型医院和诊所。

天主教与基督教传入四川之后，影响不断扩大。据1837年的统计，天主教教徒有5万人左右，位居全国各省区第一。在整个清代前期和中期，四川是全国各省区中最大的天主教教区。法国传教士范若瑟于1840年入川，1856年成为罗马教皇第一任驻川代表。1856年至1860年间，天主教在四川设立了川西北、川西南、川南三个教区，还兼管西藏教务。基督教入川之后，发展速度比天主教还要快。1910年，四川已有98个县、市有外国传教士传教。教会在传教过程中，传播西方先进科学技术，兴办文教卫生事业，这对社会是有一定好处的。但这只是问题的一方面。另一方面，教会活动从来都带有一定的政治目的，并企图获得若干超越宗教之外的权力。在《天津条约》签订之后，有的传教士以不平等条约给予殖民者的权力胡作非为，如庇护犯罪教民、干涉地方政务、掠夺土地房产、把持商业贸易、发放高利贷。这样一些行为，加上更为广泛与深层次的东西方文化的冲突，就在教会、教民与广大人民群众之间造成大大小小的矛盾与冲突，日积月累，就出现了反洋教斗争，出现了若干次教案。四川教案之多，为全国各省之冠。自 1863 年为长安寺庙产而引发的重庆教案开始，几乎年年不断。1886—1890 年，大足龙水镇三打教堂，终于导致 1898 年的声势浩大的反教起义，波及 38 州县。1895 年成都教案发生后，川西各州县教堂几乎同时被毁。1900 年，在北方义和团的鼓舞之下，四川义和团揭竿而起，进而发展为势如燎原的反洋教斗争，廖观音率领的起义军曾围攻成都，小分队曾突袭总督衙门。这些起义此起彼伏，一直延续到辛亥革命，几乎遍及全川所有州县。

长达几十年的“反洋教”斗争无论就其远因、近因、参加者的成分、参加者的目的、官方的态度、事后的结果等各方面分析，情况都相当复杂。这其中，有反抗侵略与不平等条约的因素，有维护传统秩序与儒家正统的因素，有反抗维护传教士利益的官府的因素，有保护地方利益的因素，有盲目排外的因素，是鸦片战争之后，民族矛盾、阶级矛盾等交织而成的综合性的结果。在这几十年冲突之中，传教活动当然大受影响，如美以美会在 1881—1901 年总共只发展了教徒 252 人。义和团运动之后，各教会在一定程度上吸取了经验教训，改变了传教方法，如严禁参与教徒诉讼、加强自主传教（即中国传教士传教）等，特别是更加重视把主要力量放在文教事业与公益活动上（将庚子赔款一部分用于在中国办学是其最重要措施之一）。1910 年成都基督教青年会成立，然后重庆基督教青年会与两地的基督教女青年会相继成立。这是基督教向广大青年阶层进行工作的重要步骤。天主教的传教力量在1901年之后也逐渐有所增加，与基督教的传教士人数大约是4∶6的比例。至1920年，四川的教堂数量仅次于广东与江苏，占全国第三位。

第八章　民　俗

“十里不同风，百里不同俗。”民俗是地域文化中极富特色的内容。可是，我们现在却难以将巴蜀民俗从古至今的特点做出系统的叙述。这里有资料缺乏的原因，有研究基础太薄弱的原因，但是主要的原因是由巴蜀文化本身的特点所决定的。巴蜀文化是一种兼容并包的文化，每个时期都有不同的民族与人口构成，在几个大变动时期，这种民族与人口构成又都出现过很大的变化。所以，在巴蜀地区，往往是不同的习俗并存，在巴蜀历史上，往往是习俗的传承性不明显。而民俗的一个最重要的特点，就是其共通性与传承性，要约定俗成、习惯成俗、代代相传。一直到宋代以后，即“湖广填四川”之后，占总人口70％以上的新的移民成了新时期人口构成的主体，多方移民的不同习俗经过融合之后，才逐步显示出新时期的共性，也就是如今常说的“川味”。《华阳国志》在叙述早期巴蜀地区的民风习尚时，巴地与蜀地就有明显的不同。说巴地“其民质直好义，土风敦厚，有先民之流”；“而其失在重迟鲁钝，俗素朴，无造次辨丽之气”。说蜀地是“多斑采文章”“尚滋味”“好辛香”“君子精敏，小人鬼黠”“多悍勇”。而同在巴地，又因区域不同而有较大差别：“江州以东，滨江山险，其人半楚，姿态敦重；垫江以西，土地平敞，精敏轻疾，上下殊俗，情性不同。”这种情况，后来并无多大改变。《周书·辛庆之传》

就说："成都一方之会，风俗外杂。"一直到了清代，仍有兼容复合的特点。德阳人胡用宾在《孝泉诗抄》中说："分别乡音不一般，五方杂处应声难。楚歌那得多如许，半是湖南宝（按：指宝庆府，今湖南邵阳地区）老官。"达川人王正谊在《补达县竹枝词》中说："广东湖广与江西，客籍人多未易稽。吾处土音听不得，一乡风俗最难齐。"成都人杨燮（即六对山人）在《锦城竹枝词》中说："傍陕西街回子窠，中间水达满城河。三交界处音尤杂，京话秦腔默德那（按：默德那为回民口中常用语）"。这几首竹枝词比较形象地说明了清代巴蜀地区因四方杂处而"俗尚不同，情性亦异"（窦启瑛：《四川通志·序》）的特点。

在诸方异俗并存的同时，当然会逐渐有所融汇，有其主流，某些习俗也会有较明显的传承性。比如，作为一方民风中最重要的性格特征，如果排除了"质朴""敦厚""勤勉"这类各地习见的一般性评论，我们就可发现有一种古今大致相同的看法。《华阳国志》在《巴志》中说平坝地区之人"精敏轻疾"，在《蜀志》中说是"君子精敏，小人鬼黠"。"精敏轻疾"是共同的特征。《隋书·地理志》对蜀人性格描述颇杂，但第一句也是"其人敏慧轻急"，与《华阳国志》同。到了明代，外省人就有个更为形象的譬喻，"呼蜀人为川老鼠，以其善钻也"（赵翼：《陔余丛考》卷三八《混名》）。近代有一句民谚叫"四川耗子湖南牛"，正是从明人口语而来。这种评价并非全是贬义，其实是"精敏轻疾"的形象化而已。这种比喻，如果讲得文雅一点，则有如张之洞所说："蜀中人士，聪明解悟，向善好胜，不胶己见，易于鼓励，远胜他省。"（《张文襄公全集·与谭学使书》）前人的这些评析或譬喻是否准确，当然可以讨论。这里只是想通过这一事例说明，对于古代巴蜀民俗的考察有较大的难度，而且今天尚能感受到的很多内容都应从明清时期来考察，因为明清以前与明清以后的情况有着很大的差异。

下面，我们仅选择巴蜀民俗中能强烈反映地方特色的，也就是“川味”最浓的几个方面来进行论述。

第一节　川味饮食名满天下

饮食文化是民俗文化中很重要的一部分。我国的饮食文化在全世界从来就以历史悠久、丰富多彩、风味独特、营养全面而受到高度的尊崇，故而被称为全世界的“烹饪王国”。在这个著名的“烹饪王国”之中，以川菜为代表的巴蜀饮食文化占有很重要的地位。川菜既是我国几大菜系的主力，又是巴蜀文化中一朵奇葩。它不仅长期为巴蜀人民服务，更获得了中外广大食客的高度赞赏，外地人莫不以尝到地道的川菜为幸事。“食在中国，味在四川”，绝非过誉。

巴蜀的饮食习惯第一是讲味。早在《华阳国志·蜀志》中，作为蜀人的常璩对蜀人的特点作过几点总结，即：（1）“多斑采文章”；（2）“尚滋味”；（3）“好辛香”；（4）“君子精敏，小人鬼黠”；（5）“多悍勇”。这五个特点中，“尚滋味”“好辛香”就占了两点。巴蜀地区饮食讲究滋味的习性的确是“根深蒂固，源远流长”。

在秦汉时期，巴蜀地区经济发展较快，饮食讲究的情况也较多地保存了下来。在考古材料中，画像砖和画像石中有很多幅反映庖厨、宴饮、酿酒的画面。在文献材料中，如扬雄的《蜀都赋》在记述了各种丰富的物产之后，记述其饮食说：“调夫五味，甘甜之和，勺药之羹，江东鲐鲍，陇西牛羊，籴米肥猪，麀麃不行，鸿貘獶乳，独竹孤鸧。炮鸮被纰之胎，山麕髓脑，水游之腴，蜂豚应雁，被鸧晨凫，戮鹍初乳，山鹤既交，春羔秋鼩，脍鲮龟肴，杭田孺鹜，形不及劳，五肉七菜，朦厌腥臊。可以练神养血脉者，莫不毕陈。”左思在其《蜀都赋》中，也有“吉日良辰，置酒高堂，以御嘉宾。金罍中坐，肴槅四陈，觞以清醥，鲜以紫鳞，羽爵竞执，丝竹乃发”。这样一些记载充分反映了汉代巴蜀地区的饮食已达到了相当精美、相当讲究的程度，虽然其中一些词句还不能完全了解，但有一个特点十分明显，就是当时富贵之家的饮食原料已是来自全国各地，集水陆之精华。其中难免有某种夸张，但绝不可能是向壁虚造。这不仅反映了当时商品交换之活跃，更反映了巴蜀文化中汇纳百川、兼收并蓄的重要特色。

唐宋时期的巴蜀地区饮食，虽然缺少《蜀都赋》那样的记述，但在诗人笔下仍然可以见到若干不很全面的描绘，其中最值得注意的是大诗人陆游的诗。他对成都的生活非常满意，如《成都书事》诗写道：

> 剑南山水尽清晖，濯锦江边天下稀。烟柳不遮楼角断，风花时傍马头飞。芼羹笋似稽山美，斫脍鱼如笠泽肥。客报城西有园卖，老夫白首欲忘归。

这其中，吸引着他流连忘返的因素固然不少，但“芼羹笋似稽山美，斫脍鱼如笠泽肥”（按：稽山、笠泽都是陆游故乡名胜），蜀中饮食好，当然是重要原因。他在《饭罢戏作》中写道：

> 南市沽浊醪，浮蚁甘不坏。东门买彘骨，醯酱点橙薤。蒸鸡最知名，美不数鱼蟹。轮囷犀浦芋，磊落新都菜。

这些都是当时成都（犀浦在成都西，新都在成都北）的美食。陆游晚年回到家乡，仍时时回忆着蜀中美食。如他写过一首从头到尾谈“川食”的《冬夜与溥庵主说川食戏作》：

唐安薏米白如玉，汉嘉栮脯美胜肉。大巢初生蚕正浴，小巢渐老麦米熟。龙鹤作羹香出釜，木鱼瀹菹子盈腹。未论索饼与馔饭，最爱红糟并缹粥。东来坐阅七寒暑，未尝举箸忘吾蜀。何时一饱与子同，更煎土茗浮甘菊。

陆游在诗中与“庵主”说“川食”，所以都说的素食（诗中“巢”指巢菜，“木鱼”指棕笋，“龙鹤”不明），但已使陆游举箸难忘了。他还有一首思念“川食”的《蔬食戏书》诗写得更具体：

新津韭黄天下无，色如鹅黄三尺余。东门彘肉更奇艳，肥美不减胡羊酥。贵珍讵敢杂常馔，桂炊薏米圆比珠。还吴此味那复有，日饭脱粟焚枯鱼。

陆游的诗虽然只反映了某些侧面，但足以见到宋代的“川食”之美。陆游所居之江南在南宋已是我国经济文化最发达的地区，可是他返回故乡后仍常怀念蜀中美食。

宋代已有川菜打入外省市场的记载。孟元老《东京梦华录》卷四《食店》记载了北宋汴梁（今开封）“有川饭店，则有插肉面、大燠面、大小抹肉、淘煎燠肉、杂煎事件、生熟烧饭”。这些食品的具体制作，目前还不是很清楚。但作为与“南食店”相列而排列于前的“川饭店”，想来在汴梁是颇有名气的。对于这类“川饭店”“南食店”

的开设，耐得翁在《都城纪胜》中说得很清楚，是因“京师人开此店，以备南人不服北食者”。可见“川饭”技术之传到北方，应当是有相当长的时间了。在吴自牧的《梦粱录》卷一六《面食店》中，更详细记载了南宋杭州川饭的若干食品名称，有面食，有菜肴，其中不少名称与今天四川的称呼完全相同，如“盐酒腰子”“双脆”“鸡丝面”“三鲜面”“七宝棋子”“燥子”。特别是“棋子”（即煮面块或宽面）这一称呼今天已很少用，但仍留在四川方言中。将炒熟的肉馅称为“燥子”，至今仍是四川很常用的称呼，只是将“燥”字改写为“臊”。

川菜作为我国一大菜系的形成，是比较晚的。所谓“菜系”，是指在一定区域内，因物产、气候、历史条件、饮食习俗的不同，经过漫长历史的演变而形成的烹饪技艺，并被全国各地所承认的地方菜。川菜菜系是在清代后期才形成的。川菜菜系形成的一个重要原因，是四川的经济复苏和大量的外省移民入川。经济的复苏与移民入川既带来了发展川菜的条件，也产生了发展川菜的需求。各方移民带来了各方饮食习惯、制作原料与烹饪技艺，包括川味中的重要原料辣椒。这种大融汇、大交流的结果，就形成了取材广、味型全、技艺丰、风格显的川菜。巴蜀文化的开放、吸收、兼容的特点在川菜的形成中得到了十分明显的反映。当然，天府之国的优良的自然条件也为川菜的形成与发展提供了得天独厚的物质基础。

目前所能见到的反映川菜历史的最早的专门著作是清代乾隆年间李化楠撰写（由其子李调元整理付梓）的《醒园录》。书中记述了烹调法 39 种、酿造法 24 种、糕点做法 24 种、食品加工法 25 种、饮料做法 4 种、食品保藏法 5 种。基本上都是收集各地较通行的简单方法，完全反映不出后来川菜的特点，有代表性的川菜品种一种也未出现，全书所用原料中还未见到辣椒的影子（辣椒是明代传入中国的，清代才传入四川）。我们可以由此书做出推论，今日的川菜菜系在清代中叶还没有出现。可是到了清代末年写成并出版的傅崇榘的《成都通览》一书，所记的成都各种菜肴与风味小吃就有 1328 种之多，所记的川菜重要佐料辣椒就有十多种，如红椒、牛角椒、七星椒、灯笼椒、大红袍、满天星等。从所记的一千多种菜肴来看，川菜菜系已基本形成。

川菜的特点是什么？过去有不同的概括。我认为将各菜系比较共同的东西去掉，最突出的特点是：调味多变；取材广泛；适应性强。

调味多变，在“色香味”中特别突出一个“味”字，是巴蜀饮食“尚滋味”“好辛香”的传统特点，也是今天川菜最明显的特点（只不过清代以前辛辣味主料是姜葱蒜，清代以来则加入了辣椒）。不少人往往有误解，认为川菜就是麻辣味。其实辣味菜在川菜中还不到30%，但川菜又确实擅长于麻辣味。川菜调味的特点是清、鲜、醇、浓并重，一菜一格，百菜百味，该浓则浓，该淡则淡，浓而不腻，淡而不薄。目前川菜已有 3000 来种，单从复合味型大类来看就有若干类，如麻辣味、红油味、煳辣味、酸辣味、陈皮味、家常味、椒麻味、鱼香味、怪味、椒盐味、酱香味、五香味、甜香味、香糟味、烟香味、咸鲜味、荔枝味、糖醋味、姜汁味、蒜泥味、麻酱味、芥末味、咸甜味等。这其中，家常味、鱼香味、怪味三种味型为川菜所独有。以“怪味”为例，是用酱油、醋、香油、麻酱、白糖、芝麻、味精、红油、花椒、豆豉汁、花生米屑、醪糟汁、油酥豆瓣等为调料来做凉拌菜，其味咸鲜而略带甜酸，又有麻辣、芝麻、花生和醪糟的芳香，味中有香，香中有味，口感独特，其妙无穷，故而称之为“怪味”。

取材广泛，是说川菜在长期兼收并蓄的过程中广泛使用了各种原材料，经过加工调配，可以组成各种不同的菜谱，诸如各种蔬菜水果、禽畜海鲜、野味水产、药材野菜，无所不包。在一次进食中，往往是江团、雅鱼等名特产和马齿苋、猪鼻孔（即鱼腥草）等野菜并列。

适应性强，是说凭着川菜中多种多样的原材料和大约50种烹饪方法，可以适应不同场合、不同档次的各种需要，诸如高级筵席、普通宴请、大众便餐、家常饭菜，都可以品尝到正宗川味。有些菜，如回锅肉、麻婆豆腐、宫保肉丁、干煸牛肉丝、怪味鸡块、河水豆花等，花费极少，名而不贵，无处不宜。

要能做到调味多变而又适应性强，除了技巧之外，川菜制作对调料的要求十分严格。这其中，郫县豆瓣、潼川豆豉（或永川豆豉）、中坝酱油（或德阳酱油）、保宁醋、正路花椒、泡红辣椒六大调料是必不可少的。在万不得已的情况下，除了酱油与醋可以用其他地方的优秀产品暂代之外，其余几种调料是正宗川菜不可或缺的。

在川味饮食中，除了享誉全球的川菜之外，还有闻名中外的川味小吃。川味小吃指四川受到群众普遍欢迎的分量小而特色重的风味小食品，主要是糕点面食。小吃各地都有，唯独川味小吃分量小得出奇、花样多得出奇、制作精得出奇、味道美得出奇。川味小吃来自民间，经长期的淘劣存优，现在还有500种左右，比较著名的有200种左右。过去的川味小吃有很多是独家而又小本经营，其名字也按制作出售者命名，如成都的龙抄手（即馄饨）、赖汤圆、钟水饺、韩包子之类。今天，小吃已进入大餐厅和各种高级筵席之上，被愈来愈多的爱好者所品尝。吃川味小吃不是为了吃饱，而是为了吃味。例如，现在成都龙抄手餐厅供应每位顾客一次所吃的几套川味小吃中的一套：

龙抄手、赖汤圆、钟水饺、龙眼包子、蛋烘糕、担担面、白油发糕、苕（即甘薯）饼、蒸蒸糕、川北凉粉、鲜花饼、叶儿粑、三合泥、玻璃烧卖、珍珠丸子、豆花。这一套川味小吃一共用多少粮食呢？不到二两。每一样都是用直径不到10厘米的小碟盛装的。在吃这16样小吃的同时，还要同时吃一套川菜。

如今，川菜和川味小吃一道（近来很多川菜餐厅都是二者同时供应）走向世界各地，其中以1980年中美合资开设在纽约联合国大厦附近的荣乐园最负盛名，是世界各国国家元首和政府首脑经常设宴进餐之所。由于邀请派出川菜厨师的国家太多，四川几个大城市已有难以招架之势，故而若干县都在与国外签约，陆续派出川菜厨师在各国传播川菜技艺。

在巴蜀地区的饮食文化中，美酒的酿造是十分重要的一个方面。巴蜀自古多美酒，发展到今天，川酒（按：本书中的川酒均指传统的白酒）的数量与质量均长期居全国之冠，以五粮液、泸州老窖、剑南春、全兴大曲、郎酒、沱牌曲酒这六种国家名酒为代表的川酒，使巴蜀长期赢得了名酒之乡的美誉。

巴蜀何时开始酿酒？这是一个随考古新材料的增加而不断有新答案的问题。根据目前所知的材料，相当于中原殷商时期甚至比殷商更早的三星堆文化遗址中就发现了大量的酒器。这其中，陶制酒器有盉、杯、盏、瓶、觚、壶、勺、缸、瓮，青铜酒器有尊、罍、方彝，还有两个双手过顶捧着酒尊作供献状的青铜人像。这些遗物很明显地反映出，至少在上层社会中，饮酒已经相当普遍、相当讲究了。稍后一些时期的多处商周文化遗址中，有一个很突出的现象，就是青铜器中没有中原常见的鼎、簋、甗等食器，而都是以青铜酒器的组合为主，如盉、尊、壶、觯、钫、缶、彝、鍪、勺等。这种主要以酒器作为礼器的特点，更充分表明了饮酒在巴蜀先民生活中的地位。还有，在三星堆文化遗址中就已发现了髹漆的陶质酒杯。在青川的战国墓葬中，更发现了漆酒器177件，多件漆器上有“成亭”戳记，很可能就是成都生产的。在新都、荥经、成都的战国墓葬中，也多次发现了漆酒器。甚至在贵州、湖南、湖北，一直远到朝鲜乐浪（今平壤），都曾出土四川生产的漆酒器。大量的漆酒器的使用，是古代巴蜀地区的又一特点。

《华阳国志·蜀志》载：“开明帝始立宗庙，以酒曰醴，乐曰荆，人尚赤，帝称王。”《华阳国志·巴志》亦载有一首诗歌：“川崖惟平，其稼多黍，旨酒嘉谷，可以养父。野惟阜丘，彼稷多有，嘉谷旨酒，可以养母。”说明饮酒在巴蜀先民生活中是不可缺少的。到了战国时期，川东地区遂出现了一种名酒“巴乡清”，或简称“清酒”。《水经注·江水》载：“江水又径鱼腹县之故陵……江之左岸有巴乡村，村人善酿，故俗称‘巴乡清’，郡出名酒。”《北堂书钞》卷一四八引盛弘之《荆州记》亦载：“永安宫西有巴乡村，村善酿酒。”这个“巴乡村”，就是今天奉节县西边的云阳县龙峒乡。所以说这种酒是战国时期的名酒，因为在秦昭襄王时（前306—前251），秦王朝与巴地的“夷人”订立了一项盟约：“秦犯夷，输黄龙一双；夷犯秦，输清酒一钟。”盟约载于《后汉书·南蛮传》和《华阳国志·巴志》。从这一盟约的背后，完全可以见到巴乡的清酒不仅是特产，而且是名产。值得一提的是，巴乡村的这种美酒，一直在川东享有盛誉，直到唐宋，仍是名酒。诗圣杜甫居于忠县时，有七律《拨闷》一首，诗中写道：“闻到云安曲米春，才倾一盏即醺人。乘舟取醉非难事，下峡销愁定几巡。”唐代的云安县，正是今天的云阳县。

清酒，是古代的一种高档酒。古代的酒都是酿制酒，有如今天的黄酒、醪糟。酒味不厚者称为薄酒；酒未过滤、未榨制，其中有渣者，称为浊酒；酒味醇厚而又清亮者才是清酒。《酒谱》说："凡酒以色清味重为圣。"《初学记》卷二六引邹阳《酒赋》说："清者为酒，浊者为醋。"这种从色、香、味综合品评酒质好坏的方法，一直延续到今天。要生产这种清酒，需要较长的时间。《周礼·天官·酒正》："辨三酒之物：一曰事酒，二曰昔酒，三曰清酒。"三个等级的酒，清酒等级最高，用于祭典，是必须"冬酿夏熟"（见孙诒让：《周礼正义》）。因为酒度高，发酵时间长，所以酒味特别醇厚。

我国是在什么时期开始生产蒸馏酒的？目前尚未得到一致的结论。我们在本书第六章已经谈到，蒸馏酒开始于汉代这一论点的主要论据有二，一是上海博物馆收藏的一个汉代铜质蒸馏器；一是四川彭州和新都出土的汉代画像砖上的"酿酒图"。如果蒸馏酒开始于汉代说能够得到公认的话，巴蜀地区就是这一创新的主要地区。

无论巴蜀地区在汉代是否出现了蒸馏酒，但汉代的巴蜀地区酿酒十分发达却是千真万确的事实。这不仅有地下出土的大量汉代酒器，有司马相如和卓文君夫妇当垆卖酒的佳话，有出土的汉代画像砖和画像石的多幅酿酒图、酒肆图、宴饮图，还有若干文字记载，如扬雄《蜀都赋》、左思《蜀都赋》等。在成都凤凰山的一座汉墓中曾出土过19件陶酒罐，有两个明白地刻着"甘酒"二字，这是真正的汉代的文字记录。

到了唐代，巴蜀地区酿酒有了一个大的发展时期。张籍在《成都曲》中写道："锦江近西烟水绿，新雨山头荔枝熟。万里桥边多酒家，游人爱向谁家宿。"成都酒多，酒家多，酒客多，这是一个特点，但更重要的是酒的质量大有提高。李肇在《唐国史补》中将"剑南之烧春"列为全国名酒，成都的"生春酒"是向朝廷进贡的贡品（见《新唐书·地理志》)。这些酒好在哪里?在各种记载中,除了对美酒的一般赞颂词之外,值得注意的是三点,一是酒味浓香,杜甫在《戏题寄上汉中王》诗中说:“蜀酒浓无敌,江鱼美可求。”又在《谢严中丞送青城山道士乳酒》诗中说:“山瓶乳酒下青云,气味浓香幸见分。”二是酒味熟,雍陶在《到蜀后记蜀中经历》诗中说:“自到成都烧酒熟,不思身更入长安。”三是酒名上多有一个“烧”字,如上引的“烧春”“烧酒”,直到五代前蜀时,牛峤在《女冠子》中还写着“锦江烟火,卓女烧春浓美”。以上材料说明,唐代的川酒有着浓香的特点,这是由于有了蒸馏酒的关系,还是酿造酒的酿造技术提高了呢?目前尚难肯定。只是有必要指出,这种浓香的特点一直保持了下去,南宋名诗人范成大在他的《竹枝歌九首》中说:“云安酒浓曲米贱,家家扶得醉人归。”仍然写的是云安,多年来的名酒之乡。不过,宋代的川酒已经有了纯净透明的蒸馏酒,应当是不成问题的,陆游在蜀中写的诗句:“水精盏映碧琳腴,月下泠泠看似无。此酒定从何处得,判知不是文君垆。”(《寺楼月夜醉中戏作》)这种透明度很高的酒,应当就是蒸馏所得的白酒,当然与卓文君时代的酒是大有不同的。

正是在唐宋时期所取得的成就的基础上,巴蜀产生了若干质量上乘的美酒,一直发展到今天的一系列国家级名酒。我们且以四川人引以为骄傲的“五朵金花”五粮液、泸州老窖、剑南春、全兴大曲、郎酒的简单历史,来看看唐宋以后川酒的发展轨迹。

五粮液出于被称为“万里长江第一城”的宜宾,这里是古代僰人的故乡,从来就有酿酒、饮酒的传统,唐宋时期的美酒就已颇有名气。杜甫在这里留下了“重碧拈春酒,轻红擘荔枝”(《宴戎州杨使君东楼》)的诗句;黄庭坚在这里写下的有关酒的诗文有17篇之多,特别称赞“荔枝绿”“姚子雪曲”等名酒;范成大在这里写下了“我来但醉重碧酒，星桥脉脉向三更”（《七夕至叙州登锁江亭》）的诗句。抗战期间，曾在宜宾挖出了有北宋年号纪年的大酒坛若干。明代初年，宜宾城里酿酒的糟房林立，如“温德丰”“德盛福”“长发升”等都是其中有名的糟房。“温德丰”用大米、糯米、荞子、高粱、玉米五种粮食混合为原料，酿出了有名的“杂粮酒”。这种五粮混用的方法，很可能就是黄庭坚在《荔枝绿颂》中“王墙东之美酒，得妙用于三物”的“三物”的余绪。“杂粮酒”的五粮配方比例，多年来是由“温德丰”创建人陈氏一家传子不传女这样一代一代作为秘方传下来的。直到清同治八年（1869），陈家无子，才传与第一高徒赵铭盛。赵铭盛改“温德丰”为“利川永”，决心扩大规模，更上一层楼。民国初年，赵铭盛被宜宾酒业公会推为酿造总技师。赵铭盛临终前，又将秘方传给爱徒邓子均。邓子均对秘方做了两次调整，一度加入胡豆，成为“六粮”。1928 年，调整后的秘方最后定型，仍是“五粮”。1929 年，他接受晚清举人杨惠泉的建议，将“杂粮酒”更名为“五粮液”。从此，五粮液逐步从宜宾走向全国，在 20 世纪 30 年代就已销往美国，受到欢迎。上海的“利川东”货栈特地将一块“名震全球”的大匾送给“利川永”。中华人民共和国成立以后，“利川永”逐步扩大为宜宾酒厂。1953 年，年逾六旬的邓子均向政府献出了秘传数百年的“陈氏秘方”。1957 年，宜宾酒厂正式命名为宜宾五粮液酒厂。1963 年，五粮液登上全国名酒的金榜，以后连评连中，成为我国酒的杰出代表。

五粮液的独特酿制工艺，可以归结为用料配方巧、发酵时间长、摘酒把关严、曲药制作精、勾兑技术妙。五粮液的用料配方目前已不再保密，可以公布：高粱 36％，大米 22％，糯米 18％，小麦 16％，玉米 8％。

泸州老窖系列（包括特曲、头曲、二曲），产于长江之畔的泸州。泸州是一个古老的酒城，黄庭坚在泸州就写下了“江安食不足，江阳（泸州古称江阳）酒有余”的诗句。另一位宋代诗人唐庚也在此写下了“百斤黄鲈脍玉，万户赤酒流霞”的诗句。可知早在北宋时，这里已是“酒有余”“赤酒流霞”的酒城。北宋王朝在这里专门设置“酒务”征收酒税，占泸州商税总额的十分之一。而且，据《宋史·食货志下七》载，北宋时期，四川地区的泸州和夔州、达州等地不禁民间私酿，所酿之酒，“自春至秋，酲成即鬻，谓之‘小酒’，其价自五钱至三十钱，有二十六等；腊酿蒸鬻，候夏而出，谓之‘大酒’，自八钱至四十八钱，有二十三等”。这里的“小酒”，是酿成即售、售价较低的酒；“大酒”是头年冬天酿制，还要经过“蒸”，再贮存半年，醇化老熟，第二年夏天方能出售，售价亦高。凡要长期贮存的酒，酒精浓度必然要高，否则就会酸败。由此看来，“小酒”应是古老的酿制酒，“蒸”过的“大酒”应是后起的蒸馏酒。泸州地当“三省通衢”，宋代已是“五商辐凑”的水陆都会，成为繁华的酒乡，各方面条件都是相当优越的。1984 年，泸州小市城建工程中，曾在地下发现古代的窖池五口，窖内留有酒糟，很可能是宋代遗存，遗憾的是当时未作考察，即被破坏掩盖。几年前，豫记温永盛曲酒厂创办人温宣豫的后人温筱泉老人捐献了他家珍藏的清同治八年（1869）豫记温永盛曲酒厂开办时的酒瓶，瓷质，上有“三百年老窖”五个大字。据老人回忆，他家从雍正七年（1729）在泸州酿酒，到他已 11 代（他的儿孙仍在酿酒）。他祖父温宣豫买下了别人的 10 口陈年老窖，窖龄都在 300 年以上，故专门开设豫记温永盛酒厂，酿制“三百年老窖大曲”。这一批窖池至今仍在泸州酒厂一车间（南城营沟头）中继续生产着闻名中外的泸州老窖曲酒，只是在上面新建了现代化的厂房而已。1958

年，轻工部曾组织各方面专家对老窖窖龄作了考察，确知建窖时间在明代万历年间（1573—1619），近年间上市的泸州老窖精品“1573”，就是由此而得名。现在仍沿称“三百年老窖”，其实已是“四百年老窖”了。清代著名诗人张问陶在乾隆五十九年（1792）船过泸州后，写下了“暂贮冰盘开窖酒，衔杯清绝故乡天”（《峡中谢人送桔柚》）的诗句，可知两百年前泸州酒就以“清绝”为特点，而且以“窖酒”为名。张问陶在《泸州》中的“城下人家水上城，酒楼红处一江明。衔杯却爱泸州好，十指寒香给客橙”的诗句，则写尽酒城风貌，传诵至今。泸州酒发展到民国年间，大曲酒最高年产量达 1800 吨，位居全国之冠，有 36 家曲酒厂争雄，一般酒厂还有 600 余家。就是上面介绍过的世代酿酒、位于南城僻静之处，曾被清末名臣张之洞喻为“酒好不怕巷子深”的温永盛曲酒厂，于 1915 年以“三百年老窖大曲”参加在美国旧金山举办的巴拿马太平洋万国博览会，一举夺得金奖，名扬中外。从此，泸州老窖参加了数不清的展览会、评奖会，次次金榜题名。当然，最光荣的记录是中华人民共和国成立后全国六次评酒，泸州老窖六次金牌，被人们称为“金牌不倒六连冠”，被专家们选为中国浓香型白酒的典型代表，喻为“浓香正宗”，与另一位“金牌不倒六连冠”的“酱香正宗”茅台酒，长期双星并峙，以它“浓香、醇和、爽甜、味长”的特点饮誉中外。

剑南春，产于川西平原西北隅的绵竹，这里距古蜀文化中心广汉、成都不远，是川西久享盛名的酒乡。1979 年，绵竹清道发现了春秋时期的蜀人船棺葬，里面就有青铜酒器罍和提梁壶，可见绵竹饮酒历史之久远。从现有资料看来，绵竹最早生产出的名酒，是宋代的“蜜酒”与“鹅黄”。宋代大文豪苏轼游赤壁，写下了著名的前后《赤壁赋》，赋中说：“苏子与客泛舟，游于赤壁之下”；“客有吹洞箫者，倚歌而和之”。这位“客”，就是绵竹道士杨世昌（见吴宽：《匏翁家藏稿》卷二〇）。这位蜀中老乡是苏轼好友，送了他一件礼物，就是酿蜜酒的秘方。为此苏轼专门写了一首《蜜酒歌》，盛赞这种“真珠为浆玉为醴”，“甘露微浊醍醐清”的蜜酒。在诗的序中，苏轼说：“西蜀道人杨世昌，善作蜜酒，绝醇酽，余既得其方，作此歌以遗之。”这种“绝醇酽”的蜜酒，张邦基在《墨庄漫录》中误以为是用蜂蜜酿酒，其实是一种米酒，因为苏轼在《志林》卷八有“作蜜酒格”，明白说是“每米一斗，用蒸饼面二两半，饼子一两半”。所以以“蜜”为名，应是其色味如蜜之佳。这种淡黄色的美酒，杜甫在汉州饮过，他说“鹅儿黄似酒，对酒爱新鹅”（《舟前小鹅儿》）。宋代祝穆《方舆胜览·汉州》下记有“鹅黄乃汉州名酒，蜀中无能及者”。宋代的绵竹县，正是在汉州政区之内。可以肯定，这种“蜀中无能及者”的“鹅黄”，与“蜜酒”应是一类，很可能是同酒异称。南宋时，陆游也有“叹息风流今未泯，两川名醖避鹅黄”（《游汉州西湖》）和“新酥鹅儿黄，珍桔金弹香”（《对酒》）的诗句，可知这种名酒是久负盛名的。2004 年，在如今剑南春厂区内原清代著名酒坊天益老号地下，发掘出了从宋代至近代的连续文化堆积，其中有完整的明清酿酒作坊遗址。这一发现被评为 2004 年十大考古新发现之一，2006 年，天益老号遗址被列名全国重点文物保护单位。清初康熙年间，绵竹优良的地理条件和多年的酿酒工艺，加上从陕西略阳传来的制大曲方法，终于结出了名震蜀中的硕果，这就是有名的绵竹大曲。正如《绵竹县志》所载：“大曲酒，邑特产，味醇香，色洁白，状若清露。”著名诗人李调元足迹遍中华，自称“天下名酒皆尝尽”，可最后“却爱绵竹大曲醇”。绵竹大曲的出现，使绵竹的酒业生产有了一个大发展，几家陕西富商也到绵竹安家设厂。到了清末，单是著名的大曲作坊就有 18 家，产品不仅在四川享有很高声誉，而且远销云南、贵州、陕西、甘肃，各地商人云集绵竹，当时人李香吟在诗中写道：“山程水路货争呼，坐贾行商日夜图。济济直如绵竹茂，芳名不愧小成都。”民国时期，绵竹酒业最兴旺时，有酒厂两百多家，其中有大曲作坊 38 家，拥有老窖 200 个，大曲年产量 350 吨。绵竹大曲远销上海、南京、重庆，单在成都就有专销绵竹大曲的酒庄、酒行 50 余家，被称为成都“酒坛一霸”。中华人民共和国成立以后，绵竹城关几个大曲酒作坊合并为绵竹酒厂之后，技师们乘新中国的太平盛世，群策群力，生产出一种比传统的绵竹大曲质量更优的大曲，暂名“混料轩”。酒厂请绵竹大曲的多年爱好者、蜀中著名诗人、川大教授庞石帚先生命名，庞先生以绵竹所在地理位置，将《唐国史补》中的蜀中名酒“剑南之烧春”加以省减，于 1958 年名之曰“剑南春”。从此，一种新的名酒诞生了，并很快受到中外饮酒者的好评。1979 年，它在第三届全国评酒会上，以“色清透明，窖香浓郁，味厚味绵，余香悠长，浓中带酱，恰到好处”的评语，登上中国名酒的金榜，以后连获几届金牌。今天，剑南春的用料比例也已不再保密，可以公布。剑南春配料也是“五粮”：高粱 40%，大米 20%，糯米 20%，小麦 15%，玉米 5%，混合粉碎。

全兴大曲，产于蜀都成都。成都平原酿酒的古老历史，我们在本节开头已举出了不少例证。这里只想补充一件，就是 1964 年在成都百花潭中学战国墓出土了一件铜壶，这件酒器上宴乐图中举杯豪饮的场面，是迄今为止先秦所有宴乐图中最典型的一件。成都地区汉魏时期造酒的一种方法，载于《齐民要术》卷七《笨曲并酒第六十六》：“蜀人作酴酒法：十二月朝，取流水五斗，渍小麦曲二斤，密泥封。至正月、二月冻释，发，漉去滓，但取汁三斗，杂米三斗。炊作饭，调强软。合和，复密封，数十日便熟。合滓餐之，甘、辛、滑如甜酒味，不能醉人，多啖，温温小暖而面热也。”经过唐宋时期成都酒业的大繁荣和元明两代的经济衰退，随着清初四川经济的复苏，作为蜀都的成都酒业，也开始了一个新的阶段。据老人们的回忆，清乾隆年间山西人入川将汾酒生产技术传到成都，对成都酿酒工艺颇有影响。在众家酒坊之中，有一位王姓酿酒技师于乾隆五十一年（1786）在东外大佛寺侧，利用“全身佛”三字的谐音，开办“福升全”（谐“佛身全”）酒坊，以求大佛保佑，专门取用著名的薛涛井井水酿酒。位于今望江公园中的薛涛井并不是薛涛取水之井，而是明代蜀王取水制薛涛笺之井。此井清澈甘洌，被誉为东郊第一井，相传唐代的成都名酒“锦江春”就是用此井水酿造。“水是酒之血”，福升全用薛涛井水酿成的大曲酒果然质量优良，被称为“薛涛酒”。诗人冯家吉在《薛涛酒》一诗中写道：“枇杷深处旧藏春，井水留香不染尘。到底美人颜色好，造成佳酿最熏人。”清道光四年（1824），生产日益兴旺的福升全在城内暑袜街建立新厂，以“福升全”之末字为首字，名叫“全兴成”，以一口明代古井酿酒，并将多年酿制薛涛酒的技术加以改进，酿出了比薛涛酒更优的曲酒，就命名为全兴酒。全兴酒按质量高低形成一个系列，由高到低是：冷气大曲、陈年大曲、茵陈大曲、大曲。优质的全兴酒在成都酒业中长期居于首位。1951 年，在老号福升全的旧址成立了成都酒厂，其他厂的能工巧匠均聚集于此，在原来全兴酒的基础上生产出了新一代全兴大曲。1963 年，它首次参加全国评酒，就一举夺魁，荣获中国名酒金奖。以后几次参赛，均保持了中国名酒的荣誉。

在我国名酒中，全兴大曲是唯一一家在大城市中生产出的名酒。严格来讲，大城市对于名酒的生产是不利的。全兴大曲能在既无青山又无绿水的环境中保持中国名酒的地位，关键在于独特而严格的工艺要求。成都没有优质的泉水，但成都酒厂在酿造中有严格的“水谱”，丝毫不能马虎；“曲是酒之骨”，全兴曲的制作使用与众不同；“料是酒之肉”，全兴大曲用料更独具特色，要大量加入陈糟，还要加入米糠。全兴大曲用料用水都十分严格，讲究“稳准细净”，其基本配方是；粮糟比是 1∶5，粮糠比是 1∶0.25，粮曲比是 1∶0.20，粮水比是 1∶0.8，不能有半点差错，否则就会失去“雅清隽永”的传统风格。

1999 年，在全兴酒厂的水井街酿酒车间的地下，发掘出了从元末到清代的酿酒遗址，并在次年列名 1999 年全国十大考古新发现之一。2001 年，水井坊遗址被确定为全国重点文物保护单位。从 2000 年开始，全兴大曲的精品酒遂以“水井坊”命名。

郎酒产于古蔺县二郎镇，是四川“五朵金花”中唯一的酱香型名酒，也是全国唯一可以与茅台比肩的酱香型名酒。二郎镇处于川黔交界处的崇山峻岭中，与贵州的茅台镇同在赤水河畔，有着相同的自然条件。这里又是川盐入黔的重要转运站，历来商贾繁多，酒业发达，清代时就是“家唯储酒卖，船只载盐多”的著名集镇。1904 年，夫妻都是酿酒高手的邓惠川在此开设“絮志酒厂”，再扩建为“惠川糟房”。他多次到茅台镇去进行考查，对茅台酒生产的主要工艺“回沙”即反复发酵蒸馏工艺作了深入研究和改进，并在酒曲中加进多种中草药，生产出了新型的茅台型美酒，取名“回沙郎酒”，很快就名噪川、滇、黔三省，并销往港澳与东南亚。1933 年，茅台镇第一酒厂——成义酒厂被大火所毁，二郎镇集义酒厂有眼光的老板雷绍清立即高薪将成义酒厂总酒师礼聘到二郎镇，又从惠川糟房请来技师莫绍成，集茅台酒与回沙郎酒两家之长，酿出了比回沙郎酒更好的酒，名为郎酒，与茅台难分高下，连包装也是一个模样的土陶罐。可是惠川糟房在1944年解体，回沙郎酒停产。1949年，集义酒厂也散了伙，郎酒停产。1957年，根据周恩来总理的指示，恢复郎酒厂。两年后，重新生产出郎酒，但产量不高。1981年在一次全国名优酒协作会上，郎酒的总评分仅比茅台低0.32分，使全国酒业同行为之震动。1984年，郎酒在全国评酒中荣获国家名酒的金牌。以后连获金牌，“二茅台”之称不胫而走。

在二郎镇，有这样一首民谣：“郎酒好，有四宝：美境、郎泉、宝洞、工艺巧。”所谓美境，是指这里温润的气候，山清水秀的生态，特有的微生物生长圈。郎泉，是一口冬夏长涌的古泉，是郎酒厂的命脉，年产两千多吨的郎酒厂生产用水全部取用于此，绝无杂水，这在全国大酒厂中是独一无二的。近年来对郎泉水做了多次分析，结论是“极优良的矿泉”，是“十分理想”的酿造用水。宝洞，是两个大型天然溶洞——天保洞和地保洞，是郎酒的贮存库，可利用面积达1.2万平方米。郎酒与任何白酒不同，必须贮存3年以上方能醇化老熟。两个天然溶洞的湿度与温度是极为理想的贮酒场所。工艺巧，是指郎酒生产的十分独特的工艺流程，其主要特点是高温制曲、两次投粮、回沙发酵、九次蒸酿、七次取酒、三年陈贮。从粮食到可以饮用的郎酒，大约要经过4年的时间，要经多次反复发酵、反复蒸馏而成。

第二节 茶饮之乡

我国传统的最主要的饮料和对世界文明影响最大的饮料是茶。而我国饮茶最重要的起源地不在别处，正在巴蜀地区。在我国饮茶史

（当然也是世界饮茶史）上，巴蜀地区有十个第一：

1. 我国先秦时期，在巴族地区即今川东鄂西地区最早将茶作为药物食用，故而《茶经》开篇第一句论“茶之源”时就说：“茶者，南方之嘉木也，一尺、二尺乃至数十尺，其巴山、峡川，有两人合抱者。”但各地的称呼不同，到了西汉时，文献中有三处记载，即司马相如的《凡将篇》、扬雄的《方言》、王褒的《僮约》，全部出于巴蜀。

2. 茶叶作为饮料的最早文字记载（实际生活中当然还要早），有上述《僮约》中的“烹茶尽具”；三国时魏人张揖所撰《埤仓》中的“荼，今蜀人以作饮”（《尔雅释文》引）；张揖所撰《广雅》中的“荆巴间采茶作饼……其饮醒酒，令人不眠”（《太平御览》卷八六七引）。以茶为饮料的风习，是从蜀地传到中原及其他各地的。顾炎武在《日知录》卷七《茶》中就曾明确指出：“自秦人取蜀而后，始有茗饮之事。”

3. 最早将野生茶树变为人工栽培，是在巴蜀地区，这已是茶史专家的一致看法。如陈椽在《茶叶通史》中说：“我国最早的茶事记载都在四川”，“四川茶树栽培可追溯到西周初年”。陈祖椝、朱自振在《中国茶叶历史资料选辑·导言》中说：“我国饮茶和把茶叶的生产发展为一种事业，不是北方而是从四川开始的。”①

4. 茶叶作为商品的最早文字记载，也见于上述《僮约》：“牵犬贩鹅，武阳买茶。”武阳，即今彭山县。彭山至今仍产茶，而且在仙女山（古称彭望山）顶有古茶园。

5. 最早明确记载各地出产好茶的可靠文献是蜀中晋代史学家常

① 参见陈椽：《茶叶通史》，农业出版社 1984 年版；陈祖椝、朱自振：《中国茶叶历史资料选辑》，农业出版社 1981 年版。

璩的《华阳国志》，书中有几处记载，如《蜀志》：“什邡县，山出好茶”，“南安、武阳皆出名茶”；《巴志》：涪陵郡，“惟出茶”。

6. 目前可知姓名的最早的种茶人是西汉宣帝年间在名山县蒙山种茶的吴理真，他种茶的时间与王褒写《僮约》大致同时。宋孝宗曾追封吴理真为甘露禅师，历代供祀吴理真的石屋至今仍在蒙山。吴理真种茶事在蒙山上的历代碑刻与四川的多种地方志均有记载，从无异辞，也得到近代茶叶研究家的承认。目前已知的最早的人工种茶的茶园，是名山县蒙山顶上的吴理真种茶的上清峰茶园（今称为“皇茶园”），遗址至今仍存，可供观赏。

7. 将茶叶作为中央贡品的最早记载，见于《华阳国志・巴志》：“园有芳蒻、香茗”；“丹、漆、茶、蜜……皆纳贡之”。我国第一次被誉为全国名茶之冠的茶叶是蒙顶茶。唐人李肇《唐国史补》卷下载：“风俗贵茶，茶之名品益众，剑南有蒙顶石花，或小方，或散牙，号为第一。”

8. 目前已知的最早开茶馆卖煮好之茶的是一位“蜀妪”，事见西晋人傅咸的《司隶教》：“南方有蜀妪作茶粥卖之。”这位“蜀妪”应是今天四川数不清的茶馆业主的鼻祖。我国饮茶方法古今不同，宋以前无冲泡茶，而是先作饼后煮粥的“茶粥”。今天四川还有一种小吃叫“油茶”，正是古人“茶粥”的余绪。

9. 目前已知最早的大型商品化茶园出现在唐代蜀中的彭州。见《太平广记》卷三七《阳平谪仙》条：“初，九陇（今彭州）人张守珪，仙君山有茶园，每岁召采茶人力百余人，男女佣功者杂处园中。”（按：相同内容又见于《云笈七籤・二十八治》）有男女佣工百余人的茶园，已是规模不小的茶园，必然已经过了一个很长的发展过程。

10. 最早记载茶叶的文学家是蜀中的汉代著名文学家司马相如、

扬雄与王褒。不特此也，我国最早的一首咏茶诗也出现在成都，即西晋张载的《登成都白菟楼》："芳茶冠六清，溢味播九区。人生苟安乐，兹土聊可娱。"

如上所述，巴蜀地区是全世界名副其实的茶饮之乡，在世界饮茶史上的十个第一（严格来讲，是十几个第一），将永驻史册。发展到今天，茶叶栽培与生产已从巴蜀传遍世界的大多数地区，茶叶已成为世界三大饮料之首。近代的巴蜀茶事，最有特色、最被人们所称道的，已不再是这里出产的各种优质茶叶，如石花、黄芽、竹叶青、早白尖功夫红茶、峨眉毛峰、碧玉春等等，而是堪称世界之最的四川茶馆。

对于喜好喝茶的中国人来说，各地均有饮茶的茶馆，但四川的茶馆却与外省大有不同：

第一是茶馆多，进茶馆的茶客多。最早的一个统计数字见于清末的《成都通览》，当时成都城中有茶馆 454 家，而当时全城街巷只有 516 条，几乎每条街巷均有茶馆。1935 年，成都报纸《新新新闻》的统计是 599 家，每天茶客约 12 万人，而当时全城男女老少还不到 60 万。1941 年，据当时成都市政府统计，茶馆又增加到 614 家。当代茶馆则不胜其数，大街小巷有茶馆，公园名胜有茶馆，各单位俱乐部与文化中心有茶馆，影院剧场休息室有茶馆，公路两旁有简易茶馆，乡间瓜棚豆架之侧有农家茶馆，餐厅火锅厅附设茶馆……四川茶馆还有一个特点是营业时间长，过去的茶馆都是天不亮就开门，半夜才关门，是营业时间最长的行业之一。

第二是设备不同。外地茶馆中大多是高桌长凳，大壶小杯，茶客很难久坐。成都茶馆一律是矮桌竹椅（过去还有被称为"马架子"的竹躺椅），茶客可半倚久叙，慢慢品味。茶具则一律是三件头的盖碗茶。据唐人李匡乂《资暇录》载，这种由茶碗、茶盖、茶船（古名茶托子）组成的三件头茶具，始创于唐德宗时成都的西川节度使崔宁家中。《资暇录》卷下《茶托子》条载：

> 建中（按：唐德宗年号）蜀相崔宁之女以茶杯无衬，病其熨指，取碟子承之，抚啜而杯倾，乃以蜡环碟子之央，其杯遂定。即命匠以漆环代蜡，进于蜀相。蜀相奇之，为制名而话于宾亲。人人为便，用于世。是后传者更环其底，愈新其制，以至百状焉。

三件头的盖碗茶茶具，应当是最佳的茶具，其优点是：茶船在下，稳托碗底，便于端放，免于烫手，又不致将茶水流于桌面或溢滴衣衫；茶碗容积适中，上大下小，冲泡时便于茶叶翻卷；茶盖盖而不严，既可保温避尘，又能透气，又能搅动茶水，调匀茶味，喝茶时还能阻挡浮叶入口。由于四川茶馆使用这种无壶茶具，茶客自己不能掺水，而都是掺茶堂倌（即古之茶博士）不断代掺。掺茶是一种技艺，高明者可以左手摞八副三件头，撒一次满桌开花，摆放均匀；右手提壶一个"凤点头"将水掺满而桌上滴水不洒。成都的掺茶师近年曾在北京、巴黎等地茶馆表演过上述技艺，并成为电视片《中国一绝》中的一项绝活。

第三，入茶馆喝茶者绝非单纯饮茶解渴，甚至主要并不是为了解渴，其中有很丰富的内涵，被外地称为独特的"茶馆文化"。这种"茶馆文化"内容十分丰富：

茶馆是休息场所，可以喝茶、聊天、抽烟、下棋、打盹、洗脸、洗脚、挂鸟笼、看书、吃瓜子点心。只要买了一碗茶，可以从开门坐至关门，哪怕茶水已经掺“白”。四川城乡有好多处茶馆名曰“各说阁”，很能透出悠闲自适的情趣。

茶馆是社交场所，可以会朋友、谈生意、听新闻、探行情、谋职业、调解纠纷、拜师收徒。过去民间调解各种民事纠纷都在茶馆中进行，故而曾长期把请人调解纠纷称之为“讲茶”。过去的茶馆还是哥老会的“码头”、各种秘密会社的联络处、行业公会的会所、同乡会的据点。可以说茶馆就是一个小社会。

茶馆是娱乐场所，过去稍大一点的茶馆，都有各种艺人活动。各种曲艺形式在过去都没有专门的演出场所，都是在茶馆中演出的。各地业余川剧爱好者“摆围鼓”（即清唱、坐唱）也都在茶馆之中。上述这些娱乐活动是过去稍大一点的茶馆中必不可少的内容。

茶馆是部分人的谋生场所，这里可以卖烟、卖瓜子糖果、看相算命、掏耳朵、理发、剪影像，以及其他可以流动进行的各种小买卖。过去的不少赌博活动也都在茶馆进行。

茶馆是无家可归者的临时栖身地，过去大多茶馆都兼营旅店，故而“茶旅业”成为一种行业的名称。茶炉上可代客煮饭、炖肉、熬药，的确有方便民众的功能。

茶馆文化是巴蜀民俗文化中十分重要而有特色的部分，一直到今天仍是如此，只是具体内容有若干变化而已。

第三节　游乐之盛

在巴蜀地区的生活习尚中，现在可以考见的古今相沿不改而又极富特色的习俗是出行游乐。

出行游乐，是我国传统的群众性文化活动，各地均有，而且多与年节有关，诸如春节舞龙、元宵观灯、清明扫墓、端午赛舟、七夕乞巧、中秋赏月、重阳登高等等，巴蜀皆与各地相同，勿需多述。但巴蜀地区的出行游乐活动在这些活动的基础之上，更有特色，更有气势，更有群众性。

北宋时曾任过益州知州和四川安抚制置使的田况写过一组《成都遨乐诗》21首，在诗序中说："蜀人好游乐"；大诗人苏东坡在《和子由蚕市》诗中说："蜀人游乐不知还"；宋人刘锡在《至道圣德颂》（载《全蜀艺文志》卷四五）诗中说，益州"俗尚嬉游"；宋初任过益州知州的张咏在《悼蜀四十韵》中说："蜀国富且庶……狂佚务娱乐"；宋代著名政治家韩琦在《故枢密直学士礼部尚书赠左仆射张公神道碑》（载《安阳集》卷五）也说"蜀风尚侈，好遨乐"；《宋史·地理志》也说巴蜀地区"民勤耕作，无寸土之旷，岁三四收，其收获多为遨游之费，踏青、药市之集尤盛，动至连月"。而在众"蜀人"之中，则以其首府"成都游赏之盛，甲于西蜀，盖地大物繁而俗好娱乐"（费著：《岁华纪丽谱》）。成都游乐胜地又首推浣花溪，"成都之俗，以游乐相尚，而浣花为特甚"（宋·任正一：《游浣花记》，载《全蜀艺文志》卷四〇）。由上述记载可知，宋代的巴蜀地区就因经济实力雄厚而爱游乐，以致闻名全国。能有如此高的知名度，当然是有来由的。早在唐代天宝年间，崔园任剑南节度使驻于成都时，所见成都游江就已是"数十里丝竹竞奏，笑语喧然"，"都人纵观如堵"，"楼船百艘，塞江而至，皆以锦绣为帆，金玉饰舟，旄纛盖伞，旌旗戈戟，缤纷照耀"，还有"从官武士五六千人持兵戒严"（《太平广记》卷三〇三《崔园》）。五代时其风未减，"蜀中百姓富庶，夹江皆创亭榭游赏之处。都人士女，倾城游玩，珠翠绮罗，名花异香，馥郁森列。”（张唐英：《蜀梼杌》卷下）其规模之大，游人之多，实为今人所难以想象。正因为有此风气，年年相因，故而到了宋代，方能闻名全国。

宋代成都人游乐之盛，仅以《岁华纪丽谱》所载，从正月元日游安福寺，登寺塔，到冬至后一日游金绳寺，共有游乐活动 23 次之多，大致有游江、游山、游寺、游郊野等几大类。

在这些游乐活动中，参与者众、官民同乐、城乡同乐，这在宋人诗文中留下了很多生动的描绘。如成都官民在浣花溪百花潭游江之时，“架舟如屋，饰彩绘，连樯衔尾，荡漾波间，箫鼓弦歌，喧闹而作。其不能具舟者，依岸结棚，上下数里，以阅舟之往来。成都之人，于他游观或不能皆出，至浣花则倾城而往，里巷阒然。自旁郡观者，虽负贩刍荛之人，至相与称贷，易资为一饱之具，以从事穷日之游。府尹亦为之至潭上，置酒高会，设水戏竞渡，尽众人之乐而后返”（任正一：《游浣花记》）。郊游踏青时，是“城中居人厌城郭，喧阗晓出空四邻”（苏轼：《和子由踏青》）；游学射山时，是“倾城士庶，四邑居民，咸诣仙观”（黄休复：《茅亭客话》卷五）；“绵二十里无少缺”（文同：《学射山仙祠记》）；游海云寺时，是“欢讴嬉笑之声，虽田野间如市井”（曹学佺：《蜀中名胜记》卷二）；元宵放灯时，“成都元夕，每夜用油五千斤”（庄季裕：《鸡肋编》卷上）。

除了成都之外，巴蜀其他地区的游乐之风亦同样兴盛，如元宵之时，“村落闾巷之间，弦管歌声，合筵社会，昼夜相接”（张唐英：《蜀梼杌》卷下）。单是郫县唐安镇，就有“三千官柳，四千琵琶”（陆游：《雨夜怀唐安》诗自注）。对于这种“全蜀”性的游乐盛况，田况有《上元灯夕》一诗纪其事：

予尝观四方，无不乐嬉游。唯兹全蜀区，民物繁它州。春宵宝灯然，锦里香烟浮。连城悉奔骛，千里穷边陬。

这种群众性的出行游乐，有几个很重要的特点。第一是官方出面主持，官民同乐。除上引《游浣花记》的记载外，苏轼在《次韵刘景文周次元寒食同游西湖》诗自注说："成都太守自正月二日出游，谓之遨头，至四月十九日浣花乃止。"《岁华纪丽谱》则有更详的描绘：

成都游赏之盛，甲于西蜀，盖地大物繁而俗好娱乐。凡太守岁时宴集，骑从杂沓，车服鲜华，倡优鼓吹，出入拥导，四方奇技，幻怪百变，序进于前，以从民乐，岁率有期，谓之故事。及期则士女栉比，轻裘袨服，扶老携幼，阗道嬉游。或以坐具列于广庭，以待观者，谓之遨床，而谓太守为遨头。

在这种官民同乐的日子里，官方还对民间歌舞者赏以金帛，遍分美酒。庄季裕《鸡肋编》卷上载：

浣花自城去僧寺凡十八里，太守乘彩舟泛江而下。两岸皆民家，绞络水阁，饰以锦绣。每彩舟到，有歌舞者则钩帘以观，赏以金帛。以大舰载公库酒，应游人之家，计口给酒，人支一升。至暮遵陆而归。

在地方官中，如前面已提到的田况，专门作了《成都遨乐诗》21首。北宋时另一位益州知州薛奎也作了《何处春游好》诗10首。这位薛奎原来在开封为官时，"专以严治，人谓之'薛出油'"。到了成都，为了“从其俗”，不得不与民一道游春，“自号‘薛春游’”（《岁华纪丽谱》）。

第二个特点是与商贸活动结合。如成都每月都有时令性的专业集市。张澍《蜀典》卷六引《成都古今记》说：

> 正月灯市，二月花市，三月蚕市，四月锦市，五月扇市，六月香市，七月七宝市，八月桂市，九月药市，十月酒市，十一月梅市，十二月桃符市。

除了上述之外，还有米市（见黄休复：《茅亭客话》）、炭市（见《旧五代史·梁知俊传》）、麻市（见陆游诗《昔在成都》）、渔市（见陆游诗《晚步江上》）等市。这些集市，有如近代之物资交流大会，也是出行游乐的时节。不仅街市河边，连一些大的寺院也是市场，如著名的大圣慈寺就是“合九十六院，地居冲会，百工列肆，市声如雷”（郭印：《超悟院记》，载傅增湘辑《宋代蜀文辑存》卷三九）；“四方之人至于此者，徒见游手末技，幢幢凑集，珍货奇巧，罗陈如市，只以为嬉戏街鬻之所”（李之纯：《大圣慈寺画记》，载《全蜀艺文志》卷四一）。不仅白日有市，还有夜市，祝穆《方舆胜览》卷五一引《成都志》所载诗称“锦江夜市连三鼓”；范成大《前堂观月》诗称“东郭风喧三鼓市，西城石汹二江涛”。各种集市，都是以一物为主，百货杂陈，如蚕市上买卖各种农具（见《岁华纪丽谱》），药市上“多聚人物，出百货其间”（蔡絛：《铁围山丛谈》卷六）。每逢这类集市之期，也就成为人们出行游乐之时。宋代词人京镗有《雨中花·重阳》记成都药市云：“玉局祠前，铜壶阁畔，锦城药市争奇。正紫萸缀席，黄菊浮卮，巷陌连镳并辔，楼台吹竹弹丝。登高望远，一年好景，九月佳期。”

第三个特点是有各种演艺活动吸引游客。唐宋时期的巴蜀，戏剧、歌舞、杂技（即百戏）、木偶、猴戏都很活跃，优人乐伎的表演是游乐活动的重要内容。如庄季裕《鸡肋编》卷上所说：

> 成都自上元至四月十八日，游赏几无虚辰。使宅后圃名西园，春时纵人行乐。初开园日，酒坊两户各求优人之善者较艺于府会。以骰子置于合子中撼之，视数多者得先，谓之撼雷。自旦至暮，唯杂戏一色。坐于阅武场，环庭皆府官宅看棚。棚外始作高凳，庶民男左女右，立于其上如山。每诨一笑，须筵中哄堂，众庶皆噱者，始以青红小旗各插于垫上为记。至晚，较旗多者为胜。若上下不同笑者，不以为数也。

很明显，这里所描绘的是一种由广大群众参与的戏剧表演比赛。其他记载中如“倡乐导前”（《岁华纪丽谱》），“倡优歌舞，娥媌靡曼”（李良臣：《钤辖厅东园记》，载《全蜀艺文志》卷三四），“酒肴劝属场市满，鼓笛繁乱倡优狞”（苏辙：《蚕市》）等，都反映了当时艺人表演的活跃。

第四个特点是有群众性的竞技体育活动穿插其中，让游客亲自参与。如成都百花潭的“水戏竞渡”，“官舫民船”（《岁华纪丽谱》）均可参加。这种“水戏竞渡”，可以“尽众人之乐而后返”（任正一：《游浣花记》）。又如成都游学射山时，有射箭比赛，“故事，往来皆呈马骑，设射棚，众宾皆射，遣官妓记筹”（范镇《仲远龙图见邀游学射》诗自注，载《蜀中名胜记》卷三）。赵抃还有《次韵苏寀游学射山》诗：“锦川风俗喜时平，上巳家家出锦城。射圃人稠喧昼鼓，龙湫波洋照红旌。”

唐宋时期的这种群众性的出行游乐活动，宋代以后由于社会经济的衰退，一下子失去了昔日的盛况。一直到清代后期，才随着经济的复苏而复苏。最典型的还是成都的灯会与花会，年年举行，至今不衰。

成都灯会沿于传统的元夕观灯，但清代是从正月初九就开始在灯杆顶上点“玉皇灯”，两侧悬挂串状小灯，从32个至108个不等，宣布了灯会的开始。然后各街巷纷纷扎过街灯、牌坊灯，大多是绘有各种题材的彩灯。各家各户门口则任意悬挂扎成各种形状的彩灯，称为“上灯”，以能转动的走马灯最吸引游人。每至夜晚，人们就“闹元宵”，如龙灯、狮灯、车灯、高跷、猜灯谜等。到元宵之夜到达高潮，放烟火，“烧龙灯”（包括用熔化的铁水拍向天空的“铁水花”），倾城出动，万人空巷，半夜方归。各地城乡大多如此，只是规模不同而已。中华人民共和国成立之后，包括成都在内的各地春灯都逐步改为各地的灯会，都从各街巷分散上灯改为集中于一处（如成都在青羊宫和二仙庵）。一般都在正月初五开始，延续月余。油灯已改为电灯，而且从传统的纸扎、绢花工艺发展到运用各种手段，在形、色、声、光、动五个方面推陈出新，制成若干成组的自动灯彩，各种民间故事、戏曲人物、城乡新貌、社会热点等都可用灯彩来表现。园中灯、树上灯、湖中灯、水下灯、喷泉灯、瓷器灯、糖画灯、玻瓶灯，再配上各种美妙的音乐，真是火树银花、光怪陆离、热闹非凡、气象万千。

近年来，自贡市的灯会异军突起，将灯彩与雕塑、绘画、书法、剪纸、工艺巧妙融合，成为新兴的大型艺术展，先是轰动全川，继而轰动全国，被喻为“天下第一灯”，不仅在国内各大城市作巡回展，而且在东南亚各国展出，为巴蜀民间文化赢得了很高的荣誉。

成都的花会起源很早。从唐代诗人萧遘在《成都》一诗中“月晓已开花市合”的诗句来看，当时早有花市。唐代宗年间，成都节度使崔宁之妻浣花夫人领兵平息了杨子琳的叛乱，后人遂在浣花溪畔建浣花祠纪念她。每年二月十五是花朝节，又相传是老子的生日；三月三日是浣花夫人的生日，四月十九日是浣花夫人浣花日，故而每年春夏之交百花齐放之时，成都市民多往青羊宫到浣花溪一带游玩赏花，这就是成都花会的起源。宋初张咏作益州知州时，决定将城郊各处踏青活动“聚之为乐”，以利安全，遂规定自万里桥往青羊宫到浣花溪为“游江”之所，由政府主办游春大会，传统的蚕市与药市集会也一并举行，成为游春赏花与物资交流两者综合的盛会，故而当时又称为花市，如赵抃《成都古今集记》：“成都二月花市，各地花农辟圃卖花，陈列百卉，蔚为香国。”

宋代花会的特征一直保持到近代。清代不仅年年举行，清末还在花会中举办劝业会，邀集各县来此展销各种土特产品，故而规模较过去更大，会期也更长。民国初年又增加了武术擂台赛，称为“打金章”，更加吸引各地的游客。正如著名文士刘师亮在《青羊宫竹枝词》中所写，“通惠门前十二桥，游人如鲫送春潮”；“丘田顷刻变繁华，开出商场几百家”；“城市纷纷有若狂，今年更比往年强。乡间妇女尤高兴，背起娃娃赶会场”。这种集游春、赏花、贸易、美食于一体的花会，至今仍在成都文化公园与塔子山公园年年举行，规模愈办愈大，游人愈来愈多，成为川西地区远近闻名的盛会。

出行游乐，全蜀皆盛，不仅成都。就以近年而论，仅成都郊区各县年年举办的大型的游乐盛会就有都江堰市清明会、彭州牡丹会、郫县望丛赛歌会、新津龙舟会、双流棠湖灯会、新都木兰会、龙泉桃花会等，其他各地的中小型活动则几乎所有城镇皆有，其数难以估计。

第四节　遍布城乡的袍哥

在巴蜀地区的近代社会生活中，袍哥是一个牵涉面极广的社会组织，是一种十分复杂的社会现象，是民俗学与社会学都极为关注的重要问题。

袍哥是四川方言，就是我国著名的民间帮会哥老会。哥老会在四川也称哥老，也称汉留或汉流，但最普遍的称呼是袍哥。为什么会称为袍哥？袍哥自己有两种解释，一说是取《诗经·无衣》“与子同袍”之义，表示是同一袍色之哥弟；另一说是袍与胞谐音，表示有如同胞之哥弟。两种解释大致相同。

一般来说，帮会属于秘密社会。秘密社会在世界各地都有存在，我国也是各地均有。但在各地，大致都是社会中少部分人的非公开性的组织。然而袍哥不同，作为我国秘密社会两大系统（即会党与教门）中的哥老会，在清代的四川曾经是少部分人的秘密组织，可辛亥革命之后，它长期成为四川大多数成年男性都直接加入或间接受其控制的公开性组织。对社会各方面都有极为重要的影响。这一特点，是我国其他任何地区都从未有过的，也是了解巴蜀地区近代社会生活时所必须了解的。

哥老会是清代中期在四川出现的秘密社会组织，是四川本地的游民团伙“啯噜（音 gūlū）子”与从沿海传入的天地会结合之后的产物。啯噜子是以清初入川移民中的未能安家垦地的游民为主要成分形成的武装团伙，至迟到乾隆初年即已有较大影响。乾隆八年（1743），四川巡抚纪山奏称："川省数年来有湖广、江西、陕西、广东等省外来无业之人，学习拳棒，并能符水架刑，勾引本省不肖奸棍，三五成群，身佩凶刀，肆行乡镇，号曰'啯噜子'。"（《清高宗实录》卷二〇三）第二年，御史柴潮生又上奏："四川一省，人稀地广，近年以来，四方游民多入川觅食。始则力田就佃，无异土居，后则累百盈千，浸成游手。其中有等桀黠强悍者，俨然为流民渠帅，土语号为啯噜，其下流民听其指使，凡为啯噜者又各联声势，相互应援"（《军机处录副·御史柴潮生乾隆九年十一月初六日奏》）。这种流民集团为何叫啯噜子，迄今有多种说法，我赞同这样一种解释：啯噜与轱辘、辘辘、的卢、韩卢等乃是一个词根的不同变化，其本义是快速转动。音同或音近的不同词汇不仅在汉语中有，在汉藏语系藏语与彝语中也可以见到，意义都相近①。四川方言中至今仍把快速转动呼为"gūlūgūlū"。这种武装游民集团被人们呼为"啯噜子"，应是以其飘忽不定、往来迅速的特征来称呼的。也正由于最初是民间称呼，音为"gūlū"，字无定例，故而在四川各种文献中又写为"啯喽子"（唐枢：《蜀籁》卷二、民国《长寿县志》卷四）、"孤露子"（民国《华阳县志》卷五）。他们携带武器在社会上"结党成群，流荡滋事"，内部有一定的纪律，有主事的首领，但全省并无统一的组织，各伙分别活动，无论水陆通衢还是深山老林，都有他们的踪迹，也有的扩展到湖北、贵州、陕西等地活动。他们强悍好斗，以抢劫为主要生活来源，但也参与船帮、盐枭、保镖等活动。但是他们一开始就具有明显的反抗清廷的意识，例如他们有不少人"割去辫发，作为记号"，就是明显的反清举动。

---

① 参见胡昭曦等：《"啯噜"考析》，载《四川省史学会史学论文集》，四川人民出版社1982年版。

又如川北的啯噜子崇敬晚年抗清、死于清军手下的著名农民起义领袖张献忠，在梓潼大庙山文昌宫中保护张的塑像，“年年啯噜匪类假借神会，聚集谒之，求伊冥佑”（见安洪德《除毁贼像碑记》，碑存大庙山文昌宫），这是更明显的反清举动。也正由于上述原因，啯噜子一直被官方称之为“叛”“乱”“匪”“邪”。嘉庆年间，川楚白莲教大起义时，大批啯噜子加入，有的还成为主力和首领。

随着白莲教起义的失败，啯噜子在各地都遭到镇压，但仍然在各地活动，还有不少人渗入到清军与衙役之中。为了加强他们内部的组织联系，提高其生存、发展和与官府对抗的能力，他们逐步大量吸收了早已流传入川的天地会的组织形式与联络办法，或直接与天地会徒融为一家，在道光年间发展成为帮会组织哥老会（当然，也受了一些白莲教、青莲教的影响，但主要是天地会）。所以称为“哥老”，一则是“啯噜”的音转异写，二则也有兄弟之义。

由啯噜发展为哥老，是一个逐渐而长期的过程。川人李榕在《十三峰书屋文集》卷一有这样的记载：

> 蜀中尚有啯噜会，军兴以来，其党多亡命归行伍，十余年勾煽成风，流毒遍湘楚，而变其名曰江湖会（按：江湖会是哥老会初期的另一称呼）。每起会烧香，立山名堂名，有莲花山富贵堂、峨眉山顺德堂诸名目。每堂有坐堂老帽、行堂行帽。每堂八牌，以一二三五为上四牌，六八九十为下四牌，以四七两字为避忌，不立此牌。其主持谋议者号为圣贤二爷，收管银钱者号为当家三爷，内有红旗五爷专掌传话派人，黑旗五爷掌刀杖打杀。其聚党行劫者谓之放飘，又谓之起班子，人数多寡不等。

当啯噜子发展成为哥老之后，与原来相较有了若干变化，如模仿天地会制订了较为完善的组织与活动的成文章程，即所谓的《海底》；其成员扩大到社会各个方面、各个行业，不再以游民为主；有了各自的“公口”，亦称“码头”，也就是活动范围与会务机构；内部形成了组织系统与等级制度；逐步建立了自己的经费来源；在非公开活动中逐步形成了“切口”，即内部通用的联络隐语。

哥老会在四川所开最早的山堂是何时何地，目前很难定论。在四川袍哥中历来相传的说法，是康熙年间郑成功为了反清复明而派其部将陈近南来雅州（今雅安）所开的精忠山。但近年来多数研究者认为，更为可靠的说法是“道光二十八年（1848）永宁（今叙永）郭永泰开荩忠山，以延平郡王招讨大将军印信相号召。是时，始有山水香堂”（刘师亮：《汉留史》）。这一次开山堂可能经过了较长的准备，据后来袍哥首领人物的记述：“会盟者即达四千余人，不久荩忠山哥弟遍及各省，而开山立堂者尤以四川为最。……此皆江湖豪杰，并州联县，聚众开山，远近景从。清廷愈禁止，发展愈扩大，以至分支流派，开山立堂，公口码头，不可胜数。”①

哥老会产生之后，在各地迅速发展，南方所有省份和北方部分省份都有它的组织，如左宗棠在一份奏折中说：“近年江楚之间，游勇成群，往往歃血会盟，结拜哥老会，又号江湖会”（《军机处录副·同治五年五月八日闽浙总督左宗棠奏》）。从总的来看，哥老会的发展有三个特点：1. 四川数量最多，力量最大（详后）。2. 在湘军等军营中发展极快，亦如左宗棠所说：“自顷啯噜变成哥老会匪，军营传染

① 侯少煊、雁秋：《哥老会的缘起与清王朝对它的镇压》，载《四川保路运动风云录》，四川人民出版社 1981 年版。

殆遍”（《左宗棠奏疏续编》卷三二），以至于曾国藩在制订湘军营规时特地立了一条：“结拜哥老会、传习邪教者斩。”3. 哥老会虽然分布面广，但仍有很强烈的反清情绪，咸丰年间爆发的历时 6 年、以四川为主战场的李永和、蓝朝鼎农民起义的基本力量就是哥老会。以后的历次以反洋教为中心的反清教案的主力也是哥老会，如“一绅二粮三袍哥”，就是四川最大教案大足教案的主力，余栋臣等首领都是“哥老会魁桀也”（民国《大足县志・仇教记》）。

太平天国与李、蓝起义失败之后，社会更加动荡，四川的哥老会通称为袍哥，数量有了高速的发展，不仅有无业游民、贫苦大众，还有各地的地方势力、军营官兵也纷纷参加袍哥，主持码头。无钱无势者当袍哥（四川方言中通称为“嗨袍哥”，嗨音 hāi）是为了求得结援互助，有钱有势者当袍哥是为了控制地方，培植羽翼。在这种风潮之下，不嗨袍哥就很难在社会上立足。“袍哥能结万人缘”，“上齐红顶子，下齐讨口子（四川方言，即乞丐）”等民谚，说明袍哥的影响真如水银泻地，无孔不入。

袍哥的组织是从开立山堂开始，开立山堂有隆重的仪式，要拜关公的圣像、歃血拜把。早期歃血是刺破中指滴血入酒，后来多用杀雄鸡代替。所谓拜把是由“香长”将香捆束成把，共“三把半”，众人在香堂中叩拜立誓。早期开立山堂多在山林寺庙，以后则在长街闹市举行。袍哥内部有各山堂基本一致的纪律（俗称为必须遵守的“红十条”与必须惩罚的“黑十条”），有“内八堂”“外八堂”的组织系列与等级制度，入会者还必须视本人财力大小缴纳一定的“山价钱”（又称“码头钱”）。全川各山堂逐渐形成五个有高低之分的堂口，即仁、义、礼、智、信五个班辈，参加仁字号者以士绅为多，义字号以商贾为主，礼字号则较多匪盗、地痞和士兵，智字号多为贫苦农民、手工业者、船夫、车夫，信字号人数不多，是下九流者。故有“仁字号一绅二粮，义字号买卖客商，礼字号又偷又抢，智字号尽是扯帮，信字号擦背卖唱”之谚。各个公口之间独立发展，但同一地区各个公口可以联合起来，组成“会口”“合会”，相互协调。袍哥原来按天地会的规矩禁止几种人参加，如降清残汉者、待诏即理发匠（因为曾助清剃发）、裁缝（因为曾改作旗装）、娼家、艺人、巫婆神汉、小偷等，但清末就已突破了这些禁区，除了旦角演员之外，不再严格限制。袍哥原来无女性参加，清末开始有女袍哥，还有女舵把子（舵把子即龙头大爷，为一个公口中的最高首领）。清末民初，还有少许外籍人士与基督教徒参加，这其中希腊人巴巴达先在奉节参加袍哥，嗨仁字号三排，后在重庆出山嗨大爷40余年，从事商贸、餐饮、电影业，是全川著名的洋袍哥。

作为一种帮会组织，袍哥提倡侠义与互助共济，重视宗法观念，以“桃园聚义”“瓦岗威风”“梁山根本”为榜样，相互间均称兄弟，甚至有“有饭大家同吃，有难大家同当”的口号。在某些地方，也的确能做到相互帮助，凡是袍哥，到了别的码头，只要拜了码头（拜码头有一定的规矩与隐语），也会吃住不愁，故而有“千里不要柴和米，万里不要点灯油”之谚。但是，由于大量的不同成分的人员加入，理论上的平等、共济，往往实际上是家长制、等级制，各个码头内部等级森严，甚至形同主仆，各个码头之间明争暗斗，甚至火并。加上没有明确的政治目标，其行动方向往往因人因时因事而异，具有较大的盲动性，易为不同的政治势力所利用。这其中，每个码头都有少数本身无正当职业，全凭在码头上混饭吃的“职业袍哥”，对社会更具有破坏性。此外，袍哥从来又有清水与浑水之别。清水袍哥不参与匪盗活动，浑水袍哥则以抢劫为生（只是不抢本码头范围，即“兔儿不吃窝边草”)，基本上是占山为王的土匪武装，对社会的危害性就更大。

袍哥在历史上最为光辉的时期是四川的保路运动。

以孙中山为首的革命党人早就看到了会党的反清作用，一直把会党作为推翻清政府的重要力量。孙中山早在 1899 年就派人到湘鄂等地联络哥老会首领与兴中会共组兴汉会，由孙中山担任会长。1905 年，更邀集四川袍哥大爷佘英、张树三、张百祥等人赴日本东京，共商革命大计。泸州小市义字旗堂口舵把子佘英当即参加同盟会，并任西南大都督。张树三、张百祥等也都参加了同盟会，张百祥还担任了专门联络会党的共进会会长。佘英等人返川之后，即积极联络全川各山堂袍哥，准备武装起义。1907 年与 1909 年，佘英等在川南举行了两次起义，均失败，佘英于 1910 年初惨死于宜宾，时年 36 岁。他临刑前口占一绝：“牡丹将放身先残，未饮黄龙酒不甘。同志若有继我者，剑下孤魂心自安。”① 佘英之牺牲，对点起全川袍哥的反清烈火有很大的作用。

1911 年 5 月，清王朝宣布“铁路国有”，将集股商办的川汉铁路路权拱手让给外国列强，四川人民的血汗集股化为乌有。早已存在的反清情绪一下子冲破堤岸，被点燃成为燎原之烈火。四川的保路运动在极短期内如火如荼地迅猛展开，两个月中，全川大多数州县建立了保路同志会，其中有同盟会，有立宪派，但最主要的力量是各地的袍哥，同盟军所依靠的力量，也就是袍哥与新军，四川同盟会负责人熊克武、杨庶堪、吴玉章等人也都加入了袍哥。华阳县秦皇寺（今双流正兴乡）袍哥首领秦载赓既是安吉团（袍哥控制的民团武装）龙头，又是仁字号文明公堂口的总舵把子，与成都地区袍哥首领关系密切。

---

① 陈必：《佘英遗迹述略》，载《四川文物》1987 年第 3 期。

1909年他参加了同盟会，与同盟会员龙鸣剑积极策划反清起义。1911年，保路事起，他又担任了华阳县保路同志会会长（当时华阳县占有今成都市区的一半）。8月4日，他按袍哥仪节，邀请川西各地袍哥大爷到资州（今资中）罗泉井召开袍哥“攒堂大会”，决定将保路同志会改为保路同志军，在川西地区举行反清大起义，并对若干重要事项作了统一部署。9月7日，清王朝屠杀群众的“成都血案”发生，第二天，秦载赓就率同志军攻至成都东外牛市口，与清军交上火，打响了第一枪，保路运动开始转入武装起义阶段。成都东路同志军以秦载赓为统领，南路同志军以新津袍哥总舵把子侯宝斋为统领，西路同志军以灌县袍哥仁字号大爷张捷先为统领。全川各地同志军也大多由袍哥大爷率领。可以说，同盟会对保路运动的组织与领导是通过袍哥为纽带进行的，四川的清政权是被以袍哥为主力的反清浪潮吞没的。12月8日成都兵变之后，各路同志军进入成都，分占街巷，维持治安，四川军政府都督尹昌衡竟挂出袍哥山堂“大汉公”的招牌，自任大汉公的总舵把子，轮流到入城的各街口袍哥公口拜客。在尹昌衡带动之下，四川军政府的军政部长周骏成立“大陆公”，巡警总监杨维成立“汉兴会”，参谋部成立“大参公”，此外，新成立的公口还有“汉军公”“福汉公”“从汉公”“多福公”“共和公”“熙庆公”“福禄公”“云龙公”“同庆会”等。仅仁字旗的公口就有374个，连女袍哥公口都有20多个，成都附近各县的公口骤增300多个。在重庆，蜀军政府都督张培爵与副都督夏之时（夏早已参加袍哥）也成立了“大汉公”的公口。仁字旗大爷唐廉江还联合全重庆各公口组织了“重庆袍哥联合会”，在梅子坡萃芳园召开了全市袍哥代表大会，出版了袍界报纸《国是纸》。可以认为，此时的四川，已经成了袍哥的世界。

辛亥革命之后几年间，是四川袍哥的重要变革时期。广汉的袍哥大爷侯少煊这样回忆：

> 这时的袍哥是红极一时，被称为“点点红”，即是说，只要你有“点点”（即加入了哥老）就算走运。又称为“袍哥翻身”，因为清朝禁止袍哥，那时是秘密活动；而民国则是提倡哥老的，哥老组织合法了。在这种势头下，于是人人都想当袍哥，广汉袍哥的人数，比过去增加了几十倍，城乡各地，新增了很多公口。①

袍哥的红极一时与大发展，并未能使袍哥组织得以较为健康地发展。这是因为，在保路运动中，保路权、保路股，直至反抗清廷、武装斗争，这时的目标是一致的，众多袍哥为了自身的利益与出于多年的反清意识，虽然是一哄而起，但还可以暂时联合起来，共同行动。清政府被推翻之后，缺乏政治目光的绝大多数袍哥大爷立即表现出为了私利而胡作非为，跟着大爷跑的下层袍哥更是在一阵热闹之中晕头转向。上层相互争斗，下层乘机发财。袍哥的传统是各个公口互不辖制，独行其是，故而新成立的大汉公或袍界联合会之类的组织不可能统一各个公口的行动。就在同志军反清的战斗中，就已出现了若干令人痛心的火并、仇杀或叛变事件（成都地区同志军东路统领秦载赓、南路统领侯宝斋、北路领袖侯桔园都是死于袍哥之手）。成都在由同志军维持治安期间，更是使成都成为实际上的无序状态，各个公口的恶棍、流氓招摇过市，赌博、贩烟、抢劫活动无处不有，连军政府大

---

① 侯少煊：《广汉“匪世界”时的军军匪匪》，载《四川文史资料》第16辑。

门前都有赌摊一百多个。这些事实充分表明，袍哥可以被革命力量所利用，其中也有少许仁人志士，但总的来讲，不能将袍哥视为总体的革命力量。但是，这个“袍哥翻身”的阶段，使原来的秘密帮会得以公开化、合法化，而且大发展，却对今后袍哥组织长期控制四川基层社会有着很重要的作用。

袍哥在四川的确只是“红极一时”，不能持久。因为同盟会方面、立宪派方面、北洋军阀方面这几种当时主要的政治势力都在力争自己执政，都只是短期利用袍哥武装，不可能长期联合袍哥武装。1912年春，四川军政府就命令成都城内撤销各公口。滇军领袖蔡锷宣布“成都系哥老会政府，将荡平匪乱”。滇军派兵入川之后，在川南武力镇压、解散袍哥武装，同志军川南司令黄方竟被滇军在合川剖腹惨死。在这种情况下，全川几十万袍哥武装除了少数被编入政府掌握的正规军（如四川陆军第二师共12个团，基本上全是同志军）之外，全部被“释兵归农”。实际上真正归农者只有一部分，有不少人浪迹各方，成为日后军阀混战的主要兵员。1913年的“二次革命”，以及以后的反袁护国之战，同盟会方面又再次拉拢、依靠袍哥，袍哥武装再次集聚，在各地作战。“四川护国军”司令部就设在温江、崇州、双流三县交界的袍哥码头刘家濠，司令、副司令、参谋长都是原同志军首领、袍哥大爷。

护国战争之后，袍哥再也未参加过统一的政治斗争，但他们在政治舞台上的作用并未消失。虽然四川军政府曾下令取消公口，但根据中华民国的临时约法“人民有结社之自由”的条文，四川袍哥各公口对外的名称纷纷改名为某某社，龙头大爷改称社长、副社长，仍然在各地公开活动。袍哥大爷有的进入军界、政界，有的当了土匪，有的亦军亦匪，有的留在家乡成为豪绅。四川长期军阀混战，各军的中下级军官大多数都是袍哥，有的军队全师全团都是袍哥。川军中的将领如石青阳、颜德基、卢师谛、黄复生、范绍增、杨春芳、彭焕章、陈兰亭、邓国璋、李宗煌等，都是袍哥领袖。各地的民团团长、团总、团练局长，则是清一色的袍哥大爷。至于基层的乡长、保长，则基本上必须由袍哥充任，不嗨袍哥在地方上是不可能站住脚的。在四川的防区制时代（即军阀控制时代），各县县长由驻军决定，蒋介石入川之后，逐渐改由省政府任命。这些县长上任，第一件事就是必须到袍哥码头向舵把子递片子、拿言语、通关节，求得合作与支持，否则不到半年就得卷铺盖，这在四川是尽人皆知的通例。

由于四川社会的基层组织全为袍哥控制，统治四川的军政大员也必须利用袍哥的力量。民国时期的四川历届督军、省长、主席，以及各军军长、各种司令，如熊克武、邓锡侯、杨森、王缵绪、唐式遵、刘文辉、刘存厚、王陵基、潘文华、田颂尧等都参加了袍哥，潘文华成立“正心社”，王缵绪成立“怜民社”，范绍增成立“益社”，刘文辉支持其兄刘文彩组织“公益协进社”、其侄刘树成组织“至诚社”，田颂尧支持其弟田泽孚组织“武德总社”。刘湘本人表面上未加入袍哥，但部下师旅长多是袍哥，重庆的“孝义会”实际上是重庆袍界的联络组织，发起人中不少人是刘湘部下，刘湘是实际上的后台。邓锡侯、王缵绪、王陵基、杨森、唐式遵等还曾发起组织了“川康大同公社”，企图将全川袍哥统一组织起来，但成立之后由于内部矛盾太多，未能达到目的，故而少为人知。

民国时期，四川到底有多少袍哥？这没有全面的统计材料，根据王纯五在《袍哥探秘》一书中搜集到的一些材料①，1949 年，成都有

---

① 王纯五：《袍哥探秘》，巴蜀书社 1993 年版。

公口（包括分社、支社）1000多个，重庆有公口300多个，袍哥人数都在7万至10万之间。什邡县有袍哥8400人，占成年男子的14%。彭县有公口33个，还有半个设在监狱内。灌县金马乡全乡人口为17793人，袍哥就有近3000人。温江县有公口52个，每个公口少则百余人，多的超过3000人。夹江县有公口90个，袍哥人数为28462人，占全县总人口数的五分之一。宜宾是川南水陆交通枢纽，袍哥特盛，公口林立，城镇中成年男性的90%、乡村中的70%都参加了袍哥。安县是一个小县，袍哥最多时也曾达到3万余人。沙汀的名著《在其香居茶馆里》就是以安县秀水场的袍哥茶馆（四川几乎所有袍哥公口的码头都设在自己控制的茶馆中）为原型而创作的。从全川来看，估计袍哥总人数在300万人左右，占成年男性的五分之一左右。如果从军队来看，川军参加袍哥的在60%左右。个别部队比例更高，范绍增的部队从上到下是清一色的袍哥，军中均以哥子、老弟相称，是全国知名的“袍哥军”。又如邓锡侯所部主力九十五军，“袍哥则公开在全军合法存在，仅军直及一二六师，袍哥成分约占90%。六七三团5连共114人，袍哥有90人。全军7个团长，袍哥大爷即有6个。在全军占统治地位的袍哥势力、袍哥组织成为统治部队的有力工具”①。

袍哥在四川的人数是如此之多，力量是如此之大，在四川的社会生活中，必然发挥着强大的作用。袍哥在社会生活中的作用又呈现着以下的几个特点：

第一，愈到基层，袍哥的作用愈大。因为县以下的印把子、枪杆

---

① 裴田夫：《对九十五军的改造工作》（稿本），转引自赵清：《袍哥与土匪》，天津人民出版社1990年版，第102页。

子几乎是无一例外地掌握在袍哥手中。地方上的征粮、抓丁、治安、交通、烟赌等等，都由袍哥控制。老百姓生活的好坏，大到有无土匪，小到年节群众文化活动的安排，都与舵把子的素质与爱好相关。如果同一地区只有一个公口，或一个总舵把子能够招呼本地区所有公口，这个地区就比较安宁；假若情况相反，这一地区就绝无安宁之日。如果说四川的基层社会是袍哥的天下，此话一点也不过分。例如，抗战胜利之后，国民党当局先后搞过参议员、国大代表、立法委员的几次选举，袍哥在其中可谓举足轻重。重庆市首届参议会中，袍哥参议员占了 80%；各县的参议员更是为袍哥所控制，如绵竹广济乡的舵把子赵祝三就是绵竹县参议会的议长。1947 年，各地竞选国大代表，成都的代表中蒋介石已指定有二十二集团军总司令、郑州绥靖公署主任孙震，可成都的袍哥舵把子徐子昌偏要与孙竞选，因为他所控制的公口熙成社与同声社有 8 万余人。后来是由四川省主席邓锡侯等人出面调停，给徐以保安副司令的官职和候补国大代表的虚名，徐才把国大代表让给孙震。1948 年选立法委员，丰都县的名额被南京政府圈定给了青年党，袍哥不服，通知各地罢选，投票当天，全县竟无一人敢去投票。

第二，袍哥从来是各个山堂独立行事，在民国时期仍然如此，相互之间只有联络而不可能联合。前文曾经提到，几位川军领袖想以“川康大同公社”统一全川袍哥，未能成功。重庆在抗日期间是陪都，军政大员云集，仁字号袍哥与义字号袍哥都想统一全市袍哥，但最终只是分别成立了仁字总社与义字总社，全市各公口仍未能统一。蒋介石的中央军入川之后，曾由国民政府社会部出面支持，重庆袍哥各界成立了“国民自强社”，成都效仿成立了“国民互助社”，都是只有名义而已。袍哥中少数新进曾作过以袍哥为基础组织政党的尝试，如石孝先在重庆策划“中国社会民主党”，叶道信在成都策划“中华社会党”（帮会如果公开活动，在名义上常冠以“社会”二字，因为洪帮系统的天地会、三点会、哥老会等都又称为“社会”），都未成功。当然，袍哥各公口临时性的协调与合作也是可能的，如 1943 年 3 月，为了对抗四川省主席张群有关禁止袍哥活动的计划，借宜宾的“合叙同”公口在成都设立总社、开立山堂之机，由合叙同总舵把子、负责成都警备的一六四师师长彭焕章出面，在成都东丁字街华瀛大舞台召开“迎宾大会”，与会袍哥上万人，其中各县大小码头来成都的代表达 2800 多人。1946 年，成都协胜公口舵把子陈俊珊病故，四川的地方势力为了向中央方面显示实力，丧事办了七天七夜，灵堂设于大慈寺，开流水宴席一万多桌，各路袍哥前来吊孝送葬者十几万人，由 36 位各公口的龙头大爷抬丧，祭幛、挽联摆了几十条街。这是袍哥历史上最后一次大聚会。

第三，由于袍哥既无明确的政治目标，又无统一的组织领导，和过去一样，仍然可以因人因时因事而异地为各种政治力量所利用。国民党政府在基层的统治必须依靠袍哥，但见到袍哥势力太大又几次企图取消与限制袍哥。1935—1937 年，国民政府几次下过“查禁”“取缔”“惩治”袍哥的“通令”“条例”“章程”“实施办法”，最后仍是一纸虚文。实际上，国民党与稍晚一点的三青团、青年党、民社党都在拉拢与利用袍哥，官方的军、政、警、特都在拉拢与利用袍哥，特字号的军统与中统都在拉拢与利用袍哥。1943 年，属于中统系统的国民党重庆市党部主委方治还曾与袍哥首领田得胜、冯石竹等商议，要他们动员各堂袍哥集体加入国民党，只因军统方面坚决反对，才未变为事实。蒋介石为了利用袍哥与其他帮会，支持军统于 1940 年在重庆成立了有青帮、洪帮、袍哥代表参加的“人民动员委员会”，会址就设在重庆袍哥首领唐绍武的大宅内。据当事者回忆，蒋介石曾就此事明确指示："四川遍地是袍哥，势力很大，必须控制四川袍哥的各县头头"；"对四川各县的袍哥组织，必须控制，要用软的手段，不能硬来"[①]。由于国民党方面各种势力的影响，袍哥在民国时期参与了很多反共、反人民的坏事。重大事件如支持军阀混战、进攻工农红军、1946 年在著名的重庆校场口血案中充当打手、支持蒋介石打内战。特别是 1949 年，大多数袍哥大爷都参加了国民党组织的抗拒解放军解放四川的武装应变，五期"游击干部训练班"的学员大多是袍哥，各地成立的"反共救国军""游击挺进军"之类基本上全是袍哥武装。人民解放军解放四川之后不久，1950 年 2 月，国民党残余力量在川西各地组织了一次叛乱，其主要力量也都是袍哥。所以，从总的方面看，民国时期的袍哥的政治立场基本上是站在国民党一边的。

出于袍哥队伍的复杂性与动摇性，出于四川政治舞台上中央势力与地方势力错综复杂的矛盾，中国共产党本着争取一切可能争取的力量的原则，对四川袍哥也做了大量的争取工作，并取得了若干成绩。1930 年，红二军团曾改造收编了川东的一支袍哥武装，在清除其反动头目之后，有一千多人编入了第四师。1936 年 7 月，中共中央为了团结抗日力量，发布了《对哥老会宣言》，号召"各地、各山堂的哥老会山主大爷、四路好汉兄弟都派代表来或亲自来与我们共同商讨救国大计"。同时，向全党发出了《中共中央关于争取哥老会的指示》。10 月，全国哥老代表会议在陕北根据地志丹县召开，订出了抗日救国十大条规。1938 年 3 月，重庆的《新华日报》发表了《哥老会是抗战力量》的署名文章。根据中央的精神，四川中共党组织对可以

---

① 崔锡麟：《我所知道的青红帮》，载《江苏文史资料选辑》第 20 辑。

争取的袍哥作了不少工作，为此有的党员还参加了袍哥（如眉山的熊文祥、内江的雷勋著）。1938年春，杨森的代表杜重石去延安会见了毛泽东与朱德，毛泽东要他“旧瓶装新酒”，组织袍哥力量参加抗日。杜回四川之后团结川军中袍哥头面人物陈兰亭等成立了新的袍哥公口蜀德社，特别吸收了一些青年学生加入，同时又请四川政界民主派元老张澜领衔发起，编辑出版了《大义周刊》，在四川袍界产生过很大的影响。经过周恩来、董必武等做工作，四川军界最有影响的袍哥领袖人物刘文辉站到了人民的一边，为抗日做出了重要的贡献，1949年又率部起义，迎接解放。邛州的川军团长王伯高在中共的影响下，于1940年在邛州开山堂，成立信义社公口，自任总舵把子，在各地成立分社，有袍哥弟兄数千人，为革命做了大量的工作，成为著名的红色袍哥。王于1947年被国民党逮捕，1949年12月牺牲于成都十二桥。在抗战期间，为了确保川滇运输线的畅通，国民政府交通部请求袍哥帮忙，沿途各码头以抗日大局为重，慨然允诺，从宜宾到昆明的五百多里运输线长期畅通无阻。1949年，在大批袍哥站到国民党一边抗拒解放军入川的同时，也有少数袍哥站在人民一边，迎接、配合解放军入川。如资阳袍哥舵把子张维丰参加了中共外围组织，担任了川康人民游击纵队川东第一支队副司令，以后英勇牺牲。崇州的王蕴滋以袍哥大爷、参议长的身份组织了川西各县反蒋武装两三万人筹划起义，被国民党方面得知消息后，在大军包围之下，仍以民主联军的名义与敌人激战两昼夜，兵败后退入雅安。四川著名的“袍哥军”范绍增部在1949年底以国民党的川东挺进军总司令的名义，于12月在渠县以9个纵队的兵力宣布起义，弃暗投明，为四川解放做出了重要的贡献。江油的立法委员蹇幼樵是川西北著名的袍哥大爷，1949年在中共地下组织的争取下，出任川西北山防总队队长，维持川西秩序，配合了解放军的顺利南下。

新中国成立之后，旧社会的军、政、警、特系统被彻底摧毁，各级建立了新的政权、新的基层群众组织（如农民协会等），袍哥这种基本上依附于国民党军政力量的组织没有再存在的土壤，很快就自行瓦解。

袍哥在四川存在了一百多年，于四川社会的方方面面都有过重大的影响。今天我们要了解近代四川社会生活的方方面面，都不能不了解当年的袍哥，在一定程度上，可以认为这是了解四川近代社会的必修课。如果从了解今天四川社会生活来说，虽然袍哥已经消失了多年，却不能说对今天的四川已完全没有影响了。我可以举一个一般人不太注意的现象，就是四川的方言词汇。袍哥无论清水浑水，都有一套内部使用的“切口”（即隐语），俗称江湖黑话。浑水袍哥人数不多，他们使用的切口有很少数至今还保留在四川的方言词汇中，如“点水”（出卖同伙）、“划盘子”（毁人容貌）等。清水袍哥由于人数太多，他们使用的不少“切口”在当时已不再是隐语而公开使用，逐渐成为通用的语言而保留在四川的方言中，至今还在普遍使用的如“散眼子”（散漫无组织）、“臊（音 sào）皮”（伤了面子）、“乘火”（顶住）、“天棒”（无法无天的人）、“吃通”（到处行得通）、“抽底火”（揭露底细）、“关火”（能起决定作用）、“落教”（按规矩办事）、“操”（在社会上拉帮结派）、“扎（音 zǎ）起”（大力相助或袒护）、“放黄”（失约）、“打平伙”（共同分摊伙食钱）、“下粑蛋”（说软话、求饶恕）、“肘（音 cōu）起”（帮忙举荐）、“吃魑头”（捡便宜）、“扯地皮风”（散布流言）、“提口袋”（掌管钱财）等等。

第九章　交　流

巴蜀地区的主要部分就是四川盆地，“其地四塞，山川重阻”（《隋书·地理志》）之类记载古今习见。这种地理特点决定了巴蜀文化有自我封闭的可能性。

但仔细作一番考察就会发现，巴蜀文化的发展史，其主要特征不是它的封闭性，恰恰相反，是通过内外交流表现出的开放性。地理上的封闭和文化上的开放，这是一个矛盾，但却是历史的客观存在。巴蜀文化发展的历史，在一定程度上可以视为巴蜀本地的先民以开放的姿态不断打破地理上的封闭、不断迎接与融合外来的人群与文化，并在兼容与辐射并存的发展中取得成就的历史。

第一节　蜀道难与蜀道通

四川盆地是一个四周高峻、中间低陷的典型盆地，东边有巫山，南边有大娄山、大凉山，而又紧邻云贵高原，西边有龙门山、邛崃山，再西就是横断山脉，北边有米仓山和大巴山。这种地理特点决定了巴蜀先民与外界联系的极大困难，最突出的表现，就是交通险阻，归结为一句话，就是“蜀道难”。有关蜀道难的记载不少，但最集中的、最为人们所熟知的，当然首推李白的著名诗篇《蜀道难》。诗仙的名篇脍炙人口，流传千古，使人对于“蜀道之难难于上青天”的印象有如刀切斧砍，不可磨灭。其实，《蜀道难》的浪漫主义的描述，表明了诗人是借物抒怀，另有寄托。正如嘉庆《四川通志》卷一六五卷首语所说：“非真谓蜀之不可居也”，“皆假托之词耳”。虽然蜀道难，但首先是有蜀道的存在。“尔来四万八千岁，不与秦塞通人烟”的说法不是事实，事实是纵然有“地崩山摧壮士死”的开山辟路的前赴后继的牺牲，但终于换来了“天梯石栈相钩连”的交通来往。

我们再从更宏观的角度来看一看四川盆地的地理特点。

四川盆地是一个很大的盆地，有约 30 万平方公里，单是盆地的底部，即有约 20 万平方公里，相当于湖南省的总面积。这样广大的地域，又刚好处在我国青藏高原与江汉平原的过渡地带，处在黄河流域与云贵高原的过渡地带，无论从东西方向看，还是从南北方向看，四川盆地在宏观上都是古代先民进行交流来往的桥梁式的地区。在古代民族大迁徙中，无论是羌人的南下，濮人的西进，还是著名的“窜三苗于三危”，都要通过这个地区。古代先民为了生存与发展的需要，顽强地开辟蜀道，乃是历史的必然。

蜀道的开通，应当是很早就已存在的事实，考古工作中所发现的日益增多的实物资料，就是最好的证明。

四川盆地内经过科学发掘的新石器文化遗址中，最有代表性的是巫山大溪。著名的“大溪文化”就是以此命名的。研究证明，其文化是在当地发展起来的，但是显然受了中原地区文化的影响，陶器中有黑陶，又有彩陶，可以肯定与中原的龙山文化、仰韶文化都有一定的渊源关系。在发现的器物中有绿松石、象牙圈、海螺，这些东西都是从盆地以外包括远至海边的地区传入的。特别是有一个精致的不大的彩陶碗，在破裂之后又钻了两排对称的小孔加以补缀之后继续使用。这说明当时这种彩陶碗十分珍贵，所以才会如此珍惜。这个彩陶碗极有可能是从中原辗转传入的。至于上面提到的海螺，则更是货真价实的“洋货”，无疑来自海边。

在殷代与西周时期的考古资料中，著名的广汉三星堆遗址出土的大量器物中有许多只能出产于印度洋中的齿贝（相当于战国时期的茂汶石棺葬中也发现过这种海贝），这是四川盆地当时与印度、缅甸已有物资交流的铁证。这种海贝在云南曾长期作为货币。《易·坤》有“利西南得朋”之语，应与此有关。

在彭州竹瓦街，出土了一批窖藏的青铜器，据研究与中原的殷末周初的青铜器时代相同，入藏时期当在西周初期。其中有两件铜觯与其他具有地方特点的青铜器同出，其形制、花纹与中原的殷代青铜器完全相同，还有“覃父癸”“牧正父己”这两行与殷末周初的中原青铜器铭文完全一致的铭文。竹瓦街还出土了四件无铭的铜罍，以后在成都一环路也出土了一件相似的铜罍，这五件铜罍竟与在东北辽宁喀左县山湾子出土的殷周时期的一件铜罍的大小、形制、纹饰都基本相同。这些情况证明，早在殷代，四川盆地与中原就已有较多的经济文化交流，否则，重达几十公斤的青铜重器就不可能在殷周时期由中原传入巴蜀，与巴蜀本地器物一同窖藏。

在成都青羊宫，出土过和长江下游地区与中原形制完全相同的占卜用的龟甲、兽骨；在广汉三星堆和成都金沙，出土过与中原地区玉器形制完全相同的玉璧、玉璋、玉圭、玉琮等。这些也都证明早在殷周时期，四川盆地与外界已经有了十分密切的联系。

四川盆地与大巴山北面的汉中盆地在古代很长时期中都属于同一个地方行政区，相互间有着十分密切的交往，这种交往可以肯定从殷代就已开始。自五十年代以来，在陕西城固地区多次出土殷代铜器，研究者认为这些铜器与成都平原彭州竹瓦街、新繁水观音遗址出土的铜器有着惊人的相似，两者在文化性质上有着很大的一致性。在20世纪70年代后期，陕西宝鸡的茹家庄、竹园沟等地出土了大批殷末周初的文物，仍然具有强烈的巴蜀文化特征，研究者十分肯定地认为两地文化遗物表明了相互间有密切关系，可能有共同的族源，并在相当长时期内保留其共同的经济生活基础。以上事实表明，远在殷末周初，四川盆地内的巴蜀先民不仅与大巴山以北的汉中地区，而且与秦岭以北的关中地区已存在着相当密切的经济文化的交往。

到了春秋战国时期，四川盆地内外进行更为密切的经济文化交流的实物证据就更多了。带着“巴蜀图语”的典型的巴蜀铜器如铜矛、虎钮錞于等曾在汉中出土。涪陵小田溪出土的全套14枚的错金编钟和错银钟架，成都百花潭中学出土的水陆攻战纹铜壶，与中原地区同类器物十分相似。新都马家乡的木椁大墓及其中出土的大量器物，很明显地受着楚文化的强烈影响，其中一个鼎上有“邵之食鼎”四字，与同时的楚国文字同出一辙。

除了上述的考古实证之外，另一个有力的证据是古代大规模的民族迁徙。

在生产力低下的古代，我们的祖先为了追寻方便的食物资源和良好的生活环境，为了躲避自然灾害的侵袭和瘟疫的虐害，他们往往举族远徙。这种迁徙在古代民族中是一个很普遍的现象，例如中华民族共同的祖先黄帝，又号轩辕氏。“轩”“辕”二字都从车，可见黄帝族是一个善于造车驾车、在中原大地不断迁徙的部族。又如商族祖先契到汤共十四世，可以确知的大迁徙就有八次。

从比较可靠的文献资料中考察，巴蜀先民也有好几次重要的迁徙。就以我们在前面谈到过的以几位“蜀王”为代表的蜀族先民为例，鱼凫氏就是从长江中游地区迁徙到川西地区的，杜宇氏中的一支是从云南北迁川西的，开明氏是从荆楚西迁川西的，这几次迁徙我们在前面已经谈到过，这里不再重复。

以上情况说明古代的巴蜀既有蜀道难的地理特点，也有蜀道通的客观事实。蜀道难，这是大自然所形成的地理特点；蜀道通，这是巴蜀先民与大自然艰苦斗争的文化成果。蜀道要通，就是要千方百计打通四川盆地与外界的联系，要在四周的崇山峻岭中寻觅和开拓从盆地内部与外部联系的交通线。

打通四川盆地与外部联系的交通线，古时的主要努力放在北边，其次是南边。这是因为：(1) 盆地东边虽然有巫山阻隔，但有长江水运交通线。此外还有一条经清江（古称夷水）与大溪（古称乌飞水）出入川东的水道，这条水道一直到宋末还在使用，就是从长江的支流大溪向南，与清江上游相接（古代两水相通），然后从清江向东直至鄂西，再到今宜都入长江。这条水路可以避开巫峡天险，利于古代的小舟行驶。(2) 南边接云贵高原，险阻相对较少，又有乌江、赤水河、金沙江、安宁河相通，特别是安宁河谷，是很重要的一条自然通道。(3) 西边在古代是较盆地内部更为落后的地区，而且有岷江和青衣江河谷相通。(4) 北边，就是中原地区，是我国古代经济文化最早发达的地区，是对盆地内的巴蜀先民最有吸引力的地区。而北面呈东西向的米仓山脉和大巴山脉成为第一道南北相通的天然屏障，汉中盆地以北的秦岭成为第二道屏障，只有嘉陵江一条通道，可嘉陵江上游难以通航，所以，就必须尽一切努力开通穿过米仓山、大巴山，再穿过秦岭的通道，巴蜀先民与中原地区的联系才有可能。打通北边的交通线，是蜀道通的关键。

前面已经论证，四川盆地的巴蜀先民，最晚在殷代就已经与中原地区、云南地区有了交往。也就是说，至晚在殷代，蜀道通已是事实，只是这种“通”的程度是随着巴蜀先民不断地开拓发展而不断扩大而已。

由蜀道难的客观存在的现实，改变为蜀道通的主观努力之后的成果，我们的祖先花费了多少代价现在已无法得知。但在《蜀王本纪》和《华阳国志·蜀志》中保存的五丁移山、石牛开道、武都担土、山分五岭等神话传说，却正是我们祖先前赴后继，英勇献身，直到秦蜀之间山道开通的最有说服力的记载。

《华阳国志·蜀志》载：

> 开明立，号曰从帝。……时蜀有五丁力士，能移山，举万钧。

能力大移山、手举万钧的五丁力士，是神话人物，但又确是现实的反映。古代成年男子称丁，五丁，就是五个成年男子。人手五指，所以古人习惯以五作为最基础的编组，劳动力是如此，军队作战也是如此（上古时期，男子亦兵亦民，兵民合一）。这种情况在我国古代文献中很多，如《周礼·夏官·序官》：“五人为伍，伍皆有长”；《白虎通义·三军》：“五人为伍，五伍为两”；《续通典》卷一〇一：“伍队虽历世而未改”。我国历代军队编制均以“五五制式”为基础，中国象棋中兵卒定为五人，正是古制的遗存。“队伍”一词今天仍然频繁使用。所以，所谓“蜀有五丁”就是广大的蜀地的组织起来的普通劳动者，正是他们以集体的“万钧”之力，方能有“移山”之功，创造出蜀道通的伟绩。

> 周显王之世，蜀王有褒、汉之地。因猎谷中，与秦惠王遇。惠王以金一笥遗蜀王，王报珍玩之物，物化为土。惠王怒。群臣贺曰：“天奉我矣，王将得蜀土地。”惠王喜，乃作石牛五头，朝泻金其后，曰：“牛便金，有养卒百人。”蜀人悦之，使使请石牛。惠王许之，乃遣五丁迎石牛。既不便金，怒，遣还之。

这又是一个神话故事，只是整理者把本来应当更早的史实确定在较晚的战国中期的周显王之世了（最早指出这一点的是宋人吴师孟与吴曾，他们认为“蜀道与中国通久矣”。见《能改斋漫录》卷九“蜀石牛”条）。“蜀王有褒、汉之地”，说明当时汉中与四川盆地同为蜀地。秦赠蜀以金，蜀赠秦以珍玩，说明秦地与蜀地有物资交流。“五丁迎石牛”，说明在物资交流之中有大量劳动力开拓道路。《水经注·沔水》引来敏《本蜀论》在记述这故事时，作“秦惠王欲伐蜀而不知道，作五石牛，以金置尾下，言能屎金。蜀王负力，令五丁引之，成道。秦使张仪、司马错寻路灭蜀，因曰石牛道”。这里把开道的真相讲得更为明白。

> 武都有一丈夫化为女子，美而艳，盖山精也，蜀王纳为妃。不习水土，……无几，物故。蜀王哀念之，乃遣五丁之武都担土为妃作冢，盖地数亩，高七丈，上有石镜，今成都北角武担是也。

武都，在今甘肃。这一故事表明蜀人与北方交流之多。五丁担土的神话，反映了当时在崎岖险峻的山道中必须以人力转运往来物资这一历史事实。

惠王知蜀王好色，许嫁五女于蜀，蜀遣五丁迎之。还到梓潼，见一大蛇入穴中。一人揽其尾掣之，不禁，至五人相助，大呼拽蛇，山崩，时压杀五人，及秦五女并将从。而山分为五岭……今其山或名五丁冢。

这个神话故事更进一步地表明蜀中先民为了开辟蜀道所经历的艰苦斗争和惨痛的牺牲。“五丁冢”就是后人心目中永久的纪念碑。

以“五丁力士”为象征的古蜀先民用巨大的牺牲换来了秦蜀通道的逐步形成。经过千百年的开辟，到战国时已形成三条通道。从四川盆地向北，穿越米仓山、大巴山一线而到汉中盆地有三道：米仓道、金牛道（又称石牛道）、左担道（又称阴平道）。由汉中盆地穿越秦岭而到关中平原也有三道：子午道、傥骆道、褒斜道。这其中最重要的通道是南段的金牛道和北段的褒斜道，即从今广元朝天驿北走，穿金牛峡，越七盘关，到达陕西的宁强、勉县，再经褒城，入褒水所流经的褒谷，翻过秦岭山脉的分水岭，由斜水所流经的斜谷而出，就到达了渭水南边的眉县。这条路虽然是最重要、使用率最高的通道，仍然十分难走，不少地段都是由人工所开筑的栈道。所以一直到了西汉，司马迁还在《史记·货殖列传》中写道：“巴蜀亦沃野……然四塞，栈道千里，无所不通，唯褒斜绾毂其口。”汉武帝时，有人建议将斜水上游与褒水上游打通，争取由渭水行船直通汉水。结果未能如愿，但终于“作褒斜道五百余里，道果便近”（《史记·河渠书》），这就有了较为易行的新褒斜道。以后曾多次加以维修，如公元 63 年，“广汉、蜀郡、巴郡徒二千六百九十人，开通褒斜道”“凡用工七十六万六千八百余人”（《全后汉文·鄐君开通褒斜道记》）。此后这条路就成为四川盆地通向中原的主要通道，共长七百余里。公元5年，王莽执政时，“以皇后有子孙瑞”的原因，下令“通子午道”（《汉书·王莽传》）。可是由于子午道的价值远不能与褒斜道相比，少有行人。125年，东汉政府“诏益州刺史：罢子午道，通褒斜道”（《后汉书·顺帝纪》）。

在以主要力量开辟盆地北边的秦蜀通道的同时，蜀中先民也着力于南边川滇通道的开拓。南边的川滇通道主要开辟了两条：一条是利用横断山脉南北走向的峡谷与河谷而开辟出来的西夷道，或称邛笮道，后人又称为清溪道、青衣道、灵关道、旄牛道，就是由成都出发向西，经今邛州、天全，折而向南，经雅安、荥经、汉源，沿越西河谷和安宁河谷由越西、西昌、会理，渡金沙江，直至今云南的晋宁或大理。我们在前面引述过的《华阳国志》对古蜀国地理区域的叙述有“熊耳、灵关为后户”“南中为园苑”的记载，就是以这条西夷道的方向为说的。第二条是南夷道，又称为五尺道、僰道、石门道、朱提道。据《史记·西南夷列传》所载，秦始皇时，派常頞“通五尺道”。但这条路在此前就已存在，因为是古代僰人（即濮人）所开、所用，所以又叫“僰道”。秦时五尺合今尺三尺五寸不到，可知是一条很窄的通道。这条路从今天的宜宾出发，南经高县、豆沙关，入今云南，经昭通、曲靖，到达昆明或大理。另有一条支线向东南，可到今贵州的毕节与安顺。这条路到了西汉时，为了“通西南夷”的需要，曾以巨大的人力物力进行开拓。《史记·平准书》：“通西南夷道，作者数万人，千里负担馈粮，率十余钟致一石，散币于邛、僰以集之。”著名文学家司马相如曾经领导这一大工程。“唐蒙、司马相如开路西南夷，凿山通道千余里，以广巴蜀，巴蜀之民罢（通疲）焉。”经过了

“巴、蜀、广汉卒数万人”的艰辛劳作和牺牲，即所谓“士卒多物故”（《史记·司马相如列传》），终于拓宽了五尺道，“凿山开阁以通南中，迄于建宁（今曲靖），二千余里，山道广丈余，深二三丈，其堑之迹犹存”（《水经注·江水》）。直到今天，高县县城北约3公里处还保存着一段宽约一公尺的五尺道遗迹，全在山岩上凿成，岩壁上尚保存着古人的若干石刻题咏。

在盆地南边，除五尺道之外，还有一条今天已不很清楚的夜郎道，这条路因在汉代直通夜郎（今贵州遵义一带）而闻名，而其成为通道则远在秦汉以前。据目前所知材料，可能有两途，一是从今涪陵南入贵州境内，一是从今宜宾东南行，经合江或叙永，南入贵州至毕节，再转遵义。《史记·西南夷列传》所载汉武帝时唐蒙“为郎中将，将千人，食重（即辎重）万余人，从巴蜀筰关入，遂见夜郎侯多同”[①]，应当就是走的这条夜郎道。在此之前很久，蜀地的枸酱等土特产品从夜郎远输南越，当然也是走的这条夜郎道。

从以上的简述可知，秦汉以前巴蜀先民开山拓路，使盆地四周的崇山峻岭中出现了几条重要的蜀道。如果进一步再问一个问题：在那生产力不高的殷周时期，巴蜀先民是用什么技术开通这一条条蜀道呢？根据目前所能掌握的材料，可知有以下三种值得注意的可以算是巴蜀创举的筑路技术：

第一，应当是开凿建造栈道的技术。

闻名世界的栈道，在巴蜀地区出现最早，里程最长，作用最大，遗迹最多，这一点早已为世人所公认。

---

① 此处的“从巴蜀筰关人”，不通。《汉书》作“巴筰关”，亦误。应从《水经注》与《北堂书钞》引《汉书》作“巴符关”。见蒙文通《古族甄微》，巴蜀书社1993年版，第490页。

栈道起源于何时，今天已无法确知，只知在战国时候，就已“栈道千里，通于蜀汉”（《战国策·秦策三》）；西汉初年更已是“栈道千里，无所不通”（《史记·货殖列传》）。要达到如此发达的境地，没有千年左右的艰苦开创与精心维护，是不可能的。因此，如果说巴蜀地区的栈道开创于三千年前，并不为过。

很多人对于栈道都比较熟悉，但又知之不多，特别是关于栈道的分布与种类，一般人都不太清楚，往往有不少误解。

巴蜀栈道分布最为密集的地区是北边的秦蜀古道，我们在前面介绍过的米仓道、金牛道、阴平道、子午道、傥骆道、褒斜道等重要通道，其中的很多地段都是由栈道组成的。而且，秦蜀之间的栈道使用时间特别长，在历代维护加修的情况下（最后一次较大的维修在明嘉靖年间）长期使用，一直到明清时期，官家的驿道仍有北栈、南栈之称。直到今天，古蜀道上的旅游观光者仍可见到若干古栈道的遗迹。为了满足旅游者的需要，四川广元等地有关部门近年已按古栈道的形式修复了一小部分，可以使观光者饱览古栈道的风采。

早在西汉初年，巴蜀地区就已是“栈道千里，无所不通”，所以在盆地四周都有栈道分布。我们今天还可见到栈道遗迹的地区除上述的川陕交通线上之外，主要的有川东的大宁河两岸的宁河道、长江三峡中的峡道、川西的岷江两岸的西山道和古代的南方丝绸之路北段的芦山、天全、宝兴等地。

栈道大致可以分为三大类：

木栈，这是使用最广的栈道，有各种不同的形式，比较完整的木栈由栈、阁、栏、道、桥五部分组成。栈：这是主体结构，就是在悬崖峭壁之上先凿孔，如距谷底高，就凿两排石孔，上孔插入横木，下孔插入斜撑，横木称为梁，斜撑称为柱，梁上铺檩面盖木板。如果崖下为河谷，距河谷不高，就凿一排石孔，插入横梁，下面直立木柱，梁上仍加欂板。阁：是在栈上隔一定距离就架设有顶棚有门窗的小屋，称为阁，用于躲避风雨和歇息之用。栏：是在栈的外边加上护栏，以利人马行走安全。道：指梁上的欂条与板，这一部分最易损坏，要经常更换。桥：指遇见深涧或深沟之处，要架长欂，作成桥状。由于完整的栈道有以上若干部分，所以栈道又被称为栈阁、栈桥。

石栈，有几种构造：（1）在崖壁上凿孔，孔中嵌入石条，石条之上覆盖木板，形状与木栈相近；（2）在崖壁上开凿石梯，石梯两旁可以加设护栏或攀手；（3）在崖壁上凿挖一条大的凹槽，道由凹槽中通过；（4）与木栈结合，石木并用。

土栈，在潮湿的森林中或沼泽地带，不便行走，就伐木铺路，木上再杂以土石，用以固定路基，筑成路面。此外，在有些潮湿的森林中还可以将树木砍或锯成等高的树桩，就在树桩之上一一搭上木板通行。这也可算是一种类似栈道的道路。

在个别情况下，还有特殊的栈道，如褒斜道上著名的石门，是东汉明帝年间开凿的穿洞式人工隧道。

第二，应当是开石的技术。

在炸药发明并使用于土石方爆破之前，要用简单的金属锤凿劈开坚硬的岩石是十分困难的，而在金属工具尚未使用之前就更为困难了。巴蜀先民使用了一种很特别的烧石法。《华阳国志·蜀志》载：“僰道有故蜀王兵栏，亦有神作大滩江中。其崖崭峻不可凿，乃积薪烧之，故其处悬崖有赤白五色。”正是指的这一方法。具体做法是用大量木柴焚烧岩石，使之发红，然后突然浇以冷水，使岩体在高温膨胀的情况下骤然遇冷而收缩，产生爆裂。倘若以草木灰浸泡的水或以醋代水，效果更好。褒斜道上长 15.75 米，高 3.6 米，宽 4.15 米的石门，是已知的全世界最早人工开凿的穿山通车隧道，就是用这种火烧水激方法开凿的。都江堰的宝瓶口也是用这种方法凿开的。

利用火烧水激的方法凿石，一直到新中国成立之后在海南岛还在使用。在我的家乡绵竹县广济乡，有一条石亭江的支流名字叫“火烧堰”，也是用这种方法开凿的，所以直到今天仍叫“火烧堰”。在昔年开凿山岩之处，清代还有祭祀李冰父子的二郎庙，至今仍存。

第三，应当是修造索桥的技术。

“逢山开路，遇水架桥”，这是古老的民谚。要使蜀道通，既要劈山开路，也必须遇水架桥，巴蜀先民最有代表性的架桥技术是索桥的建造。

索桥又称绳桥、软桥，最初用天然藤萝，以后用竹索，最后用铁链。索桥并非巴蜀地区所独创，但使用之多，规模之大，则以古巴蜀地区为首。一直到汉代，西蜀地区还有一支少数民族称为筰，或称筰都夷。他们活动的区域内也往往以筰为地名，如筰都（今汉源）、筰秦（今冕宁）、定筰（今盐源）、大筰（今攀枝花市）等。所谓筰，就是索桥（彝语中，至今尚称溜索为“筰”）。唐李吉甫《元和郡县志》卷三二说：“凡言筰者，夷人于大江水上置藤桥谓之筰，其定筰、大筰，皆是近水置筰桥处。”由是可知筰都夷就是善于建造索桥的民族。在川西北的茂汶，南朝萧梁时期曾设绳州，就是因为以架绳桥出名而命名的。同书在记唐代的情况时说：“绳桥，在县西北三里，架大江水，篾笮四条，以葛藤纬络，布板其上，虽从风动摇，而牢固有余，夷人驱牛马去来无惧。”以上两条材料，可证西蜀地区先民与索桥关系之密切。

要建成上述的“虽从风动摇”，而“去来无惧”的索桥，应当说索桥建造技术已相当发达。根据对各种索桥的实地考察，索桥是从独索溜索、双索溜索、双索走行桥、V形双索桥、三索走行桥、多索藤网桥、多索平铺吊桥这样若干阶段逐步发展而成的。这些各种各样的索桥，直到今天，在巴蜀地区和西藏地区都能见到。最有名的是今江油窦圌山的双索走行桥（铁链）、都江堰上的多索平铺吊桥（今为钢索，20世纪50年代尚为竹索，我曾几次从桥上经过）、泸定大渡河上的多索平铺吊桥（铁链）、汶川县岷江上的多索平铺吊桥（竹索）等。

有必要在此指出，世界上很多桥梁史的研究者都一致认为，今天一般称之为索桥的多索平铺式吊桥是我国西南地区即古巴蜀地区的重要发明，是今天世界各地无数巨型吊桥的先河。据统计，我国建造索桥的技术清代才传到西方，西方所出现的多索平铺吊桥（铁链）的时间：英国在1741年，美国在1796年，德国和沙俄是1824年[①]。而巴蜀地区出现索桥的时间则肯定与古蜀道的开通同时。多索平铺吊桥（古代一般只把这种索桥称为笮桥、绳桥，而把前期几种称为溜索或藤桥）最早的记载，是战国晚期李冰在成都“造七桥，上应七星”（《华阳国志·蜀志》），其中有“夷里桥，亦曰笮桥”。《太平寰宇记》卷七二则更明白地说：“夷里桥，又名笮桥，以竹索为之，因名。”成都已经造了笮桥，则山地较此更早，乃是必然。

以上是在“蜀道通”这一艰苦奋斗的长期过程中有关陆路交通的开辟。下面再看看水路交通的情况。

四川盆地水源充沛，河流众多，四季不冻，全年通航。据当代的统计，可以通航的河流共有92条。由于盆地的地势所决定，除了川

---

① 见唐寰澄：《中国古代桥梁》，文物出版社1987年版，第194页。

西北边区有三条小河最后注入黄河之外，其余全部注入长江，构成了一个以长江为主干，辅以岷江、沱江、嘉陵江、涪江、渠江、乌江为支干的水运网，而东去的长江则是与外界联系的重要通道。奔流不息的江河有运输之利，这是古代先民很容易理解的。但要实现水上运输，则必须进行河道的整治与舟楫的制作。巴蜀先民在这方面的努力与取得的成就，可以从以下几个方面来看。

首先是治水。巴蜀先民善于治水，而且很有名气。传说中古代最伟大的治水英雄大禹相传就是生于岷山石纽刳儿坪的古蜀先民。如《史记·夏本纪》张守节《正义》在为“夏禹，名曰文命”作注时，先引《帝王世纪》谓大禹“本西夷人也”；继引《蜀王本纪》：“禹本汶山郡广柔县人也，生于石纽”；再引《括地志》：“茂州汶川县石纽山在县西七十三里。”《史记·六国年表序》更明确地指出：“禹生于西羌。”裴骃《集解》引皇甫谧说：“孟子称禹生石纽，西夷人也。”关于大禹治水的传说，大家都熟悉，但相传为记载大禹治水功绩的古代著名文献《尚书·禹贡》至晚成于战国，其中有几段具体反映了战国以前巴蜀先民治水与航运的具体情况，如“岷山导江，东别为沱”，“沱、潜既道（通导)”，可证当时的岷江、沱江、潜水等都已进行疏导。又载当时由四川盆地向中原贡献方物的贡道是“浮于潜，逾于沔，入于渭，乱于河”。对于这一段话的理解，目前学术界还不完全一致，但很多人都认为这段话表明了殷周之世由嘉陵江溯江而上，可通汉水，汉水与褒水相通，褒水在当时与斜水相通，斜水又与渭水相通，从渭水就进入黄河了。这是古代江、河相接的一条古老水道，也是水路将四川盆地与黄河流域联结起来的重要通道。此说如果不误，则为古代的蜀道早已联结秦蜀提供了一条有力的佐证[①]。

大禹治水还带有一定的传说成分，可是，古代的巴族与蜀族中的很大一部分都是在水边生活、善于治水的民族，则是史有明载的。

先说巴族。我们在前面已经谈过，古代的巴族广泛居住在汉水中游、清江（古称夷水）流域、长江中游等地区，都是沿水而居的民族。巴族中最主要的一支是所谓廪君蛮，据战国时成书的《世本》载："廪君名务相，姓巴，与樊氏、曋氏、相氏、郑氏，凡五姓俱出，皆争神。以土为船，雕文画之而浮水中，其船浮，因立为君。他船不能浮，独廪君船浮，因立为君"（《太平御览》卷三七引)。《后汉书·南蛮西南夷列传》也有类似记载。由此可知巴族自来是善于航运的民族。

再说蜀族。我们在前面已经谈过，在以几代蜀王为代表的古蜀先民中，鱼凫氏是水边生活的民族，也是善于航行的民族，曾沿江而上做过很长时期的航行。杜宇氏曾以"江、潜、绵、洛为池泽"，证明其时对境内大河都已进行过开发治理。开明氏则是以善于治水为主要特点的民族。《蜀王本纪》还记载，"蜀王有鹦鹉舟"。

巴蜀先民善于治水、善于航行的最佳证明，是考古发掘时出土的实物。我们可以指出三件最重要的东西：第一是新石器时代晚期的石锚，出土于长江支流大溪与长江的交汇地，距巫山县城 45 公里。行船用锚来停靠，已是比较先进的技术了。第二是成都百花潭中学战国墓中出土的著名的水陆攻战纹铜壶，上面有清清楚楚的水战图案，水兵所乘的是两层甲板的战船。第三，也是最重要的，是四川盆地中东

① 此说首倡于胡谓的《禹贡锥指》。当代长期研究四川航运史的邓少琴力主其说，见所著《巴蜀史迹探索》，四川人民出版社 1983 年版，第 166 页。王绍荃主编的《四川内河航运史》亦采其说，四川人民出版社 1989 年版，第 4 页。

至巴县，西至芦山，北至昭化，多处发现的战国时期的船棺葬。死后以船为棺，这是生前以船为主要交通工具的铁证。

其次是善于造船。

巴蜀先民所造的船，目前所见的实物只有战国时的船棺，有独木舟与木板船两种类型。从文献材料看，战国时期的巴蜀，已有较高的造船技术。例如《蜀王本纪》载，秦国为了沿江而下征服楚国，“为太白船万艘”。太白船就是大舶船。大型船只能造万艘，其造船能力之大可想而知。又如《战国策·楚策一》载，张仪在向楚王分析秦国在巴蜀备战的情况时说：“秦西有巴蜀，方船载粟，起于汶山，循江而下，至郢三千余里。舫船载卒，一舫载五十人与三月之粮，下水而浮，一日行三百余里，里数虽多，不费马汗之劳，不至十日而距扞关。”这里所说的方船与舫船是同义语，都是指的双体船，也就是两只单体船相连而成的船。这种双体船每艘可载兵士 50 人与 50 人所食的 3 个月口粮，其载重量在 1 万公斤以上。此外，上文提到的战国时已有双层战船，也是一种较为先进的船只。

第三，是航运的规模。

由于长期的治水功绩（除上述巴蜀先民治水的业绩之外，还有著名的李冰治水）加上造船技术的优良，古代的巴蜀很早就有了鱼凫氏、开明氏的大规模沿江西迁，有了巴族中若干集团由长江中游向川东地区的迁徙。如果前引《禹贡》关于北边水运贡道的记载是可信的，则由盆地向北远达黄河的水运也早就开始了。这些联系盆地内外的航运，规模都应当是很大的，遗憾的是没有详细而准确的文献记载，今天只能进行若干有一定根据的推测。

自公元前 316 年秦统一巴蜀之后，到公元前 277 年的几十年中，秦军曾四次从巴蜀出发，由水路讨伐楚国，仅据《华阳国志》所载，如司马错“率巴蜀众十万，大舶船万艘，米六百万斛，浮江伐楚”，“自巴涪水取楚商于地为黔中郡”。这里既包括了从岷江、长江顺流而下，也包括了溯乌江（即巴涪水）而上，其军队有 10 万之众，军粮有 600 万斛，这种水运的规模就是在近代也是相当大的。到了秦末汉初，当刘邦与项羽逐鹿中原之时，其后勤供应主要是依靠“蜀汉之粟方船而下”（《史记·郦生陆贾列传》），水运的规模仍然很大。特别值得注意的是，作为刘邦集团后方最高负责人的萧何，曾多次“下蜀汉之粟”支援前方，这其中有很大的一部分是“转漕关中，给食不乏”（《史记·萧相国世家》）。漕，就是政府组织由地方向中央指定地点（多数是京畿地区）水运粮食的行动。要从四川盆地水运粮食到关中，只能走前面谈到过的《禹贡》中贡道，就是溯嘉陵江而上，经汉水、褒水、斜水、渭水的这样一条水道。所以，由此也可证明，古时从四川北部确实是可以由水路辗转到达黄河的。

上述情况充分证明：古代的四川盆地早就有航运与外部进行交流，而且规模不小，技术不低。

通过上述这些简明的论述，可以纠正一下在很多读者中所固有的一个误解，就是只知“蜀道之难，难于上青天”，而不知在蜀道难的同时，很早就出现了难中有通这一现象，巴蜀先民用自己的奋斗牺牲开辟了陆上与水上的通道，使盆地内外长期保持着一定的经济文化交流。也就是说，既有蜀道难，也有蜀道通。巴蜀先民的确有四周高山阻塞的障碍，但他们并没有把自己局限在盆地之内，并不是在封闭的状态下独自书写自己的历史，而是在与外界保持着种种交流的情况下作为中华民族大家庭的一个有机组成部分而发展着。

第二节　通向南方之路

四川盆地的古代先民要拓宽自己的视野，打开对外的通道，加强与外界的联系，除了与周围的陕甘地区、江汉地区、滇黔地区尽力扩大交往，凿路架桥之外，还开拓了一条通向海洋、通向国外的最近的道路，这就是通向南方之路。具体地讲，是从今四川入云南，至缅甸，达印度、巴基斯坦，再转中亚、欧洲的道路。这条路，或称为“蜀身毒道”“滇缅道”，多数学者则将其与中原经河西走廊到中亚的西北丝绸之路和东南的海上丝绸之路相比，称之为“南方丝绸之路”或“西南丝绸之路”。我们在本书中称为南方丝绸之路，或简称为“南丝之路”，虽然这条道路上交换的主要商品并不是丝绸。

四川盆地西边的高原地区，有几条大河，即金沙江、雅砻江、大渡河、安宁河，还有澜沧江、怒江，如果加上盆地内的岷江、沱江、涪江、嘉陵江，都是由北向南，条条河谷切开了崇山峻岭，为我们的先民提供了条条可供开辟的南北通道。从很早的时候起，我们的先民也就在开辟与利用这些南北通道，特别是原来栖息于西北高原的氐羌先民，就有不少是从这些通道由北向南迁徙，以后形成了南方民族。南方（不仅是我国南方，还包括整个东南亚地区）文化也曾经由此道向北方传播。巴蜀地区正是北方文化与南方文化交融的地区。这种交融，也正是巴蜀古代文化的开放与兼容的表现之一。

对于南丝之路的存在，很早就有人提出这种可能，但进行具体的考察与研究，则是从近年才开始，现在已被愈来愈多的人所重视。从近年来的考古材料所知，南丝之路的存在，比学术界过去的估计要早得多。三星堆文化遗址中出现了大量的海贝，而云南地区从公元前3世纪开始就使用海贝作货币。海贝从印度洋与太平洋沿岸的某些地区向云南、再向巴蜀传入，至少也有四千年左右。因为这些海贝之产于海洋是肯定无疑的（最早指出这一点的，是著名的《马可·波罗游记》）。在川西北的茂汶地区的早期石棺葬（相当于战国时期）中，又发现了不含钡的钠钙质琉璃珠，这种琉璃珠只产于中亚，而且也同样在云南江川李家山古墓中发现。这是南丝之路很早就已开辟的有力证据。

可是，由于今云南地区的大部分那时尚未成为中央王朝所管辖的行政区划，秦国曾短期管辖的地区在汉初亦被放弃，即《汉书·西南夷传》所说："秦时尝破，略通五尺道，诸此国颇置吏焉。十余岁，秦灭，及汉兴，皆弃此国而关蜀故徼"。何谓"关蜀故徼"？颜师古注释说："西南之徼，犹北方塞也。"就是说，将原来巴蜀与所谓"巴蜀西南外蛮夷"之间的通道要塞全部关闭，不准来往，来了一个小小的闭关政策。这样，除极短时间之外，巴蜀地区与西南夷地区一直既没有官方交往，又不准民间公开来往，巴蜀地区与西南夷地区的交往长时期中就只能是民间的私下交往，是"地下"式的商业交往。商人又不愿把自己了解的那些"瘴烟之地"的商道公之于众，故而这条南丝之路长久不为中原所知。一直到了西汉，《史记·西南夷列传》在谈到这件事时还说："巴蜀民或窃出商贾，取其筰马、僰僮、牦牛，以此巴蜀殷富。"在《史记·大宛列传》中则称为"蜀贾奸出"。到了东汉，班固修《汉书》时谈到此事，仍用了"窃出商贾"的说法，可见汉代这条商道仍然处于民间的地下状态。

南丝之路最早见于我国的文献是《史记》。南丝之路第一次引起中央政权的重视，是在汉武帝时张骞通西域时期。我们先将这两段最重要的史料抄录于后：

及元狩元年（前122），博望侯张骞使大夏（按：即今阿富汗地区）来，言居大夏时见蜀布、邛竹杖，使问所从来，曰："从东南身毒国（按：即今印度、巴基斯坦、孟加拉国地区），可数千里，得蜀贾人市。"或闻邛西可二千里有身毒国。骞因盛言大夏在汉西南，慕中国，患匈奴隔其道，诚通蜀，身毒国道便近，有利无害。于是天子乃令王然于、柏始昌、吕越人等，使间出西夷西，指求身毒国。至滇，滇王尝羌乃留，为求道西十余辈。岁余，皆闭昆明，莫能通身毒国（《史记·西南夷列传》）。

骞曰："臣在大夏时，见邛竹杖、蜀布。问曰：'安得此？'大夏国人曰：'吾贾人往市之身毒。身毒在大夏东南可数千里。'……以骞度之，大夏去汉万二千里，居汉西南。今身毒国又居大夏东南数千里，有蜀物，此其去蜀不远矣。今使大夏，从羌中，险，羌人恶之；少北，则为匈奴所得；从蜀宜径，又无寇。"天子……欣然，以骞言为然，乃令骞因蜀、犍为发间使，四道并出：出駹，出冉，出徙，出邛、僰，皆各行一二千里。其北方闭氐、筰，南方闭嶲、昆明。昆明之属无君长，善寇盗，辄杀略汉使，终莫得通。然闻其西可千余里有乘象国，名曰滇越，而蜀贾奸出物者或至焉，于是汉以求大夏道始通滇国。初，汉欲通西南夷，费多，道不通，罢之。及张骞言可以通大夏，乃复事西南夷（《史记·大宛列传》）。

从上面这两段材料可知，是"张骞通西域"时在大夏见到蜀地的物产，才知道有这样一条"蜀、身毒国道"。汉武帝为了利用这条道，以取代“患匈奴隔其道”的通往西域之路，便派张骞主持，分四路前往探路。“出駹，出冉”，是从今川西北出发，但被氐族、筰族所阻。“出徙”是从今川西出发，“出邛、僰”是从今川西南出发，但被嶲族和昆明族所阻，四路均未成功。汉武帝是否停止了对“蜀、身毒国道”的探求呢？没有。在此后，曾多次想法“通西南夷”。《史记·大宛列传》载：

> 是时，汉既灭越，而蜀、西南夷皆震，请吏入朝。于是置益州、越嶲、牂柯、沈黎、汶山郡，欲地接以前通大夏。乃遣使柏始昌、吕越人等岁十余辈，出此初郡抵大夏。皆复闭昆明，为所杀，夺币财，终莫能通至大夏焉。于是汉发三辅罪人，因巴蜀士数万人，遣两将军郭昌、卫广等往击昆明之遮汉使者，斩首虏数万人而去。其后遣使，昆明复为寇，竟莫能得通。

在汉武帝一心通西南夷以至大夏的努力中，还有两位著名的历史人物躬与其事。一位是司马迁，他曾“宰使西征巴蜀以南，南略邛、筰、昆明，还报命”（《史记·太史公自序》）。另一位是司马相如，他是在“因通西南夷道，发巴、蜀、广汉卒，作者数万人，治道二岁，道不成，士卒多物故，费以巨万计，蜀民及汉用事者多言其不便”的情况下被任为中郎将，“建节使往”，“因巴蜀吏币物以赂西夷”，结果不错，“略定西夷，邛、筰、冉、駹 、斯榆之君皆请为内臣。除边关，关益斥，西至沬、若水，南至牂柯为徼，通零关道，桥孙水，以通邛都。还报天子，天子大悦”（《史记·司马相如列传》）。邛都在今西昌，就是说，司马相如只到今西昌地区，就打马回转了。司马迁走得远一些，“南略邛、筰、昆明”，可能已到了接近昆明族所居住的地区（今大理一带）。他这次“奉使”的目的，他未讲，很可能是去调查汉使多次被阻的情况，所以后来只是“回报命”而无下文。他调查了些什么，他未直接记载下来，但《史记·大宛列传》中所说的“昆明之属无君长，善寇盗，辄杀略汉使，终莫得通。然闻其西可千余里有乘象国，名曰滇越，而蜀贾奸出物者或至焉”，这应当是他前往调查的见闻，所“闻”之事乃是亲闻。

总之，汉武帝的多方努力，仍未能探明“蜀、身毒国道”，当然就更未能利用。因此，西汉王朝与西域的交往，仍然只能通过时断时续、相当艰难的西北丝绸之路。但是，官方的使者未能走通，并不等于民间商道未通。这条长期作为民间商道的曲折小径一直通行，张骞在大夏见到的“蜀布”和“邛竹杖”就是铁证。值得注意的是，蜀布和邛竹杖都不是珠玉之类的珍宝，而是日常生活所需的用品，通过蜀身毒道从蜀中传到中亚者，不可能是数量很少的稀罕之物，而很可能是有一定批量的商品。

所谓“蜀布”，就是巴蜀地区所生产的麻布，而且很可能是早已外销的苎麻布。这是因为：(1) 我国很早就种植大麻与苎麻，都用于纺纱织布，但大麻多在北方，苎麻多在南方。(2) 苎麻更容易生产出高级的纺织品，即所谓细布。从五千年前的浙江钱山漾新石器时代遗址，到马王堆汉墓，所出土的随葬麻织品都是苎麻。(3) 巴蜀地区早在汉代王褒的《僮约》中就有“十月收豆，多取蒲苎”之载。(4) 蜀布的佳品，汉代称为“黄润细布”。司马相如在《凡将篇》中说，“黄润纤美宜制禅（按：即单衣）”；扬雄在《蜀都赋》中说，“筒中黄润，一端数金”；常璩在《华阳国志·蜀志》中说，江原县（今崇州市）“出好麻、黄润细布，有羌筒盛”。就是说，这种细麻布是卷而装入竹筒，再运销各地。无独有偶，广西邕州地区直到近代仍生产一种很精细的苎麻布，仍是卷起来放在竹筒中，仍以“端”计，“一端长四尺余”，“而重止数十钱”，放入小竹筒内“尚有余地”[①]。古今这两种筒中布很有可能有某种传承的关系。（5）巴蜀地区自古就出产精细的蜀布，而且向省外流传。《盐铁论·本议》就说过：“吏之所入，非独齐阿之缣，蜀汉之布也，亦民间之所为也。”这表明当时蜀汉之布已在中原各地广为销售了。

所谓“邛竹杖”，就是邛山之实心竹（今称罗汉竹、暴节竹）所做的手杖。《史记·西南夷列传·集解》引臣瓒曰：“邛，山名。此竹节高实中，可作杖。”《太平御览》卷九六三引《竹谱》：“邛竹，高节实中，状若人剡，俗谓之扶老竹。《广志》云：出南广邛都县。”这种邛竹杖以后也运销内地，长期使用，晋代王羲之在《十七帖》中有从益州友人“得足下致邛竹杖”之语。庾信、李商隐、黄庭坚、陆游等名家都有诗赋赞颂。如陆游《野意》诗有“小东门外曳邛枝，白葛乌纱自一奇”之句。中亚地区不产竹，这种轻便、结实、美观的邛竹杖远销至大夏，是合情合理之事。

整个西汉时期，“蜀、身毒道”均未能开通，只有民间私下的贸易，即所谓“蜀贾奸出”。一直到东汉明帝时期，这条通道才有所变化。《后汉书·南蛮西南夷列传》载：“永平十二年，哀牢王柳貌遣子率种人内属……西南去洛阳七千里，显宗以其地置哀牢（今云南盈江）、博南（今云南永平）二县，割益州郡西部都尉所领六县，合为永昌郡（郡治今云南保山）。始通博南山（在今永平与保山之间），度兰仓水（今澜沧江），行者苦之，歌曰：汉德广，开不宾。度博南，越兰津。度兰仓，为它人。”何谓“为它人”？我以为就是运输物资去

① 《纺织史话》编写组编：《纺织史话》，上海科技出版社 1978 年版，第 23 页。

境外贸易，“行者”是官方组织的运输队，跋山涉水，当然“苦之”，故有如是之歌。可是，不管如何艰险，这条通道总算向公众开放了，永昌郡所辖地域已达今缅甸因道岐湖以西，直达印度边境。这样，今天所称的“滇缅道”终于正式开通。这条路开通之后有无通行记录呢？有，这就是一条尚未被人注意的记载，也见于《后汉书·南蛮西南夷列传》：“永宁元年，掸国王雍由调复遣使者诣阙朝贺，献乐及幻人，能变化吐火，自支解，易牛马头。又善跳丸，数乃至千。自言我海西人。海西即大秦也，掸国西南通大秦。”在《后汉书·安帝纪》中也有记载：“永昌徼外掸国遣使贡献。”可见这条记载是可靠的。掸国位于“永昌徼外”，在今滇缅边境，其“西南通大秦”（今西亚、中东地区），这位魔术家从大秦到掸国西南，再由永昌到中原的路，正是古已有之的南丝之路。这是我们在汉代可靠文献中见到的唯一一次滇缅道的通行记录。

关于古代的南丝之路，除了我国文献之外，还可以看看国外资料，因为这条通道本来就是一条国际通道。

季羡林在《中国蚕丝输入印度问题的初步研究》一文（载《中印文化关系史论文集》）中，以印度古籍《治国安邦术》的记载为证，认为“至迟在公元前 4 世纪中国丝必已输入印度”，因为该书有“产生在脂那的成捆的丝”之载，而该书是公元前 4 世纪所著。稍晚一点的印度法典《摩奴法典》、印度史诗《摩诃婆罗多》和《罗摩衍那》、医书《素室噜多经》、诗歌《鸠摩罗出世》等，都有关于丝的记载。可是，通西域的西北丝绸之路与海上丝绸之路都是在汉武帝以后才开通，所以，印度最早的丝绸只能是从蜀身毒道输入的。从考古材料看，1936 年在阿富汗喀布尔以北的公元前 4 世纪后半期的亚历山大城堡中发现了许多丝绸①，这一发现，正好作为上述文献的佐证。

总之，远在四千年以前，四川盆地就存在着一条从南方通向沿海，通向今缅甸、印度地区的通道（除上述“蜀身毒道”之外，还可以由今云南直抵越南，这条路古代记载很清楚，蜀王之后裔就是由此道去越南而又称王的，详见《水经注·叶榆水》引《交洲外域记》）。至于这条通道在秦汉以后的作用，这条通道从云南到印度的途程等问题，限于篇幅，我们就不准备再讨论了。

关于南丝之路的实地考察，近年来也已经开始。结合古代文献资料，当年南丝之路的川—滇—缅段已经清楚。南丝之路的川—滇—缅段并不是一条，但主要是两条：

第一条路古人称之为西夷道、零关道、旄牛道，即从成都—临邛（邛州）—青衣（名山）—徙阳（天全）—严道（荥经）—旄牛（汉源）—阑县（越西）—笮秦（冕宁）—邛都（西昌）—会无（会理）—青蛉（大姚）—叶榆（大理）—永昌（保山）—密支那（或八莫）。

第二条路古人称之为南夷道、五尺道、石门道，即从僰道（宜宾）—南广（高县）—朱提（昭通）—味县（曲靖）—谷昌（昆明）。以后，一途入越南，一途由大理入缅甸。

我们的祖先，就是循着上述通道，与南方各族、各国进行着经济文化交流。那么，秦汉以前及秦汉时期的蜀中先民最远曾到达什么地方进行这种经济文化交流呢？目前仅能见到两条材料。一是在下一节将要介绍的蜀王后裔到达今越南地区的记载。二是上引《史记·大宛列传》所说的“闻其西可千余里有乘象国，名曰滇越，而蜀贾奸出物

① 王治来：《中亚史》卷一，中国社会科学出版社1980年版，第69页。

者或至焉”。就是说，据司马迁所闻，“蜀贾奸出物者”所至的最远之地是“滇越”。滇越在何处？学术界对此问题至今仍有较大分歧，大致有四种说法：一是印度阿萨姆地区的古国迦摩缕波；二是孟加拉地区；三是缅甸的骠国；四是云南的腾冲。总之，都在怒江以西地区。这就是巴蜀先民在汉以前向南方开辟前进的最远的一个重要据点。

第三节 兼容与辐射

巴蜀地区从东西看处在我国康藏高原与江汉平原之间，从南北看处在黄河流域与云贵高原之间，是一个过渡地区、桥梁地区。巴蜀先民用若干代人的努力战胜了盆地地形的不利，变蜀道难为蜀道通，长期以来，以开放的姿态接纳兼容了四面八方传入盆地的文化成果，经过消化选择，融入原有的本土文化的内容，加以发展提高，大大充实了巴蜀文化的内容，使之几度站到了我国经济文化发展的最前列。这只是内外交流的一个方面。另一方面，也正由于上述地理位置的特点，加之还处在长江的上游，故而这里长期成为我国西南经济文化的中心，对周围地区产生着极为重要的影响。这种影响的最主要表现，就是将巴蜀地区的优秀成果传向四方，甚至远播国外，产生着一种强烈的辐射作用。在古代，表现这种兼容与辐射作用的核心地区又集中在成都。在汉代，成都是全国六大都市之中唯一的一个南方都市、唯一的一个长江流域的都市。这以后，成都这种中心作用一直未变。《南齐书·州郡志下》说成都是“西方之一都焉”；《周书·辛庆之传》说是“一方之会”；唐代陈子昂说，“蜀为西南一都会，国之宝府，又人富粟多，浮江而下，可济中国”（《新唐书·陈子昂传》）；宋代苏轼说，“成都，西南大都会也”（《大悲阁记》）；祝穆说，成都是“坤维大都会”（《方舆胜览》卷五一《成都府》）；李良臣说，“成都，西南大都会，素号繁丽”（《钤辖厅东园记》，载《全蜀艺文志》卷三四）。这样多的人都如此异口同声地称“西南大都会”，是有着丰富的历史内容的。西南大都会，就是大西南经济文化交流的中心。

我们在前面已经谈到，早在巴蜀文化的第一个光辉的阶段，即以三星堆出土文物为代表的古蜀文明时期，就已表现出明显的开放性，从吸收与兼容来说，这里的陶器与玉器有中原的二里头文化的因素，青铜酒器有殷代文化的因素，青铜人像与金杖、金面罩还可能有更远的外来文化的因素，海贝明显来自印度洋。可另一方面，在古蜀王国时期，丝织品、麻织品从南丝之路传到南亚乃至西亚；青铜器特别是青铜兵器的制作明显地传到今云南，再传到越南与泰国；船棺葬与石棺葬的习俗则传到越南、马来西亚、菲律宾、印尼、泰国地区。时间再晚一些，在汉代，对社会生产极为重要的铁器（巴蜀的制铁技术本是在战国后期从中原学的）则从巴蜀传到今云南、贵州和越南①。与这些传播有关的一件大事就是蜀王后代远徙越南这一段重要历史。秦并巴蜀之后，蜀王子率众三万南走，最后到达今越南北部，建瓯雒国，称安阳王（安阳，乃是蜀开明王朝开明二字同音异写），数十年后为赵佗所灭。越南称这一时期为“蜀朝”，是为越南有信史之始，也是越南古代建立国家政权之始。此事不仅见于《水经注·叶榆水》引《交州外域记》、《史记·南越尉佗列传·索隐》引《广州记》、《太平御览》卷一七〇引《南越志》等我国古籍，也见于越南古籍《大越

① 参见童恩正：《试谈古代四川与东南亚文明的关系》，载《文物》1983年9期。

史记全书》以及当代著作《越南古史》[1]。2005年，四川文物考古研究院应越南国家历史博物馆之邀，在越南进行了学术考察与共同发掘，从船棺葬与玉器、陶器、青铜兵器等多方面证实了越南北方与巴蜀地区在古代有着密切的文化交流[2]。这些事件充分证明，巴蜀先民是从西边、东边、南边汇聚于盆地之中，又很早从那里走了出去，而且距离不近。人是文化的载体，文化随着人的移徙而交流。单从这一个方面而论，这种兼容与辐射的情况就已是十分明显的了。

秦并巴蜀，大量中原移民入川，为汉代巴蜀的繁荣起了很大的促进作用。与此同时，巴蜀地区的经济文化成果又大量传至远方，丝绸、漆器、金银器、铁器的传播早已为人所知，有蜀郡铭文的西汉漆器最远是在朝鲜乐浪郡古墓出土，铁器则出土于越南清化的东山遗址，蜀布在大夏为张骞所见，丝织品则在被称为"覆衣天下"（《后汉书·公孙述传》）、流通全国的基础上远销至地中海地区。在成都市场上，"东西鳞集，南北并凑，驰逐相逢，周流往来"，"阒齐喑楚，而喉不感慨"（扬雄：《蜀都赋》）。画像砖上，不仅有若干高车驷马在奔驰，更出现了大西北才有的骆驼；在画像石中，出现了西域文化传入的狮子（高颐阙的石狮甚至有双翼）和琵琶。当时在物资交流上是如此"水陆所凑，兼六合而交会焉"（左思：《蜀都赋》），我们至今还可以从各种文献记载中看出若干线索。在思想文化交流方面，除了前面已谈到的佛教从印度传入之外，在巴蜀土生土长的道教也向外传到了印度，极大地影响了印度的密宗文化。在印度宗教哲学追求灵魂不朽而抛弃肉体的风潮之中，密宗讲修持、求长生，而且以炼丹为重要手

① 参见蒙文通：《越史丛考·安阳王杂考》，人民出版社1983年版。

② 参见雷雨：《从考古发现看四川与越南古代文化交流》，载《四川文物》2006年6期。

段。在印度哲学轻视女性、耻言男女的风潮之中，密宗讲男女双修、房中养生，甚至也追求“还精”之术，这些是很鲜明的中国道家的主张。据密宗经典记载，密宗有 18 位高人，其中有两位来自中国，他们的成就是咒语、医术与炼丹；密宗信仰的主要神祇，也有的来自中国；密宗修行功法中有一种就名为“支那功”，密宗大师殊胜还特地去中国学习这种功法。所有这些，都明显地反映出道教对密宗的影响①。沿着佛教传入巴蜀的路线，道教又从巴蜀传到印度。这是文化交流的典型而重要的一例。

魏晋南北朝时期，巴蜀地区是一个民族大融合的时期，文化大交流的时期（见前《民族与人口》），这种融合与交流促进了唐宋时期巴蜀地区经济文化的又一次繁荣。唐宋时期，巴蜀地区的种种成果也为中华乃至世界文明做出了重要的贡献。当时杜甫、陆游等大文豪入蜀，李白、三苏等蜀中大文豪出蜀，在文化上多有交流。当然，进行交流的更多的人群是商人，“远方商人多至蜀土，资货或有值数百万者”（《宋书·刘道济传》）；远在北方丝路上的河西商贾“莫不皆取于蜀”（《新唐书·陈子昂传》）；远在南海的安南“富商自蜀贩锦至钦，自钦易香至蜀”（周去非：《岭外代答》卷三《钦州博易地》）；国内外商人都来到巴蜀，故而杜诗中也有“佑估客胡商泪满襟”（《滟滪》）之语。从巴蜀运出去的商品除了传统的纺织品外，还有若干新的重要产品，如作为全世界造纸术与印刷术发源地与中心之一的纸张与印刷品，唐宋时期中央重要公文与书籍用纸均是用著名的巴蜀所产的麻纸，“凡公私簿书、契券、图籍文牒，皆取给于是”（费著：《笺纸

---

① 参见汶江：《试论道教对印度的影响》，载《古代南方丝绸之路研究》，四川大学出版社 1990 年版。

谱》)，唐代规定每月必须运送“蜀郡麻纸5000番”到中央（《新唐书·艺文志》)。又如当全国从魏晋以来逐渐普及吃茶的习俗之后，巴蜀是最大的茶叶供应地，产量长期位居全国第一。“蜀茶南走百越，北临五湖，皆自固其芳香，滋味不变，由此尤可重之。自谷雨已后，岁取数百万斤，散落东下，其为功德也如此。”（杨晔：《膳夫经手录》）又如我国最早的糖霜（即冰糖）生产始于蜀中的遂宁，宋代有作坊近300家（王灼：《糖霜谱》)，每年源源不断将糖霜运至全国。繁忙的物资交流，促进了商业的繁荣，全世界最早的纸币就出现在宋代的成都。北宋熙宁年间，巴蜀的商税占全国的五分之一，成都府的商税则占全国各府州的第二位。从事长江水上贸易的“瞿唐贾”成了全国商人的代表，以至有“嫁得瞿唐贾，朝朝误妾期”（李益：《江南曲》）的名句。作为内外交流的手段，水陆交通都达到了十分繁荣的境地。这方面材料颇多，我们可以从唐诗中见到若干描绘。如杜诗中说，成都是“门泊东吴万里船”（《绝句四首》)；三峡是“万斛之舟行若风”（《最能行》)；从蜀中到中原的水运路线是“即从巴峡穿巫峡，便下襄阳向洛阳”（《闻官军收河南河北》)。航运速度如何？李白有名句“朝辞白帝彩云间，千里江陵一日还”（《早发白帝城》)；航程通向何处？卢纶诗云：“水程通海货，地利杂吴风”（《送何召下第后归蜀》)；卢纶又有诗云，今湖南零陵是“浪里争迎三蜀货”（《送从叔牧永州》)。这一时期，巴蜀地区文化成果的外传，最重要的应当是造纸术与印刷术，还有纸币制造和种茶制茶技术。虽然外传的具体途径目前已无法搞清楚，但这些高超技术从巴蜀这个技术中心传向全国、传向世界的事实却是肯定无疑的，这些技术为人类所做的贡献是难以估量的。

宋代以后，巴蜀地区经济文化均进入一个衰退时期，不再有昔日的雄风。但是有几种传统的外销商品却因其无可代替的地位而仍然在发挥着重要的作用。例如茶叶，唐宋时期的产量都是全国之冠，而且质量极佳。“琴里知闻唯绿水，茶中故旧是蒙山”（白居易：《琴茶》）；“旧谱最称蒙顶味，露芽云液胜醍醐”（文彦博：《谢人惠蒙茶》）。以“蒙山顶上茶”为代表的巴蜀茶叶为全国饮茶者做出了重要的贡献。更为重要的是，始于唐、盛于宋的茶马贸易，使蜀茶每年以高达1500万斤左右的输出量成为西部少数民族不可缺少的重要生活用品，“蜀茶总入诸蕃市，胡马常从万里来”（吴曾：《能改斋漫录》卷七《蜀运茶马利害》）。宋代以后，茶马贸易仍然保持着，以产于雅安地区的“西番茶”为代表的蜀茶一直是茶马贸易的主要货源。例如明代前期，蜀茶每年必须调入陕西100万斤，占陕西地区茶马互市所需茶叶的98%以上。清初停止了官方的互市，商业贸易继续进行，一直到清末，每年输出量都在1000万斤以上。“川省栽茶之园户，运茶之商贩，负茶之脚夫，多至数十万人，悉赖此为生活。”“藏番运川茶者，不下数十万人，藏中穷番借脚力以谋生，川藏交界处所借以安宁。”（四川总督刘秉璋光绪十八年《致总理衙门电》，见《西藏地方历史资料选辑》第175页）一千多年来，这种年复一年的大规模茶马贸易和伴随着贸易而进行的其他方面的文化交流，对于我国民族大家庭的巩固与发展所起的作用真是难以估量的，这应当是巴蜀地区的兼容与辐射功能的十分明显的一例。

文化交流，最重要的是人，特别是文化人之间的交流。如果以有名有姓的知名者来讲，我们在前面有关部分已提到了以李冰、文翁、张陵、诸葛亮、杜甫、高适、岑参、白居易、刘禹锡、李商隐、李德裕、玄奘、海通、吴道子、韦庄、李珣、黄庭坚、程颐、陆游、范成大、王闿运为代表的一大批著名人物在各个时代入蜀给巴蜀文化带来的巨大促进。另一方面，蜀中的人物也不断走出盆地，在各个地区从事种种文化事业，在中华民族的大舞台上施展抱负，为整个中华民族文化事业的发展做出了自己的贡献。正如明代学者杨慎与王士性所说的“自古蜀之士大夫多卜居别乡”（《广志绎》卷五）。例如：

汉代天文学家落下闳制定太初历的工作全部是在长安完成的。

汉代大学者司马相如与其他文学家邹阳、枚乘等人的交游地是在梁（今河南商丘），他的主要创作《子虚赋》是在梁完成的，《上林赋》《谏狩猎疏》《大人赋》等都是在长安完成的，最后死于长安。

汉代文学家、学者扬雄的所有重要著作全部是在长安完成的，他的弟子侯巴等也都在长安，他最后死于长安。

汉代文学家王褒的主要著作《圣主得贤臣赋》《甘泉宫赋》《洞箫赋》等都是在长安完成的，他长期在长安为官，卒于归蜀途中。

魏晋时期史学家陈寿的名著《三国志》是在洛阳写成的，《诸葛亮集》是在平阳（今山西临汾）编成的，最后他病死于洛阳。

晋代史学家常璩的名著《华阳国志》是在建康（今南京）写成的，他最后很可能也死于建康。

唐代诗人陈子昂 21 岁入京，主要创作活动都在外乡，脍炙人口的《登幽州台歌》写于幽州军旅。

诗仙李白 24 岁离家远游，行遍天涯，再也未回过故乡，最后死于安徽当涂。他一生的诗歌基本上是在外乡所作，他一生的文坛交友也基本上都在外乡。

唐代高僧、华严之祖圭峰禅师 30 岁时出游襄汉，以后一直云游名山，大半生在陕西度过，最后圆寂于长安兴福塔院。

宋代高道陈抟长期在武当山、华山等地隐居著述，弟子遍天下，最后羽化于华山。

宋代学者苏易简 32 岁中状元，遂宦游各地。他的著述都在外乡完成，最后死于陈州（今河南淮阳）。苏易简之孙、诗人苏舜钦则是生于京师，死于苏州，主要诗作均作于苏州沧浪园中。

宋代的三苏父子的创作活动基本上都在外乡。苏洵逝于京师、苏轼逝于常州、苏辙逝于颍昌（今河南许昌）。他们的遗迹基本上不在蜀中。

诗人兼画家文同成年入仕之后，有大半时间在外乡度过，死于陈州（今河南淮阳）。他开创的画派称为湖州画派。

史学家范祖禹参与编写《资治通鉴》、独立编写《唐鉴》，历时 20 年，基本上都在洛阳。以后贬官僻远，最后死于化州（今广东化州）。

理学家张栻 6 岁即出蜀，一生都在江南度过，学生最多则在湖南，为湖湘学派宗师，最后死于江陵。

理学家魏了翁是巴蜀古代学者中在蜀中生活时间较长的一位，成年入仕之后在蜀中各地为官与教学有 20 余年，最后死于福州任所。他在家乡办有著名的鹤山书院，在靖州（今湖南靖县）也办了著名的鹤山书院。

史学家李焘编写巨著《续资治通鉴长编》前后历时 40 年，最后完成于临安（今杭州），也死于临安。

科学家黄裳中进士后一直在外为官，他的《天文图》与《地理图》是任嘉王府翊善时所绘，刻石于苏州。

科学家秦九韶与黄裳相似，中进士后长期在外乡为官，最后病逝于梅州（今广东梅县）。

宋末元初，有一大批蜀中文士为避战火而流寓东南，因丧失产业，大多从事文化教育事业，如虞集、牟应龙、谢端、宇文公谅、黄泽等，在传播学术文化上起了很大的作用。如张䇓被“延致江宁学官，俾子弟受业，中州士大夫欲淑子弟以朱子‘四书’者，皆遣从䇓游，或辟私塾迎之。其在维扬，来学者尤众，远近翕然，尊为硕师，不敢字呼，而称曰导江先生”（《元史・张䇓传》）。关于宋末元初这一现象，我们在前面已经提到过。当中原战乱时，不少文士避难入蜀。而当蜀中战乱时，不少文士又避难出蜀。这种人才的交流，是文化交流的一个重要部分。入蜀最多的时期是唐末，而出蜀最多的时期则是宋末。

明代著名学者杨慎一生大部分时间都在京中与云南度过，最后死于云南永昌（今保山）。他对云南文化发展所做出的贡献要比对蜀中多，云南保留的对他的纪念遗迹也比蜀中要多。

明末清初启蒙思想家唐甄作官在山西，长期生活在江南。他的重要著作《潜书》也就写成于江南（很可能在吴江）。

明末清初学者、诗人费密于明末迁居陕西沔县，以后东下扬州，他与他的两个儿子费锡璜、费锡琮都以诗名扬江南。

号称清代蜀中三才子的彭端淑、李调元和张问陶三位诗人，都曾长期在外乡宦游。李调元曾两次督学广东，选拔人才。张船山最后客死于苏州。

戊戌六君子中的刘光第与杨锐参加变法维新，最后壮烈牺牲，都在北京。

清代著名演员魏长生一生最辉煌的艺术生涯全是在北京展示的。

上面，我们以最简单的文字介绍了巴蜀文化史上两千年来几乎所有著名人物，他们无一例外都是走出剑门夔门之后才真正增长了才干，发挥了才干，取得了杰出的成就，不仅对巴蜀文化的向外传播做出了贡献，也为各地的文化发展做出了贡献，为整个中华民族做出了贡献。仔细考察一下巴蜀文化史上一个个有较大贡献的人物，找不到一个不出盆地的有大成就的“乡土作家”之类的人才。直到近代，仍是如此。邹容、彭家珍、喻培伦、吴玉章等革命家，郭沫若、王光祈、巴金、李劼人、沙汀、艾芜、张大千、谢无量、乔大壮、范长江、何其芳、贺麟、黄汲清等杰出的作家、艺术家与学者仍然无一例外，从未出现一位不出川发展而能成为大作家、大学者的例子，尽管巴蜀有一亿人口。还有一件事更值得注意，自 1912 年吴玉章等发起留法勤工俭学运动至 1921 年间，远在内地的四川留法勤工俭学学生达 500 余人，分布在 85 个县，其人数位居全国各省第一，占总数的三分之一左右。吴玉章、赵世炎、陈毅、聂荣臻、邓小平等均在其中。巴蜀文化既不是、也绝不能封闭式发展，只有内外交流，而的确也实行了内外交流，故而才做出了一项又一项的成果，培育出了一批又一批的人才。单从人才培养这一个方面来讲，也是一个十分值得重视与研究的现象。

第四节　湖广填四川

在今天的四川汉族地区，如果你去访问一些老人，问他祖籍何在，十有八九会是同样的回答：“我家祖辈是湖广填四川迁进来的。”如再问从何处迁来？往往仍是同样的回答：“湖北麻城孝感乡。”如继续问：“你是否知道为什么你们的祖辈会有湖广填四川的行动呢?”往往还是同样的回答：“八大王剿四川嘛!”由是可知，大多四川人都认为境内的汉族人的祖辈都不是四川土著，而是从湖广迁入的。而迁入的原因又是因为八大王即明末农民战争时张献忠（张献忠起义不久，即以八大王为称）剿四川。这种说法的影响很广很深。

“湖广填四川”这一历史过程确实是存在过的，这是在元代末年、明代初年、清代初年连续进行的长期的移民运动。民间的有关传说较之历史的真实有明显的扩大与渲染，也有一定的偏差。“张献忠剿四川”这一历史事件也是发生过的，民间的传说较之历史事实有失误，也有一些歪曲①。如果把这些偏差或失误排开，就可见到所谓“湖广填四川”原来是连续进行了多年的人口与文化的大融合，对巴蜀历史的发展具有重大的影响。

我们在前面曾经谈到，唐代的巴蜀地区在全国经济文化的发展中居于前列。到了宋代，其经济文化的发展仍在全国处于先进行列之中，特别是南宋时期，巴蜀地区的人口占整个南宋的23.2%，可是其财赋收入却占整个南宋1/3，供应的军粮也占1/3，是南宋坚持抗战的主要经济基地，乃至有“蜀亡则宋亡”之叹。

可是，在巴蜀军民尽最大努力坚持了长期的抗金战争，终于取得了使金兵未能进入四川盆地的巨大胜利之后，又坚持了长达半个世纪的抗蒙战争。这场战争基本上是在盆地内部进行的。蒙古军先后三入成都，而蒙古大汗蒙哥也被击伤而死于钓鱼城下。长期的拉锯战使人民的生命财产受到极大的损失。从整个四川地区来看，以至有“蜀人受祸惨甚，死伤殆尽，千百不存一二”（虞集：《史氏程夫人墓志铭》，见《道园学古录》卷二〇）的记载。这些文字难免有某些渲染夸张的成分，但经济极度残破，人口锐减则是无可怀疑的事实。因为在近50年的拉锯战中，除了战火的破坏，还有长期战事带来的农业生产的凋残而严重缺粮，“沃野千里，荡然无民，离居四方，靡有定所，

---

① 参见袁庭栋：《张献忠论传》，四川人民出版社1981年版。

耕畴不辟，堰务不修，秋不得收，春不得种”（吴昌裔:《论救蜀四事疏》，载《宋代蜀文辑存》卷八四），这是当时必然存在的现实。此外，宋朝官军中也有不少军队在战乱中趁火打劫，残害百姓，或“剽掠于民财”，或“焚毁于仕族”，以至“骚动惨于敌祸……故田里有内敌甚于外敌之谣，此害非一日矣”（同上）。这些记载都出于当时的蜀人笔下，应当是可信的。由于以上种种原因，元代巴蜀地区的人口锐减到不足南宋时期的十分之一，具体数字见前《民族与人口》一章。

面对宋元之际巴蜀地区如此严重的残破局面，元代的统治者除了实行屯田用以保证军粮的基本需求之外，没有采取由官方出面组织移民的措施。没有劳动力，生产就不可能恢复。所以，在元代的将近100年间，巴蜀的经济一直未能得到较明显的恢复。根据梁方仲《中国历代户口、田地、田赋统计》一书的统计材料，四川行省在元代向中央政府所上交的赋税收入，在全国10个非少数民族省区中居于倒数第三，仅占全国岁入的0.96%。此外，据《元史·食货志》的资料，四川行省在各省区之中，酒税占倒数第三，醋税占倒数第一，商税占倒数第三。这种情况较之南宋时期占整个南宋王朝岁入大约三分之一的地位，简直是降到不能再降了。

元代末年，红巾军农民大起义的烈火四处燃烧，原来属于徐寿辉部下的明玉珍率军攻入巴蜀，以后在重庆自称陇蜀王，再改元称帝。明玉珍是湖广随州（今湖北随县）人，他的军队也基本上是湖北地区的农民。明玉珍不仅带来十几万军队，也有大量少田缺地的农民随之进入人少地广的巴蜀地区开垦务农。这应是著名的“湖广填四川”的开始。如吴宽在《刘氏族谱序》中所说：“元季大乱，湖湘之人往往相携入蜀”（见《匏翁家藏集》卷四）。明玉珍的“大夏”政权只存在了两世9年，就被朱元璋建立的明朝所统一。明代初年，湖广地区的移民继续大量入川，到明太祖洪武十四年（1381），四川人口就上升到146万，外地移民，特别是湖广移民占了这一时期所增加人口的主要部分。正如光绪《潼川府志》卷五所载明人王维贤《九贤祠记》所说："元法，军所至，但有发一矢相格者，必尽屠之。蜀人如余玠、杨立诸公坚守不下，故川中受祸独惨。明初，中江县开设，土著人户业七八家，余皆自别省流来者。"这些移民，不久也就成为四川人。

康熙七年（1668），四川巡抚张德地曾在一篇奏疏中记录了蜀中父老的一段回顾："查川省孑遗，祖籍多系湖广人氏。访问乡老，俱言川中自昔每遭劫难，亦必至有土无人，无奈迁外省人民填实地方"（《明清史料丙编》第十本康熙七年十一月十六日《户部题本》）。所谓"湖广填四川"这一大规模的移民运动，就是这样开始，而在元末明初进入了第一个高潮。

所谓"湖广"，包括今湖北与湖南，而湖北的麻城与孝感县籍的又占第一位，估计这一地区是清初大规模移民入川时的重要的中转站（我的祖父对我说过，我家也是从"麻城县孝感乡"迁来的。在蜀中老人口中与民间文学中，几乎都将麻城与孝感两县误为"麻城县孝感乡"，这是一个很奇怪的现象。很可能这是沿用明代中期以前的陈说，因为麻城县在明代成化八年以前有孝感乡，以后并入了仙居乡）。胡昭曦根据部分地方志和家谱中所载的716户人家的有关资料统计，元末以前即已居于蜀中的只有65家，仅占9%。在清代以前迁入的220家中，湖广籍就有171家，占77.7%。其中湖北麻城又有151家，占湖广籍的88.3%。在清代以前迁入的移民中，大多是元末明初迁入的，如从现存家谱的资料统计，清以前迁入者共58家，其中在元末明初迁入的有40家，占69%[①]。多年来，我曾注意过明清时期若干知名人士的祖籍，如明代著名文学家杨慎，明代著名诗人张佳胤，清代著名经学家廖平，自贡盐业界最大的盐业经营者王三畏、李四友，五通桥盐业界最大的盐业经营者吴金三等，他们的先辈都是在元末明初“湖广填四川”过程中举家入蜀的。

元末明初大量移民入蜀，又可以分为四类：

1. 红巾军农民大起义开始之后，湖北地区若干家资较丰者（包括一些蒙古族）纷纷“避难入蜀”。

2. 如上所述，明玉珍率领大批湖北军民入蜀。当朱元璋的军队攻占湖北之时与之后，若干原来红巾军旧部或与红巾军有联系的人，为了逃避朱元璋部下的打击，也纷纷逃奔巴蜀境内的明氏“大夏”政权，求得保护。

3. 朱元璋派汤和率大军由湖北攻入巴蜀，派傅友德由陕西攻入巴蜀，以后驻在四川也就成了巴蜀人。

4. 明代初年，为了控制巴蜀局势，若干官兵被留居巴蜀。鉴于巴蜀地区人少地多，亟待垦殖，所以明中央有意安排邻近巴蜀的湖广移民入蜀，这是整个元末明初“湖广填四川”中的主要部分，所以在现存的很多家谱族谱中，都记载着先世在明初洪武年间是如何“奉旨入蜀”的经历。

以上，就是元末明初“湖广填四川”的大致情况。

由于元末明初的“湖广填四川”，由于明代前期人民生活比较安定，所以经济有一定的恢复，人口也有所增加，然而，明代的巴蜀经济还未完全复苏，又进入了一个比宋元之际时期更长、情况更烈的战

---

① 见胡昭曦：《张献忠屠蜀考辨——兼析湖广填四川》，四川人民出版社1980年版。

乱与残破时期，巴蜀人民遭到了历史上最残酷的一场浩劫。对于这场浩劫的存在，古今均无异词。但这场浩劫的原因，看法却各有不同。

在清代的史书中，多认为这场浩劫只是因为“张献忠屠蜀”，或者说“八大王剿四川”。

另一种意见认为，张献忠农民军在巴蜀与明军作战，与地主武装作战，以后又与清军作战。几年的拼死战斗中，当然要杀人；为了巩固新建的政权，镇压反抗者，当然也要杀人。但张献忠在巴蜀活动不到四年，在巴蜀地区长达 80 年的战乱中只占一个很短的时期，对于巴蜀地区人口锐减与生产残破，张献忠农民军不可能是唯一原因，甚至不可能是主要原因。今天的史学家大多持这种看法。

明初清初巴蜀地区人口锐减的原因，既有天灾，又有人祸。

先说天灾。在明代最后的 70 年中，有大旱，有大水，有蝗灾，有瘟疫。如“大旱、蝗，至冬大饥，人相食，草木俱尽，道殣相望”（谷应泰：《明史纪事本末》卷七五）；川南大水，“民登州堂及高阜者得免，余尽没”（《明史·五行志》）。清初又有大疫，江津地区不少地方“全村皆死”（嘉庆《江津县志》卷五）。这类记载，比比皆是。

所谓人祸，主要的不是指战场上两军的杀伤，而是指在战乱中对平民直接的屠杀和劫掠。早在明万历年间，就有土司杨应龙的叛乱，天启、崇祯年间，又有土司奢崇明的叛乱，当时“围城百日，大肆屠掠，所称沃野，已半没于荒烟茂草中矣”（康熙《成都府志》卷三五《蜀难纪略》）。明末农民大起义爆发后，李自成、张献忠军曾几度入川，最后张献忠在成都建国，农民军要镇压“乡绅”“官员”和各种反抗者，明军要镇压各地“喜于从贼者”，双方拉锯般作战十几年，也就是十几年的粮荒。张献忠摧毁了明代各级权力机构，但并未能有效地建立起新的统治秩序。在张献忠牺牲、农民军退走云贵之后，全省出现了十几年的权力真空，呈现出空前的无序状态，用当时人的记载，是“四方乌合之众云集成都，……互相吞并者指不胜屈。孑遗无几之民复见蹂于群氛，田园尽芜，饥馑频仍，父子流离而人相食”（同上）。张献忠部退出的同时，清军又进川来。清军与残余明军和抗清武装的战火尚未完全熄灭，吴三桂叛军又与清军在四川大战，一直到康熙二十年（1680）以后，巴蜀的战火才基本停息。

巴蜀地区就是这样经过了约 80 年的战乱加天灾，造成了人口的急剧下降，生产的极度荒残。作为历次战火中心的成都平原情况尤为恶劣，原来的繁华城市竟有虎豹栖息，以至清初的四川巡抚不能进驻成都，而驻在川北的保宁（今阆中），顺治十八年才入驻成都。至于有的县城，则到康熙年间才修造县衙。

面对四川人烟如此稀少，经济如此残破的局面，清政府不得不采取若干相应的措施。一方面，将明代所设州县大量裁撤合并，就以过去最繁荣的成都、重庆两府为例，成都府裁撤了双流、彭县、崇宁、华阳；重庆府裁撤了大足、安居、璧山、铜梁、定远、武隆。这些县，直至康熙末年、雍正初年才陆续恢复。另一方面，就是利用行政手段，尽可能从外省移民入川。

清初的移民入川，规模大，时间长（从顺治末年开始，实际上结束于乾隆中叶，共约 100 年），官方措施具体。顺治十年，清政府尚未控制全川时，就宣布四川无主荒地听凭垦种，永占为业，免田赋 5 年，官府还设法支援耕牛种子。本省逃亡在外省，准予回籍。外省移民四川者，准予入籍。以后又以种种措施鼓励地方官招抚流民，州县官凡安插 300 户者，现任官提升一级，候补官授以实职。在种种措施之下，清初从今湖北、湖南、江西、福建、广东、陕西等省招来了大量移民，因为仍是以湖广地区为主，所以一般都称为“湖广填四川”，这是继明代初年的移民入川之后，更大规模的“湖广填四川”。为了组织移民入川，顺治和康熙年间两度在湖广和四川地区只设一个总督，时称川湖总督，先驻湖北荆州，后驻四川重庆。

清代初年的“湖广填四川”究竟有多少人移民入川，这个数字很难估计。但从若干材料分析，在清代人口中，移民多于土著是毫无疑问的。如乾隆年间窦启瑛在《四川通志・序》中说：“其民则鲜土著，率多湖广、陕西、江西、广东等处迁居之人，以及四方之商贾，俗尚不同，情性亦异。”当然，各县州的比例不一，成都及川西平原各县又比其他地区为高，最高者可达 90%以上。如康熙《成都府志・序》说：成都府“百十秦、晋、楚、豫中，土著仅一二人焉。”清末人傅崇榘《成都通览・成都之成都人》说：“国初乱平，各省客民相率入川，插站地土，故现今之成都人，原籍皆外省也。外省人以湖广占其多数，陕西人次之。”嘉庆年间，六对山人在《锦城竹枝词》中描绘更为形象：“大姨嫁陕二姨苏，大嫂江西二嫂湖。戚友初逢问原籍，现无十世老成都。”从全省情况估计，外乡移民占总人口的 70%左右。

这样多人从外省进入四川，大量垦殖荒地，促进经济复苏，这是必然的。我们更要看到的是这样多的“士、农、工、贾、技术、胥役之类”（沈荀蔚：《蜀难叙略》）的外地人入蜀，必然将各地的生产技术、各地的先进文化带入四川。例如，在今天四川粮食作物中占很重要地位的红苕（即甘薯），就是那时从福建、广东传入的。嘉庆《资州志》卷八载：“（红苕）瘠土沙土皆可种。先是资民自闽粤来者始嗜之，今则土人多种以备荒。”又如四川的主要经济作物烟叶，也是清初传入的。如川大图书馆藏《重修傅氏宗谱》载：江西瑞金人傅沐荣于雍正时迁入四川金堂，“广种烟草，时蜀中未谙烟法，而满蒙八旗弁兵所必须，故一时傅姓烟草重于锦城”。我们在本书中专门论述过的今天“川味正宗”中最受赞扬的三绝：川菜、川酒、川剧，也都是在清代融合外地传入的多种成分之后发展起来的。

以上，就是巴蜀历史上著名的“湖广填四川”的大致情况。通过上面的论述，应当得出这样的结论：“湖广填四川”，是由于四川地区几度人口锐减之后，从明代初年开始的，在清代初年达到高潮的大规模移民入川的一个历史过程。其结果是使四川地区接纳了大量的外地移民，其总数超过了四川本地的土著。大量移民入川既是人口的融合，也是文化的融合。这种融合促进了四川地区经济文化的发展，也使得四川地区清代以来经济文化的复苏和发展更加具有兼容并蓄、汇纳百川的显著特点。

代结束语：
巴蜀文化尚待探索的若干问题

本书应当是反映学术界对巴蜀文化研究已取得重要成果的著作。我在撰写此书中也力求做到这一点。当我回顾这些年来业余探索巴蜀文化过程中所接触到的若干论述时，当我在向若干专业工作者求教若干疑难问题时，我多次深深地感到，巴蜀文化研究的领域太宽，而投入的研究力量太少，尚待深入、尚待拓荒的课题还有很多很多。有些问题至今尚无任何真正的研究，有些问题只是停留在片面的叙述，有些问题众说纷纭，有些问题虽有研究心得但很难令人信服。回首1991年，我在写《巴蜀文化》一书时，就是用《尚待探索的若干问题》来做全书的结语。今天，我仍然是如此安排。目的很明确，就是要把我自己无力解决的若干疑难问题一一如实写出，期待有新的研究成果出现，或填补空白，或取代误说；期待着学术界能新人辈出、新作常出，让新陈代谢的规律在巴蜀文化的研究领域不断体现。

从宏观上讲，我一直都在反复考虑：巴蜀文化能否总结出可以与中华文化传统的总特点不同的区域性特点？两湖的研究者提出过荆楚文化的主要特点是巫文化，江浙的研究者提出过吴越文化的主要特点是水文化。这种总结难以得到众多研究者的支持。我在反复思考多年之后，提出了巴蜀文化的主要特点是由移民文化为载体而表现出的兼容。直到今天，我仍然认为只有这个概括才能对广义的巴蜀文化的特点进行解释，才能把握住最重要的特征。可是我又曾多次反问自己：这一特点在其他地域文化中也可能存在，那么，这种概括又能不能成为一种地域文化的独特的特点呢？我又多次考虑这样一个问题：当对整个中华传统文化的最主要特点都还难以做出令众人信服的高度概括的时候，我们来苦苦思索地域文化的主要特点，是否是在做劳而无功的臆测？

还有一个问题使我困惑：巴蜀文化发展的盛衰起伏，有没有一条区别于整个中华文化发展的规律？巴蜀文化盛衰起伏的波动曲线如果与经济发展同步（包括我自己的研究在内，学术界基本上均作如是观），那么，文化发展与经济发展的规律还有无分别研究的必要？

从具体的研究课题来讲，巴蜀文化领域中需要研究或需要进一步深入研究的课题还多，较重要的有：

三星堆文化为何会异峰突起？是否有强烈的远方外来因素？

巴与蜀的本来含义，巴族与蜀族的族源与构成。

古巴蜀文化与楚文化的关系，古巴蜀文化能否分为巴文化与蜀文化？

古巴蜀文字的识读。

船棺与岩墓的研究。

为什么会在西汉时“文章冠天下”？为什么以后再也无此夺目的光辉？

在汉代被称为“天数在蜀”，在宋代被称为“易学在蜀”，可时间都不长，在整个巴蜀文化史上，思想家出现不多，为什么？

唐宋时期巴蜀为什么会成为南方石窟艺术的中心？成为大佛之乡？

明清时期文化明显衰退，除了物质条件方面的原因，还有无更深刻的原因？

前人对巴蜀地区的气质特征与心理素质记载不多，而且差异很大，能否用“精敏轻疾”来概括？

还可以举出一些，这里先举出十个比较重要的问题，希望能尽快见到高水平的研究新著问世。

参 考 文 献

说明：有关巴蜀文化研究的论著范围很广，这里仅列出我所收集到的各种有关著作（古籍与古籍整理不在内），研究论文、知识性文章与考古发掘报告未在此列出。

任筱庄（乃强）：《乡土史地讲义》，约1929年自费排印本。

神田正雄：《四川省综览》，日本昭和十一年东京海外社版。

柳定生：《四川历史》，1942年钟山书局版。

郑德坤：《四川古代文化史》，华西大学博物馆专刊之一，1946年版。

郑德坤：《四川考古学》，1947年华西大学博物馆出版。

袁庭栋：《话说四川》，巴蜀书社1985年版。

《四川简史》编写组编：《四川简史》，四川省社会科学院出版社1986年版。

蒙默等编：《四川古代史稿》，四川人民出版社1989年版。

隗瀛涛主编：《四川近代史稿》，四川人民出版社1990年版。

袁庭栋：《巴蜀文化》，辽宁教育出版社1991年版。

陈世松、贾大泉主编：《四川通史》，四川大学出版社1994年版。

国家文物局主编：《中国名胜词典·四川分册》，上海辞书出版社1981年版。

高文等编：《四川历史人物名胜词典》，四川人民出版社 1989 年版。

贾大泉主编：《四川历史辞典》，四川教育出版社 1993 年版。

四川省文物考古研究所资料室编辑出版：《四川文物考古文献目录》，1986 年。

李有明、陈红涛主编：《四川古代名人》，四川省社会科学院出版社 1984 年版。

袁庭栋、张志烈：《历代文化名人在四川》，四川人民出版社 1985 年版。

何崇文等：《巴蜀文苑英华》，四川人民出版社 1985 年版。

四川省政协文史资料委员会、四川省文史馆合编：《四川近现代文化人物》，四川人民出版社 1989 年版。

四川省政协文史资料委员会、四川省文史馆合编：《四川近现代文化人物续编》，四川人民出版社 1989 年版。

西南师范学院地理系四川地理研究室编：《四川地理》，西南师范学院学报编辑部 1982 年刊印。

蒲孝荣：《四川政区沿革与治地今释》，四川人民出版社 1986 年版。

四川省文史馆：《成都城坊古迹考》，四川人民出版社 1987 年版。

四川省测绘局：《四川省地图集》，四川省测绘局 1981 年版。

李世平：《四川人口史》，四川大学出版社 1987 年版。

四川省民族研究所编：《四川少数民族》，四川民族出版社 1982 年版。

蒙默：《南方民族史论集》，四川民族出版社 1992 年版。

方国瑜：《彝族史稿》，四川民族出版社 1984 年版。

《凉山彝族奴隶社会》编写组编：《凉山彝族奴隶社会》，人民出版社 1982 年版。

王辅仁、索文清：《藏族史要》，四川民族出版社 1980 年版。

罗润苍、任建新主编：《四川藏学论文集》，中国藏学出版社 1993 年版。

马长寿：《氐与羌》，上海人民出版社 1984 年版。

冉光荣、李绍明、周锡银：《羌族史》，四川民族出版社 1984 年版。

吕子方：《中国科学技术史论文集》，四川人民出版社 1984 年版。

刘德仁等：《四川古代科技人物》，四川人民出版社 1980 年版。

赵立勋主编：《四川中医药史话》，电子科技大学出版社 1993 年版。

陈先赋：《四川医林人物》，四川科技出版社 1985 年版。

郭涛：《四川城市水灾史》，巴蜀书社 1989 年版。

何斌：《都江堰史话》，四川人民出版社 1993 年版。

四川省水电厅、都江堰管理局编：《都江堰》，水利电力出版社 1986 年版。

罗开玉：《中国科学神话宗教的协合》，巴蜀书社 1989 年版。

王定富主编：《都江堰与李冰》，巴蜀书社 1994 年版。

陈丽琼：《四川古代陶瓷》，重庆出版社 1987 年版。

《蜀锦史话》编写组编：《蜀锦史话》，1977 年编写组刊行。

陈维稷主编：《中国纺织科学技术史（古代部分）》，科学出版社 1984 年版。

林元雄等：《中国井盐科技史》，四川科技出版社 1987 年版。

吴天颖：《井盐史探微》，四川人民出版社 1992 年版。

张学君、冉光荣：《明清四川井盐史稿》，四川人民出版社 1984 年版。

自贡市盐业历史博物馆编：《四川井盐史论丛》，四川省社会科学院出版社 1985 年版。

申力生主编：《中国石油工业发展史》第一卷，石油工业出版社1980年版。

李约瑟：《中国科学技术史》第五卷第一分册《纸和印刷》，科学出版社、上海古籍出版社1990年版。

潘吉星：《中国造纸技术史稿》，文物出版社1979年版。

张秀民：《中国印刷史》，上海人民出版社1989年版。

刘国钧：《中国书史简编》，书目文献出版社1981年版。

魏隐儒：《中国古籍印刷史》，印刷工业出版社1984年版。

李致忠：《历代刻书考述》，巴蜀书社1989年版。

王立显主编：《四川公路交通史》，四川人民出版社1989年版。

王绍荃主编：《四川内河航运史》，四川人民出版社1989年版。

蓝勇：《四川古代交通路线史》，西南师范大学出版社1989年版。

蓝勇：《南方丝绸之路》，重庆大学出版社1992年版。

邓廷良：《西南丝绸之路考察札记》，成都出版社1990年版。

伍加伦、江玉祥主编：《古代西南丝绸之路研究》，四川大学出版社1990年版。

唐寰澄：《中国古代桥梁》，文物出版社1987年版。

《桥梁史话》编写组编：《桥梁史话》，上海科技出版社1979年版。

熊明安等：《四川教育史稿》，四川教育出版社1993年版。

四川大学校史编写组编：《四川大学史稿》，四川大学出版社1985年版。

孟宪承等编：《中国古代教育史资料》，人民教育出版社1964年版。

章柳泉：《中国书院史话》，教育科学出版社1981年版。

贾顺先、戴大禄主编：《四川思想家》，巴蜀书社1987年版。

邓运佳：《中国川剧通史》，四川大学出版社1993年版。

谭韶华：《川剧群星》，巴蜀书社1988年版。

卿希泰主编：《中国道教史》第一卷，四川人民出版社1988年版。

任继愈主编：《中国道教史》，上海人民出版社1990年版。

王家祐：《道教论稿》，巴蜀书社1987年版。

李远国：《四川道教史话》，四川人民出版社1985年版。

王文才纂：《青城山志》，四川人民出版社1982年版。

王纯五主编：《青城山志（修订本）》，四川人民出版社1994年版。

任继愈主编：《中国佛教史》第一卷，中国社会科学出版社1981年版。

王友三：《中国宗教史》，齐鲁书社1991年版。

骆坤琪：《峨眉山佛教漫话》，四川人民出版社1988年版。

刘吉西等编：《四川基督教》，巴蜀书社1992年版。

文闻子主编：《四川风物志》，四川人民出版社1985年版。

孙旭军等编：《四川民俗大观》，四川人民出版社1989年版。

林孔翼、沙铭璞：《四川竹枝词》，四川人民出版社1986年版。

霍巍、黄伟：《四川丧葬文化》，四川人民出版社1992年版。

张富儒主编：《川菜烹饪事典》，重庆出版社1985年版。

《川菜烹调技术》编写组编：《川菜烹调技术》，四川教育出版社1987年版。

四川人民出版社编：《川味小吃》，四川人民出版社1981年版。

胡山源：《古今酒事》，上海书店1987年版。

万国光：《中国的酒》，人民出版社1986年版。

曾纵野：《中国名酒志》，中国旅游出版社1980年版。

段文桂主编：“四川名酒史志丛书”五种，巴蜀书社1987年版。

贾大泉、陈一石：《四川茶业史》，巴蜀书社1988年版。

胡山源：《古今茶事》，上海书店1985年版。

吴觉农主编：《茶经述评》，农业出版社1987年版。

陈椽：《茶业通史》，农业出版社1984年版。

陈祖椝、朱自振编：《中国茶叶历史资料选辑》，农业出版社1981年版。

王纯五：《袍哥探秘》，巴蜀书社1993年版。

赵清：《袍哥与土匪》，天津人民出版社1990年版。

蔡少卿：《中国近代会党史研究》，中华书局1987年版。

周育民、邵雍：《中国帮会史》，上海人民出版社1993年版。

屈小强等主编：《三星堆文化》，四川人民出版社1993年版。

李绍明等主编：《三星堆与巴蜀文化》，巴蜀书社1993年版。

童恩正：《古代的巴蜀》，四川人民出版社1979年版。

徐中舒：《巴蜀文化》，四川人民出版社1981年版。

蒙文通：《巴蜀古史论述》，四川人民出版社1981年版。

邓少琴：《巴蜀史迹探索》，四川人民出版社1983年版。

顾颉刚：《论巴蜀与中原的关系》，四川人民出版社1981年版。

任乃强：《四川上古史新探》，四川人民出版社1986年版。

童其祥：《巴史新考》，重庆出版社1983年版。

童其祥：《巴史新考续编》，重庆出版社1993年版。

周集云：《巴族史探微》，四川省社会科学院出版社1989年版。

郫县博物馆编：《望丛古今》，四川人民出版社1989年版。

黄开国：《扬雄思想初探》，巴蜀书社1989年版。

刘志远等：《四川汉代画像砖与汉代社会》，文物出版社1983年版。

高文编：《四川汉代画像砖》，上海人民美术出版社1987年版。

高文编：《四川汉代画像石》，巴蜀书社1987年版。

《诸葛亮与武侯祠》编写组编：《诸葛亮与武侯祠》，文物出版社1977年版。

成都诸葛亮研究会编：《诸葛亮研究》，巴蜀书社1985年版。

章映阁：《诸葛亮新传》，上海人民出版社1984年版。

成都武侯祠博物馆编：《话蜀汉》，成都武侯祠博物馆1984年刊印。

杨伟立：《成汉史略》，重庆出版社1982年版。

曾枣庄：《杜甫在四川》，四川人民出版社1980年版。

羊村：《女诗人薛涛》，四川人民出版社1989年版。

彭芸荪：《望江楼志》，四川人民出版社1980年版。

张蓬舟：《薛涛诗笺》，四川人民出版社1981年版。

刘长久等：《大足石刻研究》，四川省社会科学院出版社1985年版。

黎方银：《大足石窟艺术》，重庆出版社1990年版。

汪毅：《中国佛教与安岳石刻艺术》，中国旅游出版社1989年版。

杨伟立：《前蜀后蜀史》，四川省社会科学院出版社1986年版。

成都王建墓博物馆编：《前后蜀的历史与文化》，巴蜀书社1993年版。

贾大泉：《宋代四川经济述论》，四川省社会科学院出版社1985年版。

许肇鼎：《宋代蜀人著作存佚录》，巴蜀书社1986年版。

汪毅、周维祥主编：《高道陈抟》，四川大学出版社1993年版。

蔡方鹿：《张栻及其哲学》，巴蜀书社1990年版。

陈谷嘉：《张栻与湖湘学派研究》，湖南教育出版社1991年版。

蔡方鹿：《魏了翁评传》，巴蜀书社1993年版。

来可泓：《李心传事迹著作编年》，巴蜀书社1990年版。

陈世松：《蒙古定蜀史稿》，四川省社会科学院出版社1985年版。

陈世松：《余玠传》，重庆出版社 1982 年版。

西南师范学院历史系编：《钓鱼城史实考察》，四川人民出版社 1980 年版。

重庆市博物馆编：《明玉珍及其墓葬研究》，重庆地方史资料组 1982 年刊印。

陈永祖主编：《杨升庵研究论文集》，杨升庵博物馆、新都杨升庵研究会 1984 年刊印。

袁庭栋：《张献忠论传》，四川人民出版社 1981 年版。

胡昭曦：《张献忠屠蜀考辨——兼析湖广填四川》，四川人民出版社 1980 年版。

蒋维明：《李调元》，四川教育出版社 1991 年版。

王文等主编：《杨锐刘光第研究》，巴蜀书社 1989 年版。

廖幼平编：《廖季平年谱》，巴蜀书社 1985 年版。

陈德述等编：《廖平学术思想研究》，四川省社会科学院出版社 1987 年版。

蒙文通：《蒙文通文集第一卷・古学甄微》，巴蜀书社 1987 年版。

蒙文通：《蒙文通文集第二卷・古族甄微》，巴蜀书社 1993 年版。

四川省史学会编：《四川省史学会史学论文集》，四川人民出版社 1982 年版。

贾大泉主编：《四川历史研究文集》，四川省社会科学院出版社 1987 年版。

胡昭曦：《四川古史考察札记》，重庆出版社 1986 年版。

四川日报《天府周末》编辑室编：《巴蜀之谜》，重庆出版社 1988 年版。

李绍明等主编：《巴蜀历史・民族・考古・文化》，巴蜀书社 1991

年版。

重庆市博物馆编：《巴渝文化》第一辑，重庆出版社 1989 年版。

重庆市博物馆编：《巴渝文化》第二辑，重庆出版社 1991 年版。

罗开玉、罗伟先主编：《华西考古研究》第一辑，成都出版社 1991 年版。

成都市社会科学研究所编：《学术文选》，1985 年成都市社会科学研究所刊印。

成都市文化局编：《锦城成都》，上海教育出版社 1981 年版。

王少雄主编：《锦绣成都》，成都出版社 1991 年版。

张学君、张莉红：《成都城市史》，成都出版社 1993 年版。

阳正太主编：《天府蜀都》，中国人民大学出版社 1993 年版。

郭付人等主编：《成都城市研究》，四川大学出版社 1989 年版。

谷莺编：《锦城诗粹》，四川人民出版社 1987 年版。

刘新生选注：《历代咏成都诗选》，成都市文物保护管理委员会办公室刊印。

彭伯通：《古城重庆》，重庆出版社 1981 年版。

邓少琴等编：《重庆简史和沿革》，重庆地方史资料组刊印。

许可、游仲文编：《重庆古今谈》，重庆出版社 1984 年版。

郑洪泉等主编：《重庆古今风云人物》，重庆大学出版社 1989 年版。

后　记

作为我国地域文化研究中一个重要的分支，巴蜀文化的研究直到抗日战争时期才真正起步，直到改革开放之后才真正繁荣。我本人虽然本科与研究生都是学的历史，但是1965年一毕业就遇上“四清”与“文化大革命”，十多年的大好青春未与专业沾边。拨乱反正以后恢复了正常的业务工作，可是一直是在出版社做编辑，从来没有搞过专业研究，从来只是一个历史文化的爱好者与业余的研究者。有幸的是，因为我是在做历史读物的编辑工作，经常都在与各种历史著作、各位历史学家接触，耳濡目染之中，也算是一直没有离开过历史学科的天地。在我的业余研究中，从来都是以中国古代文化史为主要方向。但是因为自己是四川人、在四川读书、在四川工作，所以对于巴蜀文化史也就很自然地会有一种天生的喜爱，会有较多的接触，虽然这从来也不是组织上分配给自己的任务。正是出于这种兴趣与爱好，所以这些年也曾经写过几本有关巴蜀文化的著作。在这些著作中，1998年出版的《巴蜀文化志》一书应当是最为重要的一种，也是迄今为止学术界唯一一种全面论述巴蜀文化的著作（出于对学术研究的尊重和对巴蜀文化的热爱，我不能不在这里指出，时事出版社于

2008年1月出版了一本由林军、张瑞涵编著的《巴蜀文化》，列入《文化之旅系列丛书》之一。此书作者对巴蜀文化素无研究，治学态度极不严谨，全书框架明显不妥，内容七拼八凑，表述错讹百出，虽然以“巴蜀文化”冠名，但是我不能不说此书的确不能算是一部全面论述甚至介绍巴蜀文化的著作）。虽然我自知作为一个业余研究者是如何的学识疏浅，自知斗胆完成的探路式的著作水平肯定不高，但是因为它在十多年中所暂时保持的唯一性，所以还是认为它还有着一定的不可代替的价值。可十分遗憾的是，《巴蜀文化志》是《中华文化通志》其中的一种，而鉴于《中华文化通志》的特殊性，根据《中华文化通志》编委会的决定，《中华文化通志》只能按全志（共100种）发售，其中每一种分志都不单独定价，都不能单独发售。这样一来，就使得想买其中某一种分志的读者只能望洋兴叹。就以《巴蜀文化志》一书而言，应当是四川的读者最多，可是四川就从来没有单独发售过一本，而《中华文化通志》全志在全四川又只发行了几套。这样，除了我自己尽最大努力从《中华文化通志》编委会买回少许《巴蜀文化志》的样书分赠师友，四川全省的读者就一本也未能买到。多年来，不少师友（特别是大力促成此事的西华大学地方文化资源保护与开发研究中心的朋友们）劝我在四川再版此书。可是按照有关规定，作者必须在本书出版10年以后才能有自行再版的权利，我必须遵守这一规定。所以，我一直等到《巴蜀文化志》出版10年之后的2009年，才在稍加修订之后，交付再版。我已年近七旬，学术上不可能再有更多的进展，只能心甘情愿地为学术界大量的后起之秀铺路搭桥，按“一花引来百花开”古训，希望能以此书引出更多更好的优秀著作来代替我这本不太成熟的探路之作。果如此，吾愿足矣。

袁庭栋

2009 年 1 月 5 日于成都

新版后记

1992年9月8日，《人民日报》以一个整版刊登了《中国文化通志》的“招标通告”，距今已经30年了。

《中华文化通志》是1990年由时任中顾委常委的著名儒将肖克老将军创意，经中央领导同志批准，集全国力量编辑出版的大型丛书，主要用于对外文化交流，作为国礼向全世界赠送。肖老组织了由李学勤、庞朴等著名学者组成的编委会，经仔细研究之后确定了“十典”“百志”的架构，才有了在《人民日报》上以整版通告的方式向全国学术界征集一百个分志作者的“招标通告”。这在中国编辑出版史上是第一次，也是唯一的一次。

当时，我在巴蜀书社当编辑，严格坐班，为人作嫁，十分忙碌，完全没有想到这件大事会和我有关。

大约一个月以后，川大的隗瀛涛副校长（他是我在川大读书时的老师，我和他全家都很熟）来电话要我去他家一趟。我去后，他问我知不知道《中华文化通志》招标的事，我说知道。然后他告诉我，北京在去年成立了以肖老为创会会长的炎黄文化研究会，目前在四川还只有他一个会员。肖老要求炎黄文化研究会要全力以赴地协助《中华文化通志》的整个进程。《中华文化通志》的学术组织主要由编委会中比较年轻的复旦教授姜义华负责，姜义华和他是很熟的朋友。姜给他打电话，说是《中华文化通志》中的分志《巴蜀文化志》的作者报名情况不理想，要他尽力在四川劝说合适者报名，以便编委会挑选。姜义华还说《巴蜀文化志》的作者还是在四川学术界中产生为好。因为我在几年前出版过一本知识读物《巴蜀文化》的，隗老师就认为我比较合适，要我去报名。我当时一口就拒绝了。我说，《巴蜀文化》是一般的知识读物，而《巴蜀文化志》是全国最高水平的学术著作。我自知自己有几斤几两，不敢到全国平台上去献丑。可是，隗老师态度非常坚决，要我一定去报名，他甚至说了这样的话："这次全国选作者，有点像全国史学界开运动会，我们四川人总不能剃光头嘛，你去试一试也算是在参加比赛嘛！你连试都不去试一下，我咋个给姜义华扯回销嘛?"既然隗老师把话都说到这种份上了，我只得同意。于是，回家之后，填表报名，参加这场全国史学界的"运动会"。十分意外，报名不久，就在《光明日报》上看到了又是一个整版的《中华文化通志》作者中标通告，我被选中，担任《巴蜀文化志》这个分志的撰写任务。

这里写几句学术史上的花絮。三年前，我在孔夫子旧书网上找书，偶然见到有人在出售几十年前《中华文化通志》编委会办公室的一批废弃文书资料，其中刚好就有当年《巴蜀文化志》的作者报名资料，我买了下来。所以我知道当年共有多少人报名，知道报名的学术界朋友有哪些。

被选中以后，1993 年 1 月，去北京参加第一次全体作者大会。会议规格很高，多位中央领导在全国政协礼堂接见我们，李瑞环同志亲切地和大家交谈，我的作者聘书是从薄一波同志手中接过来的。从会上发的资料中知道，一百个分志的作者绝大多数都是教授或研究员，只有我一个人是业余的。实话实说，当时心中开始有的那么一丝丝的沾沾自喜，很快就变成一片胆怯。我明白这只是被选中上场参赛，真正的较量是拿出来的书稿的质量。因为，会上明确宣布：这是国家重点项目，质量要求从严，每本书稿至少有两位专家审读，质量不行就退回返修，返修次数不限，直到合格为止。

1993 年 6 月，我手中原来的一本书写完之后，开始写《巴蜀文化志》。1995 年 8 月写成初稿，1996 年 5 月完成定稿。由于我自身的生活轨迹和其他学界人士不同，这本书仍然是在业余条件下完成的。1994 年春，因为另外的原因，我离开了出版社，成为自由人。先是到大邑组建了一个旅游开发公司，为大邑县调查制订旅游发展规划，以后又加盟新希望集团任研究室主任。所以，我读书写作基本上都是在晚上完成的。1996 年 5 月，当我亲手把《巴蜀文化志》定稿送到审稿专家、《中华文化通志·地域文化典》主编宁可先生手中时，我正在北京担任新希望集团的总裁办主任。我现在还记得，专攻经济史的宁可先生对我的经历很感兴趣，问了我不少问题。他和我开玩笑说：“如果《中华文化通志》中有《饲料产业志》，你就是铁定的撰写人。”值得欣慰的是，我的书稿得到了宁可先生的高度评价，他说是《地域文化典》中的上乘之作，不用返修，一次通过，直送出版社。他又告诉我说，原来有中央领导同志决定，《中华文化通志》由中央党校出版社出版。后来中央党校出版社说自己搞传统文化的编辑力量有限，实在无法按期完成《中华文化通志》一百个分志的编辑出版任务。于是，肖老把编辑出版任务交给了当年全国所有出版社中这方面编辑力量最强的上海人民出版社。上海人民出版社组成了以总编辑陈昕为首的强大的编辑班子，要对每部书稿再次认真审读，不合格的仍然要发回返修。于是，我只好等着上海的审读结果。不久，审读结果出来了，我的书稿仍然被评为优秀，一次通过，不用返修，直接进入出版程序。后来我知道，上海人民出版社审读《巴蜀文化志》的责编是已退休的原历史编辑室主任叶亚廉，一个很有水平的四川泸州老乡。

1998年，作为《中华文化通志》之一的《巴蜀文化志》出版了。应该说，《巴蜀文化志》一书的撰写和出版都十分顺利。可是，这本最应该在四川销售、四川读者最需要的《巴蜀文化志》却没有在四川销售，四川读者一本也买不到。这是因为，《中华文化通志》在出版之前就已确定主要目的是对外文化交流，是作为国礼赠送国外友人的。国内发行是按部发行，一部《中华文化通志》101册（100个分志外加序卷），几大箱，价格6000元一部，不开箱，不单卖，每册书上连定价都没有。后来我打听了一下，全省只有三个大图书馆各买了一部。也就是说，《巴蜀文化志》没有零售过一本。

《巴蜀文化志》编委会办公室在通知上述发行办法的同时还特地通知我们作者，说编委会办公室为了满足作者们自己的需要，决定拿50部书开箱零售，每本价格60元，作者们可以在里面选购自己所需要的各个分志。我一得到通知，立即采取了一个果断行动，将50部书中的50本《巴蜀文化志》全部买下。运回成都后，一本一本送给在撰写过程中帮助过我的所有师友。时任四川省社会科学院副院长的川大老同学万本根对此书评价很高，硬要我给他20本，说他有大用处。什么大用处？他说他想干两件事，一是想成立一个全省性的巴蜀文化研究中心，这比较好办，因为不需要花钱；二是想组织全省力量搞一部关于巴蜀文化的大书，这比较难办，因为必须在省里立项得到资金支持。他知道当时的四川还没有一本全面论述巴蜀文化的书，人们对巴蜀文化的了解还不多不深。他打算把《巴蜀文化志》作为“敲门砖”送给多位老领导，让老领导对巴蜀文化有更多的了解，有更高的重视，才能对他策划的大项目给予支持，顺利立项。我认同他的一片苦心，就给了他20本。这以后，他真的按他的思路去一步一步努力，终于取得了杨超、杨析综等省里多位老领导的支持，既成立了四川省巴蜀文化研究中心，又让大型的《巴蜀文化通史》在省里立项，得到巨额资金支持。为此，成立了《巴蜀文化通史》的筹备班子，确定由我出任常务副主编，并由我拟定了《巴蜀文化通史》的一总论、二十二专史、四附录的整体框架。虽然因为某些原因让我不久就离开了《巴蜀文化通史》的筹备工作，虽然因为某些原因让《巴蜀文化通史》这套大书至今还未出版，但是，《巴蜀文化志》能够在巴蜀文化研究中心的成立和《巴蜀文化通史》这个大项目的起步阶段起过那么一点点推动的作用，我仍然深感欣慰。

《巴蜀文化通史》的立项是一件大事，除了《巴蜀文化志》的一点点推动，还有一点点推动也和我有关，就是《巴蜀文化图典》的出版。1997 年，杨超、杨析综等省里多位老领导给当时的省委领导人提出，四川还没有一部反映四川文化的大型画册，这和四川的文化地位极不相称，故建议编辑出版一部反映四川文化的大型画册，一是为了庆祝新中国成立 50 周年，二是用于对外文化交流。这一建议很快得到批准，经省委宣传部认真研究，决定和刚刚分治出去的重庆市合作，编辑出版一部反映历史文化的大型画册《巴蜀文化图典》，同时由我省自己单独搞一部反映新中国 50 年建设成就的大型画册《四川 50 年图集》，两书的任务在 1997 年底交给了四川省社会科学院和四川人民出版社。作为重要的政治任务，省委宣传部要求必须在 1999 年国庆节前出版。1998 年 5 月，我在川大的两位老同学，即四川省社会科学院副院长万本根和四川人民出版社社长邓星盈分别找到我，要我承担起两部大型画册的具体编撰任务。他们说了理由，一是他们组建的筹备班子明确表态完成不了任务，二是我刚出版了《巴蜀文化志》，有基础，三是我在两年前编辑出版了成都市第一部大型画册《锦绣成都》，有经验。他们和我谈话的态度既不容商量，要我非干不可，同时也给我提供了必要的工作条件。所以，我答应了，经过努力，任务按时完成，两部大型画册在深圳精印出书。当然，这是集体项目，有早已确定的大型编委会和主编、副主编，有英文提要，还有几个同志也在努力工作。但是，编委会从来没有开过一次会，实为虚设，主编只和我们见过一面，副主编只参与过部分文字工作。大型画册最重要的也是最难的工作是：如何确定框架结构？每一个部分应该上些什么照片？有关内容的最优秀的照片在哪里并如何寻求到手？画册的图文版面如何安排才美？设计印刷的全程质量监控如何保证？当时，还有一个和重庆的合作问题。这些事，都是由我这个“特约副主编”完成的。用万本根的话说：“《图典》和《图集》工作的80%是老袁完成的”，“没有老袁的努力就不可能有《图典》和《图集》”。1999年9月，为《图典》和《图集》举行了盛大的首发式，很多领导到会，可谓影响不小。这事，也为巴蜀文化研究中心的成立和《巴蜀文化通史》的立项曾经起过那么一点点推动的作用。

《巴蜀文化志》出版了，而且作为《中华文化通志》之一荣获了国家图书奖的荣誉奖，但是《中华文化通志》按部发行，不单卖，不能让普通四川读者读到，使我心中一直感到不快。所以，在《巴蜀文化志》出版十年之际的2008年，根据著作权法我有了自己再版此书的可能时，我立即和上海人民出版社联系，取得了他们的同意，在四川再版此书。为此，我联系了某出版社，该社社长听说此事，一口答应，我很高兴。想不到的是，当即将付印之时，该社长却说此书必然亏损，要求我缴纳亏损补贴。此事让我十分为难，因为我不是专业研究人员，没有任何经费。是当年和我有较多联系的西华大学潘殊闲同志伸出援手，由西华大学地方文化资源保护与开发研究中心提供资助，缴纳了亏损补贴，才在2009年再版了《巴蜀文化志》，印数只有2000册。因为有上述的不愉快，所以出书后我没有进行任何宣传推广，所有媒体均未报道一字。用四川方言，应该是在悄悄咪咪之中把这2000册书卖到了读者手中，让不少读者知道有此书的存在。

时间过得真快，一晃，十几年又过去了，我又陆陆续续听到了不少巴蜀文化爱好者的声音，他们对此书的评价不错，他们要求此书再版。刚好，四川人民出版社也提出了再版此书的动议，于是，又有了此书新版的问世。

可能有读者会问：为什么我会让写成于1996年的此书还要再版？我可以回答：第一，二十几年过去，还没出现一种全面而简明地论述巴蜀文化的新著可以代替此书。第二，二十几年过去，还没有任何学者发表文章对此书进行过指误。第三，在巴蜀文化的研究中，我过去曾经提出过两个重要的学术观点，一个是在学术研究中应该有广义的巴蜀文化和狭义的巴蜀文化，一个是巴蜀文化的主要特色是兼容，或者说是以移民文化为载体的兼容。我在此书中对早年提出的这两个重要观点进行了进一步的肯定和阐释，二十几年来，我的观点已经在学术界得到比较普遍的承认，至少，我还没有见到有学术界同人的任何公开的批评或商榷。

可能有读者会问：为什么不作进一步的补充修订之后再出版？我也可以回答：学术著作应该有两种，一种是反映一个时期的学术成果，在学术史上有一定阶段性价值的著作，应该保持它的阶段性特色，不需要不断修订；一种是必须根据不断出现的学术研究新成果而不断修订，否则就会对读者有所误导、甚至有所阻碍的著作，就需要不断修订。我认为，此书属于前者。二十几年来，在巴蜀文化的研究领域，没有见到有新的文献资料出现，新出的考古资料也未能改变书中的论点而是支持书中的论点。

今年我已82岁，自知来日不多，此书应当就是我能够见到的最后一次再版，所以对此书的成书、再版、影响等事多说了几句话，目的是为后世研究学术史提供点滴资料。

谈到这里时，还有一件事不得不谈，就是老一辈革命家对此书，对传统文化研究是如何的重视。

上面谈过，此书是《中华文化通志》的100个分志之一，《中华文化通志》的创意者和主编是开国上将之首的老将军肖克。我过去在读革命回忆录（我在川大读书时特别爱读革命回忆录，两部大型丛书《红旗飘飘》和《星火燎原》全部读过，正是有这种基础，所以后来才能写出大决战三部曲《辽沈战役》《平津战役》和《淮海战役》，由军事科学院严格审查通过之后正式出版）时对他的大名是如雷贯耳，在北京时又和他老人家在一起开会几天（肖老离休前任国防部副部长，同时还任军政大学校长兼第一政委，所以肖老把我们一百多人安排在原来的军政大学、当时的国防大学招待所中开会），当然，我从来是站在后面，除了在群众场合和他握过手，没敢上前和他谈过一句话。没有想到，他老人家会专门召见我。

那是1993年10月，肖老因公来到成都，驻金牛宾馆。他特地叫秘书通过省委宣传部找到我并把我送到金牛宾馆。肖老秘书把我引进了一号楼，这也是当年毛泽东主席在1958年成都会议期间的下榻之处。肖老见到我，十分亲切地对我说，《中华文化通志》有近两百个作者（《中华文化通志》共一百个分志，每个分志允许两人或三人合作，但是不主张再成立编委会、编写小组之类，所以共有作者近两百人），北京和上海就占了三分之二，他记得我是唯一一个业余作者，也是唯一一个西部作者，所以他到了成都之后决定见见我，想听听我有什么想法，什么计划，什么困难。他是来做调查研究的，如果我有什么要求需要他帮助，可以直率地讲出来。肖老还半开玩笑似的说，他现在不是将军，是主编，是在执行主编的职责。当时，在德高望重的肖老面前，我说了些什么，现在完全记不起来了。因为我当时的心中只有一个词：感激。因为在我面前的86岁高龄的老人是参加过北伐和南昌起义的将军，是在长征中担任过方面军副总指挥的将军，是共和国所有将军中唯一写出过长篇小说并荣获茅盾文学奖的将军。现在，他在当一个尽心尽责的主编。我在出版界和学术界见过的主编太多了。自然科学界我没有发言权，在人文社科界，我敢大胆地说，在各种书籍中堂而皇之的数不尽的主编多数都是伪主编，因为他们根本就没有主持过编写工作，没有发凡起例，没有审改书稿，没有给编写者指导答疑，他们主了什么？编了什么？怎么能叫主编？唯一的原因就因为他们是官员。据我所知，有的官员本人真的喜欢当主编，得虚名，但是也有不少官员并不想当主编，甚至他自己根本就不知道他已经当了主编，而是下边一些人加上去的。因为只要有了这样的主编，就可以申请经费，就容易评奖。想到这些，我对肖老这样的主编，怎么不发自内心地充满敬意？

好了，书归正题。当我这本写于26年前的《巴蜀文化志》能够在不缴纳亏损补贴的条件下在四川人民出版社出版的时候，我要感谢此生中和我关系最深的工作单位四川人民出版社（我于1965年研究生毕业，当时未分配工作，而是下农村锻炼，以后则是政治运动。1968 年分配到四川人民出版社工作，三个月后被安排到大凉山劳动，以后又是政治运动。1972 年回到四川人民出版社工作，以后又是政治运动。1979 年第三次回到四川人民出版社工作。1984 年四川人民出版社一分为九，我被分到九分之一的巴蜀书社，和四川人民出版社仍然在一个大楼中)，我要感谢多年来一直支持我这个业余作者的广大读者。多年来，我已出版各种书籍 40 多种，再版两次或三次的、重印到五次的，共有十几种之多，没有广大读者的支持这是绝对不可能的。特别是近三年来我的短视频有 120 多万“粉丝”，他们也是我的各种书籍的读者。没有他们的支持，我这个既非教授又非研究员的业余作者将一事无成。

让我再次说一声：亲爱的读者们，谢谢，谢谢！

袁庭栋

2022 年 8 月 9 日于青城山下

图书在版编目（CIP）数据

巴蜀文化志 / 袁庭栋著. 一成都 ：四川人民出版社，2022.10（2023.8 重印）

ISBN 978-7-220-12813-4

Ⅰ. ①巴… Ⅱ. ①袁… Ⅲ. ①文化史－四川 Ⅳ. ①K297.1

中国版本图书馆 CIP 数据核字（2022）第 172729 号

BASHU WENHUA ZHI

巴蜀文化志

袁庭栋 著

出 版 人	黄立新
策划统筹	封 龙
责任编辑	汤 梅
版式设计	戴雨虹
装帧设计	周伟伟
责任印制	周 奇
出版发行	四川人民出版社（成都市三色路 238 号）
网 址	http://www.scpph.com
E-mail	scrmcbs@sina.com
新浪微博	@四川人民出版社
微信公众号	四川人民出版社
发行部业务电话	（028）86361653 86361656
防盗版举报电话	（028）86361653
照 排	四川胜翔数码印务设计有限公司
印 刷	成都勤德印务有限公司
成品尺寸	145mm×210mm
印 张	13.75
字 数	330 千
版 次	2022 年 10 月第 1 版
印 次	2023 年 8 月第 2 次印刷
书 号	ISBN 978-7-220-12813-4
定 价	68.00 元

本书若出现印装质量问题，请与我社发行部联系调换

电话：（028）86361656